Hartmut Schauer · US »Green Berets«

Hartmut Schauer

US »Green Berets«

Soldaten aus dem Dunkel

Einbandgestaltung: Andreas Pflaum

Bildquellen: US Army Defense Audovisual Agency; 1st Special Operations
Command (Airborne); 10st Special Force Group (Airborne)

ISBN 3-613-01052-6

© by Motorbuch Verlag, Postfach 10 37 43, 70032 Stuttgart
Ein Unternehmen der Paul Pietsch Verlage GmbH + Co
Spezialausgabe: 1. Auflage 2000

Druck und Bindung: Fotolito Longo, Bozen
Printed in Italy

INHALT

»DE OPPRESSO LIBER «– »Freiheit den Unterdrückten«
– Motto und Wahlspruch der US Army Special Forces (Airborne)

»Sei wachsam wie ein Jagdhund, witternd und sichernd,
blicke scharf wie ein Adler, klar und in weite Ferne,
denke wie eine Schlange, listig und wach,
bewege dich wie ein Panther, geschmeidig und behende,
kauere dich nieder wie ein Löwe, muskulös und sprungbereit,
töte wie ein Mungo, flink und ruhig,
sterbe wie ein Mann.«
– Inschrift am Lagertor eines von Beratern der Special Forces geleiteten Camps der
Nung-Krieger aus der Zeit des Krieges in Süd-Vietnam.

»Denn mit Spott und Hohn dankt die Welt ihren Don Quijotes, deren
Aufgabe es ist, den Hilfsbedürftigen beizustehen und all jenen zu helfen,
die von den Stärkeren unterdrückt werden.«
Cervantes

VORWORT ZUR VIERTEN AUFLAGE

DE OPRESSO LIBER – FREIHEIT DEN UNTERDRÜCKTEN, heißt der Wahlspruch der geheimnisvollen »Special Forces«. Diese manchmal umstrittenen, hoch motivierten Spezialeinheiten der US Army sind in der Öffentlichkeit besser als die »GREEN BERETS« bekannt. Die »10th Special Forces Group (Airborne)« ist ein »Kind des Kalten Krieges«. Sie entstand 1952 mit dem Auftrag, die unterdrückten Völker hinter dem Eisernen Vorhang in ihren Freiheitsbestrebungen zu unterstützen. In einer spannungsgeladenen Zeit waren die Soldaten jederzeit bereit, ihr Leben für Freiheit und Recht einzusetzen. Hierfür gebührt ihnen Dank.

Die kommunistischen Regierungen glaubten jahrzehntelang, Osteuropa fest im Griff zu haben. Der Rest Europas und die übrige Welt sollten früher oder später mit den »Segnungen« ihres menschenverachtenden Systems bedacht werden. Aber es kam ganz anders. In einer friedlichen Revolution befreiten sich die geknechteten Völker selbst von den Fesseln der Unterdrückung. Der Eiserne Vorhang mit seinen Minenfeldern, Todesschußanlagen und Trennmauern im Herzen Europas ist verschwunden. Die kommunistischen Diktaturen verursachten viel menschliches Leid und hinterließen eine weitgehend zerstörte Wirtschaft. Der schrecklichen »Berechenbarkeit« der Ost-West-Konfrontation ist nun eine Phase der Instabilität gefolgt. So bedarf es vieler gemeinsamer Anstrengungen, um mit den Folgen des langen Kampfes gegen die Unterdrückung fertig zu werden.

Der ersehnte Weltfrieden kehrte trotzdem noch immer nicht ein. Im Jahr 1991 wüteten weltweit 46 Kriege. 17 Kriege tobten in Asien, 15 in Afrika, sieben im Nahen und Mittleren Osten sowie fünf in Lateinamerika. Sie hinterließen Hunderttausende Tote und Millionen Flüchtlinge. Mit Ausnahme von Nordirland und Jugoslawien spielten sich die Bürgerkriege in der Dritten Welt ab, die noch immer umfangreiche Waffenlieferungen erhält. Nur kurze Zeit konnten sich die Menschen über das Ende der militärischen und politischen Konfrontation zwischen Ost und West freuen. Im August 1990 überfiel der Irak das Nachbarland Kuwait. Den Vereinten Nationen gelang es unter Führung der USA sehr schnell, den Aggressor zu schlagen und so ein deutliches Zeichen zu setzen. Aber die Entwicklungsländer bleiben Krisenfaktor Nr. 1 und zwingen die Industriestaaten, neue Wege zur Verwirklichung einer dauerhaften Weltfriedens-Ordnung zu suchen.

Der Zusammenbruch der Sowjetunion hat die USA als die zur Zeit letzte Weltmacht zurückgelassen. Als alleinige Führungsmacht steht Amerika voll in der Verantwortung für Stabilität und Frieden. Dies erfordert ein gemeinsames politisches und wirtschaftliches Handeln mit den weiteren Industrieländern, ergänzt von Sicherheitsmaßnahmen. Diese schließen notfalls auch den Einsatz von militärischen Mitteln zur Vermeidung und Beendigung gewaltsamer Konflikte ein.

Von den Streitkräften wird die Fähigkeit zur dynamischen Anpassung an die wechselnden und ständig komplizierter werdenden Herausforderungen verlangt. Gerade Sondereinsatz-Truppen tragen hier wesentlich zur Verwirklichung bestimmter außenpolitischer Ziele bei. Stabilität ist eine wichtige Voraussetzung für die Verhinderung von Krisen. Mit der schon eingeleiteten Verringerung der US-Streitkräfte und dem Rückzug aus Europa und Fernost steigt die Bedeutung flexibler, mobiler »Special Operations Forces«. Gänzlich neue Aufgaben ergeben sich aus den veränderten sicherheitsspezifischen Gegebenheiten mit völlig neuen Bedrohungen.

Künftig lassen sich für die »Special Forces« drei Tätigkeitsfelder bezeichnen. Der »Friedensauftrag« steht in einer Zeit, in der die wirtschaftliche Macht die militärische Macht immer mehr verdrängt, im Vordergrund. 1998 befanden sich 8781 »Green Berets« in 129 Staaten weltweit im Einsatz. Sie leisteten humanitäre Hilfe aller Art, waren in der Entwicklungshilfe tätig, evakuierten bedrohte US-Bürger im Ausland und beteiligten sich am »Drogenkrieg«. Gleichzeitig sind diese außergrwöhnlichen Soldaten in der Lage, schwierigste militärische Aufgaben zu erfüllen. Einsätze gegen die Verbreitung von Massenvernichtungswaffen gehören nun dazu.

Schließlich stehen rund 1000 Soldaten als ständige Bereitschaftsgruppe zur unmittelbaren Verfügung des US-Präsidenten. Innerhalb von vier Stunden sind sie als besondere »Krisenfeuerwehr« (z.B. Geiselbefreiungen) bereit.

In der vierten, erweiterten Auflage sind die grundlegenden Veränderungen der jüngsten Vergangenheit berücksichtigt.

Wie wichtig, aber auch gefährlich heute die Arbeit der Green Berets als vielseitig einsatzfähige, strategische Allzwecktruppe mit der Fähigkeit zum sofortigen weltweiten Einsatz ist, zeigt ein Blick in die jüngere Vergangenheit. Die Öffnung nach Osten führte zu einer intensiven Zusammenarbeit mit vielen Streitkräften Osteuropas und Asiens sowie zahlreichen ergänzenden Maßnahmen. Bei sich in letzter Zeit leider häufenden gewaltsamen Unruhen, Notfällen und Naturkatastrophen standen die Soldaten der Special Forces immer in vorderster Linie und leisteten hervorragende Hilfe. So konnte die militärische Invasion gegen den maroden Inselstaat Haiti buchstäblich in letzte Minute in eine Friedensmission münden, deren Durchführung vorwiegend in den Händen der Green Berets und weiterer unterstützender Sondertruppen lag. Gut gemeint, aber schlecht belohnt wurde der Kampf gegen den Hunger in Somalia. Zwei zur Task Force Ranger abkommendierte Sergeanten der Spezialformation DELTA wurden auf den Straßen von Mogadischu vom Mob zusammengeschossen und erhielten posthum die Medal of Honor verliehen.

Mit der Ernennung von General Henry Hugh Shelton zum Chef der

Vereinigten Generalstäbe übernahm im Jahr 1997 erstmals ein Green Beret die Verantwortung für die militärische Sicherheit der USA und somit der ganzen Welt. Er diente noch als Berater im Vietnamkrieg und stand zuletzt dem Oberkommando für Sondereinsätze in Tampa vor.

Die vorliegende Sonderausgabe basiert auf dieser 4. Auflage und vermittelt somit einem Ausschnitt des vielseitigen Wirkens des US Army Special Forces (Airborne) in Vergangenheit und Gegenwart. Dabei wird besonders die Rolle der seit Jahrzehnten in Deutschland stationierten »10th Specical Forces Group« gewürdigt, die heute Teams auf den Balkan, nach Osteuropa, Afrika und den Nahen Osten schickt.

Im Sommer 2000   HARTMUT SCHAUER

»Green Berets« – Die unkonventionellen US Special Forces

Am Rande des malerischen oberbayerischen Landstädtchens Bad Tölz, im hügeligen, bewaldeten Voralpenland, liegt ein im alpenländischen Stil gehaltener Kasernenkomplex, der fast vier Jahrzehnte eine der geheimnisvollsten Formationen der US-Streitkräfte beherbergte.

Anfang der 50er Jahre, als der sogenannte »Kalte Krieg« zwischen Ost und West einen seiner Höhepunkte erreicht hatte, trafen dort Soldaten der »10th Special Forces Group« ein, einer geheimen, fallschirmspringenden Sondereinheit der US Army. Damals gehörte das brandneue »Special-Forces-Projekt« mit zu den am besten gehüteten militärischen Geheimnissen der Vereinigten Staaten von Amerika. Selbst von den Angehörigen der US Army wußte nur ein Bruchteil vage von der Existenz der streng abgeschirmten Spezialeinheit.

Gelang es trotz aller Abschirmungsmaßnahmen einem Außenstehenden, mit den meist schon älteren, erfahrenen Soldaten in Verbindung zu treten, machte er einige recht ungewöhnliche Feststellungen. Häufig waren auf den Namensschildern der Felduniformen Namen zu lesen, die dem slawischen Sprachgebrauch entstammten, aber auch ein recht unterschiedliches Sprachengewirr mit polnischen, russischen, ungarischen und tschechischen Lauten trat zum Amerikanischen. Besonderheiten konnten ebenso auf dem Standortübungsplatz beobachtet werden, dort waren die unterschiedlichsten Zünd- und Sprengmittel in großer Zahl gelagert, auffallend waren die zahlreichen gesprengten Teilstücke von Eisenbahnschienen. Das Ärmelabzeichen für aktive Fallschirmjäger der US Army, die jedoch keinem regulären Großverband zugeordnet sind sowie weitere spezialisierte Leistungs- und Tätigkeitsabzeichen ließen eine Truppe mit Sonderauftrag erkennen. Tatsächlich handelte es sich um ausgesuchte Kleinkriegs-Experten – mit Aufgabenbereichen in der unkonventionellen Kampfführung, der geheimen, unbemerkten Infiltration, Guerillakampfführung sowie in der Durchführung weiterer verdeckter und subversiver Aktionen.

Während sich ab November 1953 die eine Hälfte der Sondertruppe, deren Personal teilweise aus den Ländern hinter dem »Eisernen Vorhang« stammte, in Bayern auf mögliche Einsätze in Osteuropa und, im Falle eines Krieges, eines feindbesetzten Mitteleuropas vorbereitete, befand sich die 77. Gruppe in den USA. Obwohl den Sondertruppen ein »heißer« Einsatz in Europa erspart blieb, bildete allein schon ihre Präsenz und die Fähigkeit zum strategischen Einsatz, weit im Hinterland des mutmaßlich kommunistischen Gegner, ein zusätzliches Abschreckungspotential.

Die kommenden Jahre brachten eine Vielzahl weltweiter Unternehmen mit sich, die in einen kontroversen, 10jährigen Krieg in Südostasien mündeten.

11

Die jüngsten weltpolitischen Ereignisse haben den Komplex der unkonventionellen Kampfführung deutlich in den Vordergrund geschoben und damit auch die »Green Berets«, die eigentlichen Akteure dieses mit vielen Fragezeichen versehenen Bereiches. Das Ziel der Verhinderung von Kriegen jeglicher Art, mit der Folge eines stabilen, gesicherten Friedens, hat vorrangig alles politische Handeln der verantwortlichen Politiker zu bestimmen.

Die Gewährleistung von wirklicher Sicherheit, die nach wie vor ohne militärische Machtmittel in ausreichender Zahl leider nur ein Traum ist, stellt einen wesentlichen Beitrag zur Friedenssicherung dar.

Praktisch haben Atomwaffen heute nur noch eine weitgehend politische Aufgabe, allein die Androhung des Einsatzes soll einen Angreifer abschrecken. Als militärisches Machtmittel scheiden sie aber aus, und so steht die Frage nach Alternativen offen.

Die Verteidigungspolitik der USA versucht auf jede Art eines politischen Spannungszustandes oder Konfliktes mit dem jeweils am besten geeigneten, angemessenen Machtmittel zu reagieren. Die Sicherheitsanalysen bezeichnen als unterste Ebene des Bedrohungsspektrums den Terrorismus, meist aus dem Inneren kommend, der aber auch von außen wirken kann.

Der nächste Schritt führt zur unkonventionellen Kampfführung hin, dem Einsatzschwerpunkt militärischer Sondertruppen. Es folgt der »kleine«, begrenzte Krieg konventioneller Prägung, der, zeitlich und räumlich beschränkt, mit herkömmlichen Mitteln geführt wird. Eine weitere Eskalation eines solchen würde zum großen, überregionalen Krieg führen, wie es vielleicht der Zweite Weltkrieg war.

Begrenzte Konflikte mit dem Einsatz einzelner, taktischer Atomwaffen bezeichnen die US-Militärs als »Theater Nuclear Conflict«.

Schließlich ist die Drohung mit dem Einsatz strategischer Nuklearwaffen das äußerste militärische Machtmittel. Verallgemeinernd trifft folgende Faustregel zu: Je niedriger heute die Ebene eines Konfliktes liegt, um so höher ist die Wahrscheinlichkeit, daß er ausbricht. Diese Einstufung in jeweilige Risiken erfordert genügend Kräfte zur angemessenen Reaktion. Als Großmacht mit weltweiten politischen, wirtschaftlichen und militärischen Verpflichtungen müssen die USA stabilisierend und konfliktverhindernd agieren, um Konfrontationen zu vermeiden oder im Keim zu ersticken. Erst wenn viele Interessen massiv bedroht werden, soll mit den der jeweiligen Situation entsprechenden Mitteln reagiert werden. So läßt es sich eher vermeiden, daß aus lokalen Waffengängen überregionale Konflikte werden und die Risiken einer ungewollten globalen Konfrontation zunehmen.

Situationen, wie sie sich anläßlich des »Grenada-Konflikts« ergaben, können sich jederzeit wiederholen. Von 165 Staaten haben allein 57 eine Bevölkerung von weniger als 2,5 Millionen, diese »Mikro-Staaten« sind meist schwach, verwundbar und anfällig, haben aber des öfteren eine bedeutende strategische und wirtschaftliche Stellung. Drei Viertel dieser Länder sind nicht oder nur ungenügend in der Lage, sich gegen innere und äußere Angriffe zu verteidigen.

12

Viele dieser Kleinstaaten stellten sich bewußt unter den Schutz der USA. Hier können die Vereinigten Staaten jederzeit vor Aufgaben gestellt werden, die den militärischen Schutz dieser Regionen verlangen. Gleichzeitig bemüht man sich, die rechtmäßigen Regierungen zu veranlassen, mittels Sozialprogrammen jene Mißstände zu beseitigen, die zu Unzufriedenheiten und letztlich zu Machtkämpfen führen können.

Weitblick und politische Klugheit müssen die Grundlagen der zu fällenden Entscheidungen bilden. Eine Großmacht verliert dann ihre Glaubhaftigkeit, wenn sie Schwäche zeigt; sie verliert sie aber besonders dann, wenn sie korrupte und tyrannische Regierungen unterstützt und dies als Verteidigung der Freiheit ausgibt. Es genügt hier nicht, die in der Vergangenheit gemachten Fehler zu vermeiden, jegliche Veränderungswünsche und soziales Aufbegehren eines Volkes pauschal als »kommunistisches Machwerk« zu verdammen und notwendige soziale Reformen zu verhindern.

Im Einzelfalle, freilich, immer die »bessere Entscheidung« zu treffen, ist ein sehr schwieriges Unterfangen, so wird wohl in der Praxis oftmals vom Grundsatz des »kleineren Übels« ausgegangen werden. Die in Vietnam gemachten Erfahrungen dürften ihren Niederschlag sicherlich gefunden haben und mit dazu beitragen, daß die Vereinigten Staaten ihre Fehler nicht mehr wiederholen.

In einer ähnlichen Lage befand sich die Sowjetunion, die sich in Afghanistan – trotz haushoher Überlegenheit – gegen die einheimischen Freiheitskämpfer nicht durchzusetzen vermochte. Auch dort waren es sowjetische Spezialeinheiten, die Reihen der Freiheitskämpfer mit ihren Angehörigen oder Mittelsmännern durchsetzten und auf unkonventionelle Art militärische Erfolge erzielten.

Gegenwärtig nehmen die überregionalen politischen, wirtschaftlichen und sozialen Spannungen im Bereich der südlichen Erdhalbkugel zu. Mit den Krisen und den sich verschlechternden Lebensverhältnissen wächst die Bereitschaft zur Gewalt; die Unterdrückung wächst. »Stellvertreterkriege« flackern immer wieder auf, wenn es um den Einfluß der Großmächte geht, wenn um Energiequellen oder Absatzmärkte gerungen wird. Der russische Nobelpreisträger Solschenizyn äußerte einmal: »Um sich zu verteidigen, muß man bereit sein zu kämpfen, wer nicht kämpft, hat schon verloren.« Wie aber sieht heute die Wirklichkeit aus? Es gibt zwar eine Anzahl von Formationen, die für die Übernahme spezieller Aufgaben geeignet sind, oft spezialisierte Polizeiverbände und militärische Sondereinsatztruppen, von der Zahl her recht schwach. Die Situation bei der großen Masse sogeannter »herkömmlicher«, konventioneller Verbände beherrscht aber eine weitgehende Hilflosigkeit gegen unkonventionelle Angriffe. Die hochgezüchtete Waffentechnik gibt dem ihr als Bediener und Pfleger untergeordneten Soldaten moderner Prägung wenig Schutz. Im Gegenteil: Die besondere Störanfälligkeit überzüchteter Systeme bietet einen weiteren Ansatzpunkt für den Einsatz von Spezialeinheiten. Nadelstichartig, an richtiger Stelle plaziert, können sich schon aus kleinen Störungen und Unterbrechungen verheerende Folgen entwickeln. Besonders anfällig sind die ultramodernen Elektronik/Elektrik- und weiteren Führungs- und Kommunikationssysteme, die zunehmend auf allen Führungsebenen Verwendung finden. Wenn es gelingt, diese auch nur kurzfristig auszuschalten, sind die Aktionen eines Gegners weitgehend gelähmt und die Träger des Feuerkampfes zur Wirkungslosigkeit verdammt.

Zweifelsohne wird zukünftig die Bedeutung von Sonderoperationen, von denen hier nur einige Beispiele angesprochen wurden, weiter steigen. Nicht an letzter Stelle dürften dabei Erwägungen stehen, die Folgen der sich in einer Anzahl von Streitkräften abzeichnenden Personalknappheit sind. Die Verantwortlichen werden den Personalmangel sicher nur teilweise durch die Hinzufügung weiterer komplizierter Waffensysteme ausgleichen können. Es sind vielmehr grundlegende Änderungen, nicht nur wenig verändernde Reformen und Umverteilung von Aufträgen, erforderlich. Hier ist eine neue Bewertung, vor allem eine Aufwertung des Faktors »Mensch«, dringend notwendig, die ihren Niederschlag in angepaßten Organisationsformen, Kampf- und Einsatzgrundsätzen finden muß. Am Beispiel der militärischen Sondereinheiten beweist es sich, daß es durchaus neue Lösungsmöglichkeiten gibt. So sind die Angehörigen der Special Forces Soldaten, die eine außerordentliche Vielseitigkeit auszeichnet, sie können nicht nur kämpfen, sondern auch helfend, präventiv zum Einsatz kommen. Schon auf der niedrigsten Ebene, dem »A«-Team, ergeben sich eine Fülle militärisch-ziviler Doppelfunktionen. Die »hauptberuflichen« Guerillaexperten sind psychologisch und pädagogisch geschult, können Arbeitseinsätze organisieren, landwirtschaftliche Genossenschaften aufbauen, Seuchen bekämpfen, hygienische Verhältnisse verbessern, Brunnen bauen oder Werkzeug reparieren.

Was sind eigentlich Sondertruppen wirklich? Derartige Formationen vieler Streitkräfte haben in der Vergangenheit manches Unheil angerichtet, auf manchen Elite-Verbänden lastet eine Schuld-Hypothek von Grauen und Blut. Sie konnten aber auch in vielen Fällen dazu beitragen, daß Schlimmes verhütet oder verkürzt wurde, sich anbahnende Katastrophen nicht zu solchen entwickelten. Eine kühne, risikoreiche Aktion verhindert mittelfristig oftmals den Tod unschuldiger Menschen, ein waghalsiges Kommandounternehmen kann Tausende »konventioneller« Soldaten vor dem sicheren Tod retten. Langwierige Kriege werden im Keim erstickt oder verkürzt, dies rettet letztlich Menschenleben. Sondereinsätze sind jedenfalls dann immer wirklich erfolgreich, wenn sie mehr Menschenleben retten, als sie kosten.

Welche Menschen tragen nun eigentlich das legendenumwobene grüne Barett der amerikanischen Special Forces? Auf den ersten Blick vermutet der unbefangene Betrachter eine Mischung aus kühnen Draufgängern, Abenteurern, Söldnern oder muskelbepackten »James¡Bond-Typen«. Die Wirklichkeit ist anders und realistischer. Die US Special Forces sind reguläre Einheiten der US Army und somit Soldaten mit allen Rechten und Pflichten. Sie sind in die Organisationsstruktur des US-Heeres eingebunden, tragen die üblichen Uniformen, verwenden entsprechende Waffen und Gerät, keineswegs aber sind sie eigentliche Agenten oder Saboteure.

Mit ihrem Wahlspruch »Freiheit den Unterdrückten« haben sie sich freilich ein recht hohes Ziel gesetzt, dessen Verwirklichung in der rauhen Welt an den Gegebenheiten schnell seine Grenzen findet. So ist die Sondertruppe von einer Reihe fundamentaler Widersprüche und Gegensätze geprägt, die sich von übertriebener Verherrlichung bis zur völligen Ablehnung bewegen. Was sind die »Green Berets« tatsächlich, was sind sie nicht? Zweifelsohne prägt eine Anzahl von Besonderheiten diese militärische Elite. Der elitäre Geist basiert auf den hohen moralischen Ansprüchen des Helfers und Befreiers; eine gewisse »Robin-Hood-Mentalität« läßt sich manchmal nicht verleugnen, dies verleiht der Truppe den Ruf des »Besonderen«. Die hohen charakterlichen, geistigen und körperlichen Anforderungen verlangen Selbständigkeit, Gereiftheit, Anstand, Initiative, Tapferkeit und ein ausgeprägtes Verantwortungsbewußtsein.

Nicht gefragt sind profilierungswütige Draufgänger, naive Spinner, weltfremde Idealisten, Waffennarren, Nursportler und traumtänzerische Abenteurer.

Die Angehörigen der Special Forces waren aber trotz dieser Voraussetzung niemals »Supermänner« und werden dies auch künftig nicht sein. Sie müssen in der Lage sein, Probleme und Aufträge mit großer Sorgfalt zu durchdenken, ihre Aufgaben mit Einfühlungsvermögen, Intelligenz und Berufsmäßigkeit zu lösen. Seit den ersten Tagen bilden sie einen verschworenen Haufen, der wie Pech und Schwefel zusammenhält. Der kompetente Asienkenner und Journalist Peter Scholl-Latour schilderte in seinem Buch »Der Tod im Reisfeld – Dreißig Jahre Krieg in Indochina« eindringlich und objektiv ein Zusammentreffen mit »Green Berets« im Frühjahr 1965. »...Es handelte sich um Profis des Krieges, die auf Dschungelkampf, Sabotage, Counter-Insurgency hinter den feindlichen Linien gedrillt waren. ›Dirty tricks‹ gehörten ebenfalls zur Ausbildung. Bei den französischen Beobachtern hieß es, drei Mann der Special Forces seien mindestens so viel wert wie eine normale US-Kompanie. Die Männer der Special Forces freundeten sich in der zwanglosen amerikanischen Art schnell mit uns an. Typische Vertreter ihrer Nation waren diese Berufssoldaten, von denen die meisten Tätowierungen auf Brust und Armen trugen, nicht. Sie waren ein weit härterer Schlag als jene anderen GI's, die wir in Saigon und Umgebung getroffen hatten. In der Mehrzahl handelte es sich um Neueinwanderer oder jedenfalls um US-Bürger, die mit den gesellschaftlichen Klischees ihrer Heimat nicht zurechtkamen. Noch wurden die ›Green Berets‹ in der amerikanischen Presse wie Helden gefeiert, aber im Grunde waren sie ›misfits‹ in ihrem puritanisch geprägten Lande, das keine Verwendung für diese Art Außenseiter mehr hatte, seit die Tage der Waldläufer und Pistoleros zu Ende gegangen waren. Die Landung der ersten amerikanischen Kampfeinheiten – an ihrer Spitze ein Regiment ›Marines‹ – quittierten die Männer von Kontum mit offenem Hohn: ›Das hier ist ein Partisanenkrieg, und die Marines möchten am liebsten Guadalcanal und Okinawa wiederholen.‹ Auch die von Präsident Johnson befohlene Bombardierung strategischer Ziele in Vietnam imponierte ihnen nicht. ›Man bekämpft Ameisen nicht mit der Dampfwalze‹, meinte der Indianer...«

Diese Äußerungen weisen nicht nur auf den elitären Status der Sondertruppe, sondern auch auf gewisse Probleme hinsichtlich der Eingliederung in das Volk und die allgemeinen Streitkräfte hin. Besonders beliebt waren sie in der US Army nie, besonders nicht bei Machtgruppen mit puritanisch-konservativen, farblosen und frömmelnden Vertretern. Freilich liegt ein Teil der Schuld an den schlechten Beziehungen bei den Sondertruppen selbst. Manchmal auftretende Überheblichkeit und Arroganz, mitbegründet durch den überdurchschnittlichen Leistungsstandard, das Herabblicken auf die »Nichtfallschirmspringer«, das bewußte Abkapseln von der großen Masse und eine Reihe eigentümlicher Gebräuche förderten Unverständnis und Widerstand.

Äußerst umstritten und verbreitet sind Vorstellungen und Dialoge über »gerechte« Kriege, militärische »Spielregeln«, »ehrenhafte« und »unehrenhafte« Handlungen. Das Einhalten von »sportlichen« Grundsätzen beeinflußt den Verlauf eines totalitären Krieges im Grunde überhaupt nicht. Wer »ehrenhaft« kämpft, wer als »Kriegsverbrecher« einzustufen ist, entscheidet zuletzt immer derjenige, der aus der Auseinandersetzung als Sieger hervorgeht. Falsch und verbrecherisch handelt dabei immer nur der Verlierer –, eine mehr als verlogene, doppelbödige Moral!

Der Pilot eines Kampfflugzeuges, der in sicherer Höhe über Feindgebiet seine Napalmbomben ausklinkt, die möglicherweise Hunderten von unschuldigen Zivilisten den Tod bringen, handelt nach allgemeinen Anschauungen durchaus ehrenvoll.

Dem Einzelkämpfer, der sich seine Gegner als Teilnehmer an einer Fernpatrouille notfalls mit dem Messer vom Leibe hält und fortlaufend sein Leben riskiert, kann es beim Vorliegen ungünstiger Umstände passieren, vor einem Gericht als Kriegsverbrecher angeklagt zu werden.

Beide sind nur Akteure gewaltsamer Auseinandersetzungen, die von den maßgeblichen Politikern zu verantworten sind. An dieser Stelle ist auch die Verantwortlichkeit der »Green Berets« einzuordnen, der Soldaten für besondere Einsätze!

Der Auftrag

Trotz ihrer außergewöhnlichen Berufsmäßigkeit sind die Soldaten der US-Spezialeinheiten eher als »Generalisten« Multiplikatoren politischer und militärischer Macht. Ihre Vielseitigkeit befähigt sie, das weite Feld unkonventioneller Einsätze, Geheimunternehmen strategischer Natur und Militärberatung ausländischer Streitkräfte zu übernehmen. Natürlich sind die Angehörigen der Special Forces von der harten, umfassenden Ausbildung her auch in der Lage, klassische militärische Aufträge zu übernehmen; dies würde aber eine unwirtschaftliche Verzettelung der vorhandenen wertvollen Kapazitäten bedeuten.

In den zurückliegenden Jahrzehnten wandelten sich theoretische Doktrin und offizielle Aufgabenstellungen mehrfach und umfassend. Den ursprünglichen Auftrag, weit hinter den feindlichen Linien im Falle eines globalen Krieges zwischen Ost und West Widerstandsbewegungen zu unterstützen, mußten die Formationen nie erfüllen. Tatsächlich bildete bei den erfolgten Einsätzen kriegerischer Natur das genaue Gegenteil davon den Schwerpunkt: Die Special Forces der US Army bekämpften in erster Linie selbst Guerillas oder beteiligten sich an zahlreichen Stabilisierungseinsätzen in den Entwicklungsländern.

Heute setzt sich der formale Auftrag aus drei Kernbereichen mit Untergliederungen zusammen.

Offiziell steht an erster Stelle noch immer die »Unkonventionelle Kampfführung«, die sich in die Unterpunkte
– Guerilla-Kriegführung;
– Hilfsaktionen zur Flucht, Ausweichen und Entkommen;
– Subversion;
– Sabotage
gliedert.

Es folgen die »Special Operations«, die Sonderoperationen:
– Strategische Fernaufklärungs- und Nachrichtengewinnung;
– Lokalisierung, Bestimmung, Erkundung und Angriff von strategischen Zielen;
– Befreiung von Kriegsgefangenen, Gefangenen und weiteren wichtigen Personen, auch Verbündete und Zivilisten;
– »Anti-Terror-Einsätze«;
– Unterstützung im »Anti-Drogen-Kampf«.

An dritter Stelle genannt, jedoch gegenwärtig aktuellste und häufigste Einsatzart, ist die Beratung und Unterstützung ausländischer Regierungen in Fragen der Bewahrung der inneren Sicherheit, im wesentlichen in Form von Militärberatung.

Die sich nach dem Ende des Ost-West Konfliktes ergebenden sicherheits-politischen Veränderungen führten zu einer Erweiterung des schon recht umfangreichen Auftrages der SPECIAL OPERATION FORCES. Counterproliferation hat das Verhindern der Weiterverbreitung von Massenvernichtungswaffen zum Ziel. Präzise bedeutet dies die Lokalisierung, Identifizierung, Sicherstellung, Zerstörung, gewaltsame Inbesitznahme und Bergung von "vagabundierenden" Atomwaffen, biologi-schen und chemischen Kampfmitteln, die heute eine erhebliche Bedrohung des Weltfriedens darstellen.

Information warfare/command an control warfare sind Aktionen zum Schutz der militärischen Kommunikations- und Informationssysteme und Abwehr von Angriffen auf diese.

Countermine activities sind Maßnahmen zur Räumung von Landminen, Sprengfallen und gefährlichen Kampfmitteln in ehemaligen Kriegsgebieten. In erster Linie werden befreundete Streitkräfte und zivile Stellen ausgebil-det, beraten und unterstützt.

Coalition liason und collateral activities sehen eine enge Zusammenarbeit mit den Streitkräften und der Bevölkerung im jeweiligen Einsatzgebiet vor und bilden eine Klammer zu konventionellen Verbänden (z.B. SFOR).

Im Vordergrund steht der dominierende Guerilla- oder Partisanen-kampf, eigene aktive Kampfführung oder Bekämpfung derartiger Aktivitä-ten. Es ist nicht möglich, an dieser Stelle eine umfassende Darstellung dieser wohl schrecklichsten Art gewaltsamer Konflikte zu geben, jedoch wird versucht, die wichtigsten Punkte kurz zusammenzufassen. Um den Begriff »Guerilla« näher zu erläutern, wird auf das »Sachwörterbuch der Politik« von Reinhart Beck zurückgegriffen.

»Guerilla«, aus dem Spanischen kommend, bedeutet soviel wie »kleiner Krieg«, der Kampf bewaffneter Banden gegen die Regierung des eigenen Staates oder fremde Besatzung. Der Guerillakrieg kann in einen offenen Bürgerkrieg übergehen und hat – wenn es gegen fremde Truppen geht – den Charakter des Partisanenkampfes. Ein Guerillakrieg kann sowohl spontan, ohne bestimmte Ideologie entstehen, als auch systematisch, meist von Intellektuellen und auf der Grundlage einer sozialrevolutionären Ideo-logie, entfesselt werden. Zahl, Umfang, Intensität und politische Bedeu-tung der meist von kleinen, äußerst mobilen Einheiten geführten Guerilla-kriege haben im 20. Jahrhundert vor allem nach 1945 in Asien, Afrika und Lateinamerika stark zugenommen. Es lassen sich grob fünf Typen unter-scheiden:

1. Die Nationalen Befreiungsbewegungen, die, vor allem in der Dritten Welt, für die natürliche Unabhängigkeit ihres Volkes, gegen Unterdrük-kung kämpfen.

2. Regionale, teilweise auch separatistische Organisationen, die für die Autonomie oder Seperation eines bestimmten Gebietes kämpfen.

3. Gruppen, die für die Gleichberechtigung der Angehörigen ihrer Religion, gegen die Staatsreligion kämpfen.

4. Untergrundorganisationen in Diktaturen, die, häufig auf der Grund-lage kommunistischer oder sozialistischer Ideen, aktiv sind.

5. Sozialrevolutionäre Gruppen in westlichen Industriestaaten, die einen »antikapitalistischen« Kampf für eine neue und gerechte soziale und politische Ordnung führen.

Die Übergänge sind fließend, häufig vermischen sich sozialrevolutionäre, sozialistische, nationalsozialistische und religiöse Motive und Ziele. Gemeinsam ist allen die Anwendung von Gewalt und teilweise Terror als Mittel der Auseinandersetzung und die Illegalität des Kampfes, der Versuch, den Kleinkrieg zu einem »revolutionären Volkskrieg« auszuweiten.

Völkerrechtlich genießen die Guerillas seit 1949 denselben Schutz des Kriegsrechts wie militärische Truppen, aber nur, wenn sie militärisch organisiert sind, einer verantwortlichen Führung unterstehen und durch Kampfabzeichen oder Uniform als Guerillas erkennbar sind.

Zum Begriff des »Partisanen« (Anhänger, Parteigänger, Freischärler oder Franctireurs im Französischen) sagt selbige Quelle: »Partisanen sind Bewohner eines Staates, die, ohne Mitglieder seiner regulären Streitkräfte zu sein, gegen feindliche Truppen kämpfen, die in den Staat eindringen oder diesen besetzt halten. Typische Mittel des Partisanenkampfes sind Sabotage-Akte, Überfälle auf militärische Einrichtungen, Zerstörungen von Verkehrs- und Nachschublinien oder Attentate auf militärische und politische Führer der Besatzungsmacht. Nach Artikel 1 der »Haager Landkriegsordnung« unterstehen Partisanen dann völkerrechtlich dem Schutz des Kriegsrechts, wenn sie – wie die Guerillas – militärisch organisiert sind, eine verantwortliche Führung haben, offen Waffen oder Kampfabzeichen/Uniformen tragen und die Regeln der Kriegsführung achten. So haben Angehörige organisierter Widerstandsgruppen völkerrechtlich den Status von Kombattanten. Doch ist gerade der moderne Partisanenkampf dadurch gekennzeichnet, daß Partisanen nicht offen als Angehörige bewaffneter Truppen, sondern als Zivilisten auftreten und oftmals die Gesetze und Gebräuche des Krieges (z. B. Sabotage-Akte) nicht beachten.«

Es können zwei Grundformen zum bewaffneten Widerstand führen, zum einen ist dies der Widerstand der Bevölkerung gegen Unterdrückung und Ausbeutung gegen Systeme, die sich mit mehr oder weniger ungesetzlichen Mitteln an der Macht halten, der Kampf um Gerechtigkeit für das Volk. Die Spannweite des Widerstandes reicht vom regional beschränkten »Aufbegehren« kleiner Gruppen bis hin zur allumfassenden, gesellschaftsverändernden Revolution. So ist der Guerillakrieg in erster Linie ein politischer Krieg! Zum anderen richtet sich der Partisanenkrieg gegen einen von außen kommenden Feind, sozusagen die Fortsetzung des herkömmlichen Kampfes »mit anderen Mitteln«. Hier stellt er oftmals das einzige Mittel dar, sich gegen Terror und Unterdrückung zu wehren. So ist der »kleine Krieg« eine alternative Form der Auseinandersetzung zwischen unterschiedlichen Machtgruppierungen und Gesellschaftsformen, er ist von seiner Natur her ein eher zivil¡politischer-gesellschaftlicher Prozeß und stützt sich auf die – zumindest passive – Unterstützung weiter Kreise der Zivilbevölkerung. Der »Volkskrieg« hat verschiedene Auslösungsmomente und trägt, je nach Zielsetzungen, Namen wie Aufruhr, Revolution, Freiheitskampf, subversiver und verdeckter Kampf, Bandenkampf oder Bürger-krieg. Je nach Standpunkt des Betrachters bewegt sich die moralische Einstufung der Guerillas und Partisanen in der ganzen Breite menschlichen Empfindens, aber auch Verlogenheit; vom edlen, heroischen Freiheits-kämpfer bis hin zum verruchten, dreckigen Halunken. Widerstand, die Folge jeglicher Opposition, zeigt sich in den unterschiedlichsten Formen als Gegensatz zu »Nachgeben« und sich dem »Druck anpassen«. Das sich so im Laufe der Jahrtausende entwickelte »Widerstandsrecht« ist besonders in demokratischen Staaten staatstragend.

Widerstandsbewegungen, gleichwohl ob gegen die eigene Regierung oder eine ausländische Besatzungsmacht gerichtet, entwickeln sich dann, wenn sich die Menschen entschlossen haben, gegen Unterdrückung anzu-gehen. Hat sich einmal eine Widerstandsbewegung gebildet, gibt es für diese nur zwei Wege: Sieg oder vollständige Vernichtung; politisch-soziale Bereiche umfassend, entwickelt sie sich zum totalen Volkskrieg. Der Guerillakrieg oder kleine Krieg, wie ihn schon Clausewitz nannte, ist zwar erst im 19. Jahrhundert zu einer bedeutenden Form kriegerischer Ausein-andersetzungen geworden, in abgewandelter Form hat es ihn aber schon immer gegeben. Die Geschichte ist voll von Aufständen und Erhebungen, von der aktiven Beteiligung des Volkes an Befreiung von Unterdrückung. Nach 1945 sind zum sogenannten »begrenzten Krieg« zwei neue Versionen getreten: Der atomare Krieg und der revolutionäre Krieg. Während die Wahnwitzigkeit eines atomaren Krieges einer »Selbstzerfleichung« nahe-kommt, und so ein solcher nahezu vollkommen auszuschließen ist, beunru-higten seit dem Ende des Zweiten Weltkrieges, am Rande der Machtberei-che der beiden großen Machtblöcke, Guerillakriege unterschiedlicher Intensität die Erde. Es waren dies entweder kommunistisch unterstützte Aufstandsbewegungen oder nationalistische Erhebungen vielerlei Ursprungs. Politische Mittel, psychologische Aktionen, geschicktes Aus-nutzen von innenpolitischen Schwierigkeiten, Agitation, Terror, Propa-ganda und geschickte psychologische Beeinflussung sind nur einige der zahlreichen subtilen Mittel. Die durch offensives Handeln bestimmte Kampfführung der Guerilla stützt sich auf Beweglichkeit, Überraschung des Gegners und Ausweichen bei überlegenem Feind. Der Erfolg hängt im besonderen Maße von der zivilen Unterstützung ab, sowohl im materiellen als auch ideellen Sinne. Die Zivilbevölkerung ist in der Regel Repressalien ausgesetzt. Je stärker aber gerade der Druck durch Terrorismus, Beschlag-nahme von Gütern, Deportationen oder Erschießungen von Geiseln angesetzt wird, um so stärker entwickelt sich meist der Wille zum Wider-stand. Besonders erfolgversprechend sind Guerillaoperationen, wenn sie von einer Macht von außen gefördert werden. Die Unterstützung kann politischer, militärischer und wirtschaftlicher Art sein. Auch die geographi-sche Situation ist von großer Wichtigkeit, schwieriges Gelände wie unwirtli-che Gebirgsregionen, ausgedehnte Waldgebiete, unzugängliche Wüsten und unwegsame Moore und Sümpfe begünstigen Partisanen sehr.

Der verdeckte Kampf gegen einen personell und materiell überlegenen Gegner erfordert besondere Methoden, die von den Kampf- und Einsatzgrundsätzen herkömmlicher Einheiten abweichen. Hauptverbündeter der Irregulären ist der Überraschungseffekt. Dunkelheit und schlechte Witterung begünstigen deren Operationen. Da die Partisanen an Feuerkraft, Menschenreserven, Material und Führungsmittel gewöhnlich unterlegen sind, müssen sie eine offensive Taktik anwenden, die sie selbst bestimmen. Sie warten den für sie günstigsten Zeitpunkt ab, versuchen den Feind abzulenken und zu isolieren, greifen im Schutze der Dunkelheit mit kurzfristiger, örtlicher Feuerüberlegenheit an, um dann nach Ausführung des Auftrages in kleinen Gruppen nach verschiedenen Richtungen zu verschwinden, um sich dem Zugriff des Feindes zu entziehen. Um dem Gegner die Abwehr zu erschweren, wird das Operationsgebiet ständig gewechselt, so ist er gezwungen, seine empfindlichen Punkte ständig zu schützen, Truppen werden gebunden, durch nadelstichartige Überfälle abgenutzt und sind so einem häufigen Druck ausgesetzt. Die Guerilla vermeidet es, feste Stützpunkte oder starre Frontlinien längere Zeit zu verteidigen, die der Feind mit seiner überlegenen Feuerkraft leicht zu vernichten vermag.

Es dauert meist viele Jahre, bis einer Widerstandsbewegung der Erfolg beschieden ist – oder bis sie vernichtend geschlagen ist. Der Chinese »Mao« stellte hinsichtlich des Faktors Zeit folgende Faustregel auf: »Die Truppen dezentralisieren, um die Massen zur Erhebung zu bringen, und die Truppen konzentrieren, um mit dem Gegner abzurechnen.« Geradezu klassisch ist neben der weiteren Mao-Aussage, »der Partisan schwimmt im Volke wie der Fisch im Wasser«, die bildhafte Darstellung der veschiedenen Phasen im Volkskrieg: »Der Feind greift an – wir weichen zurück; der Feind ist zum Stehen gekommen, wir lassen ihm keine Ruhe; der Feind ist ermüdet, wir greifen an; der Feind zieht sich zurück – wir verfolgen ihn.«

Zusammenfassend ist zu sagen, daß Guerillabewegungen dann erfolgversprechend tätig werden, wenn sie von weiten Teilen des Volkes getragen werden, wenn sie wesentlichen Einfluß im zivilen Bereich nehmen und so die Volksmassen für sich gewinnen. Offensiv und unter Nutzung der Initiative müssen sie versuchen, dem Gegner den eigenen Willen aufzuzwingen. Gute Aussichten auf Erfolg hat eine Widerstandsbewegung dann, wenn die nachfolgenden Voraussetzungen erfüllt sind:
– Eiserner Wille zum Widerstand;
– Unterdrückung der Zivilbevölkerung durch Besatzungsmacht oder unpopuläre Regierung;
– Wirksame Propaganda- und Informationspolitik;
– Effektives Kundschafter- und Nachrichtenwesen;
– Disziplin;
– Gemeinsame Anstrengungen aller Beteiligten, auch der »Berater« einer unterstützenden ausländischen Macht;
– Unterstützung von außen;
– Günstiges Gelände.

Über Bedeutung, Wirksamkeit und Umfang verdeckter Aktionen herrschen in den herkömmlichen Streitkräften meist ablehnende, beschwichtigende Meinungen. Die »Amateursoldaten« einer Guerillabewegung – der militärische Faktor bildet aber nur einen Aspekt – seien, schlecht ausgebildet und bewaffnet, kein ernstzunehmender Gegner. Oft verbannt man die Paratisanen als eine Art romantisches Überbleibsel in ferne exotische Urwaldregionen außerhalb der eigenen Sicherheitsinteressen. Dabei bestimmen gerade heute die vielfältigen Formen von Revolten, Aufständen, Revolutionen, Terror, Sabotage und ziviler Gehorsamsverweigerung die Konfliktsituation. Man muß zwar den Gegnern des Partisanenkrieges recht geben, daß es sich bei der irregulären Kriegsführung um umstrittene, völkerrechtlich kaum geschützte Aktionen handelt, auch um keine besonders faire, gesittete Art, Konflikte gewaltsam auszutragen, aber die Realitäten sind durch nichts zu verbergen. Geht es um die Effizienz von Widerstandsgruppen der Vergangenheit, gibt es unterschiedliche Urteile. Auf den Zweiten Weltkrieg bezogen, behaupten manche Quellen, der Krieg sei durch verdeckte Aktionen und Widerstand um Monate oder Jahre verkürzt worden, andere behaupten das genaue Gegenteil. Hierzu einige klärende Zahlen, die nicht lügen können. Nach sowjetischen Angaben sollen im Zweiten Weltkrieg russische Partisanen mehr als 300000 Soldaten der Wehrmacht getötet haben. Polnische Untergrundkämpfer zerstörten 7000 Lokomotiven und 20000 Eisenbahnwagen, Bahnverbindungen wurden innerhalb von einer Woche bis zu 300 mal von Saboteuren unterbrochen. Der Kampfwert der nach der alliierten Invasion im Westen zum Einsatz gekommenen Widerstandsgruppen wurde mit zwölf Kampf-Divisionen veranschlagt. Die südostasiatischen Guerillas besiegten erst die Franzosen und dann die Amerikaner. Fidel Castro hatte in Mittelamerika durchschlagenden Erfolg, ebenso siegten Partisanenbewegungen in Afrika.

Als Berater eingesetzte Soldaten der Special Forces haben die nicht leichte Aufgabe, ausländische Widerstandsbewegungen im Sinne der gesamtpolitischen US-Interessen zu beeinflussen, ihre Aufgabe ist es nicht, eigenständige, unabhängige Partisanenorganisationen im gegnerischen Hinterland durchzuführen. Ihre beratende, unterstützende Tätigkeit konzentriert sich auf die Schwerpunkte Organisation, Ausbildung, Versorgung und Überwachung.

Im Falle der Bekämpfung von einheimischen Widerstandsorganisationen wird der Auftrag in das genaue Gegenteil umgekehrt, die Berater unterstützen entsprechende Anti¡Guerilla-Einheiten der »anderen Seite«. So zählen die »Green Berets« zu den ausgefuchsten Experten, denen alle Schliche und Kniffe der verdeckten Kampfführung wohl bekannt sind.

Zu den ursprünglichen Aufgabenbereichen gehört der »Escape und Evasion«-Sektor, die Bergung und Rettung von eigenem Personal, hauptsächlich Besatzungen abgeschossener oder notgelandeter Flugzeuge. Die Organisation und Durchführung von Flucht- und Rettungsunternehmen abgeschossener Piloten über feindbesetztem Gebiet bildet dabei den Schwerpunkt. Vor »heißen« Einsätzen erhalten die Besatzungen Informationen, wo sie im Notfalle mit Verbindungsleuten der am Boden operierenden Angehörigen der Special Forces Kontakt aufnehmen können. Zur Verständigung und Sicherheit sind gemeinsame Erkennungszeichen vereinbart. Da die Gefahr der Unterwanderung durch feindliche Agenten

22

besteht, wird unmittelbar nach der Rettung eines Piloten dessen Identität überprüft. Hierzu bedient man sich der Technik der Fingerabdrucknahme – jeder Einsatz- und Feindnachrichten-Sergeant beherrscht sie – über Funk werden die Werte an die Operationszentrale weitergegeben, die dann die Echtheit prüft.

Weitere Unterpunkte sind Subversion und Sabotage. Diese Aktionen sollen zur Schwächung der politischen, militärischen und moralischen Lage der zu bekämpfenden Regierung führen. Im Grunde handelt es sich um einen Bestandteil der allgemeinen Guerillakampftechniken, die sich solcher Akte bevorzugt bedienen. Im Rahmen strategischer Kampfaufträge im Falle eines erklärten Krieges können an neuralgischen Punkten durchgeführte Sabotageakte ganz erhebliche Auswirkungen auf den Gesamtablauf einer kriegerischen Auseinandersetzung haben.

Einen weiteren Unterpunkt bilden die eigentlichen Sonder- und Spezialoperationen, es sind streng geheime Kampf- und Aufklärungsaufträge strategischer Natur. Sie gehörten anfänglich nicht zum offiziellen Auftrag der Sondertruppen, erst später gingen Kampfaufträge wegen Fehlens anderweitiger geeigneter Formationen auf die »Green Berets« über. Die in den 50er Jahren auf wenige Ausnahmefälle beschränkten »Direct-actionmissions« nahmen im Verlauf des Vietnam-Krieges stark zu, besonders als die Special Forces in der zweiten Hälfte des Krieges unter die Befehlsgewalt konventioneller Kommandeure kamen.

Heute dürften vor allem die entsprechend ausgebildeten und gegliederten Kampftrupps der »Ranger« für derartige Unternehmen herangezogen werden, besonders heikle Missionen sowie Maßnahmen zur Koordination liegen aber auch weiterhin in den Händen der Special Forces.

Strategische Kommandounternehmen im Falle eines Krieges dürften sich auf wenige entscheidende Ziele, Führungsstäbe, technische Einrichtungen, lebenswichtige Industrieanlagen, Verkehrsknotenpunkte und sensible Bereiche der Energiewirtschaft beschränken. Das Lokalisieren und teilweise Bekämpfen feindlicher strategischer Waffensysteme, Verbindungs- und Versorgungslinien, das Ausschalten von Luftwarnnetzen sind weitere mögliche Aufträge. Nachrichtengewinnung durch weiträumig angelegte Fernaufklärungsunternehmen ist ein weiterer Schwerpunkt. Einzelheiten solcher Aktionen unterliegen strengster Geheimhaltung; präzise Angaben darüber dringen nicht an die Öffentlichkeit.

Während die schon erwähnten Fluchtorganisationen hauptsächlich der Bergung abgeschossener Flugzeugbesatzungen dienen, sind die Special Forces weiterhin für Rettung und gewaltsame Befreiung von Kriegsgefangenen und weiteren Personen zuständig. Hier ergaben sich in der Vergangenheit zahlreiche negative Erfahrungen. Allein zwischen 1966 und 1970 gab es rund 45 Befreiungsversuche für US¡Kriegsgefangene in Südostasien. Bei diesen Unternehmen handelte es sich um außergewöhnlich schwierige Vorhaben, da die Gefangenen verlegt wurden und immer die Gefahr bestand, daß sie von den Bewachern getötet würden. Die Lager wurden fortlaufend verändert, und so ist das recht magere Ergebnis bezeichnend für die großen Schwierigkeiten: Im besagten Zeitraum gelang es nur, einen

Gefangenen zu befreien, dieser starb wenig später an den Folgen der ihm vom Bewachungspersonal beigebrachten Verletzungen. Jedoch gelang es einer Anzahl Gefangenen, sich selbst zu befreien und zur eigenen Truppe durchzukommen.

Die Maßnahmen zur Terrorbekämpfung unterliegen äußerst strengen Geheimschutzbestimmungen, die nach der mißlungenen Aktion im Iran 1980 noch verstärkt wurden. Die gegenwärtige und zukünftige allgemeine Entwicklung läßt mühelos erkennen, daß sich hier ein neuer Schwerpunkt entwickelt, der die bisherige Fixierung auf die militärischen Aspekte des Guerillakampfes ergänzen und teilweise ersetzen wird. Einsatzweisen und -techniken der in Fort Bragg stationierten Formation »Delta«-Detachment entsprechen ungefähr denen der deutschen GSG-9 und des britischen SAS. Neu hinzugetreten sind nun auch Einsätze im Kampf gegen den Drogenhandel.

Heute stehen eindeutig Maßnahmen der präventiven, beratenden und unterstützenden Hilfen zur Stabilisierung der Sicherheit befreundeter Staaten im Mittelpunkt, die weitgehend an die Stelle der früheren reinen Partisanenbekämpfung getreten sind. Es zeigt sich weltweit immer mehr, daß sich die direkte militärische Konfrontation auf die Gebiete von Zersetzung, Subversion, Propaganda, psychologische Beeinflussung und wirtschaftlich¡kulturelle Offensiven verlagert. Nunmehr versucht man, diese Entwicklung durch weitgehend präventive Maßnahmen aufzuhalten. Die Experten der Special Forces beraten und unterstützen mit den USA befreundete Regierungen auf deren ausdrücklichen Wunsch in Fragen der Sicherheit und inneren Stabilität. Ein möglichst frühzeitiges Einsetzen von Gegenaktionen, möglichst schon im Vorfeld eines Konfliktes, trägt dazu bei, daß es zu einer größeren Auseinandersetzung überhaupt nicht kommt. So betätigen sich die »Green Berets« heute in erste Linie in der Ausbildung, Einsatzberatung und Unterstützung legaler einheimischer Streitkräfte.

Dabei steht nach wie vor die Hilfe zur Selbsthilfe im Mittelpunkt.

Der Auftrag der US Special Forces hat sich im Verlaufe von vier Jahrzehnten vielfach gewandelt und neuerdings erheblich erweitert. Die Bedeutung unkonventioneller Kampfweisen wird weiter zunehmen und entsprechend ausgebildetes Personal in ausreichender Zahl erforderlich machen.

Wird der Typ des unkonventionell einzusetzenden Soldaten, der versucht, schwierige Situationen, die den Einsatz militärischer Gewalt verlangen, mit einer Kombination aus vorbeugenden, helfenden, konfliktverhindernden und dosiert gewaltsamen Handlungen zu meistern, vielleicht der neue Soldat der Zukunft, der neben dem hochqualifizierten Techniker steht?

Historische Vorläufer

Die Ursprünge der US Special Forces reichen bis in die Mitte des 18. Jahrhunderts zurück. In den folgenden Jahren entwickelten sich in den US-Streitkräften eine Vielzahl von militärischen Sondereinheiten und Spezialformationen. Teilweise handelt es sich dabei um ausschließlich geschichtsbezogene Vorgänger, jedoch sind durchaus in Teilbereichen direkte Zusammenhänge in den Aufgabenstellungen, Ausbildung oder bei den Einsatzgrundsätzen vorhanden.

Die nachfolgende Darstellung einzelner, ausgewählter Spezialeinheiten der Vergangenheit ist keineswegs erschöpfend oder vorbildhaft; Identität und Gemeinsamkeiten schwanken, sind aber in den Grundzügen immer vorhanden.

Es handelt sich hier besonders um verschiedene Milizen, freischarartige Formationen sowie reguläre Verbände der US Army, die in der unruhigen, wechselvollen Geschichte um das Entstehen und die Weiterentwicklung der nordamerikanischen Nation entstanden. Sie entwickelten sich als Folge eines unmittelbaren Bedarfs entsprechend der jeweiligen Situation, ebenso schnell verschwanden sie nach Auftragserfüllung wieder.

FIRST SPECIAL SERVICE FORCE

Diese »Erste Sonderdiensttruppe« aus US- und kanadischen Soldaten ist offizieller und unmittelbarer Vorläufer der heutigen Special Forces. Zu Beginn des Jahres 1942 planten die Alliierten einen streng geheimen Einsatz mit dem Ziel, im Winter 1942/43 eine mit Spezialfahrzeugen ausgerüstete Kommandotruppe aufzustellen, die im von der deutschen Wehrmacht besetzten Norwegen sowie in Norditalien mit luftgelandeten Gerät lebenswichtige Industrie- und Energieversorgungsanlagen angreifen und zerstören sollte. Als weitere Ziele galten die Erdölfelder in Rumänien. Ein robustes, geländegängiges »Schneemobil« mit den Bezeichnungen »Penguin«, später »Weasel«, sollte die Beweglichkeit im schwierigen Gelände sicherstellen. Ursprünglich plante man eine gemische Einheit aus Amerikanern, Kanadiern und auch Norwegern, jedoch beschränkte sich der norwegische Anteil lediglich auf einige Ausbilder und Berater. Die Streitmacht setzte sich aus drei kleinen Regimentern zu jeweils zwei Bataillonen zusammen, hinzu trat ein Stabs- und Versorgungsbataillon. Rund ein Drittel der Mannschaften rekrutierte sich aus kanadischen Fallschirmjägern, den Rest bildeten amerikanische Freiwillige. Die Kanadier bildeten keine geschlossenen Einheiten, sondern teilten sich auf alle Regimenter anteilsmäßig auf. Zwei Regimentskommandeure kamen aus der US

Army und hatten kanadische Stellvertreter, beim 3. Regiment verhielt es sich umgekehrt. Bei den Bataillonskommandeuren befanden sich die Kanadier in der Überzahl.

Im Sommer 1942 kam es unter der Führung des damaligen Colonels Robert T. Frederick zur geheimen Aufstellung im abgelegenen Fort William Henry Harrison, Helena, Montana. Aus Tarnungsgründen wählte man die unverfängliche Bezeichnung einer Sonderdienstgruppe und nicht die einer Fallschirm- oder Kommandoeinheit. Alsbald begann eine intensive Ausbildung im militärischen Fallschirmsprung, Stoßtruppunternehmen und im Gebirgs- und Winterkampf. Aus operativen Überlegungen verzichtete die militärische Führung der Alliierten auf einen umfassenden Angriff gegen die besonders für die deutsche Atomforschung sehr bedeutenden norwegischen Industrieanlagen – zugunsten des Einsatzes kleiner Fallschirm-Sabotagegruppen des britischen SAS und Bombardierungen durch die Luftstreitkräfte. Nachdem es zum vorgesehenen geheimen Spezialeinsatz hinter den Linien in den von der Wehrmacht besetzten Ländern vorläufig nicht kam – auch von der Vorbereitung und Unterstützung einer alliierten Invasion Skandinaviens kam man ab – plante die Heeresführung die Spezialtruppe für Aktionen und Landungsunternehmen im Mittelmeerraum, Schwerpunkt Italien, ein. Vorher, im August 1943, landete sie bei Kiska auf den Aleuten; diese Inselgruppe befand sich zeitweilig unter japanischer Besatzung. Aber diese Aktion verlief mehr oder weniger im Sande. Als die vereinigten Nordamerikaner an Land stürmten, stellten sie fest, daß die Japaner schon abgezogen waren. Ende Oktober befanden sich die Soldaten wieder auf Transportschiffen, dieses Mal in Richtung Mittelmeer. Geplant war eine Verwendung in den Apenninen, den Alpen und zur Unterstützung von Guerillas in den Bergen der Küste Jugoslawiens. Nach einem kurzen Zwischenaufenthalt in Nord-Afrika landete der Verband in Italien und verstärkte dort die schwer angeschlagene 5. US-Armee, die gerade einen neuen Angriff auf die hartnäckig verteidigte Bernhard-Linie vorbereitete. Im Kampfe gegen die erprobten deutschen Truppen, Fallschirmjäger, Gebirgsjäger und Panzergrenadiere, bedeuteten die mit zusätzlichem Gebirgsgerät ausgestatteten 2300 Mann eine willkommene Verstärkung.

Die Truppe erlebte ihre Feuertaufe recht bald und intensiv. Im Rahmen eines großangelegten Angriffes gegen die deutschen Stellungen erhielten die Nordamerikaner den Auftrag, die beiden beherrschenden Höhen, Monte la Difense und Monte la Remetanea, zu stürmen. In der Nacht vom zweiten auf den dritten Dezember gelang es ihnen, unter Verwendung von Seilen und Strickleitern, die gutausgebauten Stellungen zu stürmen und den Gegner niederzukämpfen, unterstützt wurden die Sturmsoldaten dabei durch eines der schwersten Artillerietrommelfeuer des Zweiten Weltkrieges. Gegen 4 Uhr morgens am ersten Angriffstag stürmten die Soldaten die Berggipfel, gegen 7 Uhr befand sich das gesamte Gebiet in alliierter Hand. Der Auftrag wurde in nur wenigen Stunden ausgeführt, die Stäbe hatten mindestens drei Tage als Zeitbedarf angesetzt. Freilich kostete der Sieg viele Tote und Verwundete, allein 27 Kanadier wurden getötet und 64 verwundet, die Gesamtverluste lagen bei 400 Mann. In den folgenden sechs Wochen stürmten die alliierten »Gebirgssoldaten« einen Gipfel nach dem anderen.

Während des fordernden Einsatzes in Italien erhielt die Truppe auch ihren Spitznamen, die »Teufels-Brigade«. Anlaß für diese Bezeichnung bildeten die aufgefundenen Tagebuchnotizen eines gefallenen deutschen Offiziers, er verfaßte folgende Notiz: »Die *Schwarzen Teufel* (die Gesichter waren mit Ruß geschwärzt) sind immer um uns, wir hören sie nicht und können sie nicht sehen, aber sie belauern uns immer.«

Anschließend kämpfte die durch Feindeinwirkungen, Erkrankungen und Erfrierungen reduzierte Sondertruppe bei Anzio und hielt dort fast ein Viertel des gesamten Brückenkopfes der schwer bedrängten Landungstruppen. Dabei stand auf zehn Meter Frontlänge nur ein Mann zur Verfügung, eine an den damaligen militärischen Gegebenheiten gemessen recht knappe Relation. Als am 29. Februar 1944 die deutsche Panzer-Division »Hermann Göring« einen großangelegten Gegenangriff startete, machte die Special Service Force 111 Gefangene bei nur fünf eigenen Verwundeten. Oftmals kam sie dem Gegner zuvor, indem sie ihn in weiträumigen Raids überraschend angriff und so selbst die Initiative ergriff. Gegen Ende des Monats Mai bildete die Spezialtruppe beim Vormarsch des 6. US-Korps nach Nord-Osten, entlang der Via Appia, die Spitze und erlitt besonders durch feindliche Panzer wieder hohe Verluste. Am 1. Juni 1944 führte sie, gemeinsam mit einem unterstellten Panzerverband, den Angriff des 2. US-Korps auf Rom an. Am 4. Juni stürmten zwei auf Panzer aufgesessene Kompanien die sieben strategisch bedeutsamen Tiber-Brücken im Nordteil der Stadt; sie nahmen nach heftigem Widerstand die Angriffsziele gegen 23 Uhr endgültig in Besitz.

Als die 7. US-Armee die unter dem Decknamen »Dragoon« bekannt gewordene Invasion der französischen Riviera durchführte, fiel den Nordamerikanern, zusammen mit französischen Kommandotruppen, die Besetzung der Inseln Levant und Port Cros (Hyerès-Inseln), etwa 10 km von der Küste entfernt, zu. Am 14. August 1944 setzte sich die Invasionsflotte von der Insel Korsika aus in Bewegung. Die in den frühen Morgenstunden des darauffolgenden Tages landenden Sturmsoldaten trafen auf keinen nennenswerten Widerstand. Die Aktion kostete die Amerikaner und Kanadier nur leichte Verluste, letztere 10 Tote und 32 Verwundete.

Am 21. August übernahm die First Special Service Force, hart westlich von Cannes, die Stellungen der britischen 2. Fallschirm-Brigade, die der 1. Luftlande-Kampfgruppe angehörte. In den kommenden Wochen kämpfte sich die Truppe entlang der Riviera in Richtung italienische Grenze vor, für die 60 km brauchte sie knapp drei Wochen. Nahe der Grenze zu Italien wurde die evakuierte Stadt Menton kampflos eingenommen, der weitere Vormarsch jedoch von der 34. Division der deutschen Wehrmacht vorläufig gestoppt, die sich in den Befestigungen der sogenannten »Kleinen Maginot Linie«, 1940 von den Franzosen zur Abwehr eines befürchteten italienischen Angriffes gebaut, festsetzte. Wieder folgten harte Kämpfe in der gebirgigen, unwegsamen Küstenregion, Ende November mußten dem stark angeschlagenen Verband frische Truppen zugeführt werden. Da man aber im Hauptquartier von General Eisenhower nach Abflauen der schweren Kämpfe an der italienischen Grenze die schon stark geschwächten Regimenter nicht erneut in das Feuer schicken wollte, zudem die Kanadier den schon seit Monaten geplanten, aber immer wieder verschobenen Abzug ihres Anteils endgültig realisierten, kam es zur offiziellen Auflösung. Die Verluste betrugen zu diesem Zeitpunkt 2300 Mann, darunter 450 Tote und Vermißte.

Am 5. Dezember 1944 marschierten die Überlebenden bei der offiziellen Abschiedsparade ein letztes Mal gemeinsam an hohen alliierten Offizieren vorbei. Die Zeremonie hatte einen gespenstischen Charakter: Die Teilnehmer hatten die ursprüngliche Friedensformation eingenommen und die vielen Lücken, die der Krieg zwischenzeitlich gerissen, offen gelassen. Manche Kompanien bestanden nur noch aus wenigen Soldaten, die vielen leeren Plätze erinnerten eindringlich an die hohen Verluste. Obwohl nicht eingesetzt, wie ursprünglich vorgesehen, erwarb sich die binationale Truppe einen hervorragenden Ruf. Sie erbrachte auch den Beweis, daß verbündete Soldaten unterschiedlicher Herkunft durchaus zusammenwirken können.

Die noch verbliebenen US-Soldaten kehrten in die USA zurück, einige traten zu den beiden noch existierenden Ranger¡Bataillonen, die Kanadier verstärkten das 1. kanadische Fallschirm-Bataillon. Die Einheitstradition pflegen heute Soldaten der Special Forces, sie haben auch viele äußere Abzeichen und Symbole aus der Zeit des Zweiten Weltkrieges von der Vorläuferorganisation übernommen.

DIE RANGER

Der »Stammbaum« vieler Einheiten der Special Forces ist eng verbunden mit den Traditionen von Rangerformationen, die nun nicht mehr existieren. Eigentlich haben Ranger und Sondertruppen nur sehr wenig miteinander gemeinsam, um so öfter aber werden sie miteinander verwechselt. Im militärischen Sprachgebrauch bezeichnet der vom mittelenglischen »raugner« abgeleitete Begriff die Kommando- und Fernaufklärungseinheiten der US Army. Um diese infanteristische Eliteeinheit rankt sich ein geheimnisvoller, romantisch verklärender Mythos aufopfernden Heldentums, Verwegenheit und elitären Selbstbewußtseins. Die Geschichte dieser Spezialtruppe beginnt im Jahre 1754, als die damaligen kolonialen Weltmächte Frankreich und Großbritannien ihren letzten, aber um so härteren Kampf um die Vorherrschaft auf dem nordamerikanischen Kontinent austrugen. Zwischen 1754 und 1763 bekämpften sich die Rivalen, unter reger Teilnahme der indianischen Ureinwohner. Wenig geeignet erwiesen sich dabei die schwerfälligen, unbeweglichen Truppenverbände europäischer Prägung; so legten sich beide Seiten besondere Einzelkämpfer und kleine Einheiten zu, die für den Kampf im Urwald und unwegsamen Gelände geeignet waren. Sie beherrschten die Tücken des lautlosen Kleinkampfes, wahre Meister im Nahkampf und in der listenreichen Geländeausnutzung. Sie bedienten sich indianischer Kampfmethoden und nutzten die Überlegenheit der Feuerwaffen. Gewandtheit, Vorsicht, Schläue und äußerste Härte begleiteten das tägliche Ringen um das Überleben dieser französischen »Waldläufer« und britischen »Ranger«. Als »Rogers Rangers«, benannt nach dem Führer Major Robert Rogers, kam dieser Kommandoverband auf der britischen Seite zum Einsatz. Die Jägerkompanie erzielte bei Einsätzen im feindlichen Hinterland so beachtliche Erfolge, daß man die Einheit alsbald zum eigenständigen Korps, »His Majesty's Independent Companies of Rangers«, mit neun Kompanien vergrößerte. In kühnen, oftmals grausamen und brutalen Schlägen griff die bunt zusammengewürfelte, aber im Einsatz recht disziplinierte Einheit, die weder eine einheitliche Uniform, Ausbildung noch Bewaffnung besaß, den Feind immer wieder in der Tiefe des eigenen Hinterlandes überraschend an, zerstörte Indianersiedlungen und rottete ganze Stämme aus. Neben Überfällen und Handstreichen – die den Gegner ständig beunruhigten und seine Verbindungslinien bedrohten – wurden so starke Verbände zum Zwecke der Raumsicherung gebunden und wertvolle Aufklärungsergebnisse gewonnen. Die Ranger scherten sich wenig um militärische Formen, die Offiziere wählten sie sich meist selbst nach Fähigkeiten und Leistung. Jeder trug die ihm als zweckmäßig erscheinende Bekleidung, häufig fand man Jagdhemden und wildledernen Leggins. Später erhielten die Ranger eine grünfarbene Dienstkleidung mit einer Mütze aus grünem Fries. Diese »Schottenmütze« ähnelt der heute von den Angehörigen der Special Forces getragenen grünen Baskenmütze. Bewaffnung und Ausrüstung erwiesen sich als denkbar einfach; nur das Notwendigste an Verpflegung und Gebrauchsgegenständen des persönlichen Bedarfs trugen die Soldaten bei sich, im übrigen versorgten sie sich aus dem Lande. Jagd- und Fischfang, Sammeln von Beeren und Früchten, ebenso aber auch Beutegut aus Überfällen und Plünderungen, dienten der eigenen Versorgung. Major Rogers verfaßte auch einen einfachen bebilderten Leitfaden mit 19 Hauptpunkten, welche die wesentlichen Grundsätze für den Kampf hinter den feindlichen Linien bezeichneten. Noch heute lehnen sich Schriften maßgeblicher Guerilla- und Partisanenführer, wie auch Mao Tse Tung, eng an diese Aussage an.

Im Unabhängigkeitskrieg kämpften auf amerikanischer Seite Einheiten nach Rangergrundsätzen, überfielen blitzartig schwache gegnerische Einheiten und unterbrachen und gefährdeten die Verbindungs- und Nachschublinien der Briten nachhaltig.

Mehr eine milizartige Polizeitruppe stellten indessen die legendären »Texas-Rangers« dar, die in Regimentsstärke vor allem während des Krieges zwischen den USA und Mexiko 1845–48 als »irreguläre« Kavallerie hauptsächlich Aufklärungs- und Führerdienste für die regulären Verbände durchführten. Zeitweilig kämpfte die improvisierte Selbstschutztruppe im Süden und Südwesten auch gegen Verbrecherbanden und kriegerische Indianer.

Im Bürgerkrieg bedienten sich besonders die Südstaaten spezieller Truppen, die als bewegliche Kavallerie weit im Rücken des Gegners operierten und diesem erhebliche Verluste zufügten. Einer Formation gelang es bei einem Fernunternehmen, 1500 km weit in die Nordstaaten einzudringen, dort Versorgungs- und Verkehrseinrichtungen zu zerstören und starke Einheiten zu binden und abzunutzen. Während der zahlreichen kleineren Kriege, welche die USA um die Jahrhundertwende führten und im Ersten Weltkrieg gab es keine Rangereinheiten. Erst im Verlaufe des Zweiten Weltkrieges, als die deutsche Wehrmacht mit ihrer von zahlreichen Sonderunternehmen eingeleiteten »Blitzkriegstrategie« auftrumpfte, begannen sich die Alliierten ihrer eigenen Kapazitäten zu erinnern. Die Briten stellten ihre »Commandos« und den »Special Air Service« auf, die Amerikaner folgten mit einer »Neuauflage« der Ranger dem angelsächsischen Vorbild und stationierten ihr 1. Ranger-Bataillon, unter Major William O. Darby, in Nord-Irland. Insgesamt entstanden im Verlaufe des Krieges sechs derartige Bataillone, sie beteiligten sich an den Brennpunkten der Kämpfe bei Dieppe, in Nordafrika, Italien, in der Normandie und auch im pazifischen Raum. Überwiegend als infanteristische Stoß- und Sturmtruppe eingesetzt, mußte die Hälfte der Rangerformationen schon Mitte 1944 wegen erheblicher Personalverluste aufgelöst werden. Von den ursprünglich mehr als 1500 Männern waren bei Kriegsende noch ganze 97 übrig.

Als im Jahre 1950 die USA im Rahmen der Vereinten Nationen militärisch in den Koreakrieg eingriffen, kam es erneut zur Aufstellung von 14 selbständigen Rangerkompanien, nunmehr als Fallschirmeinheiten ausgebildet und gegliedert. Nach weniger als einem Jahr waren sie ausgeblutet, und die Überlebenden kehrten in die Heimat zurück.

1951 verfügte der Stabschef des Heeres, General Collins, die Aufnahme der Kampfgrundsätze der Ranger in das Ausbildungsprogramm der gesammten US Army. Er versprach sich von dieser Maßnahme eine Anhebung des allgemeinen Leistungsniveaus, mehr Härte bei den Kampftruppen und eine positive Stärkung der Motivation der zusätzlich als Ranger qualifizierten GI's. In achtwöchigen Lehrgängen mauserten sich Soldaten und Offiziere zu Experten in der Führung kleiner Kampfgemeinschaften, im Nahkampf, in der Fernaufklärung, im Überleben und Durchschlagen sowie im Gebirgs- und Dschungelkampf. Vor allem sollten das persönliche Selbstvertrauen gestärkt und die seelische und körperliche Belastbarkeit erprobt werden. Noch heute finden diese sehr fordernden Lehrgänge an der US-Infanterieschule Fort Benning statt, die Härte der Anforderungen dokumentiert die Ausfallquote von bis zu 50%! Ende 1973, während des Vietnamkrieges, kamen nur den einzelnen Großverbänden zugewiesene Fernspähtrupps zum Einsatz, stellte die US Army erneut zwei aktive Rangerbataillone in Dienst, konzipiert als Spezialtruppe für Sturmeinsätze, Handstreiche und den Einsatz unter schwierigen Gelände- und Witterungsverhältnissen.

Natürlich sind auch die Soldaten dieser herkömmlich nach infanteristischen Grundsätzen organisierten Bataillone ausgebildete Fallschirmspringer und Ranger, Experten in der Panzerabwehr, aber nicht in der unkonventionellen Kampfführung. Knapp 600 Mann betragen die Mannschaftsstärken, schwere Waffen und Fahrzeuge sind nicht zugewiesen. Äußerlich sind diese »hauptamtlichen« Ranger erkennbar an einem schwarzen Barett und am entsprechenden Ärmelabzeichen mit der Aufschrift »1., 2. oder 3. Airborne-Ranger-Bataillon«.

1982 erfolgte die Unterstellung der beiden Bataillone an das 1. Sondereinsatz-Kommando in Fort Bragg, welches neuerdings sämtliche Sonderformationen der US Army führt.

Im Herbst 1983 befanden sich die Ranger wieder einmal an der Spitze eines militärischen Unternehmens. Während der US-Aktion auf der Karibik-Insel Grenada bildeten die Ranger die Vorhut und übernahmen die gefährliche Aufgabe des Sturmes des Flugplatzgeländes mittels eines Fallschirmabsprunges unter feindlicher Waffenwirkung aus extrem niedriger Höhe. So schufen die Ranger die Voraussetzungen für die nachfolgende Eroberung der Insel durch weitere Kontingente der US-Streitkräfte.

Im Juli 1984 wurde in Fort Benning ein weiteres Bataillon aufgestellt; dazu ein Stab mit Stabskompanie. Erstmals in der Geschichte der Rangers gibt es nun offiziell das »Ranger-Regiment«. 1990/1991 beteiligte es sich am »Desert Shield« und »Desert Storm«.

OFFICE OF STRATEGIC SERVICES

Das »Büro für strategische Dienste« (OSS) steht nicht als offizieller Vorläufer in der Chronik der US Special Forces. Es diente jedoch den 1952 aufgestellten Sondertruppen in vielen Bereichen als Modell und ist tatsächlich die eigentliche Vorläuferorganisation. Die Geschichte des OSS ist eng verbunden mit seinem Gründer, General William Donovan, der legendäre »Wild Bill« war ein enger Vertrauter des Präsidenten Roosevelt. Als der Zweite Weltkrieg ausbrach, verfügten die Amerikaner über keinen Nachrichten- und Geheimdienst. Lediglich das FBI, zuständig für die Schwerkriminalität, versuchte sich amateurhaft und glücklos im Nachrichtengeschäft und in der Spionageabwehr. Im Sommer 1941 begann Donovan auf Weisung des Präsidenten mit dem Aufbau eines militärischen Nachrichtendienstes, heftig bekämpft vom FBI. 1942 erfolgte eine Teilung des »Office of Coordination of Information« in eine Abteilung für Spionage und Sonderoperationen (OSS) und in das »Office of War Information«, welches dem Verteidigungsministerium als militärischer Nachrichtendienst unterstellt wurde. Personalauswahl, Ausbildung und Zielsetzung waren in den Aufbaujahren von einer teilweise kaum zu überbietenden Naivität geprägt. Es fanden sich die gegensätzlichsten Freiwilligen ein, Abenteurer, Phantasten. Erscheinungen aus der »Halb- und Unterwelt« standen neben durchaus brauchbaren Wissenschaftlern, Technikern und Soldaten. Zu den Bewerbern, die glaubten, dem Vaterland als wagemutige Einzelkämpfer und todesverachtende Agenten dienen zu müssen, zählten Millionäre, Geistliche, Hochschullehrer, Büroangestellte oder Uhrmacher. Naturlich kamen auch ernstzunehmende »Profis«, Wissenschaftler, Journalisten, Ingenieure, Soldaten und Offiziere.

Trotz vieler Anlaufschwierigkeiten und auch Spannungen mit weiteren US-Nachrichtendiensten und Dienststellen entwickelte sich den OSS zu einer leistungsfähigen Organisation. Eine enge Zusammenarbeit ergab sich mit dem »British Special Operations Executive«, einer britischen Sonderformation; hier gab es jedoch auf den höheren Ebenen Spannungen und Reibereien. Viele der Operateure stammten aus dem Ausland oder gehörten der ersten Generation von Einwanderern aus den verschiedensten Regionen an. Ihre Sprachkenntnisse, Ortskenntnisse und Verbindungen zur Bevölkerung erwiesen sich bei der Durchführung von Spezialaufträgen von unschätzbarer Bedeutung. Die Ausbildung erfolgte im Fallschirmabsprung, Spreng- und Sabotagetechniken, Waffen- und Fernmeldewesen sowie in den Grundsätzen der Guerillakampfführung. Die meisten Einsätze ergaben sich im Balkan, in den Benelux-Ländern, Frankreich und Italien, zur Unterstützung der dortigen Widerstandsbewegungen. Je nach Lage und Auftrag kamen Einzelpersonen, Dreiergruppen und Formationen bis zu 30 Mann zum Einsatz. Im Verlaufe der unter der Bezeichnung »Jedburgh« zur Unterstützung der alliierten Invasion in der Normandie durchgeführten Einsätze sprangen kleine Teams, meist aus einem britischen oder amerikanischen, belgischen, niederländischen, französischen Offizier und einem Funk¡Sergeanten bestehend, hinter den deutschen Linien mit dem Fallschirm ab. Sie führten und koordinierten die Aktionen der einzelnen Widerstandsgruppen, leisteten Ausbildungshilfe und organisierten den Materialnachschub aus der Luft. Größere Spezialeinheiten mit der Bezeichnung »Operational Groups«, mit 15 oder mehr Angehörigen, wiesen hinsichtlich Ausbildung, Gliederung und Einsatzgrundsätzen eine verblüffende Ähnlichkeit mit den späteren Einsatzteams der Special Forces auf. Zusammen mit den Maquis sprengten sie Brücken, überfielen Transporte und besetzten wichtiges Schlüsselgelände. Auch rückschauend betrachtet, ist es schwer, eine Erfolgsbilanz zu ziehen. Die Risiken waren sehr hoch, so wurde eine große Zahl der von Großbritannien aus in das deutsche Reichsgebiet eingeschleusten Agenten unmittelbar nach der Fallschirmlandung gestellt und meist sofort standrechtlich erschossen. Immerhin erzielten aber die OSS-Leute bei minimalem eigenem Einsatz auch große Erfolge. Es gelang ihnen, 1350 in Rumänien gefangen gehaltene Flugzeugbesatzungen in einem kühnen Handstreich zu befreien. Ein lediglich mit einem Lautsprecher »bewaffneter« OSS-Agent schaffte es mit List, eine starke deutsche Kampfgruppe bei Cherbourg zur Übergabe zu bewegen. Im Frieden, im September 1945, wurde der Dienst aufgelöst, der draufgängerische General Donovan geriet in eine Anzahl frustrierender Intrigen und wandte sich wieder seiner zivilen Anwaltstätigkeit zu. Als er 1959 starb, äußerte sich der damalige US-Präsident Eisenhower recht bewegt zum Tode des »Wilden Bill«: »Welch ein Mann, wir haben den letzten Helden verloren!«

Nach dem Kriege stand ein erfahrenes, hochqualifiziertes Potential von Offizieren und Experten für künftige Geheimoperationen bereit. Entgegen

32

dringender Empfehlungen beschloß aber die US-Regierung nach dem Tode von Roosevelt, den OSS aufzulösen; lediglich einige Spezialisten für die psychologische Kampfführung blieben im aktiven Dienst. Bereits 1947 hatte sich die naive Friedenseuphorie weitgehend gelegt, und als eine der Folgen des »National Security Act« erhielt der neugeschaffene Geheimdienst CIA erstmals eine rechtlich fundierte Grundlage für nachrichtendienstliche Einsätze auch im Frieden, es wurde ihm offiziell gestattet, auch im Ausland geheime Missionen durchzuführen und nachrichtendienstlich tätig zu werden.

Eine besondere Entwicklung ergab sich im asiatischen und pazifischen Raum. Dort kämpfte 1944 eine legendäre Truppe in den Dschungeln und Bergwäldern Nordburmas, ganz auf sich allein angewiesen, nach den Grundsätzen von Sondereinheiten. Die rund 3000 in der 5307th Composite Unit (Provisional) und nach ihrem Kommandeur, General Frank D. Merill, als »Merill's Marauder's« benannten US-Soldaten sahen sich dabei einer japanischen Übermacht von 1½ Millionen Soldaten gegenüber. Dieser Verband arbeitete eng mit dem Detachment 101 des OSS zusammen und konnte beachtliche Erfolge erzielen. Einer der maßgeblichen Führer war der damalige Captain William R. Peers, er kommandierte 1945 die von ursprünglich 25 Mann auf mehr als 100 Offiziere und 500 Soldaten angewachsene Sondertruppe. Peers, der später zeitweise dem Geheimdienst CIA angehörte, diente in den späten 50er Jahren auch einige Jahre als Kommandeur des 5. US-Infanterie-Regiments in der Bundesrepublik Deutschland. Während des Vietnam-Krieges befehligte er ein Korps und hatte nach dem »My Lai-Massaker«, das übrigens nicht von der Special Forces, sondern von »gewöhnlichen« US-Soldaten (darunter viele Wehrpflichtige) verursacht wurde, die undankbare Aufgabe, den Vorfall offiziell untersuchen zu müssen. Peers handelte fair und gerecht, er schonte auch hochgestellte Generale nicht. Kurze Zeit später wurde »Ray« Peers, als Generalleutnant, pensioniert. Ursprünglich sollte das OSS¡Detachment 101 ein geheimes Nachrichtennetz in China aufbauen, dieser Auftrag erwies sich als nicht durchführbar. Die Spezialeinheit unterstützte dann die Aktionen der »Merill's Marauder's« und arbeitete dabei besonders eng mit den einheimischen Kriegern vom Stamme der Kachin zusammen.

Die Truppe umfaßte bald 11 000 Kämpfer, die gegen die Japaner einen harten, für diese verlustreichen Guerilakrieg führten. Die wilden Krieger, die ihren Opfern als Trophäe ein Ohr abschnitten und erst nach und nach von den Amerikanern zu einer »gesitteten« Kampfführung geführt wurden, überfielen Transporte und Stützpunkte und hielten die japanischen Besatzer ständig in Atem. Sie lieferten etwa 90% der Feindnachrichten für die höhere Führung, funkten Daten über lohnende Ziele an die Luftstreitkräfte.

Nach groben Schätzungen dürfte die von den US-Experten geführte, verdeckt kämpfende Einheimischentruppe etwa 10 000 japanische Soldaten getötet haben, bei nur geringen eigenen Verlusten.

Die Zusammenarbeit mit den »Kachin-Rangers« stellt ein Musterbeispiel für eine typische, unkonventionelle Kampfführung dar, die in allen wesentlichen Punkten der Einsatzkonzeption der ein Jahrzehnt später aufgestellten Special Forces entsprach.

Den US-Beratern vom Detachment 101 gelang es, die Einheimischen gegen die japanische Besatzungsmacht aufzuwiegeln, deren Führung zu übernehmen, sie auszubilden, zu beraten und zu versorgen und so für die eigenen politischen und militärischen Kriegsziele der USA einzuspannen.

INDIANISCHE SCOUTS DER US ARMY

Der sich über zwei Jahrhunderte erstreckende Kleinkrieg, den die hoffnungslos unterlegenen Ureinwohner Nordamerikas gegen die europäischen Eroberer führten, trug viele Züge des Guerillakampfes, beide Seiten bedienten sich meist recht unkonventioneller Kampfweisen. Betrachtet man das Einheitsabzeichen der Special Forces, eine am linken Oberarm getragene stilisierte indianische Pfeilspitze, erkennt man deutlich die Nachempfindung der gefürchteten indianischen »Fernwaffe«. Im Mützenabzeichen kreuzen sich zwei Indianerpfeile, ein ähnliches Motiv ist auf den Schulterklappen der Uniform zu sehen. Diese Symbole, übernommen von der »First Special Service Force« des Zweiten Weltkrieges, führen zurück in die Zeit der Indianerkriege.

Indianer kämpften einzeln und in größeren Einheiten schon seit dem Unabhängigkeitskrieg in den Reihen des US-Heeres. Im Bürgerkrieg gab es auf beiden Seiten eigenständige Indianer-Regimenter. Indianische Führer brachten es manchmal bis zum Colonel der regulären US-Army.

Hauptsächlich leisteten die Ureinwohner Dienste als Späher und verstärkten leichte Infanterieverbände. Sie zeichneten sich vielfach durch Tapferkeit und Mut aus, es mangelte aber an formaler Disziplin. Nach Beendigung des Bürgerkrieges wurde die Anwerbung vorangetrieben, die Indianer dienten, zusammengefaßt in lose geformten Kompanien, als Mannschaften und Unterführer. Sie erkundeten Marschrouten und begleiteten als erfahrene Führer Expeditionen; als reguläre Armeeangehörige bezogen sie Sold und erhielten dieselben (armseligen) Vergünstigungen der US-Kavalleristen. Obwohl abgetragene Dienstkleidung zur Verfügung stand, zogen es die Indianer meist vor, sich nach eigenem Gutdünken und praktischen Erfordernissen – recht bunt – zu kleiden. Die Kopfbedeckung zierte ein Schild mit den schon erwähnten gekreuzten Pfeilen und der Inschrift »U. S. S.« (United States Scouts) darüber. Meist wurden sie in ihren Heimatregionen eingesetzt. Wegen ihrer für die Zungen der Weißen unaussprechlichen Namen erhielten sie von den Offizieren oft Spitznamen wie »Sergeant Dandy Jim«, oder einfach Nummern oder Buchstaben. Standen die Späher im Sold der Army, handelte es sich in der Regel um befristete Dienstverträge von sechs Monaten, die beliebig oft erneuert wurden. Bei dieser Gelegenheit muß erwähnt werden, daß die bedrängten Indianer untereinander wenig Solidarität zeigten und sich oftmals gegenseitig ausrotteten. So schlugen schon 1778 die Spanier die gefürchteten Krieger der Comanchen mit verbündeten Pueblo-Indianern, die dann auf die Navajo-Nation losgingen, die Navajos wiederum stellten Kontingente zur Niederwerfung der westlichen Apachen. Es wurden weit mehr Indianer von Volksgenossen als von den Weißen getötet. Besonders in der Zeit nach dem Bürgerkrieg spielten die indianischen Soldaten eine beachtliche Rolle. In einer Reihe von Gefechten repräsentierten sie allein die US Army und kämpften oftmals gegen die eigenen Stammesgenossen. Ein Tagesbefehl des US-Kriegsministeriums verfügte 1866 die Aufstellung der Indianertruppe für den Einsatz in den Indianerterritorien. Die Höchstzahl der Planstellen betrug 1000, wurde aber nie ausgeschöpft. 1867 dienten 474 Scouts im US-Heer, ein Jahrzehnt später war der Höchststand von 600 Köpfen erreicht. Das Ende der Indianerkriege brachte eine drastische Reduzierung der indianischen Truppe. 1891 dienten nur noch 150 Späher bei der US-Kavallerie. Im Jahre 1915, während des Ersten Weltkrieges, schrumpfte ihre Zahl auf 24, jedoch erhöhte sie sich nochmals auf 39, als General John J. Pershing eine Strafexpedition gegen die plündernden Truppen des Mexikaners Pancho Villa nach Mexiko unternahm. Dort fochten die Scouts am 5. Mai 1916 bei Ojos Azules Ranch ihren letzten Kampf. Ironischerweise handelte es sich bei diesen Spähern um einen Trupp Apachen, der dem 11. US-Kavallerie-Regiment zugeteilt war, welches sich Jahrzehnte früher besonders bei der »Lösung der Indianerfrage« hervorgetan hatte. Beim letzten Gefecht waren die gegnerischen Verluste außerordentlich hoch, keiner der Indianer wurde getötet oder verwundet.

Wer von der mexikanischen Strafexpedition übrig blieb und den Dienst nicht quittierte, kam in das Fort Huachucha/Arizona. Dort dienten die ehemaligen Kundschafter als Wachen und begleiteten gelegentlich wissenschaftliche Expeditionen als Führer. Im Jahre 1947 erfolgte die endgültige Auflösung der Indianertruppe. Jedoch kreuzte im benannten Armee-Fort noch vor wenigen Jahren ein zwischenzeitlich uralt gewordener pensionierter Sergeant der Truppe auf, um sich an den monatlichen Zahltagen seine Ruhestandsbezüge in bar vom Zahlmeister auszahlen zu lassen.

Im Koreakrieg und während der Kämpfe in Vietnam dienten viele Indianer in den US-Streitkräften, nach vollzogener Rassenintegration gab es keine eigenen Einheiten rassischer Minderheiten mehr. Obwohl bei den Special Forces in den ersten Jahren ihres Bestehens fast keine Farbigen dienten, hatten aber Indianer und Mischlinge dort immer einen festen Platz, anerkannt als besonders leistungsstarke Soldaten. So diente der Staff-Sergeant John Theodore Hogan bei einer Special Forces Group in Vietnam, in der blumigen Sprache seines Crow-Heimatstammes lautete sein Name »Ah-Wa-Shee-Heylan-Bla-La-Paz«, was man etwa mit »der den Nebel tötet« übersetzen kann. Im Krieg halfen ihm und seinen Kameraden seine Kenntnisse über das Leben in unwirtlichen Regionen, sein jägermäßiger Instinkt sehr.

GUERILLAKAMPF AUF DEN PHILIPPINEN

Ebenfalls nicht zu den offiziellen geschichtlichen Vorläufern der heutigen US-Sondertruppen zählend, erhielt der Special-Forces-Gedanke entscheidende Impulse von US-Offizieren, die während des Zweiten Weltkrieges auf pazifischen Inseln Widerstandsbewegungen gegen die japanischen Besatzer organisierten. Dort gewannen die maßgeblichen Schöpfer der Sondertruppen ihre Erfahrungen und Kenntnisse während eines jahrelangen, mit erbitterter Härte geführten Guerillakrieges. Einige US-Offiziere entzogen sich nach der alliierten Niederlage zu Beginn des Krieges der japanischen Gefangenschaft durch Flucht in das unwegsame Landesinnere, später kamen entflohene Kriegsgefangene dazu. Die Amerikaner übernahmen alsbald Ausbildung, Organisation und Führung einheimischer Partisanen, Hilfe von außen erhielten sie in der ersten Zeit kaum. Bedeutende Widerstandsbewegungen entwickelten sich auf den Inseln Leyte und Nord-Luzon. Bei Kriegsende existierten in mehreren Regimentern 20 000 Partisanen. Der US-Oberbefehlshaber im Pazifik, General MacArthur, bezeichnete sogar diese Guerillabewegung als die größten Widerstandsgruppen des Krieges. Auf der Insel Mindanao kämpfte mit Erfolg eine Guerillaeinheit, die sich »Guerilla-Bewegung des 10. Militär-Distriktes« nannte. Als im Jahre 1952 die erste Special Forces Group aufgestellt wurde, erhielt sie die Bezeichnung »10. Gruppe«. Dies, obwohl es überhaupt nur eine Gruppe gab. Es liegt die Vermutung nahe, daß einige der Offiziere, die früher im »10. Militär-Distrikt« im Pazifik dienten, diese Bezeichnung als traditionelle Erinnerung an die alte Guerillaformation übernahmen und im neuen Sonderverband weiterleben ließen.

Entwicklung

DER KALTE KRIEG BEGINNT

Im Januar 1947 liegt das geteilte Europa am Boden. Verwüstete Landstriche und zerbombte Städte vermitteln ein Bild der Hoffnungslosigkeit. Weit über 55 Millionen Tote, unzählige Verwundete, Vertriebene, Flüchtlinge und Entwurzelte hat der Zweite Weltkrieg beschert. Armut, Hunger und Not bei Siegern und Besiegten. Allein zwölf Millionen Deutsche sind aus den Ostgebieten vertrieben worden und erschweren zusätzlich die ohnehin schwierige Lage.

Als im Frühjahr 1945 die Deutsche Wehrmacht und nach dem Einsatz der ersten Atomwaffen wenige Monate später auch Japan kapitulierten, sehnten sich die geschundenen Menschen vor allem nach Frieden. Kurze Zeit durften die Überlebenden tatsächlich glauben, daß mit dem Ende des Zweiten Weltkrieges militärische Gewalt als Mittel zur Lösung künftiger Probleme ausgedient habe.

Voller Euphorie glaubten besonders die Amerikaner an eine friedliche Zukunft. Die kriegsentscheidende Macht hatte binnen kurzer Zeit ihre Streitkräfte auf 10 Millionen Mann aufgestockt. Noch schneller erfolgte nach Kriegsende die Abrüstung. Die Reste der Streitkräfte beschränkten sich auf ein Minimum an strategischen Waffen der Luftstreitkräfte und der Marine. Die unterbesetzte US Army verrichtete überwiegend Besatzungsdienste in Europa und im Fernen Osten. Die schwer angeschlagenen Truppen der anderen westlichen Siegermächte verstrickten sich schon bald in blutige, aussichtslose Kolonialkriege. Das arg gebeutelte Europa hatte seine politische und wirtschaftliche Bedeutung weitgehend verloren, erst die amerikanische Wirtschaftshilfe im Rahmen des Marshall-Planes half dem »Alten Kontinent« langsam wieder auf die Beine.

Anders entwickelte sich die Lage in Osteuropa. Unter ungeheuren Verlusten war es der Sowjetunion gelungen, auf der Seite der Siegermächte zu stehen. Der Diktator Stalin glaubte zwar auch an die von den Amerikanern so bezeichnete »Eine Welt« – aber er sah diese unter kommunistischer Vorherrschaft.

Nachdem die amerikanischen Streitkräfte nach Absprache mit den Sowjets darauf verzichtet hatten, Berlin und Prag einzunehmen sowie darüberhinaus Teile Mitteldeutschlands an die Rote Armee abtraten, wollte Stalin noch mehr. Er unterstützte die Vertreibung der Deutschen, schuf die ihm angenehmen machtpolitischen Verhältnisse in Osteuropa und verlangte gewaltige Reparationen. Unter dem Schutz der sowjetischen Bajonette gelang es nationalen kommunistischen Parteien nach und nach die Macht zu übernehmen. Terror, Geheimpolizei, Schauprozesse und

Enteignungen leiteten den Übergang zur kommunistischen Diktatur und Tyrannei ein. Bald hatte Stalin eine Machtausweitung auf Ostmitteleuropa erreicht, den Einfluß in seiner Besatzungszone in Mitteldeutschland gefestigt und die kampferprobten Soldaten der Sowjetarmee standen in den Satellitenstaaten drohend dem nahezu wehrlosen »Resteuropa« gegenüber.

Als Folge der nicht zu übersehenden kommunistischen Machtausweitung sahen sich die USA gezwungen ihre Außen- und Militärpolitik zu überprüfen. Unter Federführung von George F. Kennan entstand das Konzept der »Containment-Politik«, die in ihren Zielsetzungen grundsätzlich jede kommunistische Druckausübung mit massivem Gegendruck zu beantworten gedacht. Neben dem Hauptziel der Eindämmung des östlichen Expansionsbemühens entwickelten sich durchaus Gedanken zu einer gewaltsamen Befreiung annektierter Länder im Osten Europas und zur Unterstützung von Aufständen der unterdrückten Bevölkerung.

Direkte Bezüge zwischen den erheblich später aufgestellten Special Forces und dieser »Roll-Back-Theorie« sind aber nicht gegeben. Zunächst reagierte die US-Regierung auf die Machtausweitung überrascht und hilflos. Erst als Griechenland unter kommunistische Herrschaft gebracht werden sollte, leitete die »Truman-Doktrin« endlich die Politik der Eindämmung ein. Präsident Truman verkündete der Weltöffentlichkeit feierlich, daß die USA künftig alle freien Völker unterstütze, die einer Unterjochung widerständen. Um Europa politisch zu stabilisieren, startete Truman ein Hilfsprogramm. Der sowjetische Außenminister Molotow lehnte aber dieses Angebot als »neue Form des Imperialismus« ab. Hoffnung und Verzweiflung lagen 1947 eng zusammen. Mit dem wirtschaftlichen Wiederaufbau begann der Aufstieg des freien Europas. Gleichzeitig verschärften sich die Spannungen und ein Krieg schien plötzlich wieder möglich. Der britische Premier Churchill zitierte den ehemaligen Propagandaminister im Dritten Reich, Goebbels, als er sagte: »Ein Eiserner Vorhang ist in Europa niedergegangen«. Er sollte für die nächsten vier Jahrzehnte recht behalten!

Entlang des Eisernen Vorhangs in Mitteleuropa herrschte eine völlige Überlegenheit der sowjetischen Streitkräfte, die Stalin nach Kriegsende kaum verringerte. Den rund 100 kampfkräftigen Divisionen standen in den westlichen Besatzungszonen nur wenige Verbände gegenüber. Die US-Kampfgruppen beschränkten sich auf einige schwache Panzer-Regimenter und die sogenannten »Konstabler«-Formationen für Besatzungsdienste. Die 1. Infanterie¡Division in Bayern wurde aufgefüllt. Die USA verließen sich auf die abschreckende Wirkung der Atomwaffe die sie als einziger Staat besaßen. Insgesamt war die Verteidigungsstrategie für Europa unausgewogen. Sie sah zunächst den Rückzug der US-Truppen im Falle eines Angriffes der Roten Armee vor (im Rahmen der Aktion »Halfmoon« soll der Einsatz von Atomwaffen einkalkuliert worden sein). Die in Deutschland stationierten Besatzungstruppen besaßen keinen hohen Kampfwert. Träge und verweichlicht führten sie ein gutes Leben. 1948 einigten sich die Westmächte über die Gründung eines westdeutschen Staates, mit der Währungsreform am 24. Juni 1948 wurden die ersten Weichen gestellt. Die Reaktion aus dem Osten folgte postwendend: Mit der Blockade der

Berliner Westsektoren forderte Stalin die USA heraus und zwang sie, ihre politischen und militärischen Absichten zu bekennen. Die USA konnten den Belagerungsring um Berlin nicht sprengen; es fehlten die notwendigen konventionellen militärischen Mittel. Einen Atomkrieg wollten die Amerikaner nicht riskieren, und so versorgten sie Berlin über eine »Luftbrücke«. In Europa ging die Angst vor Stalin und seinen Soldaten um. Deutsche nahe der Sektorengrenze hielten ständig ihr Fluchtgepäck bereit.

Im April 1949 schlossen die USA und elf weitere Staaten das westliche Verteidigungsbündnis der NATO. Aus den westlichen Besatzungszonen entstand die Bundesrepublik Deutschland, zunächst noch unbewaffnet. Die militärische Lage in Westeuropa verbesserte sich nur langsam. Nach Geheimdienstberichten plante Stalin bis spätestens 1954 einen konventionellen Großangriff auf die noch freien europäischen Länder. Nur die USA verfügten über die Kapazitäten, eine sinnvolle Verteidigung aufzubauen. Als 1949 auch die UdSSR in den Besitz der Atombombe gelangte, wurde die militärische Lage in Europa kritisch. Dabei wandten sich die Amerikaner – erstmals seit Kriegsende – wieder der Thematik der »unkonventionellen Kriegsführung« zu. Kräfte und Verbände für Sondereinsätze gab es in den Streitkräften nicht mehr. Das »Office of Strategic Service (OSS)«, das im Zweiten Weltkrieg für Geheimeinsätze zuständig war, hatten die Amerikaner bereits 1946 aufgelöst. Aber die zunehmenden Spannungen führten schon 1947 zur Aufstellung der »Central Intelligence Agency (CIA)«. Diese Organisation übernahm einen Teil des ehemaligen OSS-Personals, einige Veteranen verblieben bei den regulären Streitkräften. Im Juni 1948 ging die Weisung 10/2 des Nationalen Sicherheitsrates die Verantwortung für alle verdeckten und paramilitärischen Aktionen auf die CIA über. Lediglich einige kleine Einheiten für die psychologische Kriegsführung, für Flugblatt, Lautsprecher- und Rundfunk-Spezialisten blieben im Heer bestehen.

Das Fehlen fähiger Sondereinheiten in den US-Streitkräften machte sich zwischen 1948 und 1952 deutlich und negativ bemerkbar. Die Durchführung verdeckter Aktionen lag in den Händen der »zivilen« Angestellten, Agenten und »Helfer« des verhältnismäßig unerfahrenen Nachrichtendienstes. Zunächst versuchte er im Ostblock ein Agentennetz zu errichten, was gemeinsam mit der deutschen »Organisation Gehlen« zum Teil auch gelang. Aktionen in die Tiefe des östlichen Machtbereiches einzudringen, scheiterten. Der Versuch, über die CIA im Osten Fuß zu fassen und den Gegner im Falle eines Krieges im Hinterland zu packen, hatte wenig Aussichten auf Erfolg.

Im Osten hielten sich noch immer Reste antikommunistischer Widerstandsgruppen zu denen die CIA Kontakt hielt. Im Westen – etwa in München – befanden sich Lager ukrainischer Emigranten. Dort erfuhr die CIA, daß sich in der Nähe der neuen polnischen Ostgrenze noch eine von den Deutschen im Zweiten Weltkrieg aufgestellte Partisanengruppe befand, die allerdings Ende 1949 vor der endgültigen Vernichtung stand. Solche Widerstandsgruppen wollte die CIA im Falle eines Krieges nutzen. Immer wieder gelang es US-Flugzeugen in den noch unzureichend geschützten sowjetischen Luftraum einzudringen und Kontakte mit Widerstandsgruppen aufzunehmen oder diese zu versorgen. Es konnten auch mehrere als Funker ausgebildete Exil-Ukrainer eingeschleust werden. Die Partisanenformationen sollten unter Führung der CIA vor allem die rückwärtigen Verbindungen stören, um so einen sowjetischen Angriff nach Westen zu verzögern oder aufzuhalten. Einige Agenten gelangten tatsächlich in die damalige UdSSR, teils per Fallschirm oder über die Ostsee mit Booten. Gewaltige Versorgungslager entstanden mit Waffen- und Munitionsbeständen, die für die Unterstützung der Widerstandsbewegungen bereitstanden. Flugzeuge warfen große Mengen an Propagandamaterial ab und klärten auf. Besonders wirksam dürften aber die in München und Holzkirchen beheimateten Rundfunksender der CIA gewesen sein: Die Sender Freies Europa und Radio Liberation, später in Radio Liberty umbenannt, strahlten ihre Nachrichten in allen osteuropäischen Sprachen aus und hielten die Verbindung zwischen den unterdrückten Völkern des Ostens und der Freien Welt aufrecht.

Ein halbes Jahrzehnt nach Kriegsende stand aber die kommunistische Herrschaft keineswegs auf so schwachen Füßen, wie es eine US-Studie glauben machen wollte. Der sowjetische Sicherheitsapparat kontrollierte das gesamte öffentliche Leben, mit Druck und Härte wurde jegliche freiheitliche Regung niedergeschlagen. Zudem hatte die Bevölkerung, die größtenteils die Schrecken und Grausamkeiten eines harten Partisanenkrieges am eigenen Leib gespürt hatte, die Nase voll von jeglicher Gewalt und fügte sich lieber der Knechtschaft.

In ihrem übergroßen Eifer, Erfolge im »verdeckten Kalten Krieg« zu erzielen, begingen die Aktivisten eine Reihe von Fehlern und verursachten blamable Pannen. So wurden Widerstandsbewegungen mit hohen Geldbeträgen unterstützt, die in Wirklichkeit gar nicht mehr existierten; Agenten wurden in Fallen gelockt; kurzfristig organisierte Partisanenformationen unterwandert und aufgerieben. Freilich kam es nicht nur zu Aktivitäten westlicher Nachrichtendienste hinter dem Eisernen Vorhang, auch im »Westen« entwickelte sich ein subversiver Krieg mit Morden, Entführungen und Sabotageakten. Nach einem erbärmlichen Reinfall mit der fingierten polnischen Untergrundorganisation »Freiheit und Unabhängigkeit« und der Zerschlagung der letzten ukrainischer Partisanengruppen Ende 1952, gaben die USA die Unterstützung der Widerstandsbewegungen auf. Nun respektierten sie den Herrschaftsanspruch der Kommunisten in Osteuropa – wenn auch widerwillig.

Die CIA machte als Hauptträger dieser Infiltrationsversuche viele schmerzliche Erfahrungen. Ähnlich erging es dem Nachrichtendienst auch in Asien, Mittelamerika und Afrika.

Die US-Streitkräfte waren auf kleine, begrenzte Kriege und vor allem auf Guerillakriege nicht im geringsten vorbereitet. Ihre Militärstrategie baute auf die atomare Abschreckung. Dies führte zu einer Unfähigkeit auf unteren Konfliktstufen angemessen zu reagieren. Die zumindest ansatzweise vorhandene Handlungsunfähigkeit, verbunden mit der totalen Abhängigkeit vom zivilen Nachrichtendienst CIA, ermutigte eine kleine

Gruppe im Guerillakrieg erfahrener US-Offiziere, militärische Spezialeinheiten vorzuschlagen. Es war ein mühevolles Unternehmen mit wenig Erfolgsaussichten, in einer konservativ geführten Armee derartige Vorschläge in die Tat umzusetzen.

Aber die aktuelle Entwicklung erwies sich als hilfreich. Als Reaktion auf den Aufstieg der Sowjetunion zur Atommacht erhöhten die USA Ende 1949 die Verteidigungsanstrengungen weltweit. Im Dezember siegten die chinesischen Kommunisten gegen die von den USA unterstützten Nationalchinesen. Im Juni 1950 überfielen starke nordkoreanische Verbände Süd-Korea. Der Kalte Krieg drohte heiß zu werden. Die Welt stand erneut am Rand eines Weltkrieges; lediglich die »Stellvertreterfunktion« des kommunistischen Nord¡Korea verhinderte eine direkte Konfrontation der beiden Supermächte. Wie wenig die US-Streitkräfte auf die Besonderheiten eines »Volkskrieges« vorbereitet waren vermittelt ein Presseartikel:

»Im Koreakrieg übernahmen rotchinesische Freiwilligen-Verbände in einer Stärke von 200000 Mann, unter Führung von General Peng Tehuai die Initiative und stoppten den Vormarsch der UN-Truppen. In den rückwärtigen Gebieten lebte die Partisanentätigkeit auf. Dadurch sind außer einer kompletten amerikanischen Infanteriedivision auch weitere türkische, südkoreanische und philippinische Verbände gebunden. Die US-Verluste betrugen bis zum 10. November 1950 4798 Gefallene, 19740 Verwundete und 4373 Vermißte...«

Wie wollte das unter Handlungszwang stehende US-Oberkommando nun reagieren?

10TH SPECIAL FORCES GROUP –
GEHEIMTRUPPE GEGEN DEN KOMMUNISMUS

Der überraschende Kriegseinsatz in Korea führte in seiner Anfangsphase fast zu einer verheerenden Niederlage der aus Japan kommenden, hastig in die Kämpfe geworfenen GI's. Nur mit Mühe konnten sie sich bei Pusan am Südzipfel der koreanischen Halbinsel halten, bis Verstärkungen eintrafen. Die Aufrüstung des Westens lief an, und die USA versuchten alle Kräfte zu mobilisieren. Die US Army der Nachkriegsjahre wurde von konventionell eingestellten Traditionalisten geführt, die sich an den im Weltkrieg gewonnenen Kriegserfahrungen orientierten und allen Neuerungen zunächst skeptisch gegenüberstanden. Militärischen Sondereinsätzen jeglicher Art standen sie ablehnend gegenüber. Sie hielten derartige Aktionen letztlich für »unsoldatisch«. Mit undurchsichtigen Geheimaktionen wollten sie sich nicht belasten. Aber die ehemaligen OSS-Stabsoffiziere erkannten die Forderungen der Zukunft und vermochten sich am Ende durchzusetzen. Zunächst interessierten sie einflußreiche politische und militärische Kreise für ihre Vorstellungen. Brigadegeneral McClure, ein erfahrener Experte für psychologische Kriegführung, hatte bereits im Zweiten Weltkrieg die zukunftsweisenden Vorteile einer intelligenten unkonventionellen Kampfführung erkannt. Die gezielte Beeinflussung des Gegners durch Wort und

Bild hatte zu vielen unblutigen Siegen geführt. Allzu schnell wurden diese Erfahrungen vergessen. Nach den schmerzlichen Lehren in Korea erhielt McClure mit seinem Konzept wieder Aufwind und bekam Unterstützung aus höchsten Kreisen.

Zunächst mußten in mühseliger Arbeit die zahlreichen Widerstände innerhalb der Streitkräfte abgebaut werden. Gegen die Absicht, Sondereinheiten als Bestandteil der US Army aufzustellen, regte sich vielfacher Widerstand. Besonders die mächtige CIA fürchtete, ihren Einfluß auf Guerilla- und sonstige Geheimoperationen zu verlieren. Zwar kam es in späteren Jahren zu einer Zusammenarbeit mit den Special Forces, zunächst war man aber über die »Konkurrenz« wenig erbaut. Die CIA wollte gemeinsam mit den Luftstreitkräften die psychologische, unkonventionelle und Guerillakampfführung weiter in eigener Regie durchführen. Geplant war der Aufbau von mehreren Luftunterstützungs- und Verbindungsgeschwadern, die Agenten und Nachschub aus der Luft absetzen sollten. Die Kampfaufträge am Boden sollten eigene Operateure und angeheuerte CIA-Söldner ausführen. Sogar die für die Verbrechensbekämpfung und innere Sicherheit zuständige Sicherheitsbehörde FBI wollte mitmischen. So hatte die kleine Gruppe »unkonventionell« denkender Offiziere, meist ehemalige Angehörige des OSS und Veteranen der Guerillakämpfe im Pazifik, eine Vielzahl von Problemen zu überwinden. Wer sich mit den US-Streitkräften auseinandersetzt, erkennt sehr bald, daß besonders im Frieden ein unerbittlicher »Krieg« zwischen den Teilstreitkräften geführt wird. Es geht dabei vornehmlich um das Prestige und natürlich um die finanziellen Zuwendungen aus dem Staatshaushalt. Entsprechend hart sind die Machtkämpfe. Zahlreiche Intrigen verursachen Doppelentwicklungen kostspieliger Waffensysteme, die dem Steuerzahler unnötige Opfer abverlangen.

Den größten Widerstand leistete die Teilstreitkraft Army. Murrend nahm man die Entscheidung »von oben« hin, wollte sich aber nicht so recht mit den neuen Ideen anfreunden. Die weit verbreitete Ablehnung beruhte hauptsächlich auf mangelnden Informationen und falschen Vorstellungen. In vielen vorangegangenen Kriegen der amerikanischen Geschichte hat es immer wieder Spezialeinheiten gegeben. Die Ranger aus der Zeit der Kolonial- und Befreiungskriege, Scharfschützeneinheiten, nach Partisanengrundsätzen kämpfende Infanterie und Kavallerie, erzielten oft durchschlagende Erfolge. Aber dabei handelte es sich immer um provisorische Formationen, die nach Kriegsende schnell wieder aufgelöst wurden. Zu Beginn der 50er Jahre befanden sich die USA offiziell nicht im Krieg, Korea lief als »Polizeiaktion« im Rahmen der UNO. So handelte es sich bei der beabsichtigten Neuaufstellung um ein Novum. Erstmals in Friedenszeiten sollte ein Sonderverband als Bestandteil der regulären US Army aufgestellt werden. Die schließlich bewilligten 2300 Planstellen stammten von den 1951 aufgelösten selbständigen »Airborne Ranger-Kompanien«, eine eher zufällige Lösung.

Oft bestehen über die Aufgaben und Fähigkeiten der unterschiedlichen Spezial- und Sondereinheiten in den Streitkräften und auch bei der Polizei nur unklare Vorstellungen. Es ist aber grundsätzlich eine Unterscheidung zwischen taktischen und strategischen Aktionen zu treffen. So verursachte das »Ranger-Konzept« viele Unklarheiten. Diese harte und umfangreiche »Einzelkämpferausbildung« nach konventionell-infanteristischer Art wurde vielfach mit den unkonventionellen Grundsätzen, der tief im feindlichen Hinterland kämpfenden Special Forces verwechselt. Es handelte sich keinesfalls nur um »Ranger mit Zusatzausbildung«. Diese Vorstellung war in den Nachkriegsjahren auch bei Berufsmilitärs verbreitet. So liefen die ursprünglichen Planungen erst ab 1948 in diese Richtung. Verschiedene Modelle wurden erwogen und wieder verworfen, angefangen bei »Fallschirm-Aufklärungs-Kompanien«, über eine »Ranger Group« hin zum »Special-Forces-Ranger-Regiment«. Dieses »Super«-Ranger-Regiment sollte sowohl den Guerillakampf, Sabotageaufträge, Überraschungsschläge/Kommandounternehmen als auch Fernspähaufträge und psychologische Einsätze übernehmen. Ein Verband in Regimentsgröße konnte ein solch umfangreiches Vorhaben jedoch unmöglich verwirklichen. Eine weitere Initiative zielte auf die Gründung von »Special-Forces-Ranger-Kompanien« ab, deren Personal überwiegend aus gebürtigen Osteuropäern bestehen sollte. Jede der sechs US-Kampfdivisionen in Europa sollte eine solche Kompanie erhalten.

Auch zur Aktivierung des 2481 Soldaten starken Special Forces Regiments kam es nicht. Es sollte sich in drei Bataillone gliedern und über einen Ausländeranteil von 1300 Mann verfügen. Trotzdem ist aber die »Geburt« der Special Forces eng mit dem Schicksal der US Rangers verbunden. Die 14 Kompanien wurden aus unterschiedlichen Gründen innerhalb eines Jahres nach der Aufstellung aufgelöst. Das Personal wurde auf verschiedene Heeresdivisionen und das 187. Fallschirmjägerregiment in Korea aufgeteilt. Nun waren die Stellen für den Aufbau der 10th Special Forces Group frei. Aber viele Rangers meldeten sich freiwillig zur neuen Sondertruppe. Sie konnten auf ihrer gediegenen infanteristischen Ausbildung aufbauen und sich für eine Spezialtätigkeit qualifizieren. Einer dieser ehemaligen Ranger ist Fred E. Davis. Zu Beginn des Zweiten Weltkrieges meldete er sich freiwillig zur US Army und gehörte dem 1. und 3. Rangerbataillon an. In Italien geriet er bei schweren Gefechten in deutsche Kriegsgefangenschaft. Kurz vor Kriegsende gelang ihm im April 1945 noch die Flucht, und er schlug sich bis zu den anrückenden US-Truppen durch. Er blieb Soldat und diente als Gruppen- und Zugführer bei der 82. Fallschirmjägerdivision. Im Koreakrieg kam er als Angehöriger des 187. Fallschirmjägerregiments erneut zum Kampfeinsatz. Ebenfalls in Korea diente er bei der 3. Airborne-Ranger-Kompanie und kam dort mit einer »echten« Spezialeinheit, der »Heereseinheit 8240« in Berührung. Sein weiterer militärischer Werdegang wurde von den Special Forces bestimmt. Nach einer Dienstzeit bei der 10th Special Forces Group kam er zur 7th Special Forces Group und machte im Rahmen des »White Star«-Projekts die Geheimeinsätze in Laos mit. Später diente er bei der 5th Special Forces Group in Vietnam und bei der 46. Kompanie in Thailand, meist als Team-

Sergeant. Der Veteran von drei Kriegen ging 1973 als Sergeantmajor in den Ruhestand und lebt heute in den USA.

Unter strengster Geheimhaltung hatten die Planer in der Abteilung für Sondereinsätze im Pentagon ein erstes, vorläufiges Einsatzkonzept für die geplanten Special Forces entwickelt. Danach sah man den Aufbau eines Spezialverbandes vor, der im Falle eines großen Krieges unbemerkt mit Fallschirmen, auf dem Wasser- oder Landwege, in die Tiefe des feindbesetzten Raumes eindringen sollte. Er sollte die Widerstandsgruppen der einheimischen Bevölkerung unterstützen, versorgen und bei Bedarf auch führen. Nicht vorgesehen waren reine Kampfaufträge; die Gewinnung von Feindnachrichten bildete allenfalls einen Zusatzauftrag. Weiterhin sollte der Gegner mittels geheim oder verdeckt durchgeführter subversiver Tätigkeit wirtschaftlich, gesellschaftlich, psychologisch und militärisch nachhaltig geschädigt werden. Obwohl hier ausdrücklich Sabotage gemeint ist, dürfte es sich bei dieser Aufzählung eher um eine theoretische Erweiterung des Hauptauftrages handeln.

Schließlich galt es noch eigenes US-Personal zu retten, in erster Linie Flugzeugbesatzungen, die wegen der geringen Zahl und kostenintensiven Ausbildung als besonders wertvoll betrachtet wurden. Ebenfalls sollten Fluchtversuche aus Gefangenenlagern unterstützt werden. Weitere »Geheimeinsätze« waren zu dieser Zeit ausdrücklich nicht vorgesehen, vor allem keine verdeckten Aktionen vor einer völkerrechtlichen Kriegserklärung. Derartige Unternehmen gehörten in den Verantwortungsbereich der CIA. In der Praxis kam es zu Kontakten zwischen Nachrichtendienst und Soldaten der Special Forces. Diese ergaben sich zwangsläufig aus den in Teilbereichen artverwandten Tätigkeitsfeldern und Überschneidungen. Auch waren ausscheidende Angehörige der Special Forces in der künftigen Berufswahl frei und konnten sich bei der CIA oder anderen Nachrichtendiensten bewerben. Daneben besteht für Angehörige der US-Streitkräfte die Möglichkeit, eine bestimmte Zeit aus dem Dienst auszuscheiden und bei anderen Projekten der Regierung mitzuarbeiten. Die Rückkehr in die vorherige Verwendung ist – ohne irgendwelche Nachteile in Kauf zu nehmen – üblich.

Die Amerikaner wollten von Anfang an die 10th Special Forces Group in der Nähe des Eisernen Vorhanges stationieren. Vorgesehen war auch eine Einbeziehung von Emigranten aus Osteuropa. In der ursprünglichen Planung wurde weitgehend auf die Erfahrungen des OSS aus der Zeit des Zweiten Weltkrieges zurückgegriffen.

Nachdem grünes Licht gegeben war, galt es die organisatorischen Probleme zu meistern. Einen relativ unauffälligen Organisationsrahmen stellte die Schule für psychologische Kampfführung dar. General McClure gelang es durch einen raffinierten Schachzug, diese Schule von Fort Riley nach Fort Bragg zu verlegen und die Special Forces zunächst als weitere Lehrgruppe darzustellen. Die praktische Durchführung übernahm Colonel Aaron Bank, eng unterstützt von Colonel Fertig und dem späteren Brigadegeneral Volckmann. Bank war im Zweiten Weltkrieg Angehöriger des OSS. Bevor der gebürtige New Yorker die Uniform anzog, war er bereits viel in der Welt herumgekommen. Lange Jahre hielt er sich in Europa auf und erwarb umfangreiche Sprachkenntnisse.

In Frankreich arbeitete er längere Zeit als »Erster Bodyguard« und galt als vorzüglicher Sportler. 1942 ging er als Infanterieoffizier zum OSS und wurde von den Briten in die Tricks der verdeckten Kriegführung eingewiesen. Mit seinem Jedburg Team sprang er mit dem Fallschirm über Südfrankreich ab und arbeitete mit örtlichen Widerstandsgruppen zusammen. Nach dem Vorrücken der alliierten Invasionsverbände kehrte er nach Großbritannien zurück und erhielt Anfang 1945 den Auftrag, aus systemkritischen deutschen Kriegsgefangenen eine Spezialeinheit aufzubauen. Getarnt als Gebirgsjägerkompanie sollte ein ganz besonderer Handstreich unternommen werden. Gegen Ende des Krieges kamen Gerüchte auf, daß sich Adolf Hitler in die sogenannte Alpenfestung begeben und von dort den Krieg weiterführen wollte. Um dies zu verhindern, plante der OSS den Führer und Oberbefehlshaber der Wehrmacht durch ein kühnes Kommandounternehmen auszuschalten. Captain Bank, selbst in der Uniform der deutschen Gebirgsjäger, befand sich im Frühjahr 1945 in erhöhter Alarmbereitschaft.

Aber die Ereignisse überstürzten sich. Die US-Verbände kamen schneller als erwartet voran und der Sondereinsatz erübrigte sich. Für Bank war der Krieg jedoch noch nicht beendet. Er meldete sich in den Fernen Osten und sprang mit dem Fallschirm über Laos ab. Dort nahm er Verbindung mit dem legendären Ho Chi Minh auf. Bank blieb Offizier und diente in nachrichtendienstlichen Verwendungen bei den Besatzungstruppen in Europa. Als Bank 1951 zum Planungsstab im Pentagon versetzt wurde, war er stellvertretender Kommandeur des 187. Fallschirmjägerregiments in Korea. Als erster Kommandeur baute er die 10th Special Forces Group aus dem Nichts auf und begleitete sie 1953 nach Bayern. Ende 1954 wurde er abgelöst und in die G-3 Abteilung des US-Oberkommandos Europa versetzt. Wenige Jahre später ging Colonel Bank in den Ruhestand. Der 90jährige nimmt noch heute an den Aktivitäten der Special Forces und der Veteranenverbände teil. Als Ehrenoberst des »Special Forces Regiments« genießt er hohes Ansehen.

Colonel Bank bekam Unterkünfte, Planstellen, Geldmittel und Material bewilligt und ging nun auf die Suche nach den richtigen Leuten für den »heißen« Job. Ein Werbeoffizier machte sich auf den Weg und hielt in verschiedenen US-Standorten Informationsgespräche ab, um Personal zu werben. Als Einstellungsvoraussetzung galt ein Mindestalter von 21 Jahren, Dienstgrad Sergeant oder höher, Fallschirmausbildung oder Verpflichtung, diese zu absolvieren, Kenntnisse in einer Fremdsprache bzw. Sprachpraxis durch den Aufenthalt in einem europäischen Land sowie ein einwandfreier dienstlicher und persönlicher Leumund. Daneben mußte jeder Anwärter eine Erklärung unterschreiben. Sie verlangte, daß er notfalls sowohl in Uniform, als auch in Zivilkleidung (im Widerspruch zum geltenden Recht) hinter den feindlichen Linien mit dem Fallschirm abzuspringen und dort militärische Aufträge durchzuführen bereit war. Spätestens bei dieser Unterschrift bemerkten die Freiwilligen, daß sie sich tatsächlich auf etwas »spezielles« eingelassen hatten. Bei Gefangennahme in Zivilkleidung durch den Gegner würden solche Soldaten nicht als Kriegsgefangene behandelt werden. Oft erfolgt in solchen Fällen die sofortige Exekution ohne Verhandlung. Man versuchte besonders ehemalige Rangers, Fallschirmjäger und OSS¡Veteranen mit Kampferfahrungen zu gewinnen. Die »Mundpropaganda« klappte unter den »alten Kameraden« der Fallschirmtruppe bestens. Viele Freiwillge kamen von der 11. Fallschirmjägerdivision, der 82. Fallschirmjägerdivision und von der 508. Fallschirmkampfgruppe. Der Kommandeur konnte nach und nach einige wirkliche Experten mit umfangreichen Einsatzerfahrungen um sich sammeln. Major Suchier, der S-3 und Captain Jack Striegel hatten sich als Rangeroffiziere einen guten Namen gemacht. Lieutenant-Colonel Jack »Black Jack« Shannon, stellvertretender Kommandeur, kam neben einigen weiteren Offizieren vom OSS. Auch ein ehemaliger Offizier der »Merrill Marauders«, der in Burma eingesetzt war, meldete sich. Captain Herbert Brucker übernahm die Stelle des S-2 und somit eine Schlüsselposition im Stab. der drahtige, dynamische Offizier diente während des Zweiten Weltkrieges beim OSS und machte in Europa und Asien 30 harte Sondereinsätze mit. Der geborene New Yorker hielt sich bis 1938 in Frankreich auf, verließ das Land und kehrte 1944 als OSS-Agent wieder heimlich zurück. Außer französisch sprach er auch perfekt deutsch. Dies prädestinierte ihn geradezu für die Nachkriegs-Verwendung in Deutschland. Sein Verhalten gegenüber der deutschen Zivilbevölkerung war mustergültig. Als er einmal während eines Manövers in Oberbayern mit seinem weißen »Studebaker« zu schnell eine Pfütze durchfuhr und ungewollt eine vom sonntäglichen Kirchgang heimkehrende Bäuerin beschmutzte, hielt er sofort an, entschuldigte sich und beglich den entstandenen Schaden. Mit einigen seiner Soldaten hatte er es allerdings recht schwer. Unter den ersten Freiwilligen gab es eigenwillige Personen, die sich nur ungern einer formalen Disziplin unterwarfen. Brucker wurde aber schnell mit ihnen fertig, zeigte ausgezeichnete Fähigkeiten in seinen lebendig gestalteten Unterrichten, sorgte für Ordnung und wurde allgemein respektiert. 1960 schied er nach Ablauf seiner Dienstzeit als Major aus und arbeitete später im Regierungsauftrag in Saigon. Heute bereist der vitale Pensionär gerne die Stätten seines früheren Wirkens.

Perfekt deutsch sprach auch der Major und spätere Lieutenant-Colonel »Kraut« Ewald. »Bill« kam in Deutschland zur Welt und wanderte 1928 in die USA aus. Dort trat er 1930 als einfacher Soldat in die US Army ein. Er brachte es bis zum »First Sergeant« (»Spieß«) einer Artillerie-Batterie und wurde später Offizier. Im Zweiten Weltkrieg kämpfte er in Europa gegen seine früheren Landsleute. 1950 meldete er sich freiwillig zur Fallschirmtruppe und kam 1952 zu den Special Forces. 1961 befehligte Ewald die ersten heimlich in Vietnam eingesetzten A-Teams der 7th Special Forces Group. Zu seinen Verwendungen zählte das Kommando über die Lehrgruppe für unkonventionelle Kampfführung an der Special Forces School, Fort Bragg. Es liegt auf der Hand, wie wichtig gerade Offiziere mit hervorragenden Sprachkenntnissen für die vorgesehene Verwendung in Deutschland waren.

Immer wieder meldeten sich Deutsche zur Truppe. Als Rolf Kreuscher 1935 in Pforzheim geboren wurde, dachte wohl niemand an eine spätere Karriere bei den Special Forces der US Army. Den Krieg erlebte er als Kind in Deutschland. Nachdem sein Vater noch in den letzten Kriegstagen 1945 gefallen war, begann für die Familie eine harte Nachkriegszeit. Die ausgebombte Familie wanderte in die USA aus und dort setzte Rolf seine unterbrochene Ausbildung am Gymnasium an US-Schulen fort. Seit dem 16. Lebensjahr war er überzeugter Antikommunist und bekannte sich ohne wenn und aber zu seiner Einstellung. Mit 17 Jahren meldete er sich bei Ausbruch des Koreakrieges freiwillig zur US Army, um seinen Anteil am Kampf gegen den Kommunismus zu leisten. Wegen seiner Jugend wurde er nicht in Korea eingesetzt, besuchte aber die Fallschirmspringerschule. Bereits mit 18 qualifizierte er sich für den Dienst bei den Special Forces und schlug die Sanitäter-Laufbahn ein. Während er auf der Sanitätsakademie die Schulbank drückte, wurde die 10th Special Forces Group nach Bad Tölz verlegt. So kam er zunächst zur 77th Special Forces Group in Fort Bragg und nahm an weiteren Speziallehrgängen teil. 1955 schied er nach Ablauf der ersten Verpflichtungszeit aus der Army aus, meldete sich aber 1956 erneut freiwillig. 1957 erfolgte die Versetzung nach Deutschland. Er durfte für einen Zeitraum von sechs Jahren in Deutschland bleiben und heiratete eine deutsche Frau. Als Sergeant First Class widmete er sich privat seinem Hobby, dem Fußball. Anschließend kam er zur 6th Special Forces Group. Es folgten Weiterverwendungen beim »Gabriel-Demonstrations¡Team«, einer Art »Showtruppe« und Aushängeschild der Special Forces, die eindrucksvolle Schauübungen und Lehrvorführungen veranstaltete. Nach einer Tätigkeit als Ausbilder an der Fallschirmspringerschule, absolvierte er in Fort Benning die Ausbildung zum Offizier und wurde Leutnant bei der 7th Special Forces Group. 1966 kam er mit der 5th Special Forces Group nach Vietnam. 1967 erfolgte die Beförderung zum Captain und die Versetzung zur 10th Special Forces Group als Chef eines A-Teams. 1968 kam Kreuscher als Distrikt-Berater und S-2/S-3-Offizier erneut nach Vietnam. Damals war es nicht üblich, daß Offiziere ihre gesamte Dienstzeit bei den Special Forces verbrachten und so wechselten sich »konventionelle« mit »unkonventionellen« Verwendungen ab. Eine Dienstzeit bei der 82. Fallschirmjägerdivision war fast obligatorisch. So wurde Kreuscher 1970 Kompaniechef bei der 1/508th Airborne. Danach galt es verschiedene Schulen und Universitäts-Semester zu absolvieren. Nach einer Zeit als Student für »Degree Completion« erwarb der Special-Forces-Offizier 1972 ein Universitäts-Diplom für Geschichte. Gegen Ende seiner aktiven Dienstzeit diente er wieder als Team-Kommandeur in Deutschland und wurde als S-2 und S-3 Stabsoffizier eingesetzt. Nach über 22 Dienstjahren schied er als Major aus der Armee aus. Heute arbeitet er als Führungskraft in der US-Sozialverwaltung. Sein Arbeitstag beginnt um 4 Uhr mit einem ausgedehnten Jogging-Training. Dieser Lebenslauf ist keineswegs ungewöhnlich und eher typisch für Soldaten der Special Forces.

Viele der hochqualifizierten Unteroffiziere steigen später problemlos zum Offizier oder Fachoffizier auf. Manche lehnen einen Laufbahnwechsel ab, um bei ihrem »Haufen« bleiben zu können. Nach der Ausbildung versuchen die meisten wieder zu den Special Forces zurückzukehren. Wie die meisten Angehörigen der Sondertruppe ist auch Rolf Kreuscher zutiefst von den Grundsätzen einer freiheitlichen Demokratie überzeugt. Die Special Forces standen von Anfang an an der vordersten Front im Kampf gegen die totalitären kommunistischen Diktaturen.

Die meisten Freiwilligen kamen von den Fallschirmjägern. Sie fühlten sich als Angehörige einer Elitetruppe, die auf beachtliche Erfolge in den Kriegen in Europa und Korea zurückblicken konnten.

Einer von ihnen war Mastersergeant Jack Jackson. Er übte die Funktion eines Team-Sergeanten aus und galt mit Ende dreißig als recht »alter Hase«. Im Alter von 16 Jahren hatte er sich – mit gefälschten Papieren – freiwillig gemeldet. Im Zweiten Weltkrieg nahm er als Angehöriger der 82. Fallschirmjägerdivision an Absprüngen und Kampfeinsätzen in der Normandie teil. Er war Experte im Nahkampf, und mit seinen Fertigkeiten im Messerwerfen hätte er gut als Akrobat auftreten können. Trotzdem wirkte er keinesfalls als besonders harter Killertyp, sein Gemüt zeigte sich von einer außerordentlichen Friedfertigkeit. Nur unklare Vorstellungen über den künftigen Dienst brachte John Kessling bei seiner Verpflichtung mit. Er folgte der Mundpropaganda einiger seiner Kameraden, die von der abenteuerlich anmutenden Sondereinheit erzählten, die einen abwechslungsreichen Dienst versprach und gereifte, motivierte Soldaten suchte.

Kessling gefiel es, er blieb bei den Special Forces. Im Vietnamkrieg erlitt er mehrere Verwundungen, schaffte es aber trotz Prothese, weiterhin mit dem Fallschirm abspringen zu dürfen. Seinen 50. Geburtstag feierte der Sergeant-Major auf seine Art: Zur Feier des Tages lief er 50 Meilen (rund 75 Kilometer).

Edward McDouglas hatte schon eine bewegte militärische Vergangenheit hinter sich. 1942 meldete er sich freiwillig zur US Kriegsmarine und tat auf einem Zerstörer Dienst, bevor er sich für die Besatzung eines Landungsbootes bewarb. Mit diesem ging er während der Invasion in der Normandie im wahrsten Sinne des Wortes unter, wurde allerdings gerettet. Nach einer Krankenhausbehandlung wurde er 1945 entlassen. 1948 meldete er sich freiwillig zur US Army und war bis 1952 Fallschirmjäger bei der 82. Fallschirmjägerdivision. Er folgte dem Ruf zur 10th Special Forces Group und kam mit dieser 1953 nach Bayern. Es folgten weitere Verwendungen bei den verschiedenen Special Forces Groups, in Laos und Vietnam als Teamsergeant und Einsatzfeldwebel. 1970 verließ er nach 25 Dienstjahren als Mastersergeant die US Army.

Bis Anfang Juni 1952 fanden sich rund 120 Soldaten in den alten Holzbaracken am »Smoke Bomb Hill«, innerhalb der riesigen Militärreservation Fort Bragg ein. Dabei handelte es sich überwiegend um Funktionspersonal für die Versorgung, Instandsetzung und Verwaltung. Am 19. Juni 1952 nahm Colonel Bank ohne Glanz und Gloria die Indienststellung vor. Neben dem Kommandeur waren der Warrant Officer Brunner (als S-1 mit

48

Gebirgsausbildung von Soldaten der »First Special Service Force« in Montana.

Angehöriger der »First Special Service Force«, erkennbar am Ärmelabzeichen – einer stilisierten Pfeilspitze mit der weißen Aufschrift »USA« und »Kanada«.

oben: Angehende Truppenärzte der »First Special Service Force« lernen das richtige Verlassen der Maschine während der Fallschirmsprung-Ausbildung.
unten: Soldaten der »First Special Force« kurz vor dem Absprung.

oben: Eine intensive Nahkampfausbildung bereitete die amerikanischen und kanadischen Freiwilligen auf den harten Kriegseinsatz vor.
unten: Kanadische Soldaten (mit Barett) und »GI's« bei der Ausbildung im Bajonettkampf.

oben: Ein MG-Schütze mit dem seltenen leichten Johnson-MG M1941 in Italien. Die Waffe wird durch ein seitliches Stangenmagazin gespeist.
Mitte und unten: Trupps der »First Special Force« greifen deutsche Soldaten an, die sich in einem italienischen Gehöft verschanzt haben. Unten: Einsatz der Bazooka.

oben: Angehörige der 10 SFGA 1956 mit Barett und alten sowie neuen Abzeichen
(Mitte: Henryk Szarek).
unten: Paul Ettman (re.) als Soldat der polnischen Exilarmee.

oben links: »Bozo«, das Maskottchen der 10th SFGA in Bad Tölz, oben rechts: Corporal Henryk Szarek im Waldcamp (altes Ärmelabzeichen).
unten: Master Sergeant Larson und Sergeant Roseniuk (+) feiern eine Beförderung.

oben: »Gemischtes Team« 1956 im Manöver (in Zivil: Martin Urich, ganz rechts Tony Zarba).
unten: Bewaffneter Späher in »Räuberzivil«.

Eine Fußballmannschaft der 10th SFGA, die sich fast ausschließlich aus Ostblock-Emigranten zusammensetzte.

der Personalverwaltung beauftragt) sowie sieben Soldaten anwesend. In enger Zusammenarbeit mit der Schule für Psychologische Kriegsführung wurde zunächst eine funktionsfähige Stabs- und Versorgungskompanie aufgebaut. Die nach und nach ankommenden Freiwilligen wurden in vorläufige Kompanien aufgenommen und arbeiteten an der Neuaufstellung mit. Gleichzeitig erfolgte eine intensive Körperschulung mit viel Sport. Bald darauf begann die komplexe Spezialausbildung über Guerillataktik. Zu den Themen zählten Aufbau und Führung von Widerstandsbewegungen, Sabotage, Nachrichten- und Spionagewesen, Flucht und Durchschlagen, Nahkampf, Arbeiten mit Verschlüsselungsunterlagen und Funkgeräten sowie eine breit angelegte Waffen- und Schießausbildung. Partisanenmanöver unter realistischen Einsatzbedingungen, Survival in Sumpfgebieten, Wasserausbildung bei den Marines und eine Einführung in den Gebirgskampf in Camp Carson, Colorado, folgten. An der »Smoke Jumpers School« lernte ein Teil der Soldaten die Kunst, mit dem Fallschirm in Bäumen sicher zu landen. Schon sehr früh wurde die Zivilbevölkerung in die wirklichkeitsnahen Partisanenmanöver einbezogen.

Viele Informationen über die »Partisanenkrieger« gelangten nicht an die Öffentlichkeit. Die meisten der in Fort Bragg weilenden Soldaten konnten sich kein klares Bild über den merkwürdigen Haufen von »Sonderlingen« machen. Dieser Umstand kam natürlich den Betroffenen gelegen, noch Jahre später wußten die wenigsten US¡Soldaten und nur eine Handvoll Zivilisten genaueres über den geheimnisvollen Haufen. Damit begann allerdings auch eine Reihe von Mißverständnissen.

Die ersten Angehörigen der Special Forces mußten nach der Aufnahme in die Truppe keine weiteren Einzelprüfungen und Tests bestehen. Die Teilnahme an den gemeinsamen Ausbildungsvorhaben genügte, im Unterschied zu späteren Jahren, als Qualifikation. Besonders gesucht waren neben den Rangers und Fallschirmjägern mit Kriegserfahrung auch Dolmetscher oder Soldaten mit Sprachkenntnissen. Aber auch alle anderen Angehörigen der Kampftruppen, Infanteristen und »Spezialisten« wurden gesucht. Dabei handelte es sich um voll ausgebildete Funker, Sanitäter und Pioniere mit Sprengschein. In der Praxis wurden die Auswahlkriterien aber nicht streng ausgelegt und so gelangten neben einer Anzahl »Nur-Fallschirmjäger« auch GI's ohne Springerlehrgang und besondere Spezialkenntnisse zur Sondertruppe. Zu diesen »Männern der ersten Stunde« gehörten ebenso einige junge Wehrpflichtige, die bereits in anderen Verwendungen in Korea kämpften und den Rest der zweijährigen Wehrdienstzeit bei den Special Forces verbrachten. Es ist heute kaum mehr bekannt, daß gerade diese jungen Leute, meist knapp um die zwanzig und im Dienstgrad eines Corporals, mit zu den fähigsten Soldaten gehörten.

Bei der Organisation und Gliederung wurden völlig neue Wege eingeschlagen, Traditionalisten reagierten entsetzt auf den Wegfall von Gruppen, Zügen und Bataillonen. Die 10th Special Forces Group entsprach in ihrer Endplanung stärkemäßig etwa einem Regiment. Bis Ende 1952 lag die Mannschaftsstärke bereits bei rund 1000 Mann, davon allein etwa 350 Offiziere. Die Stabskompanie und die provisorischen Einsatzkompanien dienten lediglich als lockerer, administrativer Rahmen. Den Kern bildeten flexible, auftrags- und regionsbezogene Kleingruppen mit einer einheitlichen, ausbaufähigen Zellgliederung. Sie konnten je nach Auftrag halbiert oder verstärkt werden. In der Gruppe selbst herrschte ein kameradschaftlicher, auftragsbezogener Umgangston. Es gab keine starre Aufgabenteilung, jeder packte mit an und dachte mit. Vorgesetzte, die auf ihre autoritäre Hierarchie pochten, erhielten schnell die Rückversetzungspapiere zur alten Einheit. Ein weiterer Grund für das zum Teil schlechte Ansehen der Special Forces in der US Army! Es galten zwar die allgemeinen Laufbahn- und Beförderungsbestimmungen der US Army, jedoch hatte die Personalführung viel Entscheidungsfreiheit. In den Gruppen herrschte mit Hauptleuten und Oberleutnants als Chef eine hohe Führerdichte, die meisten weiteren Mitglieder waren Feldwebel oder besaßen einen anderen Unteroffiziersdienstgrad. Die wenigen »Novizen« mit Mannschaftsdienstgraden bildeten eine Minderheit.

Die Sollstärke der Stabskompanie betrug 140 Mann. Neben der Stabs- und Führungsgruppe gab es einen Fernmeldezug, einen Versorgungs/ Instandsetzungszug, eine Sanitäts- und Verwaltungsgruppe sowie die Fallschirmpacker.

Zwölf Mann bildeten je ein Team AA; kleine, vorgefertigte Kompanieführungsgruppen für die lose Zusammenfügung von bis zu zehn Einsatzteams. Das Team AB mit acht Mann wirkte als Bataillonsstab für maximal 45 Einsatzteams. Die eigentlichen Einsatzeinheiten mit der Bezeichnung FA, die späteren »A«-Teams, stellten die »Arbeitspferde« der Special Forces Group dar. Die 15 Mann sollten im Ernstfall Partisanenverbände bis Regimentsstärke im Rücken des Gegners führen. Neben den beiden Offizieren war der Team-Sergeant, ein erfahrener Mastersergeant, für den Dienstablauf, Operations- und Einsatzführung sowie Feindnachrichten zuständig. Ein gründlich ausgebildeter Sanitäter mußte weit mehr können, als Wunden verbinden, Chlortabletten in das Wasser mischen oder gebrochene Beine schienen. Da die Kleingruppen im Einsatz überlange Zeiträume, vollkommen auf sich selbst angewiesen und weitab von der eigenen Truppe arbeiten mußten, gehörte die Durchführung kleinerer operativer Eingriffe, wie Entfernung des Blinddarms, Zahnbehandlung oder Geburtshilfe zu den erforderlichen Fertigkeiten. Diese Kenntnisse waren vor allem deshalb nötig, weil Frauen zu den Partisanengruppen gehörten, denen bei einer Geburt beigestanden werden mußte.

Die vier Waffenexperten beherrschten fast jede moderne US-Waffe und auch ältere Modelle; nach der Spezialausbildung auch viele ausländische Typen. Neben Handwaffen wurde auch der Umgang mit schweren Infanteriewaffen, Granatwerfern, rückstoßfreien Geschützen und Panzerabwehrwaffen geübt. Vier Sprengexperten kannten alle Techniken im Umgang mit Zünd- und Sprengmitteln. Sie wurden mit vielen »unkonventionellen« Sabotagetechniken vertraut gemacht. Zwei Funker sorgten mit weitreichenden Funkgeräten und Spezialantennen für die Herstellung von Fernmeldeverbindungen über große Distanzen. Ein Fernmeldetechniker gehörte der Gruppe als Funkgerätemechaniker an. Von den vielen weiteren geforderten und vermittelten Spezialkenntnissen sei hier nur stellvertretend erwähnt, daß alle Soldaten Tiere schlachten mußten, um sich im Einsatz selbst verpflegen zu können. Es genügte nicht, nur ein Huhn auszunehmen, notfalls mußte man auch mit einem Ochsen zurechtkommen. Auch Kenntnisse über die Verwertung eßbarer Pflanzen gehörten zum Grundwissen. Schon in der Ausbildung wurden bei jeder sich bietenden Gelegenheit Überfälle auf »feindliche« Lager oder Fahrzeugkolonnen durchgeführt, um die eigene Verpflegung aufzubessern.

Ein gehöriges Maß an Härte mußten einige Soldaten zeigen, die bei Manövern gefangengenommen wurden. Ihnen drohte eine rauhe »Gehirnwäsche« nach den schmerzlichen Erfahrungen, die die US Army gerade im Koreakrieg machte.

Schon in der Anfangsphase kristallisierte sich eine Grundeinstellung in den Bereichen Waffen, Funken, Sabotage und Sanitätsdienst heraus. Sie bildete noch Jahrzehnte später die Grundlage der »modernen« »A«-Teams. Einen Schwerpunkt bildete der Partisanen/Guerillakampf. Man griff auf die Lehren des Zweiten Weltkrieges zurück; besonders auf die Erfahrungen der Deutschen Wehrmacht. Heimliche Infiltration, Luftlandetechniken, Überleben und Durchschlagen im schwierigsten Gelände sowie eine umfangreiche Sprachenausbildung waren weitere Ausbildungsschwerpunkte.

Für übergreifende Führungs- und Unterstützungsaufgaben war das FB-Team mit 24 Angehörigen zuständig. Es folgten in der höheren Hierarchie die Teams FC und FD. Diese hatten Spezialaufgaben zu erfüllen und sollten im Ernstfall umfassende Operationen auf weiträumigen Kriegsschauplätzen und länderbezogenen Einsatzregionen in Osteuropa leiten. In der Endplanung sollte die 10th Special Forces Group über ein FD-Team, drei FC-Teams, 15 FB-Teams und 150 FA-Teams verfügen.

Schwere Waffen, Panzer und Geschütze waren für die Special Forces nicht notwendig. Ausrüstung und Bewaffnung entsprachen der leichten Infanterie und den Fallschirmjägern. Erst in späteren Jahren wurde Spezialgerät entwickelt. Ebenfalls war nur eine geringe Zahl von Kraftfahrzeugen vorhanden. Bei den Handwaffen herrschte das M-1 Garand-Gewehr im Kaliber .30–06 und der kurze M-1-Karabiner, Kaliber .30 Carbine vor. Häufig fanden Maschinenpistolen, darunter auch ausländische Modelle, Verwendung. Daneben gab es Pionier-, Spreng- und Zündmittel aller Art. Schwere Infanteriewaffen, Mörser und Panzerabwehrwaffen wurden nur in Einzelfällen mitgeführt. Die Dienstbekleidung entsprach derjenigen der Fallschirmtruppe: Feldmütze, oliver Arbeitsanzug mit aufgesetzten Taschen und witterungsbedingte Zusatzkleidung. Voller Stolz wurden die damals noch braunen Springerstiefel getragen und den Oberarm zierte das rotweiße Ärmelabzeichen »Airborne Command« mit Fallschirm und Lastensegler. Bald erhielten die Soldaten ihr spezielles Fallschirmspringerabzeichen mit grün-rotem Hintergrund. Tarnanzüge verschiedener Modelle wurden erprobt und bei Übungen getragen. Zu den interessantesten Stücken zählten die noch aus dem Zweiten Weltkrieg stammenden gefleckten Tarnjacken und -hosen der deutschen Waffen-SS, sie wurden im

Truppenversuch erprobt. In einem geräumigen Gebirgsrucksack schleppten die GI's ihre gesamte Ausrüstung mit. Bekleidung zum Wechseln, Schlafsack, Verpflegung und Munition mußten oft über große Entfernungen transportiert werden, Fahrmöglichkeiten gab es in aller Regel nicht. Die Soldaten lernten aber auch den Umgang mit Tragtieren und konnten diese, wenn sie Glück hatten, als vierbeinige Transportmittel benutzen. Oft sah man die verschiedenen Ausgaben des Rangerabzeichens, die Infanterie-Nahkampfspange und auch Taucher¡Tätigkeitsabzeichen. Noch selten waren in der Anfangsphase Tätigkeitsabzeichen fremder Streitkräfte. Messer und Dolche aller Variationen erfreuten sich besonderer Beliebtheit. Offiziell gehörte zwar das übliche, kurze Armeebajonett zur Kampfausrüstung, aber es war eine bunte Vielfalt privat erworbener Klingen vorhanden. Hirschfänger, Jagdmesser beachtlicher Größe und Klappmesser verschiedenster Typen halfen den abenteuerlichen Eindruck mancher Soldaten zu verstärken. In späteren Jahren, vor allem während des Krieges in Südostasien, entwickelte die Truppe spezielle Kombinationen aus Waffe und Werkzeug. In den ersten Jahren sah man auch häufig »Räuberzivil«. Eine typische Eigenart stellten die häufigen Tätowierungen mit recht exotischen Mustern auf den Armen und Oberkörpern vieler Soldaten dar. Bei den Feldübungen lebten die Soldaten von Einsatzrationen, die aus Konserven und Trockenverpflegung bestanden. Vom Angebot der »Ernährung aus dem Lande« wurde meist nur ungern Gebrauch gemacht. Lieber besorgte man sich in Bauernhöfen frische Nahrungsmittel in Form von Brot, Milch und Fleisch, als daß einem armen Huhn der Kragen umgedreht wurde. Die ersten Soldaten der Special Forces wurden zwar nach besonderen Kriterien ausgesiebt und mußten überdurchschnittliche Leistungen in der Ausbildung, Motivation und Disziplin aufweisen, waren aber auch nur Menschen voller Fehler und Schwächen. Damals wie heute handelte es sich keinesfalls um Supermänner, die notfalls den Teufel aus der Hölle holten. Dieses immer wieder von gewissen Medien vermittelte falsche Bild traf ganz besonders in der Pionierzeit nicht zu. Es gab eine Reihe »Schwarzer Schafe«, die den Offizieren gelegentlich durch ihr Verhalten das Leben schwer machten. In den Gründerjahren war es verhältnismäßig einfach, in die Truppe zu kommen. So gelang es der einen oder anderen zwielichtigen Gestalt, aufgenommen zu werden. Glücksritter, Abenteurer und verkrachte Existenzen passen aber keinesfalls in eine Spezialeinheit mit hohen Anforderungen an Charakter und Intelligenz. Die harte Ausbildung trug dazu bei, sehr bald die Spreu vom Weizen zu trennen. Trotzdem kam es zu Desertionen, Schlägereien mit Soldaten anderer Einheiten oder Zivilisten sowie zu Eigentumsdelikten. Ein besonderes Problem bildete der Alkoholmißbrauch. Einige GI's soffen bis zur Dienstunfähigkeit.

Gewisse Eigenmächtigkeiten und Abweichungen auf der formalen Ebene bildeten oft den Zündstoff in den Beziehungen zur regulären US Army und ihren Kontrollinstanzen. Während der monatelangen Feldübungen wild wuchernde Bärte und lang getragene Haare, standen im krassen Widerspruch zu den strengen Gebräuchen der US Army, die den Millimeterhaarschnitt bevorzugte und nach den negativen Erfahrungen im Korea krieg dabei war, wieder eine »schärfere Gangart« einzuschlagen, um den Vorwurf der Verweichlichung der GI's zu entgehen. An die ausgeklügelten Tarntechniken gewöhnten sich die Soldaten nur langsam; die Funkgeräte dienten bevorzugt der Unterhaltung mit Radiomusik und der Wachdienst während Einsatzübungen wurde zigarettenrauchend im Schlafsack verbracht. Unteroffiziere ballerten zu ihrem Vergnügen mit scharfer Munition in den Wäldern herum.

Colonel Blank gelang es trotzdem sehr schnell eine insgesamt leistungsstarke Truppe aufzustellen und für einen Einsatz in Europa bestmöglich vorzubereiten. Während der Aufstellungsphase tobte 1952 und in der ersten Hälfte 1953 unvermindert der Koreakrieg. Die 10th Special Forces Group wurde zwar nicht auf diesem Kriegsschauplatz eingesetzt, stellte aber Personal ab und erlitt Verluste.

DER KALTE KRIEG WIRD HEISS –
SPECIAL FORCES IM KOREAKRIEG

Eine laue Sommernacht irgendwo im idyllischen oberbayerischen Alpenvorland. Plötzlich lösen sich dunkle Gestalten aus einer schwarzen Fichtenschonung. Die geheimnisvollen Gestalten tragen Uniform; als Kopfbedeckung grüne Baskenmützen, an denen silberne Fallschirmjägerschwingen und merkwürdige Abzeichen mit einem stilisierten Pferd zu erkennen sind. Begleitet werden die schwer bepackten Soldaten von einem Mann in landesüblicher Bauernbekleidung. Der Anführer, ein älterer Captain, gibt leise Befehle und die von einem langen Geländemarsch erschöpfte Gruppe macht es sich zu einer wohlverdienten Pause bequem. Bei der Gruppe handelt es sich um ein A-Team aus Bad Tölz. Während es sich der Captain im Gras bequem macht, denkt er an die Zeit vor sechs Jahren zurück. Damals war er auch in einer Sommernacht unterwegs, allerdings mit einem Trupp nordkoreanischer Partisanen, mitten im feindbesetzten Gebiet. Mit seinen Leuten konnte er zahlreiche Aktionen durchführen, die dem Gegner einiges Kopfzerbrechen bereiteten. Was vor einigen Jahren noch blutiger Ernst war, ist in dieser Nacht nur eine Übung, ohne drohende Gefahr für das Leben und die Gesundheit. Die Gedanken an die zahlreichen Einsätze lassen den Offizier in dieser Nacht lange nicht einschlafen...

Im Morgengrauen des 25. Juni 1950 überschritten ohne Kriegserklärung rund 90 000 Soldaten der nordkoreanischen Armee, unterstützt von 100 russischen Panzern T–34 die Grenze nach Süden und trieben die etwa 5000 Angehörigen der südkoreanischen Streitkräfte vor sich her. Sie konnten kaum nennenswerten Widerstand leisten und erlitten in kurzer Zeit hohe Verluste. Nordkoreanische Partisanen mischten sich unter die Flüchtlingsströme und stifteten Verwirrung. Der Sicherheitsrat der Vereinten Nationen (UNO) erklärte Nordkorea zum Angreifer und forderte sofortige Waffenruhe. Hastig zusammengewürfelte Kampfgruppen der US Army wurden auf die Halbinsel geworfen und konnten sich zunächst nur mit Mühe halten. Ein Landeunternehmen von General McArthur im Rücken des Gegners führte zur Wiedereinnahme der Hauptstadt Seoul und Entlastung der Front. In einem Gegenangriff überschritten die alliierten Truppen den 38. Breitengrad und rückten bis an den koreanisch/chinesischen Grenzfluß Yalu vor. Der plötzliche Kriegseintritt des kommunistischen Chinas mit seinen erdrückenden Massenheeren schlug die UNO-Truppen über den 38. Breitengrad zurück. Nun ging der Bewegungskrieg in einen Stellungskrieg über, der von mehreren Offensiven unterbrochen wurde. Nach zähen politischen Verhandlungen endete der Koreakrieg mit der Unterzeichnung eines Waffenstillstandsabkommen in Panmunjon am 27. Juli 1953. Mehr als ein »Unentschieden« brachte dieser Krieg zwischen den Staaten der Freien Welt und des sich ausweitenden Kommunismus nicht.

Haarscharf ging die US Army in Korea an einer militärischen Niederlage vorbei. Krampfhaft suchte man nach Wegen, die militärische Kampfkraft mit allen Mitteln zu erhöhen. Besonders negativ machte sich das Fehlen jeglicher »unkonventioneller« Kräfte in der ersten Phase des Krieges bemerkbar. Es gab nur wenige Fachleute für psychologische Kampfeinsätze und keine Spezialisten für den Guerillakampf oder ähnliche Sondereinsätze. Immer wieder sickerten Partisanen aus dem Norden ein und richteten bei den alliierten Verbänden schwere Schäden an. Nach einer Inspektionsreise ordnete der Oberbefehlshaber der US Army persönlich die Aufstellung von US-Sondereinheiten an. Die hierfür vorgesehenen »Airborne-Rangers« sollten den Krieg in das feindliche Hinterland tragen und dort Spezialaufträge ausführen. In Wirklichkeit wurden die Rangers aber nicht auftragsgemäß verwendet. Nur ein Teil der Kompanien erreichte überhaupt Korea und wurde dort den Infanteriedivisionen »zur besonderen Verfügung« unterstellt. Diese wußten die Rangers meist nicht auftragsgemäß einzusetzen und verwendeten sie überwiegend als infanteristische Stoßtruppe, »Feuerwehr« und allenfalls für taktische Aufklärungsaufgaben. Nach weniger als einem Jahr wurden die durchaus noch intakten und kampffähigen Einheiten abgezogen und aufgelöst.

Zu Beginn des Koreakrieges gab es außer eines kleinen Planungsstabes (Special Project Branch) beim Oberkommando Ferner Osten, keinerlei Spezialeinheiten in diesem geographischen Großraum. Seine Aufgabe beschränkte sich auf wenige Vorhaben der psychologischen Kriegführung, in der Hauptsache das Abwerfen von Flugblättern und den Betrieb von Rundfunksendern für Propagandazwecke. Für Kampf- und Sabotageaufträge war die CIA verantwortlich. So gab es 1950 in der gesamten US Army lediglich sieben ausgebildete Offiziere für psychologische Kriegführung. Trotzdem gelang es aber in Korea in kurzer Zeit eine effektvolle Organisation aufzubauen. Wöchentlich erreichten 13 Millionen Flugblätter die »andere Seite«, diese wiesen auf die technische Überlegenheit der UNO-Truppen hin, manipulierten Verlustzahlen und sicherten Kriegsgefangenen und Überläufern beste Behandlung zu. 13 Stunden täglich strahlten die Rundfunksender Propaganda in koreanischer und chinesischer Sprache aus. Die Erfolge blieben nicht aus und das Oberkommando forderte eine Verstärkung dieser Maßnahmen. So gelang es unter Verwendung einer C-47, die über den chinesischen Stellungen kreiste, die feindlichen Soldaten mit Lautsprecher-Parolen dermaßen zu beeinflussen, daß sich mehr als 18000 von ihnen freiwillig ergaben. Ein für »Sondereinsätze« typisches Beispiel eines Sieges ohne Tote.

Im Winter 1950 stellte der Stab der 8. US Army fest, daß sich Teile der nordkoreanischen Bevölkerung als Partisanen im rückwärtigen Gebiet eigneten. Daraufhin wurde die Einheit zur Führung und Koordination derartiger Aktionen aufgestellt. Aus Geheimhaltungsgründen erhielt sie die Bezeichnung »8068. Heeres-Einheit« (Army Unit). Später wurde sie umbenannt in »Verbindungs¡Detachment Fernost (Korea)« und erhielt die Nummer 8240. Hauptaufgaben waren Ausbildung, Führung und Versorgung einheimischer Partisanengruppen, die sich gegen die kommunistischen Verbände wehrten. Ohne Vorbereitung und Erfahrung sollte die »Army Unit« die Verantwortung für Planung und Durchführung von Unternehmungen hinter den feindlichen Linien übernehmen. Die als Berater und Führer benötigten Offiziere und Unteroffiziere kamen von den bereits in Korea anwesenden Truppenteilen und mußten sich auf völlig neue Tätigkeiten einstellen. Andere kamen ebenfalls unvorbereitet aus den USA an die »geheime Front«. Ein Sergeant First Class wurde im Jahr 1952 von der 82. Fallschirmjägerdivision in den Fernen Osten versetzt, jedoch schon in Japan »abgefangen« und kurz eingewiesen. Sein Einsatzgebiet war die Gegend von Mongumpo-ri an der Westküste. Dort übernahm er eine Partisaneneinheit und war als Feldwebel für den Einsatz von zwei Verbänden in Bataillonsgröße verantwortlich. Diese gutausgerüsteten Kampfgruppen verfügten über schwere Waffen und wurden von der US Kriegsmarine und der Luftwaffe unterstützt. Neben der taktischen Beratung des einheimischen Kommandeurs, mußte der Sergeant hauptsächlich als vorgeschobener Artillerie- und Luftwaffenbeobachter fungieren.

Die Partisanen waren meist auf den der Küste vorgelagerten Inseln stationiert. Von dort aus führten sie mit motorisierten Dschunken Überfälle und Kommandounternehmen gegen Verbände und Einrichtungen des Gegners durch. Oft kam es zu Zusammenstößen mit dem Gegner mit schweren Verlusten auf beiden Seiten. Von neun Monaten verbrachte der Sergeant sechs alleinverantwortlich bei den Partisanen, ein Vierteljahr wurde er von einem Kameraden unterstützt.

Zu den weiteren Aufgaben der US-Spezialisten zählte die Unterstützung von verdeckt in Nord-Korea operierenden Partisanengruppen, Fernaufklärung und Unterstützung der eigenen konventionellen Verbände.

Im Frühjahr 1952 gab es drei Projekte
- Wolfpack
- Leopard
- Kirkland.

Das Oberkommando Ferner Osten meldete für die Zeit vom 15. bis 21. November 1952 63 Überfälle, kleinere amphibische Unternehmen und 25 Spähtruppaktionen. Sie kosteten dem Gegner 1382 Mann. Luftunterstützung wurde unter der Tarnbezeichnung »Baker« geleistet, hauptsächlich standen Maschinen der Typen C-46 und C-47 zur Verfügung. Das Projekt Wolfpack entstand im März 1952 in einer Stärke von etwa 4000 Koreanern, eingeteilt in die Bataillonskampfgruppen Wolfpack 1, 2 und 8. Die Führung lag in den Händen von vier US-Offizieren, unterstützt von drei Funkunteroffizieren. Bis Dezember wurde das Projekt auf 6800 Mann verstärkt und von einem kleinen US-Stab unterstützt. Einige der US-Offiziere waren wegen des Fehlens geeigneter Einheimischer als Bataillonskommandeure eingesetzt, unterstützt von zwei Unteroffizieren und vier Funkern. Neben eher konventionellen Angriffen gegen küstennahe Ziele, operierten mehrere Gruppen im Landesinneren, gemeinsam mit einheimischen, ortskundigen Partisanen. Einige Kleingruppen sickerten im Frühjahr nach Nordkorea ein und führten ohne Unterbrechung bis in den Herbst hinein zahlreiche Sondereinsätze durch.

Einheiten oder Teileinheiten der 1952 gegründeten 10th Special Forces Group wurden, wie bereits erwähnt, nicht in Korea verwendet. Jedoch diente ein Teil des Personals im Rahmen der provisorischen Sonderverbände. Sie gewannen wertvolle praktische Erfahrungen. Zwei Special-Forces-Offiziere verloren aber bereits in Korea ihr Leben; Oberleutnant Douglas Payne und Oberleutnant Joseph Castro. Payne starb bei einem Angriff der Nordkoreaner auf einen der Inselstützpunkte. Castro fiel während eines Kommandounternehmens in Nord-Korea. Zu Ehren von Castro wurde 1953 ein Ausbildungs-Camp der Special Forces in Georgia als »Camp Castro« benannt. Er gehörte zuletzt »Wolfpack 8« an.

»Wolfpack 8« war die Bezeichnung eines Bataillons des 2. Partisanen-Regiments. Dort wirkten als Berater auch George Railey und Charlie Norton, beide »tragende Säulen« der Special Forces. George Yosich, wohlbekannt bei der 10th Special Forces Group in Bad Tölz, verdiente sich ebenfalls seine Sporen bei den Sonderverbänden in Korea. Ein Teil der Guerillaktionen spielte sich in der Provinz Hwanghae ab. Von hier aus operierten die auch gelegentlich als »Piraten« bezeichneten Partisanen unter Führung eines frei gewählten »Oberhauptes«. Die US-Beratergruppen bestanden aus je einem Infanterie- und einen Fernmeldeoffizier. Sieben Mann arbeiteten als Funker und Fernmeldetechniker, ergänzt von je einem Sprengmeister und einen Waffenexperten. Es bestanden also durchaus Gemeinsamkeiten mit der Organisation der »A«-Teams. Die Einheimischen nannten ihre Kampfgenossen wenig schmeichelhaft »Esel«. Dies ist vermutlich darauf zurückzuführen, daß die Funkgeräte mit großer Reichweite, wie das GRC-109, sehr schwer waren, wobei zusätzlich noch Generatoren mitgeschleppt werden mußten.

1953 bildete das Personal der drei Partisanenformationen den Grundstock der neuen »United Nations Partisan Force in Korea (UNPFK)«. Vorgesehen war der Aufbau einer »United Nations Partisan Division« in einer Stärke von 20000 Mann. Tatsächlich kamen aber nur fünf leichte Infanterieregimenter und ein Fallschirmjägerregiment zur Aufstellung. Je größer aber diese Partisanendivision wurde, um so mehr verschlechterten sich ihre Leistungen. Schnell erfolgte ihre Eingliederung in das reguläre Heer und statt eines effektiven Großverbandes gab es bald nur noch eine nicht motivierte, wenig kampfkräftige Truppe. Eine fast gleichlaufende Entwicklung konnte zwei Jahrzehnte später in Vietnam beobachtet werden. Als man dort 1970 die Sonderverbände in die regulären Streitkräfte eingliederte, sank das Leistungsniveau erheblich. Diese Erfahrungen dürften allen mit der Entwicklung und Führung von Sondereinsatzverbänden Betrauten eine Lehre sein!

Wie schwierig die Koordination innerhalb der US-Streitkräfte unter den harten Kriegsbedingungen war, zeigt ein Blick auf die Ereignisse. Bereits im November 1952 und erneut im Januar 1953 machte der im Pentagon für Sonderoperationen zuständige Führungsstab das Angebot, Teileinheiten der zwischenzeitlich ausgebildeten 10th Special Forces im größeren Umfang für Korea bereitzustellen. Der Stab in Tokio schien aber kein sonderliches Interesse an diesem Angebot zu zeigen. So wurden erst im Frühjahr 1953, wenige Monate vor Kriegsende, 55 Offiziere und neun Unteroffiziere direkt von der 10th Special Forces Group nach Korea versetzt. Die meisten dieser Männer fühlten sich dort aber nicht wohl und eher »fehl am Platz«. Ihre Tätigkeit entsprach nicht der Ausbildung als Fallschirmjäger oder Spezial-Operateure für den verdeckten Kampf. Geschlossene »A«-Teams gab es überhaupt nicht. Die US Army versuchte notgedrungen im Verlauf des Krieges wieder Einfluß bei unkonventionellen Aktionen zu nehmen. Sie baute einige »selbstgestrickte« provisorische Einheiten auf, ohne auf das in den USA bereitstehende bescheidene Angebot von Spezialeinheiten zurückzugreifen. Gleichzeitig führte aber auch die CIA in eigener Regie zahlreiche Kampf- und Erkundungsunternehmen durch. Es wurde zwar ein Spezialstab zur Koordinierung eingerichtet, im Grunde gingen aber das Oberkommando Fernost und der Nachrichtendienst getrennte Wege. Nur in Einzelfällen gelangen der CIA wirksame verdeckte Aktionen, und das Ziel einer effektiven Zusammenarbeit mit der sympathisierenden einheimischen Bevölkerung konnte insgesamt nicht erreicht werden. Manche Aktionen überschnitten sich und eine praktische Zusammenarbeit fand nur vereinzelt statt. Um Verbesserungen herbeizuführen entstand im Dezember 1951 der Verbindungsstab »Covert Clandestine and Related Activities Korea (CCRAK)«. Er hatte aber keine praktischen Einwirkungsmöglichkeiten. Die CIA konnte lediglich Soldaten der Army einsetzen, ohne sich mit der Army abstimmen zu müssen. General McClure bemühte sich mit viel Engagement, die Schwäche der USA auf dem unkonventionellen Sektor aufzuzeigen. Er griff dabei besonders das Oberkommando Ferner Osten an, welches nicht in der Lage war, Spezialeinheiten ihrem Leistungsvermögen entsprechend einzusetzen. Aber der sich langsam fortsetzende Prozeß des Umdenkens, führte zur Erkenntnis, Spezialeinheiten aufzustellen bereits vor dem Ausbruch eines bewaffneten Konflikts. Es wurde zwar weitgehend versäumt das neue Konzept auf dem Kriegsschauplatz zu erproben und Erfahrungen zu sammeln, aber viele Angehörige der 10th Special Forces Group konnten persönliche Erkenntnisse gewinnen, die sich wertvoll für ihre spätere Laufbahn erwiesen.

AM EISERNEN VORHANG – FLINTKASERNE BAD TÖLZ

Acht Jahre nach Kriegsende versuchte die Bevölkerung der »Sowjetischen Besatzungszone« in Mitteldeutschland sich von den Segnungen und Verheißungen des »real existierenden« Sozialismus zu befreien und das »Arbeiter- und Bauern-Paradies« durch eine menschliche Gesellschaftsordnung zu ersetzen. Während sich in der jungen Bundesrepublik bereits die ersten Vorboten des »Wirtschaftswunders« einstellten, sah es östlich der Elbe eher düster aus. Die Verbitterung unter der »arbeitenden Bevölkerung« wuchs und entlud sich am 17. Juni 1953 in einem spontanen Aufstand gegen das Ulbricht-Regime. In Ost-Berlin und anderen Orten gingen gerade die Bevölkerungskreise auf die Straße, die bisher als die verläßlichsten Stützen des Unterdrückungssystems galten – die sogenannten »Werktätigen«. Rasch breitete sich der Aufstand über das ganze Land aus. Einer der Anlässe war die Erhöhung der Arbeitsnormen. An mehr als 250 Orten wurde die Arbeit niedergelegt, es kam zu Demonstrationen und die Forderung nach freien Wahlen wurde laut. Als Gefängnisse gestürmt sowie Polizeidienststellen und Behörden attackiert wurden, verhängten die Sowjets am 17. Juni 1953 den Ausnahmezustand. Sowjetische Panzer fuhren auf und schlugen mit brutaler Gewalt den Aufstand nieder. Außer verzweifelten Steinwürfen gab es den Panzern nichts entgegenzusetzen. Bald hatten die Kommunisten die Kontrolle wieder zurückgewonnen.

Die Westmächte traf der Volksaufstand scheinbar völlig unerwartet und es kam zu keiner unmittelbaren politischen und militärischen Reaktion. Es sollte fast vier Jahrzehnte dauern, bis eine friedvolle Revolution 1989 endlich die ersehnte Freiheit brachte. Die junge Bundesrepublik war, politisch und militärisch ohnmächtig, zur Untätigkeit verurteilt. Sie verfügte über keine Streitkräfte und befand sich in fast völliger Abhängigkeit von den Alliierten. Aber die Volkserhebung hatte doch auch eine gewisse Signalwirkung. Der Widerstand gegen die herrschende Diktatur hinter dem Eisernen Vorhang nahm eine ganz realistische Gestalt an. Künftig waren Aufstände im Osten nicht auszuschließen. Im Pentagon wurden die Auswirkungen der jüngsten Geschehnisse eingehend analysiert und man stellte fest, daß mit der 10th Special Forces Group eine maßgeschneiderte Truppe für etwaige militärische Einsätze vorhanden war. General McClure ergriff nun die Chance, sein Lieblingsprojekt bei den Politikern und hohen Militärs entsprechend herauszustellen. Während sich die Männer der »Zehnten« in Fort Bragg mit viel Schweiß bemühten, ihre volle Einsatzreife zu erlangen, rührte McClure kräftig die Werbetrommel – und bald erging die Grundsatzentscheidung über die Verlegung in die damalige US-Besatzungszone in Deutschland, nach Bad Tölz. Allerdings wollte man nicht alle ausgebildeten Soldaten der Special Forces in die Nähe des Eisernen Vorhanges verlegen. Die 10th Special Forces Group wurde aufgeteilt und etwas über 800 Mann erhielten die Marschpapiere nach Europa. der Rest blieb in Fort Bragg zurück und bildete nun die neue 77th Special Forces Group. Kommandeur wurde Lieutenant-Colonel Jack Shannon. Während die für Deutschland auserwählten Soldaten mit Spannung der

Fahrt über den großen Teich entgegenfieberten, machte sich bei vielen der Zurückbleibenden Enttäuschung breit. Aber in den kommenden Jahren entwickelte sich ein reger Personalaustausch zwischen Fort Bragg und Bad Tölz, so kamen auch viele Angehörige der neuen Gruppe im Verlauf ihrer Dienstzeit nach Oberbayern.

Es herrschte Aufbruchstimmung und die tollsten Gerüchte gingen in den Unterkünften um. Mittlerweile trafen auch die ersten Ostblock-Emigranten ein, über die in einem weiteren Kapitel dieses Buches noch ausführlich berichtet wird. Die Ausbildung wurde um eine intensive Sprachschulung erweitert. Ein Teil der älteren Soldaten kannte bereits Europa, aber der junge Nachwuchs setzte hohe Erwartungen in eine abenteuerliche Zukunft. Die kommenden Wochen waren ausgefüllt mit Instandsetzungs- und Packarbeiten, es herrschte absolute Urlaubssperre und Alarmzustand.

Indessen hatten sich aber die mächtigen Gegner der unbeliebten Sondereinsatzverbände nicht ausgeruht. Sie versuchten erneut die unbequeme »Konkurrenz« auszuschalten. Gerüchte wurden gezielt in Umlauf gebracht, die besagten, daß die Sondertruppe über zahlreiche Schwachstellen verfüge und die Einsatzreife noch nicht vorhanden sei. Daraufhin setzte der Chef des Generalstabes einen unabhängigen Experten ein, der den Vorwürfen bestimmter Kreise des Nachrichtendienstes nachgehen sollte. Mit dieser Aufgabe wurde der beste Mann auf diesem Spezialgebiet betraut, über den die US-Streitkräfte außerhalb der Special Forces verfügten. Es handelte sich um Colonel William R. Peers, der im Zweiten Weltkrieg das legendäre OSS-Detachment 101 in Burma führte. Zeitweilig war der hohe Offizier auch zur späteren CIA abkommandiert worden und konnte so praktische und theoretische Erfahrungen miteinander verknüpfen. Peers schaute sich die neuen »Fallschirm-Partisanen« an und fällte dann sein kompetentes Urteil: »Sie sind einsatzverwendungsfähig«. Damit war die letzte Hürde genommen! Peers diente noch bis in die 70er Jahre in der US Army und brachte es zum Korps-Kommandeur und Generalleutnant. Als Spezialist für besonders heikle Aufträge mußte er noch kurz vor seiner Pensionierung eine besonders schwierige Aufgabe unternehmen. Es handelte sich um die Untersuchung des »My-Lai-Massakers« in Vietnam, das Infanteristen der US Army unter der Zivilbevölkerung angerichtet hatten. Nach Erfüllung dieser für einen Berufsoffizier äußerst undankbaren Aufgabe, reichte er seinen Abschied ein und verbrachte seine letzten Lebensjahre im sonnigen Kalifornien.

Am 10. November 1953 gingen in Wilmington, North Carolina, die Soldaten der 10th Special Forces Group an Bord eines Truppentransporters, der am 22. November 1953 Bremerhaven erreichte. Die Verlegung erfolgte geheim, die Soldaten wurden an Bord des Schiffes isoliert und die Besatzung konnte sich kein rechtes Bild über den merkwürdigen Haufen machen. Durch andauernde Kraft- und Ausdauerübungen sorgten die Soldaten bei der Schiffsbesatzung für einige Unruhe. In Bremerhaven bestiegen die GI's den Militärzug und erreichten Ende November 1953 den neuen Standort Bad Tölz.

Die neue Heimat war ein für die damalige Zeit luxuröser Kasernenkomplex, der die alten Holzunterkünfte von »Smoke Bomb Hill« weit in den Schatten stellte. Die bedeutendsten Bauten wurden zwischen 1934 und 1937 errichtet und verschlangen einen Betrag von 32 Millionen Reichsmark. Die Kaserne wurde als Junkerschule für den Führernachwuchs der Waffen-SS errichtet. Ab 1940 erhielten hier schon einmal viele ausländische Freiwillige ihre Ausbildung. Mit den zunehmenden Kriegsverlusten erhöhte sich der Bedarf an Krankenhäusern und bei Kriegsende befanden sich in Bad Tölz acht Kliniken mit 6000 Kriegsverletzten.

Im Frühjahr 1945 rückten Einheiten der 36. US-Infanteriedivision ein, bei kleineren Gefechten wurde um die Isarbrücke gekämpft. General Patton, einer der bekanntesten »Haudegen« der US Army und Kommandeur der 3. US Armee, richtete in der nunmehrigen »Flint-Kaserne« sein Hauptquartier ein. Bis 1951 weilte der Stab der 1. US-Infanteriedivision in der Stadt, bevor die Einheit für einige Jahre nach Unterfranken verlegt wurde. Bis zum Herbst 1953 lag der Stab der 43. Infanteriedivision in der Flint-Kaserne.

Die Unterkünfte und Anlagen erwiesen sich für die Bedürfnisse der Soldaten der 10th Special Forces Group wie geschaffen. Es gab ein modern ausgestattetes Schwimmbad, eine geräumige Turnhalle, Sportanlagen, großzügig angelegte Küchen- und Speiseräume sowie kleine Mannschaftsstuben. Die verheirateten Soldaten wohnten in beschlagnahmten deutschen Villen und Landhäusern, die ledigen Offiziere in einem Hotel. Kurze Zeit später wurde mit dem Bau von Dienstwohnungen begonnen und die besetzten Wohnungen konnten wieder an die Eigentümer zurückgegeben werden.

In der Anfangszeit teilte man sich die Unterkünfte mit zwei Spezialeinheiten der US-Luftwaffe. Dabei handelte es sich um die Survival-Schule der Luftwaffe in Europa und die 7062.»Air Intelligence Service Squadron«, eine Nachrichtenstaffel der US Air Force. Die 10th Special Forces Group bemühte sich erfolgreich ihren geheimen Auftrag nach besten Kräften zu verbergen. So befand sich über dem Eingangstor lediglich ein Schild mit der Aufschrift »10th Airborne Group«. Somit konnte man die Truppe für einen gewöhnlichen Fallschirmjägerverband halten. Das allgemeine Fallschirmjägerabzeichen an den Uniformen unterstrich dies ebenfalls und das »grüne Barett« wurde noch nicht getragen. Selbst ein inspizierender Oberbefehlhaber der 7th US Army, ein bekannter Fallschirmjägergeneral des Zweiten Weltkrieges, erklärte nach seinem Besuch, er verfüge ja nun wohl über ein Fallschirmjägerregiment in Europa.

Die 10th Special Forces Group verbesserte nach einer kurzen Eingewöhnungsphase weiter ihren Ausbildungsstand. Die theoretische Schulung wurde von kleineren Übungen und einem jährlichen Großmanöver ergänzt, das im Frühjahr begann und erst im Hochsommer endete. Monatlich war ein Fallschirmabsprung in die »Neufahrn Drop Zone« vorgesehen. Einen hohen Stellenwert nahmen die guten Beziehungen mit der einheimischen Bevölkerung ein. Die Soldaten erhielten die Weisung, freundschaftlich und respektvoll mit der oberbayerischen Bevölkerung zu verkehren und sich als »Botschafter der USA und Behüter von Frieden und Freiheit« zu betrachten. Vorbildliches Auftreten in der Öffentlichkeit, auch in der Freizeit, Disziplin und korrekte Kleidung wurden verlangt.

Die Lage des Standortes war ideal für die ausbildungsmäßigen Erfordernisse. Das weiträumige, hügelige, stark bewaldete und damals noch schwach besiedelte Alpenvorland mit seinen Seen, Mooren und bewaldeten Bergen, bildete genau den erforderlichen Rahmen für eine Ausbildung in der Guerillataktik. Schon im März 1954 begann die Feldübung 54/1, an der sich alle Gruppen beteiligten. Sie diente nicht nur zur Gewöhnung an eine fremde Umgebung, sondern bildete den praktischen Abschluß der bereits in Fort Bragg begonnenen Spezialausbildung. Eine Guerillagruppe kann nur dann Erfolge erzielen, wenn die Zivilbevölkerung überwiegend auf ihrer Seite steht. Erste Kontakte mit der ländlichen Bevölkerung zeigten ein positives Echo. Wer sich noch an die stolzen, rauhen, mißtrauischen und manchmal auch gehörig »schlitzohrigen« oberbayerischen Landbewohner erinnert, weiß wie schwer es war, deren Vertrauen und Unterstützung zu gewinnen. Das nicht selten anzutreffende ausgeprägte Freiheitsbewußtsein, die Traditions- und Bodenverbundenheit und ein beachtlicher »Kampfgeist« der Oberländler, die sich oft als Wilderer mit der Obrigkeit anlegten, löste durchaus Sympathien für die schneidigen Fallschirmjäger aus, die clever und listig im Manöver einen überlegenen Gegner bekämpften.

In vielen der abgelegenen Weiler und Einödhöfen gingen die Angehörigen der Special Forces als gern gesehene Gäste ein und aus. Rückte der Manöverfeind näher, warnten und versteckten sie die Einheimischen in ihren Höfen. Sicherlich ist die »Liebe« zwischen den beiden Gruppen auf geschicktes, psychologisches Verhalten der Amerikaner zurückzuführen, aber auch auf den Umstand, daß sie – im Gegensatz zu den Feinddarstellern – keine schweren Waffen und Fahrzeuge einsetzten und keine Flurschäden verursachten. Freilich, kleine Geschenke verbessern die Freunschaft und ganz selbstlos handelten die Landwirte und Waldarbeiter auch nicht immer. Kleine Aufmerksamkeiten in Form der damals noch raren Rauchwaren, Bohnenkaffee, Einsatzrationen und Süßigkeiten trugen dazu bei, die Bevölkerung freundlich zu stimmen. Einzelne Soldaten und Kleingruppen mieteten sich während der Feldübungen in geeigneten, abgelegenen Unterkünften ein und halfen durch Mieten die meist recht dünnen Geldbeutel der Bauern und Häusler etwas zu füllen.

Captain »Uncle Remus« Russel hatte mit seiner Gruppe einen harten Auftrag erhalten. Aus einem scharf bewachten Lager sollte der Trupp einen Gefangenen befreien. In einer regnerischen Nacht sprangen die Männer aus einer Transportmaschine ab und landeten mit ihren Fallschirmen auf einer abgelegenen Bergwiese. In Minutenschnelle wurden die verräterischen Fallschirme sorgfältig versteckt, (im Krieg würden sie verbrannt oder vergraben werden), und bald hatte der Wald den seltsamen Spuk verschlungen. Einzeln marschierten die Soldaten auf verschiedenen Wegen einem etwa 12 Kilometer entfernten Sammelpunkt zu. Etwa eine halbe Stunde nach dem vereinbarten Zeitpunkt trudelte keuchend der letzte Mann ein, er hatte zeitweilig in der Dunkelheit die Orientierung verloren. Viel Ähnlichkeit mit einer militärischen Truppe wies der Haufen allerdings nicht auf. Die alten Tarnanzüge vermittelten ihnen ein abenteuerliches Aussehen. Weder Rangabzeichen, Namensschilder oder Tätigkeitsabzeichen befanden sich an den Uniformen. Die Bewaffnung wirkte wie aus der Beute eines Einbruches in ein Waffengeschäft. Russische und deutsche Maschinenpistolen, US Karabiner und Waffen unbekannter ausländischer Herkunft wurden mitgeführt. Einige Männer trugen ganz oder teilweise Zivilkleidung. Der Manöverauftrag erforderte Zeit, Disziplin und einen ausgefeilten Plan. Fast zehn Tage hielten sich die Soldaten der 10th Special Forces Group aus Bad Tölz im Waldversteck verborgen. Bevor die Befreiungsaktion begann, beobachteten sie das Objekt längere Zeit sorgfältig. Die Stärke der Wachmannschaften, die Sicherung des Lagers mit möglichen Schwachpunkten, der Ablöse-Rhythmus und die Besetzung und Bewaffnung der Wachtürme wurden ausgekundschaftet. Für den Fall von Pannen oder plötzlich auftretenden Ereignissen wurden Alternativen ausgearbeitet.

Im sorgfältig getarnten Versteck hausten die Soldaten in aus Ästen und kleinen Baumstämmen gebauten behelfsmäßigen Unterkünften, die nur notdürftig gegen Kälte und Regen schützten. Jeglicher Kontakt mit der Bevölkerung war verboten, niemand durfte etwas über die Anwesenheit des Spezialkommandos wissen. Bald war die mitgeführte Verpflegung verbraucht und die Soldaten mußten sich aus der »Natur ernähren«, so wie sie es im Unterricht gelernt hatten. Allerdings brachte nicht jeder genügend Selbstüberwindung und auch Geschick auf, um Kleingetier zu fangen und zu verspeisen. Hasen, Kaninchen, Maulwürfe, Schnecken, Beeren, Kräuter oder zur Not geraspelte Baumrinde vermögen in Zeiten der Not den knurrenden Magen zu besänftigen. Aber manche GI's hungerten lieber.»Minuspunkte« gab es dafür nicht, aber der Hunger nagte in den Därmen. Bald kannten die »Partisanen« die nähere und weitere Umgebung bestens. Mit Holzstücken und Tannenzapfen bildeten sie auf dem Waldboden ein Modell des Angriffobjekts nach und spielten die bevorstehende Aktion mehrfach durch. Bald kannte jeder Soldat seine Aufgaben und die seiner Kameraden im Schlaf und der Zeitpunkt für den Überfall wurde bestimmt. Natürlich lief die Befreiung in der Nacht ab, der Gegner ließ nur eine Einzelstreife, statt eines Doppelpostens, um das Lager patrouillieren. Gesichter und Hände wurden dunkelgrün getarnt, die Metallteile der Waffen und der Ausrüstung mit Stoffetzen umwickelt und die Waffen überprüft. Für einen Teil der Leute war dies alles Routine. Sie machten derartige Unternehmen mehrfach im Krieg mit und kamen mit heiler Haut davon.

Lautlos und unheimlich bewegten sich die Fallschirmjäger durch die mondhelle Nacht. Sie sicherten nach allen Seiten, hielten gehörigen Abstand und gelangten nach einer knappen Stunde unbemerkt in die Nähe des Ziels. Es galt nun den Wachposten zu »beseitigen«. In dieser Nahkampftechnik waren die Soldaten Meister. Eine ihrer gängigen Techniken war die Verwendung von Schlingen aus Draht und anderen Materialien.

Während die Soldaten im Umkreis ringsum sichernd in die Dunkelheit spähten, arbeitete sich einer der erfahrenen Sergeanten ganz nahe an den Stacheldrahtzaun des Camps heran. Dort lauerte er auf den einsamen Wachposten, der in östlicher Uniform gelangweilt seine Runde drehte. Ahnungslos näherte er sich und nun bot sich die günstigste Gelegenheit. Der Sergeant sprang auf und legte die Schlinge blitzschnell um den Hals des Postens. Dieser erstarrte vor Schreck, der Warnschrei erstickte im Würgegriff. Zwei Männer schleppten den Posten in das Walddickicht, fesselten und knebelten ihn. Mittlerweile schnitt ein Trupp mit einer Drahtschere ein Loch in den Stacheldrahtzaun. In Sekundenschnelle stürzten die Partisanen in die Unterkunftsbaracke und befreiten die »Gefangenen«. Wenig später war der ganze Spuk verschwunden. Selbst das klagende Krächzen des Waldkauzes, meisterhaft nachgeahmt von den Männern des Kommandotrupps, verstummte. Vorsichtshalber wählte der wilde Haufen einen anderen Rückzugsweg, um einem möglichen Hinterhalt zu entgehen. Müde und erschöpft erreichten sie das Versteck und gönnten sich einige Stunden Schlaf. Erst die Ablösung im Lager bemerkte das Verschwinden der Gefangenen. Suchmannschaften mit Hunden wurden in Marsch gesetzt, ein Hund nahm tatsächlich eine Fährte auf. Plötzlich begann er zu winseln: In weiser Voraussicht hatte das Spezialkommando einige Prisen starken Pfeffer hinter sich verstreut und so die gefährliche Schnüffelschnauze außer Gefecht gesetzt.

Solche und ähnliche Übungen führte die 10th Special Forces Group des öfteren auf ihrem riesigen Truppenübungsplatz »ohne Grenzen« entlang der Alpen durch. Den Schwerpunkt des Manövers 54/1 bildete 1954 der Chiemgau. Durch diesen Landstrich führt die strategisch wichtige Autobahn München-Salzburg und eine Bahnlinie nach Österreich, Italien und Südosteuropa. Zwar herrschte bereits damals in einigen Orten Tourismus, das Hinterland war aber verhältnismäßig abgelegen und dünn besiedelt. Ab und zu tauchten ein verträumtes Dorf, ein abgelegener Weiler oder ein einsamer Einödhof auf, eingebettet zwischen romantischen Seen und tiefen Wäldern. Verkehrs- und Kommunikationsmöglichkeiten waren nur begrenzt vorhanden. Fernsehen gab es noch nicht, kaum Telefon und das Rundfunkprogramm aus München strahlte meist ein alter Volksempfänger aus. Man blieb unter sich und fremde Personen waren ohne Unterstützung der einheimischen Bevölkerung isoliert.

Im März 1954 erhielten die Bewohner einiger Bauernhöfe überraschend Besuch von uniformierten US-Soldaten. Sie wiesen sich unter Vorlage von Dienstausweisen als »Fallschirmjäger im Aufklärungsdienst« aus und baten um Unterstützung. Da in den umliegenden Städten kaum US-Besatzungstruppen stationiert waren, reagierten die Landwirte zunächst mißtrauisch und abwartend. Sie wollten ihre Ruhe haben und befürchteten Manöverschäden und die Zerstörung der schönen Landschaft. Aber die Amerikaner beruhigten sie schnell. Sie wollten sich lediglich für längere Zeit einmieten und boten hierfür gute Bezahlung. So stellte sich auf einem Einödhof ein deutschsprachiger Corporal ein, der als »Kontakt-Mann Nord« fungierte. Das Hauptquartier für den Bereich Geheimoperation lag in dem kleinen

Weiler Teisenham, einige Kilometer von Bad Endorf entfernt und nur über einen schlecht ausgebauten Feldweg erreichbar. Gleich hinter den Gehöften wucherte dichtes Unterholz; dahinter lag ein ausgedehntes, unwegsames Moor. In einem der Höfe richteten sich die Soldaten häuslich ein, die Unteroffiziere in der Scheune, die Offiziere schliefen im Haus. Eine Funkstelle wurde aufgebaut und im Schuppen lagerte Material. Selbst die US-Flagge flatterte an einer provisorisch errichteten Stange. Das »Base Camp« lag in einiger Entfernung tief im Wald versteckt und war von vorgelagerten Höhen und Waldstücken gut gegen Sicht abgeschirmt. Über Monate hielten sich dort die Gruppen auf und durchliefen eine interessante Spezialausbildung; 24 Stunden am Tag, sieben Tage in der Woche!

Dienstvorschriften über den Guerilla- und Partisanenkrieg waren zu Beginn der 50er Jahre bei der US Army praktisch unbekannt. So wurde auf vielen Gebieten Neuland betreten. Um möglichst realistisch üben zu können, mußte eine gute Feinddarstellung organisiert werden. So nahmen deutschsprachige Offiziere Verbindung zu den örtlichen Polizeidienststellen auf und gewannen die Beamten als »Mitarbeiter«. Sie sollten bei ihren Streifengängen ein wachsames Auge auf »verdächtige Personen und Umtriebe« werfen, derartige Leute festnehmen und der US-Militärpolizei übergeben. Die 7th US Army leistete ebenfalls ihren Beitrag und stellte Militärpolizei als Manöverteilnehmer ab. Es spricht für den geringen Stellenwert der in Militärkreisen kaum wahrgenommenen Bedrohung durch subversive Elemente und verdeckte Aktionen, daß die Bekämpfung von Partisanen damals eine Neuaufgabe der Militärpolizei war. Reguläre Kampfverbände einzusetzen, hielt die konventionelle US Army für nicht notwendig. So hielten sich die Streifenbeamten der US-MP aus den verschiedenen Besatzungsdivisionen im Manövergebiet auf und wurden jeweils nach einigen Wochen von neuen Kontingenten abgelöst.

Den Mittelpunkt für die Manöveraktivitäten bildete bald eine Gaststätte in Bad Endorf, das zwischen Chiemsee und Simsee liegt. Dort fanden die Besprechungen und Kontakte zwischen den Parteien statt und ein Sanitätstrupp hielt sich in einem Nebengebäude bereit, um bei Unfällen sofortige Hilfe zu leisten. Die Angehörigen der MP nahmen ihren Auftrag nicht sonderlich ernst und verhielten sich wenig gefechtsmäßig. Bekleidet mit Dienstanzug und weißen Koppelzeug, bewaffnet mit Gummiknüppel und Colt, mit blankgewichsten Stiefeln und dem obligatorischen Helm aus Pappe, saßen die Militärpolizisten im offenen Jeep und fuhren wie üblich Streife. Maschinengewehre oder gepanzerte Fahrzeuge waren nicht vorhanden. Die Jeeps waren an die Straßen gebunden und wurden kaum verlassen, zu Fußstreifen oder Spähtrupps fanden sich die lässigen MP's nicht bereit. Gelegentlich wurden Straßen- und Brückensperren errichtet, aber die gerissenen Männer der Special Forces fanden immer einen Weg, diese zu umgehen. Sie spielten der »Ordnungstruppe« einen Streich nach dem anderen. Der größere Teil der Manövertruppe trug zwar Uniform, hielt sich aber am Tage gut versteckt und schlug nur in den Nachtstunden zu. Die als Verbindungsleute eingesetzten Soldaten erkundeten, überbrachten Meldungen, pflegten Kontakte mit der Zivilbevölkerung und suchten abgelegene Plätze für den Abwurf von Fallschirmlasten aus. Sie arbeiteten in Zivilkleidung und unterschieden sich kaum von der Bevölkerung. Viele sprachen deutsch und unterschieden sich in Trachtenjanker und Lederhose nicht von ihrer Umgebung. Bedingt durch die langen Aufenthaltszeiten in den Wohnstätten der Einheimischen, entwickelten sich gute Kontakte und viele langjährige Freundschaften. Dort besorgten sich die Kontaktpersonen zur Erhöhung ihrer Mobilität Fahrräder und leichte Motorräder der Marken »Sachs«, »NSU« oder »Wanderer«. Mit diesen fahrbaren Untersätzen bewegten sie sich unerkannt im »Feindgebiet«, betrieben Aufklärung und informierten sich vor Ort über die Aktivitäten der gegnerischen Manöverpartei.

Manchmal traten Pannen auf. Im Sommer 1954 beunruhigten – nach Meldungen der örtlichen Presse – »Fallschirmagenten« das Alpenvorland. Ein in der vergangenen Nacht per Fallschirm eingeschleuster Verbindungsmann, der nur gebrochen deutsch sprach und sich so ungeschickt benahm, daß er trotz Zivilkleidung seine amerikanische Soldatenherkunft nicht verleugnen konnte, kam an einem Sommertag ganz schön ins Schwitzen. Er traf im damaligen Landkreis Wasserburg auf einen mißtrauischen Posten der bayerischen Landpolizei, der sofort Verdacht schöpfte. Im Ernstfall hätte dies sicher das Ende des stämmigen Burschen bedeutet, der sich zu einer Erkundung zu Fuß auf der verstaubten Landstraße bewegte. Schon die Zivilkleidung, ein bunt kariertes Hemd und eine helle Hose sowie der kurzgeschorene »Stiftenkopf« ließen den waschechten Amerikaner erkennen. Als das »Auge des Gesetzes«, ein in vielen Dienstjahren ergrauter Polizeiwachtmeister, bei seiner Fahrradstreife auf den seltsamen Vogel stieß, glaubte er sofort Bescheid zu wissen. Kurze Zeit vorher hatte er eine Fahndungsmeldung der US-Militärpolizei gelesen, die einen Deserteur suchte. Der Polizist vermutete beim Anblick des »Agenten« nun einen »Fetten Fang« und forderte den vermeintlichen Deserteur mit seinen wenigen englischen Sprachbrocken und hilfreichen Gesten zum Mitkommen auf die Wache auf. Der bedrängte Amerikaner dachte nicht daran zu folgen, und als er zögerte, drohte der Beamte mehrfach mit dem Zauberwort »MP«. Dies verstand der Fallschirmagent nun sehr gut und winkte verzweifelt ab: »Nix MP, nix MP!« Diese Reaktion war gut verständlich, da ja die Militärpolizei die Soldaten der Special Forces jagte. Zähneknirschend begleitete er den Polizisten auf das Revier. Als der Dienststellenleiter die Telefonnummer der nächstgelegenen Militärpolizei wählte, kam ihm die rettende Idee. Aus dem Schuh zog er eine kleine weiße Karte hervor, auf die die Rufnummer der 10th Special Forces Group stand. Ein kurzer Anruf in Bad Tölz bestätigte die Glaubwürdigkeit des Fallschirmjägers und die Polizei ließ ihn wieder laufen.

Im Waldlager unterhalb von Teisenham kämpften die Fallschirmjäger mit einem weit hartnäckigeren Gegner: Millionen von Stechmücken und Bremsen plagten ihre Opfer bis aufs Blut. Diese wehrten sich verzweifelt mit allen Mitteln gegen die »Moskitos«. Kettenrauchen, Feuer und Schutzcreme halfen aber nur bedingt. Ein fast nicht enden wollender Dauerregen sorgte dafür, daß kaum ein Faden ihrer Bekleidung trocken blieb. In den

Zelten und Behelfsunterkünften richtete man sich ein, so gut es ging. Über Wochen gab es nur Konserven und Trockenverpflegung, so kauften sich die Soldaten Milch in den umliegenden Bauernhöfen und verzehrten mit Heißhunger frisches Fleisch und Brot, welches unbemerkt von Leuten des »zivilen Untergrunds« beschafft wurde. Einzelne Soldaten beschafften sich Schnaps, Cognac, oder bayerisches Bier. Zur Überbrückung der häufigen Ruhe- und Bereitschaftszeiten dienten Kartenspiele, dabei wechselten in mancher langen Pokernacht oft erhebliche Geldbeträge den Besitzer. Mancher glücklose GI sah am folgenden Morgen recht »alt« aus. Aber Motivation und Leistungsbereitschaft der Soldaten blieben unverändert hoch, die komplexen Phasen eines »Krieges im Schatten« wurden bis zur Perfektion geübt. Stundenlange Nachtmärsche durch schwieriges Gelände, Überfälle, angedeutete Sabotageakte auf Hochspannungsleitungen, Brükken und Bahnstrecken hielten alle in Atem. Einen Schwerpunkt bildete die Zusammenarbeit mit der Luftwaffe, Fliegertücher wurden ausgelegt, Funkverbindungen hergestellt und Lastenabwürfe organisiert.

Gemeinsam mit ausgewählten Personen der örtlichen Bevölkerung wurden regelrechte Netze für nachrichtendienstliche Zwecke aufgebaut und betrieben. Diese »Untergrundkämpfer« meldeten ihre Beobachtungen an die »Kontakt«-Leute weiter und halfen so der geheim operierenden Partisanentruppe erheblich. Die Bereitstellung von Verstecken und Unterkünften erwies sich als lebenswichtig. Im Hochsommer 1954 endete der erste Teil der Felddienstübungen. Sie waren ein voller Erfolg. Noch heute zählen sie viele Veteranen zu ihren schönsten Zeiten.

Daheim in Bad Tölz mußte nicht lange öder Garnisonsdienst geschoben werden. Lieutenant-Colonel George Gormlie organisierte eine intensive Winterkampfausbildung, die sich in der Nähe von Lenggries abspielte. Die Soldaten hausten im Hauptlager in großen, beheizten Zelten und übten sich unter Anleitung erfahrener Kameraden vor allem im Skifahren und im Umgang mit Schneeschuhen. Den Schwerpunkt bildeten Langlauf und Überlandmärsche über große Strecken. Die Gewöhnung an das Leben im Winter bedeutete für einige GI's aus südlichen Gefilden Neuland. Nur schwer gewöhnten sie sich an die veränderten Lebensbedingungen eines strengen Winters in Eis und Schnee.

Als sich das erste volle Jahr der Special Forces in Bad Tölz seinem Ende neigte, kam wie ein Blitz aus heiterem Himmel die Versetzungsverfügung für Colonel Bank. Noch vor Jahresbeginn hatte er sich zu einer Neuverwendung beim Hauptquartier der 7th US Army zu melden. Er nahm schweren Herzens Abschied von seinen Soldaten, konnte sie aber mit der Gewißheit zurücklassen, einen hervorragend ausgebildeten und motivierten Verband aufgebaut zu haben.

Dem OSS-Veteranen Bank folgte mit Colonel William E. Ekman ein eher konservativer Kommandeur. Bevor er 1934 von der berühmten Militärakademie West Point aufgenommen wurde, diente er zwei Jahre als einfacher Soldat beim 29. Infanterieregiment und beim 64. Regiment der Küstenartillerie. Nachdem er 1938 die Offiziersausbildung mit Erfolg durchlaufen hatte, kam Ekman zur Infanterie und wurde 1944 bereits

Colonel »auf Zeit«. Schon 1942 qualifizierte er sich als Fallschirmspringer und blieb bis 1952 ununterbrochen bei der Luftlandetruppe. Im Zweiten Weltkrieg machte er die Kampfabsprünge in der Normandie und in den Niederlanden mit und befehligte als stellvertretender Kommandeur die Fallschirmjägerregimenter 504 und 508. Nach der massiven Abrüstung der US Army blieb Ekman als zurückgestufter Lieutenant-Colonel im aktiven Dienst; erreichte den Dienstgrad Colonel aber erneut im Juli 1951. Bevor er am 16. Dezember 1954 die 10th Special Forces Group übernahm, diente er als Stabsoffizier beim VII. Korps in Stuttgart. Der hochdekorierte Offizier war mit Leib und Seele Fallschirmjäger, hatte aber keine Einsatzerfahrungen auf dem unkonventionellen Gebiet. Unter seinem Kommando wurde die formale Disziplin straffer, die Haare der GI's kürzer und ihr Auftreten »militärischer«. Diese Umorientierung lag aber weniger in der Person des neuen Kommandeurs begründet, sondern war die Folge einer allgemeinen »schärferen Gangart« in der US Army. Im vorangegangenen Koreakrieg hatten sich viele Schwachpunkte gezeigt; die »verweichlichten« US Soldaten sollten nun »auf Vordermann getrimmt« werden. Zudem gab es weniger Finanzmittel, die Planstellen wurden vermindert und die Leistungsforderungen erhöhten sich so automatisch.

Erheblich verstärkt wurde die Fallschirmsprungausbildung. Ein fünfstöckiger Sprungturm und die entsprechenden Bodengeräte ermöglichten die Durchführung einer eigenen Ausbildung. Zum Ausbildungspersonal zählten neben Colonel Ekman viele Namen, die mit der weiteren Entwicklung der Special Forces eng verbunden sind: Abel, Bibby, Cole, England, Fafek, McCay, McNally, Medaris, Miller, O'Neil, Robertson und Sincere hießen die Unteroffiziere und Offiziere der ersten Springerschule. Es wurden auch »handgestrickte« Absetzer ausgebildet. In späteren Jahren sollte die 10th Special Forces Group noch öfters für die Aus- und Fortbildung herangezogen werden. Es gelang aber nicht, die Ist¡Stärke des Personals an das Soll anzugleichen, da sich bereits Sparmaßnahmen bemerkbar machten. So verfügten die Gruppen meist nur über eine tatsächliche Dienststärke von einem Offizier und acht Mann.

1955 folgten weitere ausgedehnte Felddienstübungen im Rahmen der »Field Exercise 54« – Abschnitte 2 und 3. An einer abgelegenen Stelle des Simsee hatte Lieutenant-Colonel »Kraut« Ewald, der die Spezialausbildung über Infiltration- und Exfiltrationstechniken, Durchschlagen und Aufklärung leitete, ein »festes Camp« aufgebaut. Zwei große Zelte für das Leitungspersonal, zwei Unterkünfte für die Lehrgangsteilnehmer sowie eines für das technische Personal der unterstellten deutschen Labour-Service-Einheit (zu deutsch: Arbeitsdienst) und ein Magazinzelt standen auf Luftlandeblechen geschützt im Wald. Eine besondere Attraktion bildeten die amphibischen Schwimmfahrzeuge »DUKW«. Hierbei handelte es sich um dreiachsige Spezialfahrzeuge, die sich im Wasser mittels einer Schiffsschraube fortbewegen konnten. Sie gehörten nicht zur Grundausstattung der Special Forces, sondern waren für Ausbildungszwecke von einer US-Pioniereinheit im Rhein-Main¡Gebiet ausgeliehen worden. Die Fahrer und Mechaniker waren keine US-Soldaten, sondern Angehörige des

»Labour-Service«. Zur Unterstützung der US Army gab es eine Anzahl solcher kasernierten Formationen von jeweils rund 200 Mann. Sie waren militärisch gegliedert und ausgebildet. Zu ihren Aufgaben zählten Wachdienst, Fahrbereitschaften sowie Arbeits- und Reinigungsdienste. Die »Hilfstruppen« erhielten englischen Sprachunterricht, trieben dienstlich Sport und waren militärisch in Mannschaften, Unteroffiziere und Offiziere eingeteilt. Zur Standardbewaffnung zählte der handliche US-Karabiner M-1 mit dem eine intensive Schießausbildung betrieben wurde. Im Wachdienst wurden schwarz eingefärbte US-Uniformen getragen, später die olivfarbenen Arbeitsanzüge mit eigenen Einheits- und Dienstgradabzeichen. Geführt und »überwacht« wurden die Einheiten von einigen US-Soldaten; untergebracht waren die »Hiwis«, die sich oft aus ehemaligen Soldaten der deutschen Wehrmacht oder ausländischer Streitkräfte zusammensetzten, in Truppenunterkünften bei freier Verpflegung, die aber nicht ganz so reichhaltig wie die der Amerikaner war. Der Sold betrug für eine »Corporal« bei freier Unterkunft monatlich 185 DM, eine für die damalige Zeit durchaus angemessene Vergütung. Neben deutschen Arbeitseinheiten gab es polnische, ungarische und tschechische Dienstgruppen mit eigenen Offizieren.

Die Besatzungen der Amphibienfahrzeuge wirkten bei der Wasserausbildung mit. Benutzer von Behelfsflößen und kleinen Wasserfahrzeugen wurden auf dem See aufgefischt. Außerdem wurde mit Wasserflugzeugen der Luftwaffe gearbeitet. Meist wasserten sie in den Nachtstunden, Positionsleuchten geleitet, die beim Anflug eingeschaltet und schnell wieder gelöscht wurden. Die Wasserflugzeuge hatten einen weiten Anflugweg hinter sich; sie kamen aus US-Flugbasen in Nordafrika. Bei dieser Übung handelte es sich um eine geheime Ausschleusungs-Technik. In erster Linie wollte man wichtige Einzelpersonen (»VIP's«) und kleine Gruppen aus dem gegnerischen Hinterland evakuieren. Landungen auf Flugplätzen schieden für derartige Unternehmen aus und Behelfsflugplätze unterlagen einer scharfen Bewachung.

Andere Gruppen erhielten den Auftrag, sich bis in die Simseegegend durchzuschlagen und dort unbemerkt durch die gegnerische »Front« zu sickern. Von der Ortschaft Moosen bis zur Einmündung der Aache in den See zog sich ein dichter Stacheldrahtverhau, der die gesamte Uferböschung bedeckte. Die Brücken und Übergänge sicherten gut ausgebaute MG-Stellungen, zusätzlich erschwerten Leuchtfallen und Stolperdrähte Annäherung und Überwindung des Hindernisses. Für die Gruppen war es in den Nachtstunden äußerst schwierig, eine Bresche durch den überwachten Zaun zu schaffen. Findige Trupps organisierten Bretter und kleine Baumstämme, warteten bis der Posten vorbei war und legten diese Gegenstände über die Stacheldrahtrollen. Diese wurden niedergedrückt und ein Teil des Hindernisses wurde überquert. Waren die Hölzer nicht lang genug, mußte ein Sprung mit Rolle in das Wasser folgen. Pech hatten die entdeckten »Teams«. Sie mußten ausscheiden, wurden an ihre Ausgangspunkte zurückgeschickt und alles begann von vorne! Die erfolgreichen Gruppen verschwanden im hohen Schilfgras, bastelten sich ein Behelfsfloß und paddelten in den Nachtstunden auf den See. Zu einem vereinbarten

68

Zeitpunkt wurden sie von einem Wasserflugzeug oder Amphibienfahrzeug aufgenommen und ausgeflogen.

Bereits 1954 zeichnete sich eine erste zaghafte politische Entspannung zwischen Ost und West ab. Der Krieg in Korea war vorbei, Stalin lebte nicht mehr und die Rivalität zwischen der UdSSR und den USA verlagerte sich auf strategische Rüstung, Raumfahrt und Sport. Bald darauf proklamierte der neue Kreml-Herrscher Chruschtschow die friedliche Koexistenz der UdSSR und die Vermeidbarkeit eines Krieges. Die Kommunisten gedachten die USA bis 1970 (!) in der Agrar- und Industrieproduktion zu überholen und trotz einiger Gewaltakte begann die »Tauwetter«-Periode. Die Gefahr eines Überfalles auf das freie Europa sank und der vorsichtige US-Präsident Eisenhower versuchte, jegliche Konfrontation mit dem Osten zu vermeiden. Zwar trennte der Eiserne Vorhang weiterhin Europa, aber beide Großmächte hüteten sich vor einem atomaren Krieg. Sie respektierten die jeweiligen Machtbereiche und Einflußzonen. Für die noch einige Jahre vorher – zumindest im Ansatz vorhandenen – Bestrebungen zur Befreiung unterdrückter Ost-Staaten gab es keine Unterstützung mehr. Die US Army verlor aufgrund ehrgeiziger Lenkwaffen-Strategien weiter an Bedeutung und die Mannschaftsstärken gingen zurück. Ende 1955 erreichte eine deutliche Personalkürzung auch die 10th Special Forces Group in Bad Tölz. Die Ist-Stärke ging um 50 Prozent zurück und in den kommenden Jahren befanden sich nur noch etwa 400 Mann, gegliedert in Stabskompanie und 1. Kompanie in Bad Tölz. Ein Großteil der Männer der ersten Stunde kehrten in die USA zurück. Wer Glück hatte, kam zur 77th Special Forces Group, andere Soldaten traten zur regulären Fallschirmtruppe.

Die US Special Forces sind in der Öffentlichkeit als »Green Berets« bekannt. Dieser Name hat sich seit dem Vietnamkrieg eingebürgert, als eine breitere Öffentlichkeit auf die Sondertruppe aufmerksam wurde. Die Pionierzeit der Special Forces ist gekennzeichnet von einem zehnjährigen »Kleinkrieg« um ihr Statussymbol. Elitetruppen schmückten sich schon immer gern mit auffälligen Symbolen oder Kleidungsstücken. Bunte Halstücher, Abzeichen, spezielle Schuhe und unterschiedliche Kopfbedeckungen sind bei Kommandotruppen, Fallschirmjägern oder Aufklärern häufig. Es gibt viele Geschichten und Erklärungen über das grüne Barett. Bereits 1953 wurden Captain Roger Pezzelle und Captain Herbert Brucker auf ein in Kanada hergestelltes, grünes Barett aufmerksam. Ab 1954 wurde es in Fort Bragg – mehr oder weniger geduldet – im Rahmen der Ausbildung getragen. Ab Ende 1955 trugen die in Bad Tölz stationierten Soldaten eine Baskenmütze, die für 13 Mark bei einer Firma in München erhältlich war. Bei einer zu Ehren des scheidenden Kommandeurs des XVIII. Luftlandekorps in Fort Bragg veranstalteten Parade, beteiligte sich die 77th Special Forces Group. Auf Wunsch von General Cleland trugen sie – entgegen dem Reglement – die grüne Mütze. Bei der Zeremonie fragten sich viele Zuschauer, um welche ausländischen Truppen es sich denn gehandelt habe. Ein Jahr später verbot der neue Kommandeur, General Adams, das Tragen der Mütze. Wegen der Eigenmächtigkeit wurde Colonel Raff zum Kommandierenden General bestellt. Der gerissene Colonel begründete das Tragen des Baretts mit der Durchführung eines Erprobungs- und Truppenversuches im Auftrag der Schule für psychologische Kampfführung, die nicht dem Luftlandekorps unterstellt war. Aber die militärische Ordnung siegte: ab 1956 riskierte jeder Soldat, der die Mütze in den USA verbotswidrig trug, ein Disziplinarverfahren. Nun trugen die Sondertruppen eine »Field Cap«, eine »Garrison Cap« oder eine Fellmütze. Bei Übungen in abgelegenen Gegenden oder außerhalb des Einflußbereichs der strengen Vorgesetzten tauchte das Barett immer wieder aus Taschen und Seesäcken auf. Bei der 10th Special Forces Group in Deutschland ergab sich eine andere Entwicklung. Es gab hier keine wesentlichen Einwände gegen die grüne Mütze und sie wurde zu verschiedenen Uniformen und Anlässen getragen.

Als Präsident John F. Kennedy kurze Zeit nach seiner Amtsübernahme 1961 eine Vorführung der Special Forces in Fort Bragg besuchte, begeisterte ihn der hohe Leistungs- und Ausbildungsstand der unkonventionellen Truppe so sehr, daß er sich spontan 10000 Männer mit dem grünen Barett wünschte, welches die Akteure unerlaubt und berechnend getragen hatten. Eine persönliche Weisung des Präsidenten erlaubte nun offiziell das Tragen der geliebten Kopfbedeckung. Bei der Beerdigung John F. Kennedys, bedankte sich ein zur Totenwache gehörender Sergeantmajor der »Green Berets« am Grab für die besondere Unterstützung durch den US-Präsidenten: Impulsiv schritt der dienstälteste Unteroffizier der Special Forces an die Grabstätte und legte dort eine grüne Mütze nieder, um so den verstorbenen Präsidenten zu ehren. Fernsehen und Presse hielten diesen außergewöhnlichen Akt der Trauer und Dankbarkeit fest. In den folgenden Kriegsjahren in Vietnam entwickelte sich das grüne Barett für die Amerikaner geradezu zum Symbol eines neuen, gefürchteten Soldatentyps.

In Vietnam wurde zeitweise ein tarnfarbenes Barett getragen, das sich aber nicht durchsetzen konnte.

Ein in Silber gearbeitetes »Trojanisches Pferd« zierte die Mützen der 10th Special Forces Group. Bei der 77th Special Forces Group wurde dagegen das allgemeine Fallschirmspringer-Abzeichen auch am Barett getragen. Um 1956 verschwand das rote Schild des »Airborne-Command« und es folgte ein pfeilförmiges Schild mit einem goldenen Kommandodolch in der Mitte, der von drei goldgelben Blitzen (Infiltration zu Land, zu Wasser und aus der Luft) durchkreuzt wird. Ab 1960 trugen die einzelnen Gruppen verschiedenfarbige, schildartige »Flashes« am Barett, bei der 10th Special Forces Group mit grünem, bei der 77th Special Forces Group mit rotem Hintergrund. Grundsätzlich durften nur voll ausgebildete Soldaten Barett und Abzeichen tragen; im Verlauf der Jahre ergaben sich hier aber eine Anzahl von Änderungen und Neuregelungen.

Die zahlreichen Veteranen früherer Kriege und andere Verbände gaben sich durch das am rechten Oberarm getragene Abzeichen des alten Verbandes zu erkennen. Zu den häufigsten Abzeichen gehörten der »Schreiadler« der 101. Airborne Division; die verschlungenen »AA« der 82. Airborne

Division »All American«; die »Angels« der 11th Airborne Division und die Schwingen des 187. Airborne Regiments.

OSTEUROPÄISCHE EMIGRANTEN WARTEN AUF DEN EINSATZBEFEHL

»Der Lastenfallschirm muß unter allen Umständen wieder her, sonst sind 300 Dollar fällig« sagte Captain Brucker unmißverständlich zu Martin Urich, einem Sergeanten seiner Gruppe. Die Gruppe befand sich bereits seit einigen Tagen in die Chiemseegegend und übte die Versorgung aus der Luft. Bei einem Materialabwurf verschwand ein großer Lastenfallschirm spurlos. Obwohl die Soldaten das Gelände großräumig absuchten, blieb der wertvolle Schirm unauffindbar. Wie so oft mußte Martin Urich eingreifen und bei den einheimischen Landwirten anklopfen. Seine Sprache unterschied sich nicht vom Dialekt der Einheimischen und er trug die übliche einfache Arbeitskleidung. Diese legte er in der als Versteck genutzten abgelegenen Scheune ab und vertauschte sie mit dem Arbeitsanzug der US Army. In Uniform, mit Barett, Waffe und bunten Abzeichen ging bei den recht autoritätsgläubigen einfachen Leuten manches besser, diese Erfahrung hatten die US-Soldaten schon bald gemacht. So machte sich Martin Urich auf den Weg und erkundigte sich im nächstgelegenen Einödhof nach dem Verbleib des Schirmes. Er hatte Glück und traf gleich auf den Hofbesitzer. Diesem schilderte er sein Anliegen, aber der Bauer wußte angeblich von nichts. Nun ging Urich einen Schritt weiter. Beiläufig bemerkte er, daß man angeblich den Diebstahl des Fallschirmes durch einen Deutschen bemerkt habe. Nun müsse der Fall an die amerikanische und deutsche Kriminalpolizei zur weiteren Verfolgung abgegeben werden. Hausdurchsuchungen und Vernehmungen seien zu erwarten und erhebliche Strafen würden drohen. Aber gleichzeitig stellte er eine Stange US-Zigaretten in Aussicht, wenn der Fallschirm »unter der Hand« wieder auftauchen würde. Im Gesicht des Bauern zuckte es. »Ich habe neulich einen alten Fallschirm auf dem Acker gefunden und ihn vorläufig in die Scheune gelegt«, sagte der Bauer. Gemeinsam ging man in den Schuppen und natürlich lag er dort. Der US-Sergeant hatte seinen Fallschirm und der Einheimische freute sich über seine Großpackung »Pall Mall«. Als er am Abend seine Erlebnisse am Wirtshaustisch erzählte, wunderten sich alle über den perfekt deutsch sprechenden »Ami«. Wer war dieser Fallschirmjäger-Sergeant tatsächlich?

Die Familie von Martin Urich stammte ursprünglich aus dem Schwäbischen und gehörte zu den zahlreichen Volksdeutschen, die im Balkan eine neue Heimat gefunden hatten. Bis zum Ersten Weltkrieg war seine Heimatregion ein Teil von Österreich-Ungarn, später ging sie im willkürlichen Staatsgebilde Jugoslawiens auf. Im Kriegsjahr 1941 kam Martin Urich über Kroatien in die damalige Ostmark und wurde nach Beginn des Rußlandfeldzuges für den Dienst in der Wehrmacht gemustert. Da er körperlich nicht besonders groß war, schickte ihn der Musterungsarzt zur Panzer-

truppe. Dieser Umstand rettete ihm vielleicht das Leben, denn der Großteil seiner zur Infanterie versetzten Kameraden kehrte nicht mehr aus dem
Krieg zurück. Am 1. Juli 1941 flatterte ihm in Wien der Einberufungsbescheid zur Panzer-Ersatz-Abteilung 4 ins Haus. Bei diesem Verband wurde
er zum Panzerschützen ausgebildet. Im Mai 1942 kam Urich zum Panzerregiment 33 der 9. Panzerdivision. Dieser Großverband hatte vor dem
Angriff auf Stalingrad den Auftrag, die nördliche Flanke gegen überlegene
sowjetische Panzerangriffe abzuschirmen. Die Division erfüllte ihren Auftrag unter schweren Verlusten. Martin Urich diente zunächst im Pionierzug
der Panzerabteilung 2 und wurde im September nach der Beförderung zum
Gefreiten Ladeschütze im Panzer des Abteilungskommandeurs, Major
Gerhard Willing.

Er überlebte zahreiche erbitterte Panzerschlachten um Kursk. Den
Rückzug aus Rußland machte Urich vom Anfang bis zum Ende mit. Im
Jahr 1944 erhielt seine Einheit den damaligen Superpanzer »Königstiger«
und nun folgte ein »Feuerwehreinsatz« nach dem anderen. Der Panzer
Urichs wurde in der Nähe der ukrainisch-polnischen Grenzstadt Lemberg
von einem russischen Sturmgeschütz abgeschossen, er konnte jedoch noch
ausbooten. Neben dem Panzersturmabzeichen und weiterer Tapferkeitsauszeichnungen wurde ihm das silberne Panzersturmabzeichen für fünfundzwanzig ununterbrochene Gefechtstage verliehen, es folgten die Abzeichen für fünfzig und fünfundsiebzig ununterbrochene Gefechtstage. Mitte
1944 verlegte der Panzerverband an die Westfront und kämpfte in den
Niederlanden gegen die Fallschirmjäger der 82. und 101. Airbornedivision.
Es folgten die Rückzugskämpfe über den Rhein und am 15. April 1945
geriet der nunmehrige Unteroffizier der Panzertruppe im »Kleinen Ruhrkessel« in amerikanische Kriegsgefangenschaft. Zunächst hungerte er sich
vier Monate im Lager durch und hoffte auf eine Entlassung in das Zivilleben. Aber er geriet bald vom »Regen in die Traufe«. Da er aus Jugoslawien
stammte, wurde er im Rahmen eines Abkommens von den Amerikanern
an die Partisanen Titos ausgeliefert. Im Balkan ereigneten sich die wohl
unglaublichsten Kriegsgreuel sowie Menschenrechtsverletzungen und das
Leben der Gefangenen war keinen Heller wert. So mußte Martin Urich elf
schwere Monate voller Hunger, Drangsal und Entbehrungen ertragen, bis
ihm Ende 1946 zusammen mit einem Kameraden die Flucht gelang. Um
Mitternacht schlichen sie sich heimlich aus dem Lager fort und schlugen
sich durch Jugoslawien, Ungarn und die sowjetische Besatzungszone Österreichs durch. Mit viel Glück erreichten sie den britischen Sektor und
befanden sich nun in Sicherheit. In Salzburg erhielt Martin Urich von
einem US-Besatzungsoffizier seine Entlassungspapiere in den Raum Stuttgart, dort lebte bereits sein Vater. Der 24jährige Veteran suchte sich Arbeit
und machte die schweren Zeiten mit, die besonders die Heimatvertriebenen hart trafen. Bekleidet in den alten, abgetragenen Wehrmachtsklamotten, Abzeichen und Symbole abgetrennt, im Hemd ohne Kragen, mußte er
sechs Monate auf seinen ersten Bezugsschein für Textilien warten. Die
kommenden Jahre waren von schwerer Arbeit bei kargen Lohn geprägt.
Im Sommer 1951 trat eine unerwartete Wende ein. Während der

Frühstückspause las Martin in der Zeitung, daß die US Army 12 000 ledige Männer mit »gutem Leumund« im Alter zwischen 18 und 34 Jahren suchte. Voraussetzung war, daß sie aus Ländern hinter dem Eisernen Vorhang stammten und sich freiwillig für einen fünfjährigen Militärdienst verpflichteten. Danach bestand für sie die Möglichkeit, die begehrte US-Staatsbürgerschaft zu erwerben. Martin erkannte seine Chance und meldete sich. Er bestand die erforderlichen Prüfungen und Untersuchungen und leistete bereits 1952 in einer US-Kaserne in Sonthofen seinen Eid ab. Nach drei Monaten Sprachunterricht kam er nach Fort Knox, Kentucky, zur Panzerausbildung. Aber sein Wunsch auf Fortsetzung seiner ununterbrochenen Laufbahn als »Panzermann« erfüllte sich nicht. Sofort nach Beendigung der Grundausbildung an der Panzertruppenschule wurde er mit zwei Kameraden nach Fort Bragg zur 10th Special Forces Group versetzt. Von dort aus ging er zur Fallschirmsprungausbildung nach Fort Benning und bereits 1953 fuhr er mit seiner Einheit nach Deutschland. In Bad Tölz heiratete er ein deutsches Mädchen und verbrachte 19 seiner 20 Dienstjahre bei den »Green Berets«. In Berlin erlebte er als weitere »Spitzenleistung« der kommunistischen Machthaber 1961 den berüchtigten Mauerbau. Nicht erspart blieben ihm weitere Kriegseinsätze in Vietnam. Sie waren jedoch seiner Meinung nach im Vergleich mit den Erlebnissen im Zweiten Weltkrieg eher harmlos.

1972 schied Urich als Stabsfeldwebel nach 20jähriger Dienstzeit aus. Heute lebt er in den USA. Wegen seiner ehemaligen Zugehörigkeit zur Wehrmacht bekam er niemals Schwierigkeiten durch Vorgesetzte und Kameraden. Vielmehr schätzte man seine wertvollen Kenntnisse und Erfahrungen aus Krieg und Gefangenschaft sehr.

Bei Martin Urich handelt es sich um einen der als »Lodge Act people« bezeichneten Angehörigen der Special Forces, die aus dem kommunistischen Machtbereich stammten und freiwillig in der US Army dienten. Ihre Anwesenheit verlieh der 10th Special Forces Group etwas Geheimnisvolles und entsprach ganz den Erfordernissen der aktuellen Aufgabenstellung, der Unterstützung möglicher Aufstände und Widerstandsbewegungen in Osteuropa im Falle eines Krieges. Die Emigranten brachten unschätzbare Kenntnisse über die Verhältnisse hinter dem Eisernen Vorhang mit. Sprachkenntnisse, persönliche Verbindungen, Ortskenntnisse, Wissen über Sitten, Kultur und Gebräuche des »Ziellandes«, sind für eine für Einsätze im gegnerischen Hinterland bestimmte Spezialeinheit lebenswichtig. In den Aufbaujahren der Special Forces bildeten die »Quellenleute« nach den Amerikanern die zweitstärkste Gruppe in der Sondertruppe. Jedoch dominierten immer die Amerikaner und von einer Überfremdung im Sinne einer »Fremdenlegion« kann nicht gesprochen werden.

Den Namen »Lodge Act people« verdankten die Emigranten und Flüchtlinge dem bekannten US-Politiker und Senator von Massachusetts, Henry Cabot Lodge. Schon seit 1947 versuchte er ein Gesetz durchzubringen, daß der US Army erlaubte, 50 000 geeignete »Ausländer« für den Dienst im Heer anzuwerben, das unter chronischem Personalmangel litt. Diese Freiwilligen sollten zunächst in den unbeliebten Garnisonen Alaskas, der Karibik und im Fernen Osten dienen und nach der Ableistung von fünf Dienstjahren mit der US-Staatsbürgerschaft belohnt werden. Mehrere Gesetzesvorlagen scheiterten, aber ein erneuter Vorstoß mit wesentlich geringeren Kopfzahlen schaffte es dann doch. Am 30. Juni 1950 wurde das »Public Law 597« Gesetz. Nun durfte die »Army« 2500 ledige Männer ohne Familienanhang im Alter zwischen 18 und 35 Jahren übernehmen. Allerdings läßt die verhältnismäßig geringe Zahl vermuten, daß gezielt Experten gesucht wurden, die Osteuropa kannten und im Falle eines Krieges aktiv an der Befreiung ihrer Heimatländer teilnehmen würden.

Den Volksdeutschen Paul Ettmann aus Polen hatte es im Zweiten Weltkrieg zu einer polnischen Exileinheit verschlagen, die sich 1945 in Frankreich befand. Er nahm das Angebot der polnischen Regierung an und kehrte in seine alte Heimat zurück. Dort fand er die Lebensverhältnisse nach der kommunistischen Machtübernahme so schlecht, daß er 1951 nach Westen flüchtete. Über ein Flüchtlingslager in Deutschland gelangte er zum Labour Service und meldete sich zur US Army. Obwohl er nicht im Traum daran dachte Fallschirmjäger zu werden, »landete« er aber ohne sein ausdrückliches Einverständnis in der Springerschule Fort Benning. Wegen seiner schlechten Sprachkenntnisse gelang es ihm nicht, seine Bedenken zu äußern und schnell hatte er die ersten beiden Übungssprünge hinter sich. Als man die fehlende Unterschrift bemerkte, war das Gröbste schon überstanden und Paul kam mehr oder weniger ungewollt zum Springerabzeichen. Kurze Zeit später fand er sich bei der 10th Special Forces Group und er blieb für den Rest seiner langjährigen Dienstzeit Sergeant der Green Berets.

Schwierigkeiten mit der Sprache machten auch anderen Freiwilligen erheblich zu schaffen. Einige Osteuropäer traten nach Kriegsende notgedrungen in die französische Fremdenlegion ein und meldeten sich nach Ablauf ihrer Verpflichtung zur US-Sondertruppe. Sie überbrückten das Verständigungsproblem, indem sie miteinander französisch sprachen. Zu diesen zählten auch Henryk »Frenchy« Szarek, Stefan Mazak und Lucjan Pokorny.

»Frenchy« verschlug es in fünf Einheiten. In sehr jungen Jahren zog ihn die Wehrmacht in Polen zu allerlei Hilfsdiensten heran, später steckte sie Henryk in die feldgraue Uniform. Nach Kriegsende diente er einige Zeit in der neuen polnischen Nationalarmee, mußte aber nach der kommunistischen Machtübernahme fliehen. Danach gehörte er einem polnischen Exilverband an, der sich unter britischer Aufsicht in Norditalien aufhielt. Als sich die Truppe auflöste, trat er in die französische Fremdenlegion ein. Nach der Ausbildung in Frankreich und Nordafrika meldete er sich zum neuen 1. Fallschirmjägerbataillon der Legion und kämpfte in Indochina, wo er verwundet wurde. Nach der Behandlung im Hospital Hanoi kehrte er zu seiner Legionsbasis Sidi-bel-Abbes in Algerien zurück und wurde nach Frankreich ins Zivilleben entlassen. Dort hörte er vom neuen US-Einstellungsprogramm. Als überzeugter Antikommunist meldete er sich und gelangte über eine Labour-Service-Einheit in Bremen in die US Army. Die Grundausbildung folgte für den kampferprobten »caporal« bei der Infanterie und später absolvierte der Veteran erneut die Fallschirmsprungausbildung. Nach einem Zwischenaufenthalt beim Flugabwehrbataillon der 82. Fallschirmjägerdivision gelangte er zur 77th Special Forces Group. Als Personalersatz für die 10th Special Forces Group in Bad Tölz gesucht wurde, meldete sich Szarek sofort. Mit einer halben Hundertschaft kam er 1955 nach Bad Tölz in die Flint-Kaserne. Dort diente er in verschiedenen Verwendungen und erweiterte seine Spezialkenntnisse. Gute Verwendung fand er für seine deutschen, französischen, polnischen und russischen Sprachkenntnisse. Nach Ablauf der fünfjährigen Verpflichtung, konnte er aus gesundheitlichen Gründen den aktiven Dienst nicht mehr fortsetzen und schied aus der US Army aus. Als Sergeant gehörte Szarek weiterhin der 11th Special Forces Group (Reserve) an. Viele Ostblock-Emigranten hatten während der gesamten Dienstzeit ihre liebe Not mit der englischen Sprache und manche blieben wohl schon deshalb immer bei den Special Forces. Andere meisterten diese Hürde spielend und stiegen später in höchste Ränge auf. George Maracek sprach nicht ein Wort als er die US-Uniform anzog, brachte es aber zum Colonel. Namen wie Julius Reinitzer, Jan Novy, Fritz Schiller, Hradoecki oder Strek standen am schwarzen Brett neben »Duffield, Davis oder Gibson«. Aber es gab böse »Zungenbrecher« und schon aus diesem Grund wurden gelegentlich neue Namen angenommen. So mußte beispielsweise Marian Szymczyszyn seinen Namen ändern. Der ehemalige »Matuszewski« hört heute auf den schönen Namen »Romeo Scott«. Schon aus Rücksichtsnahme auf noch in den osteuropäischen Ländern lebende Angehörige nahmen viele Emigranten neue Namen an. Fotos mit erkennbaren Gesichtszügen waren ohnehin verboten. So sind auf älteren Fotos immer wieder ausgeschwärzte Gesichter zu erkennen, typisch für die vielen Sicherheitsvorkehrungen der Spezialtruppe.

Die Rekrutierung der Freiwilligen, die überwiegend als »Staatenlose« in deutschen Lagern der US-Besatzungszone lebten, vollzog sich in der Praxis unter strengen Sicherheitsauflagen. Die US-Militärverwaltung bezeichnete den nach Deutschland verschlagenen Personenkreis als »displaced persons (DP)«. Viele von ihnen hatte es schon im Zweiten Weltkrieg in den Westen verschlagen, ehemalige Angehörige der Wehrmacht, Kriegsgefangene, Zwangsarbeiter, Deserteure, Flüchtlinge und Emigranten, die nicht mehr in ihre nun von den Kommunisten beherrschten Heimatländer zurückkehren wollten oder konnten. »Nationalkommunisten« gehörten ebenso dazu wie demokratisch eingestellte Menschen, ein längerer Aufenthalt im Westen bedeutete automatisch Druck und manchmal das Todesurteil. Andere flüchteten erst nach der kommunistischen Machtergreifung. Ein Großteil mußte zunächst mehr schlecht als recht in Barackenlagern, Notunterkünften und ehemaligen Kasernen hausen. Arbeitslosigkeit, Kriminalität und Alkoholismus waren stark verbreitet. Die Menschen in dieser trostlosen Umgebung nützten jede Gelegenheit, um wegzukommen. So fanden die Werber der US Army viele offene Ohren für ihre Angebote. Manche von ihnen rechneten mit der Möglichkeit, als »Befreier« in die Heimat zurückzukehren. Andere wollten ihren Teil zur Bekämpfung des Kommunismus leisten. Zweifelsohne ergaben sich trotz sorgfältiger Auswahl erhebliche qualitative Unterschiede. Manche Freiwillige waren gesundheitlich geschädigt und so in der Leistungsfähigkeit eingeschränkt. Andere hatten einen nicht ganz »lupenreinen« Werdegang hinter sich. Mit den angegebenen Sprach- und Landeskenntnissen sah es in der Praxis gelegentlich eher düster aus; hier wurde oft erheblich übertrieben.

Die etablierte US Army machte es den ungewöhnlichen »Schattenkriegern« nicht leicht. Die Ablehnung gegen die oft als unsoldatisch angesehenen Guerillas in Uniform war weit verbreitet. Schon während der an regulären Truppenschulen durchgeführten Grundausbildung ließ man die Emigranten spüren, was man von ihren »Halsabschneidermethoden« hielt. Die Drill-Sergeants versuchten alles, um die »Exoten« militärisch »auf Vordermann« zu bringen. Einige gaben auf und in den Bars von Fayetteville versuchten viele der Osteuropäer, ihren Frust im Alkohol zu ertränken.

Einer der durchhielt war der Pole Lucjan Pokorny. Er hatte als Fallschirmjäger in der Fremdenlegion schon viel mehr Härte ertragen. 1944 lernte er bereits als Partisan im Kampf gegen die Wehrmacht das Waffenhandwerk. 1945 verließ er Polen und arbeitete einige Zeit in Belgien. Dort meldete er sich 1948 zur Fremdenlegion. In Algerien erfolgte eine dreimonatige, harte Grundausbildung. Im Vergleich zur Rekrutenausbildung der Legion ist nach Meinung von Pokorny die Grundausbildung in der US Army »ein Nichts«. Ein strenger Zeitplan beherrschte den täglichen Dienstablauf. Nach dem Wecken um 4 Uhr früh dauerte der anstrengende Dienst bis gegen 20 Uhr, jede Nacht fand eine Nachtübung statt – oder die Ausbilder ließen sich etwas anderes einfallen, um den Schlaf der Legionäre zu unterbrechen. Gepäckmärsche über 50 Kilometer waren die Regel, nur von 20minütigen Essenspausen unterbrochen. Während des Marsches wurde zynischerweise statt Wasser Wein als Getränk ausgegeben. Nach Auffassung von Pokorny trinken fast alle Legionäre täglich Alkohol, zur Verpflegung gehörten kostenlose Rationen von Wein und Cognac. Äußerst scharf war die formale Disziplin. Wer bei einem Vorgesetzten auffiel, hatte nichts mehr zu lachen. Wurden beispielsweise ein Offizier oder Unteroffizier nicht gegrüßt, gab es zur Strafe 100 bis 200 Liegestützen, oder es mußte ein Gewaltmarsch absolviert werden. Ausgang gab es überhaupt nicht und an den Wochenenden herrschte uneingeschränkter Dienst. Der monatliche Sold betrug nach heutiger Kaufkraft weniger als 5 DM. In der Grundausbildung lernten die Soldaten die Bedienung aller Handwaffen und des schweren Geräts. In der Legion dienten hauptsächlich Deutsche, Osteuropäer, aber auch einige Amerikaner und Kanadier. Die wenigsten sprachen am Anfang französisch. Aber bald beherrschten sie die ausschließlich französisch erteilten Befehle und weitere Sprachwendungen. Der Umgang der Legionäre untereinander erwies sich als freundschaftlich und herzlich, man half sich so gut es ging.

Nach der Grundausbildung besuchte der Pole drei Wochen lang die Springerschule. Zwei Fallschirmabsprünge fanden in der Sahara statt, dabei führten die Legionäre nur einen geringen Wasservorrat und wenig

Verpflegung mit. Damit mußten sie zwei Wochen in der Wüste durchhalten. Erschwerend kam hinzu, daß sie sich mit dem knappen Wasservorrat auch noch täglich rasieren mußten. »Vor Durst lernten wir die Kunst des Rasierens ohne Wasser«, erinnert sich Pokorny! Etwas besser sah es bei den Fallschirmjägern bei der Bezahlung aus, die aber letztendlich mit umgerechnet 50 DM kläglich bemessen war.

1950 kam der Legionär nach Hanoi und machte in Indochina neun Kampfabsprünge mit. Am Nachmittag kam er in der neuen Garnison an, am nächsten Morgen befand er sich nach einem Fallschirmabsprung bereits im Einsatz hinter den feindlichen Linien. Er nahm an einer großen Operation mit zwölf Bataillonen teil. Jeder Fallschirmjäger trug sein Gewehr mit 500 Schuß Munition, Marschgepäck, Handgranaten, eine Pistole, ein Messer, einen Stahlhelm und Verpflegung für einen Tag. Nach dem Absprung sollte wieder Verbindung mit den eigenen Truppen hergestellt werden. Das Unternehmen zog sich über drei Tage hin, bald ging die Verpflegung zur Neige. Die Legionäre ernährten sich von »erbeuteten« Schweinen, Reis und allem Eßbaren, was sie fanden. Es gab hohe Verluste. Während des ersten Sprungeinsatzes wurden noch im Flugzeug sieben Mann durch gegnerisches Maschinengewehrfeuer getötet. Als die erschöpfte Truppe wieder in die Kaserne einrückte, waren 23 Mann des Zuges von Pokorny gefallen. Noch schlimmer sollte der zweite Gefechtsabsprung werden. Von 37 Legionären der Teileinheit kehrten lediglich drei zurück, einer davon hatte den Verstand verloren, der andere war blind. Zwei Fallschirmjägerverbände der Legion wurden in Indochina nahezu vollkommen aufgerieben. Innerhalb von zwei Jahren blieben von den ursprünglich 1000 Mann des 1. Fallschirmjägerbataillons lediglich 37 übrig. Von den 1500 Legionären des 2. Bataillons überlebten ganze 75. Urlaubsscheine waren unbekannt, wer sich nur mehr als 200 Meter von den eigenen Stellungen entfernte, mußte fast mit Sicherheit mit dem Tode rechnen. Kurzen Prozeß machte man mit Deserteuren: Jeder, der seinen Platz unerlaubt verließ, konnte ohne Warnung und Gerichtsverfahren vom nächsten anwesenden Vorgesetzten erschossen werden. Nach einem Jahr war Pokorny Sergeant, später kam er schwer verwundet in ein Hospital. Auch er kam nach der Genesung zurück nach Frankreich und erhielt die Entlassungspapiere ausgehändigt. Der Ex-Legionär blieb in Frankreich und arbeitete in einem Kohlebergwerk. 1953 verschlug es ihn nach Deutschland und dort trat er in die US Army ein. Ende 1954 kam er zur Ausbildung in die USA und lernte zunächst in Fort Devens vier Wochen Englisch. Dann machte er in Fort Dix die 16wöchige Grundausbildung mit und blieb einige Zeit beim Stammpersonal. Über einen Freund aus alten Legionärstagen gelangte er zur 77th Special Forces Group und durchlief zum zweiten Mal die Sprungausbildung. Den Dienst in der US Army bezeichnete Pokorny als »die beste Zeit meines Lebens« und verpflichtete sich für einen längeren Zeitraum bei den Green Berets.

Command Sergeant Major Janusz Borkowski verbrachte von seinen 31 Dienstjahren 27 bei den Sondertruppen. 1953 kam er als Funker zur 77th Special Forces Group und diente später bei der »Tenth« in Bad Tölz.

Zweimal weilte er für ein Jahr in Vietnam. Als der ehemalige Kommandant der Unteroffizier-Akademie Fort Bliss im Herbst 1983 von seinem Dienstposten als ranghöchster Unteroffizier der 5th Special Forces Group entbunden wurde, beendete er seine Abschiedsrede mit dem Satz: »Es gibt auf der ganzen Welt keine bessere Einheit, als die Special Forces.«

Selbst der heutige Kommandeur des »US Army Special Forces Command«, Generalmajor Sidney Shachnow ist ein geborener Litauer. Als Kind verbrachte er dreieinhalb Jahre in einem Konzentrationslager, aus dem ihn die Sowjets bei Kriegsende befreiten. 1950 wanderte er in die USA aus. Dort trat er als Infanterist in die US Army ein und kam als Sergeant First Class auf die Offiziersschule. Als Infanterieoffizier diente er bei den Special Forces und den Fallschirmjägern. Er besuchte zivile und militärische Hochschulen und erwarb sich mehrere wissenschaftliche Diplome. Mehrfach nahm er an Kampfhandlungen in Südostasien teil. Der Inhaber hoher Tapferkeitsauszeichnungen ist qualifizierter Ranger und Special-Forces-Experte.

In der »Gründerzeit« dienten allerdings weniger Ostblock-Emigranten bei den Special Forces, als allgemein angenommen wird. Bei den ersten Planungen für das »Special Forces Regiment« sollten von den 2097 Stellen 1300 mit Osteuropäern besetzt werden. Diese sollten im »Ernstfall« rund 370 000 einheimische Widerstandskämpfer hinter dem Eisernen Vorhang mobilisieren, ausbilden und führen. Aber tatsächlich tat sich die 10th Special Forces Group recht schwer, genügend geeignete Verbindungsleute zu aktivieren. 1951 hatte man die Bedarfsmeldung sogar von 2500 auf 12 500 Stellen erhöht, im August 1952 lagen insgesamt 5272 Meldungen vor. Jedoch erhielten nur 411 davon die Genehmigung der Sicherheitsbehörden, die alle Bewerber außerordentlich streng überprüften. Von diesen traten damals tatsächlich nur 211 in die US Army ein. In späteren Jahren kam es noch zu vereinzelten weiteren Aufnahmen. So befanden sich im November 1952 erst 22 Osteuropäer bei der 10th Special Forces Group, nur ein Bruchteil der Teams hatte also eine »Oststütze«. Zu den häufigsten Hinderungsgründen zählte der Familienstand, verheiratete Bewerber kamen nicht zum Zuge. Nicht aufgenommen wurden ab Mitte der 50er Jahre deutsche Staatsangehörige und Bürger aus verbündeten NATO-Staaten. Die vereinigten Streitkräfte wollten so eine »Konkurrenz« untereinander vermeiden. Beim Vorliegen besonderer Umstände gab es aber einen Ausweg: Die künftigen »Berets« legten ihre bisherige Staatsangehörigkeit nieder und konnten dann als »Staatenlose« übernommen werden. Ein Großteil erfüllte selbst elementare gesundheitliche Anforderungen nicht und viele änderten ihre Meinung in den langen Wartezeiten. Andere wechselten schnell zu konventionellen Verwendungen oder scheiterten in der Ausbildung. Am 11. Oktober 1953 veröffentlichte die US-Soldatenzeitung in Europa, »The Stars and Stripes« eine interessante Bildreportage aus der US-Garnison Zweibrücken.

»27 junge Rekruten, alles Flüchtlinge vor der sowjetischen Tyrannei in ihren Heimatländern hinter dem Eisernen Vorhang, sind als Angehörige der US Army abmarschiert in die Vereinigten Staaten. Unter ihnen ist ein

Pole, der als Fallschirmjäger in die französische Fremdenlegion eintrat nachdem er erfahren hatte, daß die »Roten« seine Mutter umgebracht hatten. Ein anderer schuftete ab 1945 als Zwangsarbeiter in einer Kohlemine, bis ihm 1949 die Flucht in den Westen gelang. Wären nicht die ausländischen Namen – Bojanowski, Szarek oder Iljinski und ihre polnische, tschechische oder russische Sprache, würde man sie rein äußerlich nicht von einer anderen Gruppe amerikanischer Rekruten unterscheiden können. Sie unterliegen denselben Regeln und haben die Privilegien wie ein US-Soldat, auch der Sold ist gleich. Alle wurden sorgfältig auf ihre politische Zuverlässigkeit und ihren bisherigen Lebenswandel überprüft, ebenso sind sie in »blendender« körperlicher Verfassung. Viele beherrschen gleich alle der vier Sprachen, in denen Unterrichte abgehalten werden. Aus Angst vor Repressalien gegen noch hinter dem Eisernen Vorhang lebende Verwandte verweigerten über 30 Prozent die Bekanntgabe des Namens und ließen kein Foto machen. Aber der 19jährige Alexy Iljinski hat keine Angst mehr. Der Russe lebte früher in Moskau und wurde 1944 mit seiner Familie nach Deutschland verschleppt, sie wohnt nun in München. Ein anderer, Stanislaw Sochanek – ein 21jähriger Pole – sagt, er habe überhaupt keine Angehörigen mehr. Sergeant First Class Henry M. Koefoot, einer der Ausbilder, gab ein hervorragendes Urteil über ihre Motive. »Sie sind die Besten, kein »warum« oder »vielleicht«, wenn sie etwas gesagt bekommen, wird der Auftrag blitzartig ausgeführt.« Sie sind noch nicht an den hohen Lebensstandard bei der US Army gewöhnt. Ihre Ausrüstung und Bekleidung pflegen sie vorbildlich, die Schuhe sind bis zur Perfektion gewienert. Bevor es an Bord des US-Truppentransporters geht, erhalten die 27 Mann einen siebentägigen Urlaub. Einige wollen ihre Freunde besuchen, die im Exil in anderen europäischen Ländern leben. In den USA werden sie einem Sprachtest unterworfen, wer ihn besteht, kommt sofort zur Grundausbildung nach Fort Dix, wer durchfällt besucht in Fort Dix einen dreizehnwöchigen »Sprachkurs.«

In späteren Jahren machte ein Teil dieser Männer noch den Vietnamkrieg mit, manche verloren ihr Leben. Sie bekämpften dort den Kommunismus, unter dessen totalitärer Diktatur sie in ihren Heimatländern gelitten hatten und der sie nun unter Einsatz ihrer ganzen Kraft entgegentraten. Es gibt wohl kaum eine Gruppierung innerhalb der US-Gesellschaft und der Streitkräfte, die in dem Maße antikommunistisch eingestellt ist, wie dies bei den Special Forces anzutreffen ist.

Aber nicht nur Osteuropäer trugen das Grüne Barett mit dem Trojanischen Pferd. Es fanden eine größere Anzahl Finnen ihren Weg zur Sondertruppe, Briten, Kanadier, Belgier, Niederländer, Österreicher und Angehörige anderer Nationen. In späteren Jahren verringerte sich der Ausländeranteil erheblich. Während des Krieges in Vietnam erhöhte er sich bei der US Army insgesamt, vermehrt traten nun auch Deutschstämmige ein. Es wird vermutet, daß der eine oder andere ehemalige Angehörige der DDR-Volksarmee die Special Forces School besuchte.

Sava M. Stepanowitsch, ein gebürtiger Jugoslawe gesellte sich mit 15 Jahren zu Titos Partisanen. Er überlebte vier Verwundungen. Nach dem

Krieg besuchte er in Frankreich die elitäre Offiziersschule Saint Cyr. Später kämpfte er als Offizier der Fremdenlegion in Algerien und Indochina. 1961 wurde er als Hauptmann in den Ruhestand versetzt. Aber bald darauf lehrte er als Captain an der US-Schule für Sonderkampfführung in Fort Bragg. Dann kämpfte er als Berater einer südvietnamesischen Luftlandeeinheit 21 Monate in Vietnam. Kaum in die USA zurückgekehrt, meldete er sich erneut freiwillig nach Vietnam.

Schwarze befanden sich in den Anfangsjahren nur vereinzelt in den Reihen der 10th Special Forces Group. Dieser Umstand hat zwei durchaus praktische Ursachen. In den frühen 50er Jahren begann erst langsam die Rassenintegration. Zum anderen ergaben sich aus den Erfordernissen in Europa Einschränkungen. Ein »schwarzer« Partisan wäre in der damaligen Zeit bestimmt aufgefallen und so weder in Deutschland, noch im Ostblock verwendbar gewesen. Heute ist die Entwicklung eher gegenläufig: Special Forces-Aktionen werden wohl vermehrt in der Dritten Welt stattfinden, Farbige sind hier durchaus erwünscht.

GEHEIME KRIEGSPLÄNE

Im Jahr 1955, drei Jahre nach ihrer Gründung, wurden die bisher sorgfältig abgeschirmten Special Forces erstmals namentlich in der überregionalen US-Presse erwähnt. Die »New York Times« veröffentlichte einen Beitrag über die Existenz einer amerikanischen »liberation force« (Befreiungstruppe), die hinter den feindlichen Linien kämpfen sollte. Dem Journalisten fiel ein gewisses »ausländisches« Erscheinungsbild der Truppe auf, da viele ihrer Angehörigen aus Osteuropa stammten. Der Bildbericht zeigte Soldaten, die als Kopfbedeckung dunkelgrüne Barette trugen, eine völlig unübliche Praxis in der damaligen US Army. Als recht sensationell empfanden viele Leser Bilder mit ausgeschwärzten Gesichtern einiger Soldaten, die aus Rücksicht auf ihre Angehörigen ihre wahre Identität nicht preisgeben wollten.

In militärischen US-Fachzeitschriften erschienen Hinweise auf die geheimnisvolle Sondertruppe, die aber selbst in gut informierten Militärkreisen als eine Fallschirmjägereinheit mit Kommando- und Fernspähaufgaben angesehen wurde. Die »Befreiungstheorie« verbunden mit der »Eindämmungspolitik« früherer Jahre, verlor bereits 1954 an Bedeutung, entsprechend verringerte sich die Wahrscheinlichkeit offensiver Einsätze. Aber trotz umfangreicher Sparmaßnahmen kam es zu keiner Auflösung der noch jungen Sondertruppe. Sie verursachte außer den Personalkosten wenig Geldaufwendungen. Unklar, aber wenig wahrscheinlich scheinen »heiße« Kampfeinsätze gewesen zu sein. Eine dichte Mauer des Schweigens ist bis heute noch nicht durchbrochen. Es soll einige Aufklärungsunternehmen im Osten gegeben haben, jedoch keine Kampf- oder Sabotageakte.

Etwas präziser wurde der einige Zeit später veröffentlichte Beitrag in der »Newsweek«. Unter der Überschrift »A very Special Forces« wurde ein spektakulärer Text veröffentlicht (hier ein Auszug): »Innerhalb weniger Stunden nach Kriegsausbruch werden Transportflugzeuge von Flugzeugen in Westdeutschland starten und Richtung Osten fliegen. Sie werden über den Satellitenstaaten ausschwärmen und sogar in Rußland eindringen. Ihre Ziele in unwegsamen Waldgebieten werden sie in der Dunkelheit erreichen. Dann werden aus ganz geringer Höhe kleine Gruppen von Fallschirmjägern abspringen, beladen mit Karabinern, Bazookas, Spreng- und Zündmitteln, Sanitätsmaterial und Funkgeräten mit einer Reichweite bis zu 2000 Meilen (rund 3200 Kilometern).«

Die Vorbereitung auf die gefährlichen und hochsensiblen Einsätze hinter dem Eisernen Vorhang verlangte eine sorgfältige Auswahl und Ausbildung des Personals. Abgesehen von den Emigranten kamen nur erfahrene Soldaten mit Vordienstzeiten in der US Army in Betracht. Einen hohen Stellenwert nahmen persönliche Erfahrungen und charakterliche Reife ein. Viele Bewerber wurden wegen Unzuverlässigkeit, gegensätzlichen politischen Überzeugungen und »Schatten« in den Lebensläufen abgelehnt. Zusätzlich zu den Prüfungen der Special Forces, die meist aus erfahrenen Unteroffizieren bestanden, überprüften weitere Dienststellen und Behörden den Werdegang der Bewerber gründlich. Ebenso erforderlich waren sorgfältige Planungen auf Stabsebene und Bereitstellung der notwendigen Sachmittel für den Ausbildungsbetrieb und die Durchführung der geplanten Aktionen. Die Ausbildung vermittelte gründliche Kenntnisse über die Lage in den Zielländern, soweit diese durch die Arbeit der Nachrichtendienste, Auswertung von Befragungen und Dokumenten sowie interne Beobachtungen und Analysen ergründet wurde. Die Unterrichte, Filme und Tonbänder vermittelten ein breites Bild über Führung, Organisation, Personal, Ausbildung, Kampf- und Einsatzgrundsätze sowie Bewaffnung der kommunistischen Streitkräfte. Stärken und Schwächen, strukturelle Besonderheiten wurden ausgewertet und studiert. Die Ausbildung wurde unter Verwendung von Originalwaffen und Ausrüstung lebendig gestaltet; Kenntnisse über Uniformen, Rang- und Abzeichen der Streitkräfte des Warschauer Paktes mußten nachgewiesen werden. Die notwendige Lehrsammlung gehörte zu den besonders sorgfältig gehüteten Geheimnissen der 10th Special Forces Group. Große Bedeutung maß man der Vermittlung und Vervollkommnung von östlichen Sprachkenntnissen bei. Für die weiterführende Sprachschulung standen die Osteuropäer zur Verfügung. In der Anfangsphase setzte die 10th Special Forces sogar eigene Trupps zur Befragung von Flüchtlingen in den Aufnahmelagern ein. Wertvolles aktuelles Wissen brachten die Neuzugänge mit, die erst in späteren Jahren noch vereinzelt zu den Green Berets stießen. Das Studium von Zeitschriften und Tageszeitungen aus dem Ostblock gehörte zu den besonders wichtigen Informationsquellen. Hier konnten sich die Soldaten praktische Einblicke erwerben und die jeweiligen Veränderungen und Entwicklungen weiter verfolgen. Von ausschlaggebender Bedeutung war neben einer breiten Ausbildung und Vorbereitung die personelle Zusammensetzung der einzelnen Gruppen. Es wurde angestrebt, daß mindestens ein Angehöriger des »A«-Teams nach Möglichkeit aus der Einsatzregion stammte und die

Sprache beherrschte. Dieser »Ortskundige« sollte auch mit den lokalen, politischen, wirtschaftlichen, gesellschaftlichen und kulturellen Gegebenheiten vertraut sein. Während es für einige Staaten und Bezirke genügend Experten gab, fehlte es in anderen Bereichen wieder an erfahrenen Fachleuten. Einen Weg zur Zusammenstellung eines Spezial-Teams bildete der Rückgriff auf eine Art »Personalpool«. In dieser Personalreserve gab es Leute mit den unterschiedlichsten fachpraktischen und einsatzbezogenen Kenntnissen. Je nach Art des Auftrages konnte sich der Führer eines Unternehmens die benötigten Spezialisten aussuchen und das »Operational Detachment« zusammenstellen.

Da es unmöglich war, den riesigen Machtbereich des Ostblocks (rund ein Sechstel der Erdoberfläche) mit den geringen Mannschaftsstärken auch nur einigermaßen »flächendeckend« zu erfassen, ergab sich so die benötigte Flexibilität. Aber es gab über Jahre »maßgeschneiderte« Einsatz- und Führungs/Verbindungs-Teams, die für einen bestimmten Landesteil vorgesehen waren und dort im Ernstfall eingedrungen wären. Dem Gelingen einer verdeckten Infiltration darf zumindest für die offensive Phase während des Höhepunktes des Kalten Krieges um 1950 eine hohe Erfolgschance zugebilligt werden. Es herrschte noch die fast absolute Luftüberlegenheit der US Air Force, mit dem Aufbau einer effektiven Luftabwehr wurde im Osten erst begonnen. Bis 1960 überflogen Aufklärungsflugzeuge der US-Nachrichtendienste praktisch ungehindert Osteuropa. Erst durch den eher zufälligen Abschuß eines amerikanischen Spionageflugzeuges vom Typ U-2 aus großer Höhe veränderte sich die Lage zum Nachteil des Westens. Für den Transport der Berater-Trupps in die Einsatzräume war wohl überwiegend der Lufttransport vorgesehen, obwohl natürlich in Einzelfällen auch ein Eindringen auf dem Landweg oder über Gewässer sinnvoll erschien. Später verlangte die fortschreitende Technik die Anpassung und Verfeinerung der Verfahren zum unerkannten Erreichen der Zielräume.

Der Stab der Special Forces Group war für die Organisation möglicher unkonventioneller Operationen eines geographischen Großraumes verantwortlich. Nach der herrschenden US-Doktrin dürfte diese Zuständigkeit mit dem jeweiligen »Kriegsschauplatz« gekoppelt sein. Die untergeordneten Führungsebenen waren für kleinere geographische Räume oder Staaten vorgesehen. Für die jeweiligen Führungs- und Koordinierungsaufgaben standen den »B«- und »C«-Teams fachkundige Offiziere und Analytiker für Gebietsstudien unterstützend zur Seite. Die »A«-Teams sollten dann auf der untersten Ebene (in einer den Landkreisen/Regierungsbezirken vergleichbaren Größenordnung) praktische Aufträge erfüllen. So beschäftigten sich diese Soldaten mit den typischen Eigenarten und Besonderheiten des jeweiligen Einsatzgebietes. So gut es ging, hielt man sich über die Entwicklung der politischen Verhältnisse und über die Einstellung der Bevölkerung gegenüber den Regierungsorganen auf dem Laufenden.

Die GI's lernten die historische Entwicklung und wichtige nationale Daten kennen. Umfangreiche geographische, klimatische, wirtschaftliche und agrartechnische Kenntnisse waren notwendig. Ethnische und religiöse

82

Besonderheiten mußten studiert und toleriert werden. Sie verfolgten den Stand der Technologie, Industrialisierung, Infrastruktur und Versorgung. Ein besonderes Augenmerk galt der Organisation und Leistungsfähigkeit aller bewaffneten Kräfte, einschließlich der Polizei und den paramilitärischen Verbänden. Gründliche Studien befaßten sich mit der jeweiligen Bodenbedeckung, der Wasserversorgung, der Landausnutzung oder dem Bewuchs. Ein weiterer Schwerpunkt ergab sich durch die ständige Beobachtung des Stimmungsbarometers der einheimischen Bevölkerung. Entwickelte sich wachsende Unzufriedenheit, bildeten sich Widerstandsgruppen? Wie sah es in den Sicherheitskräften aus? Schwachstellen wurden gesucht, Moral, Disziplin und Zuverlässigkeit der Soldaten im Auge behalten.

Auch über die Angriffsziele im »Ernstfall« mußten aktuelle Daten vorliegen. Veränderungen bei der Energieversorgung, im Verkehrswesen oder in der Industrieproduktion mußten gesammelt und neu verarbeitet werden. Für wichtige Angriffsziele galt es, Kampfpläne vorzubereiten und von Fall zu Fall etwaigen Veränderungen anzupassen. Stützpunkte, Verstecke, Versorgungslager, Sammelpunkte und Informationsnetze mußten schon im Voraus angelegt werden.

Im Ernstfall wären die Vorbereitungen in einer »Isolation Area« abgelaufen. In diesem Fall war jeder Kontakt mit der Außenwelt, einschließlich Familienangehöriger und nicht am Unternehmen beteiligten Soldaten, verboten. In Einzelfällen hätte die Vorbereitung jeweiliger Operationsschritte die Zusammenarbeit und Abstimmung mit anderen Stellen (Nachrichtendienste, Rundfunksender) erforderlich gemacht. Der Infiltrationsphase sollte im Idealfall eine vorherige erste Kontaktaufnahme durch Einzelpersonen oder kleine Trupps vorangehen, die vorab als »Pilot-Team« eindrangen. So gab es eine Menge zu lernen und die Augen mußten offen gehalten werden. Weiterhin sollte der hohe technische Ausbildungsstand gehalten und noch erweitert werden. Gemeint sind hier die taktisch-operativen Verfahren und Kampftechniken. Als es immer schwieriger wurde, mit der herkömmlichen Fallschirmtechnik unerkannt einzudringen, spezialisierten sich viele Teams auf die Freifalltechnik.

Die Funker mußten neue Geräte und Ablaufverfahren beherrschen; Sanitäter, Waffenmeister und Sprengexperten ihr Fachwissen erweitern.

Die kommunistische Spionage versuchte mit allen Mitteln, die militärische Entwicklung in Europa auszukundschaften. So waren die Agenten und Spione auch in Oberbayern aktiv. Dort befanden sich verhältnismäßig viele interessante Ziele.

München war der Aufenthaltsort mehrerer osteuropäischer Exilorganisationen. Weiterhin befanden sich umfangreiche Einrichtungen und Einheiten der US Army in München und Augsburg. Sie waren für nachrichtendienstliche Aufgaben und elektronische Kampfführung zuständig. Den von der CIA betreuten »Ostsendern« in Holzkirchen und München galt eine ganz besondere Aufmerksamkeit. In Bad Aibling befand sich ein Schwerpunkt-Stützpunkt für die elektronische Aufklärung, der mit starken Sendern weit in den osteuropäischen Raum wirkte. Viele Ortskundige können sich noch an die riesigen Antennenanlagen erinnern. In Oberammergau befand sich die Spionageabwehrschule der US Army für Europa. Dort fanden auch Lehrgänge für Ostsprachen statt. Ähnlich verhielt es sich mit sensiblen Einrichtungen der US Air Force. Eine kampfkräftige Heeresdivision sowie Panzeraufklärer und weitere Aufklärungs- und Beobachtungsstellen überwachten »diskret« die Zone entlang des Eisernen Vorhangs, der auch an der Grenze zur damaligen CSSR niederging.

So blieb natürlich die Verlegung der 10th Special Forces Group nicht verborgen. Noch heute sind die nachrichtendienstlichen Abwehrmaßnahmen Verschlußsache und werden es wohl bleiben. Aber die Sicherheitsvorkehrungen waren sehr streng und die Soldaten der Special Forces beherrschten die wichtigste Forderung »den Mund halten« nahezu perfekt. Sie haben das Schweigen zu ihrem eigenen Schutz gelernt und halten sich nach dem Ausscheiden aus dem aktiven Dienst weiter daran. Mit großer Wahrscheinlichkeit gelang es den östlichen Nachrichtendiensten nicht, die Special Forces zu unterwandern oder wesentliche Erkenntnisse über sie zu gewinnen. Versuche von Gegenpropaganda in Wort und Schrift scheiterten kläglich. Dies ist nicht verwunderlich, da doch ein erheblicher Teil des Personals ganz spezielle Erfahrungen mit der Gegenseite gemacht hatte und Theorie und Wirklichkeit wohl zu unterscheiden wußte. Eine manchmal übertrieben scheinende Geheimniskrämerei, verbunden mit Mißtrauen, war die natürliche Folge. Innerhalb der Flint-Kaserne gab es Einrichtungen und Gebäude, die nur von berechtigten Personen betreten werden durften. Gerüchte besagen, daß ein als Zivilist arbeitender Ostspion, von einem Offizier der Special Forces niedergeschlagen und ungewollt getötet wurde.

Auf der anderen Seite gab es aber auch Drohungen aus dem Lager der Kommunisten. Ein aus den deutschen Ostgebieten stammender Landwirt, der sich in Oberbayern einen Hof erworben hatte und Räume für die Feldübungen der 10th Special Forces bereitstellte, erhielt eindeutige Warnungen für den Wiederholungsfall. Man teilte ihm mit, daß er im Falle einer kommunistischen Machtübernahme in der Bundesrepublik mit Racheakten rechnen müsse.

Die Angst vor den verhältnismäßig schwachen Special Forces scheint im Ostblock außerordentlich groß gewesen zu sein. Nach Aussagen verschiedener hoher Offiziere des Warschauer Paktes, hatte man dort wenig Angst vor NATO-Panzeroffensiven oder Lufteinsätzen. Sorgen bereitete jedoch die Präsenz der amerikanischen »A«-Teams, die im eigenen »Hinterhof« für erhebliche Aufregung sorgen würden. Aus heutiger Sicht scheint die übertriebene Angst vor der Gefahr solcher »Nadelstiche« durchaus verständlich. Bedenkt man die jüngste Entwicklung im Ostblock, mit dem unglaublich schnellen Zerfall der einst für so stabil angesehenen Ordnungs- und Unterdrückungsstrukturen, hätten die eingeschleusten Spezial-Teams wohl gute Erfolgsaussichten gehabt. Man kann sich leicht ausrechnen, daß das Widerstandspotential innerhalb der Bevölkerung erheblich und für militärische Zwecke nutzbar gewesen wäre. So scheint aus heutiger Sicht die Aufrechterhaltung der Präsenz der US-Sondereinheiten in Deutschland durchaus sinnvoll gewesen zu sein. Im Falle eines Angriffes auf Westeuropa hätte der Einsatz der Green Berets im Hinterland durchaus den Ausgang eines Konfliktes entscheidend beeinflußt. Erst Ende der 50er Jahre konnten die östlichen Nachrichtendienste die Existenz und Gefahr der Special Forces voll erkennen. Es dauerte seine Zeit, bis die Propagandamühlen liefen und neue Abwehrmaßnahmen in die Tat umgesetzt wurden. So wie man im Westen mit der Möglichkeit eines Angriffes der Sowjet-Armee rechnete, glaubten auch die osteuropäischen Diktaturen an Angriffspläne der »Imperialisten«. Der Aufbau größerer kommunistischer Sondereinheiten wurde gerade in dieser Zeit beobachtet und die Jagd auf »Agenten, Saboteure und Faschisten« nahm manchmal geradezu hysterische Züge an. Ein besonderer Dorn im Auge bildeten natürlich die in die US Army eingestellten ehemaligen Landsleute. Sie wurden pauschal zu Banditen, Verbrechern und Kriminellen erklärt, die »im Sold der Kapitalisten« Vaterland und Kommunismus verraten« hätten. Die meisten »Logde Act People« standen auf den östlichen Fahndungslisten ganz oben. Im wesentlichen beschuldigte man sie der »Republikflucht«. Dieser Sachverhalt genügte schon, um unbedarfte Bürger zu Ganoven zu stempeln!

Verbindungen mit ehemaligen Spezialeinheiten der Wehrmacht, wie etwa der »Division Brandenburg«, sowie mit SD und SS wurden unterstellt. Einseitig versuchte man die Green Berets als »Berufskiller«, Saboteure und Glücksritter zu brandmarken. Die Aufklärungsorgane waren aber kaum in der Lage, die unkonventionellen Einheiten und Kampfweisen grundlegend zu erkennen und zu beurteilen. Es gelang nicht, die wirklichen Abgrenzungen und Überschneidungen richtig zu erfassen und entsprechende Erkenntnisse zu gewinnen. Die Rangerausbildung der US Army, ein regulärer, infanteristisch geprägter »Einzelkämpferlehrgang«, wurde fälschlicherweise als Grundlage der Sondereinsatztruppen betrachtet. Ende der 50er Jahre begann der Propagandafeldzug gegen die »friedensbedrohenden« Killer, Agenten und Berufsverbrecher in den Uniformen der US Army oder in »Räuberzivil«.

Die sich gerade im Aufbau befindliche Bundeswehr wurde gleich mit einbezogen, obwohl man gerade hier äußerst zurückhaltend agierte. Es gelang aber nicht, Angst vor »antikommunistischen Barbaren in US- oder Bundeswehruniformen« zu erzeugen oder den Nachweis zu erbringen, daß uniformierte Sonderverbände der NATO gewaltsame militärische Aktionen im Ostblock durchführten. Hinzu kommt, daß gerade während dieser Epoche die Bedeutung der Special Forces einen absoluten Tiefpunkt erreicht hatte. In US-Militärkreisen dachte man ernsthaft an ihre Auflösung und wollte das springende Personal sogar als Regimentskampfgruppe herkömmlicher Art dem XVIII. Luftlandekorps unterstellen.

DER VOLKSAUFSTAND IN UNGARN WIRD BLUTIG UNTERDRÜCKT

Im Mai 1989 begannen ungarische Grenzsoldaten die Befestigungen entlang der österreichischen Grenze zu beseitigen. Innerhalb weniger Wochen weitete sich dieses Loch im Eisernen Vorhang und löste in der Folge die wohl bedeutendsten Veränderungen in Europa seit Ende des Zweiten Weltkrieges aus. Die Sogwirkung des einsetzenden Flüchtlingsstromes brachte es mit sich, daß wenig später auch die DDR und die ČSFR die Grenzen öffneten. Mit Dankbarkeit und Respekt darf man auf den glücklichen Umstand hinweisen, daß die Befreiung von einem unmenschlichen System ohne Blutvergießen verlief.

Es hätte sich alles ganz anders abspielen können. Bereits 1956 versuchten sich die tapferen Ungarn selbst zu befreien. Das Schicksal der »Maygaren« war in der Vergangenheit schon oft von den Machtkämpfen zwischen Abendland und Orient geprägt worden, immer wieder mußte die Bevölkerung Fremdherrschaft ertragen – ohne unterzugehen. Im Herbst 1956 brach trotz strenger polizeilicher Kontrollen und Anwesenheit sowjetischer Truppen plötzlich ein landesweiter Volksaufstand aus, der nachweislich von niemanden vorbereitet wurde.

In den letzten Oktobertagen des Jahres 1956 herrschte höchste Alarmbereitschaft in der Bad Tölzer Flint-Kaserne. Und mit gespannter Aufmerksamkeit lauschten die Soldaten den Nachrichten des US-Soldatensenders AFN-München oder des im nahegelegenen Holzkirchen beheimateten Sender »Radio Free Europe«. Voller Spannung wurden die einzelnen Phasen des Aufstandes in Ungarn von den Soldaten mitverfolgt. Dieses Mal schien es für die Sondertruppe ernst zu werden. Während die Welt am Rande des Dritten Weltkrieges stand, schien für die Special Forces ein Einsatz hinter dem »Eisernen Vorhang« in greifbare Nähe zu rücken. Besonders die für den Raum Ungarn vorgesehenen und entsprechend ausgebildeten Teams sahen die langersehnte »Stunde der Bewährung« unmittelbar vor sich. Auch der Rest der 10th Special Forces Group befand sich in einem Stadium fieberhafter Aufregung. Wie es in solchen Situationen meist der Fall ist, verbreiten sich die tollsten Gerüchte und wilde Spekulationen. Alle Voraussetzungen für ein Eingreifen schienen erfüllt zu sein, der Kommandeur wartete stündlich auf den Einsatzbefehl seiner vorgesetzten Dienststelle.

Die Hintergründe:

Im Herbst 1956 befand sich das ungarische Volk wieder einmal in einer verzweifelten Lage. In nur sieben Jahren hatten die sozialistischen Planer die Volkswirtschaft fast zerstört. Staatssicherheitsdienst und Geheimpolizei steckten innerhalb weniger Jahre über eine halbe Million Ungarn in Gefängnisse oder Lager.

Unter Nikita Chruschtschow begann im Februar 1956 nach dem 20. Parteikongreß der Kommunistischen Partei die Phase der »Entstalinisierung«. Der totalitäre Druck wich einer gewissen Liberalisierung, die alsbald auf den gesamten Ostblock übergriff. So kam es im Juni bei einem Aufruhr in Posen zu gewaltsamen Konflikten zwischen den Organen der polnischen Regierung und der Bevölkerung. Aber die in Ungarn herrschende Gruppe dachte nicht daran, den Signalen aus Moskau zu folgen und die Zügel zu lockern. Während eines Staatsbegräbnis für die Opfer vorangegangener Justizmorde, kam es zu ersten Unruhen in Budapest.

Besonders die Studenten gingen massiv gegen das Machtmonopol des Staates vor und forderten öffentlich den Rückzug der sowjetischen Truppen aus Ungarn. Am 23. Oktober 1956 hatte sich die Situation dramatisch zugespitzt. Es kam zu Massenkundgebungen und Demonstrationen gegen das herrschende Regime. In den Nachtstunden eröffneten Angehörige des Staatssicherheitsdienstes vor dem Rundfunkgebäude in Budapest das Feuer auf Demonstranten. Es gab Tote und Verletzte. Aber dies konnte die aufgebrachte Menschenmenge nicht einschüchtern. Vielmehr eskalierte die Demonstration und die Arbeiter und Studenten bewaffneten sich aus Kasernen und Waffenfabriken. Die erregten Menschen stürzten das Stalin-Denkmal im Stadtpark und schleiften es durch die Straßen der Stadt. Nun sollte die Volksarmee die kommunistische Herrschaft retten. Aber die Soldaten weigerten sich, auf die eigenen Landleute zu schießen. Sie folgten der Parole des Tages:»Wer Ungar ist, der kommt mit uns«, und schlossen sich dem Aufstand an.

Auch die Sowjets zeigten sich von der spontanen Entwicklung, die rasch auf das flache Land übergriff, vollkommen überrascht. Die vier Divisionen mit 60 000 Mann befanden sich in Stützpunkten außerhalb von Budapest. In den frühen Morgenstunden des 24. Oktober 1956 rollten die ersten Panzer nach Budapest. Aber die Demonstration militärischer Macht konnte die Ordnung nicht wieder herstellen. Die Bevölkerung ging vielmehr gegen die Panzer an verschiedenen Orten an und zwang sie zum Abzug. Am 24. Oktober 1956 wurden die am Stadtrand von Budapest konzentrierten Kräfte teilweise sogar mit Molotow-Cocktails und Handwaffen angegriffen, die Besatzungen hielten sich aber strikt an das erlassene Schießverbot. In den nächsten Tagen übernahmen die Revolutionäre an vielen Orten die Macht und setzten einen Regierungswechsel durch. Diese beugte sich dem Volkswillen und kündigte Verhandlungen über den Abzug der sowjetischen Truppen an. Nachdem Imre Nagy diese Zusage über den Rundfunk bekanntgegeben hatte, ließen die Kampfhandlungen nach und kamen am 30. Oktober 1956 ganz zum Erliegen. Zwischenzeitlich bahnte sich aber eine gänzlich neue Entwicklung mit drastischeren Auswirkungen an, während das Volk im Freiheitstaumel den Rückzug der russischen Panzer begeistert feierte und sich schon mit dem Aufbau eines neuen demokratischen Staates beschäftigte.

Im Nahen Osten schlitterte zur gleichen Zeit die Welt durch die »Suezkrise« fast in einen neuen Weltkrieg. Der ägyptische Ministerpräsident Gamal Abdel Nasser hatte sich eng an den Osten angelehnt. Er verfügte die Nationalisierung der Suezkanalgesellschaft und verstaatlichte sie. Nach erfolglosen Verhandlungen griffen die durch einen Geheimpakt verbündeten Mächte, Frankreich, Großbritannien und Israel, Ägypten an. Während die Israelis gegen die ägyptischen Stellungen auf der Sinaihalbinsel vorgingen, landete ein britisch-französisches Expeditionskorps, zu dem auch britische Fallschirmjäger und französische Paras gehörten, am Suezkanal. Die Aktion war aber nicht mit den USA abgesprochen und wurde von den Amerikanern scharf verurteilt. Die UN-Generalversammlung forderte die sofortige Einstellung aller Kämpfe. Auch die Sowjetunion fühlte ihre

Interessen bedroht. Nachdem es fast gleichzeitig zu Unruhen in Polen kam, glaubte man dort an Angriffsvorbereitungen des Westens auf die Sowjetunion und reagierte mit militärischen Maßnahmen. Unter diesem Blickwinkel betrachtete man auch die bedrohliche Entwicklung in Ungarn und konzentrierte starke Verbände im Vorfeld. Es wird berichtet, daß sowjetische Soldaten die Donau als Suezkanal ansahen und sich bereits im Kampfe gegen die »Kapitalisten« sahen. So brachte der Beginn des Nahost-Krieges einen Wandel im Denken der sowjetischen Politiker mit sich, das durch die abwartende und vorsichtige amerikanische Haltung noch verstärkt wurde. Am 29. und 30. Oktober 1956 wendete sich das Blatt zum Nachteil der nach Freiheit und Demokratie strebenden Maygaren.

Nach wie vor standen die von verschiedenen US-Präsidenten und führenden Politikern wiederholt gegebenen Erklärungen und Zusicherungen im Raum. Danach sollte den Völkern hinter dem Eisernen Vorhang jede erdenkliche Hilfe und Unterstützung zukommen, falls sie sich gegen die Fremdherrschaft erheben würden. Die für Einsätze in Osteuropa vorgesehenen Special Forces standen als »Speerspitze« für ein militärisches Eingreifen bereit und waren bestens vorbereitet. Alle grundsätzlichen politischen und militärischen Voraussetzungen schienen erfüllt zu sein. Es handelte sich tatsächlich um einen von der Mehrheit des Volkes getragenen Aufstand, der sich impulsiv und ohne Beeinflussung von außen entwickelte. Das Volk wünschte und unterstützte ein Eingreifen des Westens und glaubte fest an frühere Versprechungen. Aber die verantwortlichen Politiker entschieden anders. Aus Angst vor einer Ausweitung zu einem atomaren Konflikt, signalisierten die Amerikaner den Sowjets schon bald ihre Neutralität. So erklärte am 27. Oktober 1956 der damalige Außenminister John Foster Dulles, daß die USA die osteuropäischen Staaten nicht als militärische Verbündete betrachten. Aufgrund dieser – auf Anweisung des US-Präsidenten auch vor den Vereinten Nationen abgegebenen Erklärung – brauchten die Sowjets nicht mehr mit einem militärischen Eingreifen der USA rechnen.

Nun hatten die Sowjets freie Hand, um auf ihre Art die Ordnung wiederherzustellen. Am 1. November 1956 kamen die Russen dem »Gesuch« des ungarischen Parteisekretärs Janos Kadar nach Niederschlagung »konterrevolutionärer« Kräfte nach. Sie stellten zunächst den schon eingeleiteten Abzug der Verbände ein und gruppierten ihre Truppen in der Ukraine um, die bereits um zehn Divisionen verstärkt worden waren. Noch am 3. November 1956 glaubten die Ungarn an eine friedliche Lösung. Aber blitzartig verschlechterte sich die Situation. Am 4. November 1956 griffen die Sowjets unerwartet an und überrumpelten die Ungarn. Es kam zu erbitterten Kämpfen. Sie endeten in Budapest am 7. November 1956; in ländlichen Gebieten dauerten sie teilweise noch eine weitere Woche an. Ohne westliche Hilfe und Unterstützung lieferten die Ungarn den Besatzern verzweifelte Straßenkämpfe, in denen sie von Anfang an materiell hoffnungslos unterlegen waren.

Die Sowjets warfen rücksichtslos zwölf Divisionen mit rund 140000 Mann und 1200 Kampfpanzern gegen die meist nur mit Handfeuerwaffen und improvisierten Kampfmitteln kämpfenden Aufständischen. Gegen diese geballte Macht hatten die Ungarn trotz aller Tapferkeit keine Chance. Rund 2500 Ungarn bezahlten den Freiheitskampf mit ihrem Leben, etwa 20000 erlitten Verwundungen. Die Härte der Kämpfe belegen auch die russischen Verlustzahlen. Die Rote Armee verlor 1800 Soldaten; 5000 Sowjets wurden verwundet. Vor den einsetzenden Verfolgungen retteten sich über 200000 Menschen durch die Flucht in das westliche Ausland und nach Jugoslawien. Die Rache der neuen Machthaber folgte umgehend. Mehr als 28000 Personen mußten sich vor Gerichten für die Teilnahme am Volksaufstand verantworten und erhielten schwere Freiheitsstrafen. Hunderte von ihnen mußten die Teilnahme am Aufstand mit ihrem Leben bezahlen. Noch bis zum Jahr 1961 fällten »Sondergerichte« Urteile, und erst 1963 kam ein Teil der Verurteilten im Rahmen einer Amnestie wieder frei. Der »harte Kern«, meist junge Idealisten, mußte bis zur Befreiung noch viele Jahre hinter Gefängnismauern verbringen.

Kehren wir zurück zu den Special Forces in Bad Tölz. Besonders die ungarnstämmigen Soldaten, deren Angehörige noch in der alten Heimat lebten und von der Revolution betroffen wurden, zeigten sich von der Entwicklung stark betroffen. Nachdem die US¡Regierung von einem direkten Eingreifen absah, blieb auch der Einsatzbefehl für die Sondertruppe aus. Die 10th Special Forces Group unterstand dem US-Heereskommando Europa und wurde von einem Oberst geführt, der streng in die militärische Hierarchie eingebunden war und niemals auf eigene Faust Einsätze anordnen konnte. Eigenmächtigkeiten und »Sondertouren« ohne Billigung der vorgesetzten Dienststellen, die sich streng an die politischen Vorgaben hielten, waren undenkbar.

Trotzdem erhielten die Ungarn einige Unterstützung aus dem Westen. Das Rote Kreuz und andere Hilfsorganisationen veranstalteten Hilfsaktionen. Mitglieder ungarischer Flüchtlings- und Emigrantengruppen aus München, Regensburg und verschiedenen österreichischen Orten versuchten, in der ersten Phase des Aufstandes nach Ungarn zu gelangen, um sich der Revolution anzuschließen. Ungarn die bei Labour-Service-Einheiten der US Army in der Bundesrepublik dienten, schlossen sich an. Einige westliche Nachrichtendienste entwickelten rege Aktivitäten. Besonders die vom CIA und anderen Stellen betreuten Rundfunksender in Oberbayern verbreiteten Informationen in der Landessprache zur Aufklärung und Unterstützung der Revolutionäre.

Aber die von östlicher Seite immer wieder vorgebrachten Behauptungen über ein vom westlichen Ausland organisiertes Eingreifen in Ungarn und Steuerung der Revolution erwiesen sich als Propagandamärchen. Wohl organisierten westliche Geheimdienste neben zahlreichen Hilfslieferungen an Verpflegung und Sanitätsmaterial auch Waffen- und Munitionslieferungen. Sie gelangten aber erst nach Ausbruch der Kämpfe über Österreich nach Ungarn.

Nach dem 1. November 1956 kamen zahlreiche Flüchtlinge nach Österreich und in die Bundesrepublik. Sie wurden in Auffanglagern gesammelt und von verschiedenen Verbänden und Behörden betreut. Ungarisch sprechende Beratungs-Teams der Special Forces informierten interessierte Ungarn in den Lagern über die Möglichkeiten, freiwillig in die US Army einzutreten und später bei der Sondertruppe Verwendung zu finden. Sie erhielten die Möglichkeit, sich bei einer der Aufnahmestellen zu verpflichten und gelangten dann zur weiteren Ausbildung in die USA. Besonders wertvoll für die Special Forces war das aktuelle Wissen dieser Männer, die lange Zeit unter dem kommunistischen Joch gelebt hatten. Aber die Meldungen hielten sich durchaus in Grenzen und es kam keinesfalls zu den von östlicher Seite behaupteten Masseneintritten. Nebenbei sei bemerkt, daß die französische Fremdenlegion mit erheblichen Personalzugängen in Bataillonsgröße rechnete, die sich tatsächlich jedoch auf nur wenige Einzelmeldungen beschränkten.

Die aktiven Angehörigen der »Zehnten« hatten fest mit einem Einsatz in Ungarn gerechnet und ihre Enttäuschung war gewaltig. Die USA machte durch ihr Stillhalten deutlich, daß an den Machtverhältnissen in Europa, für die sie ja mit den nach 1945 gezogenen Grenzen selbst verantwortlich war, nicht zu rütteln war. Die jeweiligen territorialen Einflußsphären der beiden Großmächte blieben weiterhin erhalten. Mit einem Eingreifen des Westens zur Unterstützung von Widerstandsbewegungen war künftig nur noch im Falle eines umfassenden Krieges in Europa, ausgelöst durch einen Angriff aus dem Osten, zu rechnen. So sahen sich die osteuropäischen Staaten nun völlig auf sich gestellt und konnten nicht mit westlicher Hilfe rechnen.

Für die bereits personell verringerten Special Forces bedeutete diese Entwicklung zwar nicht das Ende, aber doch eine Beschränkung ihres möglichen Einsatzes ausschließlich für den Fall eines Dritten Weltkrieges!

GREEN BERETS IN LEDERHOSEN

Bedeutung und Stellenwert der Special Forces nahmen nach den Erfahrungen des Ungarn-Aufstandes weiter ab; ein Eingreifen in den Gebieten hinter dem weiterhin geschlossenen Eisernen Vorhang schien unwahrscheinlich. Die abgerüstete US Army gliederte in kleine »Battle Groups« um, die sich wie maßgeschneidert für einen Krieg unter Einsatz taktischer Atomwaffen auf unterer Ebene eigneten. Niemand rechnete mit einem längeren Guerillakrieg im Rahmen der Doktrin der »Massiven Vergeltung«. Trotzdem wurden die Special Forces nicht »wegrationalisiert« Vorausschauende Geister erkannten die Möglichkeit und den Bedarf an unkonventioneller Kampfkraft. Für den Fall neuer Krisen war dies ein deutliches Signal an die Anschrift der Kommunisten: Es gab Mittel und Männer, die verdeckte und geheime Operationen durchführen und vorhandene Widerstandsbewegungen nutzen konnten. Vermehrt sahen sich die Special Forces in die Ausbildung konventioneller Verbände der US Army eingebunden und trugen so zur Verbesserung der Kampfkraft bei.

Anfang 1956 lösten im Rahmen des Unternehmens »Gyroscope« Fallschirmjäger der 11. Airborne-Division aus Fort Campbell die 5. US-

Infanteriedivision in München und Augsburg ab. Die überwiegend jungen Burschen begleitete der zweifelhafte Ruf, besonders übermütig zu sein. In der Freimanner Kaserne hielten sie gleich am ersten Abend eine Einstandsfeier, bei der sie für 10 000 DM Sachschaden anrichteten. Nachdem sie den Sektkeller geleert hatten, fuhren sie ins Bahnhofsviertel und machten weiter. In den folgenden Monaten sorgten die Fallschirmjäger für manche Schlagzeilen in der Presse, zeitweilig erhielt die gesamte Division über das Wochenende Kasernenarrest.

Für die Special Forces gab es nun einen einigermaßen gleichwertigen Manövergegner. Die Jahre 1956 und 1957 standen ganz im Zeichen von Feldübungen zwischen den mehrere tausend Mann starken GI's der 11. Luftlande-Division und den nur wenige hundert Köpfe starken Green Berets aus Bad Tölz, welche die »Besatzungstruppe« ständig in Atem hielten. Im Inntal spielte sich ein gespenstischer Guerillakrieg ab, den die Regierung von Oberbayern so kommentierte: »Es ist in das Ermessen jedes einzelnen Einwohners gestellt, den Manöver-Soldaten Hilfe angedeihen zu lassen, wann immer sich eine Möglichkeit dazu bietet...«

Die guten Kontakte der Green Berets zur Zivilbevölkerung machten sich bezahlt. Schon vor Beginn der Übung wurden alte Freundschaften aufgefrischt, Verbindungsleute besuchten Bekannte im Manövergebiet und verteilten Flugblätter mit Informationen. Die Gruppe von Captain Ludwig Faistenhammer operierte im Chiemgau mit durchschlagenden Erfolgen. Sergeant First Class Dimitri Roseniuk, Dienstnummer RA 10812618 war als »Intelligence-Sergeant« eingesetzt. In Zivilbekleidung kümmerte er sich um die nachrichtendienstlichen Aufgaben. Niemand vermochte den großen, dunkelblonden Mann, der zudem perfekt deutsch sprach, von einem Einheimischen zu unterscheiden. Dimitri konnte bereits in jungen Jahren auf einen recht bewegten Lebenslauf zurückblicken. Er stammte aus der Ukraine und gehörte zu den Menschen, die der Krieg entwurzelt und heimatlos gemacht hat. Anfangs 1955 kam er im Rang eines Corporals zur 10th Special Forces Group. Der gerissene »Spionage«-Sergeant erreichte in wenigen Jahren den Dienstgrad eines Sergeant First Class. Nicht voraussehen konnte der nunmehrige US-Soldat allerdings, daß er wenige Jahre später in einer ganz anderen Region wieder gegen Kommunisten kämpfen sollte. Während des Vietnamkrieges befand sich der Sergeant auf dem Flug von Los Angeles nach Saigon. Dort sollte er einer Sondereinheit zugeteilt werden. Unterwegs erlitt Dimitri einen schweren Herzanfall. Obwohl das Flugzeug sofort wendete, starb der Sergeant noch im Flugzeug.

In die Bad Tölzer Kaserne zog nun die bisher in München untergebrachte Unteroffizier-Akademie der Siebten US Armee in Europa ein. Der Kommandeur der 10. Gruppe erhielt zusätzlich das Kommando über die Unteroffiziersschule, und bald kam es auch zu den ersten Spannungen zwischen den elitären unkonventionellen Kämpfern der Special Forces und den zackigen Ausbildern und Lehrgangsteilnehmern der Unterführerschule. So zogen es die Soldaten der Special Forces vor, aus dem tristen Kasernenhofleben zu fliehen und realistische Manöver im nunmehr schon vertrauten Alpenvorland durchzuführen. Im Kampfe gegen die konventionellen Manövergegner bedienten sie sich allerlei Listen und Kniffe, mit viel Phantasie und Kreativität gelang es den kleinen Gruppen, den vielfach überlegenen Feind nachhaltig zu bekämpfen und zu schädigen. Im Sommer 1957 operierten die Special Forces, unterstützt von Einheimischen, aus dem »Untergrund« gegen eine feindliche Besatzungsmacht, die von der 11. US-Luftlandedivision dargestellt wurde. Sie unterbrachen Versorgungslinien, zerstörten Hauptquartiere und Fernmeldezentren und hielten den Gegner Tag und Nacht in Atem.

Im welligen Alpenvorland zwischen Inn und Chiemsee hatte die Divisionsartillerie eine vorgetäuschte Atomraketenstellung errichtet. Sie war verdrahtet und von drei Ringen Schützenstellungen gesichert, schwer bewacht, und praktisch uneinnehmbar.

Im Nebengebäude eines nahegelegenen Einödhofes kampierte – inmitten verrosteter Pflüge und gesprungener Wagenräder – das A-Team von Captain Berger. Berger sammelte schon fünf Jahre früher, während des Koreakrieges, einschlägige Guerillakampferfahrungen, er führte eine Sabotageeinheit im feindlichen Hinterland. Diesmal lautete der Übungsauftrag seines Teams, ohne zusätzliche Kräfte die angenommene Raketenstellung auszuschalten. Das Vorfeld kannten seine Männer nach einigen nächtlichen Erkundungen bereits wie ihre Hosentaschen, Skizzen und ein modellgerechter Nachbau des Ziels waren gefertigt. Den Versuch eines nächtlichen Überraschungsangriffes konnten die »Besatzer« aber unter einem gewaltigen »Feuerzauber« abwehren. Mit Gewalt war nichts zu wollen. Nun mußte man sich etwas »Unkonventionelles« einfallen lassen.

Der Team-Sanitäter, ein Staff-Sergeant der im fränkischen Bamberg das Licht der Welt erblickte, beobachtete gedankenversunken den Landwirt, der gerade mit dem Schlepper in den Hof einfuhr. Sein Blick konzentrierte sich dabei auf den Anhänger, dessen Boden einige große, achtlos hingeworfene Segeltuchplanen, Werkzeuge und Säcke bedeckten. Wie ein Blitz kam dem Sergeanten plötzlich die Erleuchtung: Mit dem landwirtschaftlichen Gefährt bestünde eine Chance, den Auftrag doch noch erfolgreich auszuführen. Die Männer des Spreng- und Sicherungskommandos könnten sich flach auf den Boden legen, über sie unverfänglich die Planen und Gerätschaften ausgebreitet. Dann bräuchte man nur noch naiv und frech seelenruhig in die Stellung hineinzufahren, um dort unter Ausnutzung des Überraschungseffekts blitzartig den Anhänger zu verlassen und die Sprengungen durchzuführen. Der Sergeant weihte den Team-Sergeanten und den Captain in den Plan ein, die nach einigem Zögern zustimmten. Nun mußte der Bauer noch für die Aktion gewonnen werden, mit einer Stange »Lucky Strikes« und einer Flasche Wiskey fiel dies nicht schwer. Er wurde in den Plan eingeweiht und erhielt den Auftrag, mit dem Schlepper einfach drauf los zu fahren und dringende Feldarbeiten vortäuschend den Unwissenden zu spielen. Als Zeitpunkt des Überfalls wählte man die Mittagsstunde des darauffolgenden Tages, zu dieser Zeit erwartete die Besatzung am wenigsten einen Angriff. Die Soldaten machten ihre Waffen zurecht, steckten sich Übungssprengsätze und Darstellungsmunition in die Taschen und legten sich auf das landwirtschaftliche Gefährt. Ein letzter prüfender Blick des Landwirts bestätigte, daß der Stoßtrupp unter der meisterhaften Tarnung aus Planen und allerlei Werkzeug gut versteckt war, er legte den Gang ein und tuckerte mit dem Schlepper langsam Richtung Raketenstellung. Dort ging es recht sorglos zu. In voller Lautstärke plärrte das Radio heiße Jazzmelodien in die flimmernde Hitze des hochsommerlichen Tages, die »Besatzer« dösten gelangweilt in der Sonne oder unterhielten sich schnatternd. Der diensthabende Lieutenant kauerte mit hochgestreckten Beinen in seinem Jeep und beachtete den sich langsam nähernden Schlepper nicht. Als dieser sich bis auf wenige Meter der Einfahrt genähert hatte, versuchte der Posten diesen mit aufgeregt wedelnden Armen und »Off limits, no entrance« zu stoppen, was der brave Landwirt aber nicht zu verstehen schien. Schon befand sich das improvisierte »Trojanische Pferd« im Inneren der Stellung und in wenigen Sekunden war die Aktion beendet. Noch während der Fahrt sprangen die Soldaten aus den Deckungen, brachten die Sprengladungen an den Raketen an und überschütteten die sich langsam zur Wehr setzenden, verdatterten Manöverfeinde mit Platzpatronenfeuer aus Maschinenwaffen. Nach wenigen Augenblicken war alles vorbei, Stoßtrupp und Schlepper hatten sich mit Vollgas in Sicherheit gebracht. Mit Kreativität, List und Tücke war nun der Manöverauftrag erfüllt, freilich wäre eine derartige Aktion unter kriegsmäßigen Einsatzbedingungen mit erheblich höheren Risiken verbunden gewesen.

Recht beliebt und erfolgreich war auch der sogenannte »Schulmädchentrick«. Dieser wurde besonders gerne angewandt, wenn gut bewachte Punkte im Gelände unbemerkt überwunden oder erreicht werden mußten. Um eine vom Gegner gesicherte und scharf bewachte Brücke zu überwinden, entwickelten die Sondertruppen folgendes Verfahren: Sie suchten in der Gruppe die beiden größten und kleinsten Angehörigen aus, besorgten sich landesübliche männliche Bekleidung, dazu Mädchenkleider entsprechender Größe und eine Damenperücke mit langen Zöpfen. Während sich der »Große« in einen waschechten Einheimischen verwandelte, erlebte der Kleine die Umwandlung zum Schulmädchen. Gemeinsam bestiegen die beiden voll getarnten Soldaten ein Kleinkraftrad oder Motorrad, vorne der breitschultrige Vater, dahinter kauerte, die übliche Schultasche auf dem Rücken, die Tochter. Nun näherten sich »Vater und Tochter« seelenruhig der betreffenden Brücke oder Straßensperre. Sie durften diese ungehindert passieren, da ja der Zivilverkehr nicht behindert werden durfte. Jetzt konnte das seltsame Paar seinen militärischen Auftrag ausführen.

In der rauhen Wirklichkeit des militärischen Alltags mußten sich aber die Guerilla-Experten eher mit alltäglichen Problemen herumschlagen und um ihr »Überleben« bei den zahlreichen Heeresreformen und dem Personalabbau kämpfen.

Besonders schwer hatten es die in Fort Bragg verbliebenen Männer der 77. Gruppe. Sie führten nicht das beschauliche Eigenleben ihrer Kameraden in der abgelegenen Tölzer Kaserne, vielmehr befanden sie sich ständig unter den Augen vieler neidischer »konventioneller« Kameraden sowie hoher Offiziere. Diese wußten mit den »Unkonventionellen« nicht viel anzufangen, bekämpften das elitäre Selbstverständnis und einige »Sonderrechte« der Special Forces. Einsatzgrundsätze und Kampfmethoden erschienen ihnen nicht besonders »ehrenvoll«, die geplanten Aktionen reihten sie in die Grauzone von Verbrechen und Geheimdienstoperationen ein.

Genügend »Einwirkungsmöglichkeiten« ergaben sich aus dem Umstand, daß ein großer Teil der militärischen Grund- und Weiterbildung der Special Forces an Schulen und Ausbildungsstätten der US Army erfolgte. Dort hatten besonders die Freiwilligen osteuropäischer Herkunft nichts zu lachen: Gerade dieser Personenkreis erhielt von den Ausbildern erheblichen »Druck«, einige verloren so das Interesse an einer weiteren Laufbahn bei der Sondertruppe und wechselten in andere Funktionen über.

Während eines Großmanövers in den USA wollten die Soldaten der Special Forces die günstige aktuelle Gelegenheit nutzen und demonstrativ auf ihre bisher nicht besonders geschätzten Kapazitäten und Fähigkeiten aufmerksam machen. Es gelang ihnen, mit einer Reihe unkonventioneller Aktionen und viel Improvisationskunst spektakuläre Erfolge zu erzielen. Überraschend und unbemerkt überfielen sie das Hauptquartier des Manöverfeindes, »schalteten« dort mit einigen deutlichen Lippenstiftstrichen den friedlich schlafenden kommandierenden General aus, »kassierten« Posten und leiteten Nachschubkolonnen und ganze Verbände in falsche Einsatzräume um, brachten mit einem Störsender den ganzen Fernmeldeverkehr zum Erliegen und schafften es so, die sorgfältig geplante Übung völlig durcheinander zu bringen. Die Erfolge der Special Forces zeigten sich dabei so überzeugend und unerwartet, daß die Manöverleitung die Truppe sofort zurückpfiff. Man fuhr im alten Trott fort und ignorierte die unbequemen »unkonventionellen« Einlagen.

Natürlich ging für die Sondertruppe der Schuß nach hinten los, die »Strafe« folgte umgehend und ihre Sollstärke wurde halbiert.

Indessen ergab sich ein ganz neuer Schwerpunkt in einer anderen geographischen Region. Als Frankreich 1954 in Indochina von den vereinigten nationalistischen und kommunistischen Vietnamesen geschlagen wurde, entwickelten sich zwei Teilstaaten. Den Norden übernahmen die Kommunisten, im Süden etablierte sich ein von den Westmächten und vor allem den USA unterstütztes »demokratisches« Regierungssystem, das jedoch schnell zu einer Diktatur mutierte. Schon während dieses ersten Vietnamkrieges nahmen einige Offiziere der Special Forces als Beobachter an den Kampfhandlungen teil. In den folgenden Jahren erhöhte sich die Zahl der Militärberater ständig. Als bevorzugtes Lehrpersonal griff man gerne auf die Angehörigen der Sondertruppen, überwiegend Experten der 77. Gruppe aus Fort Bragg, zurück. Mit der Zeit ergab sich die Notwendigkeit eines für den pazifischen und asiatischen Raum bestimmten eigenen Kommandos, und am 24. Juni 1957 wurde auf der japanischen Insel Okinawa die 1. Special Forces Group gegründet, nunmehr zuständig für den Fernen Osten. Das Personal kam von der 77. Gruppe sowie vom 14. und 8251. Operational Detachment, die sich schon vorher auf der Insel Hawai und im japanischen Camp Drake aufhielten. Vorgesehene Einsatzräume waren besonders Thailand, Taiwan, Laos und Vietnam. Bereits

kurze Zeit nach der Indienststellung der neuen Gruppe bildete eine Bera-
ter- und Ausbildungsgruppe in Nha Trang die ersten 58 Südvietnamesen in
den Techniken der Sonderkriegführung aus, die Kader für die späteren
Sonderverbände der südvietnamesischen Streitkräfte. Ab 1959 erhöhte sich
die Zahl der in Südvietnam und Laos eingesetzten Berater immer mehr.

Die 10. Gruppe verblieb weiterhin in Bad Tölz und führte unbeirrt im
alten Stil ihre großangelegten Guerillamanöver durch. Die Kontakte zur
Zivilbevölkerung verbesserten sich fortlaufend, die Ausländer hatten sich
mittlerweile gut eingefügt. In zunehmendem Maße besuchten sie Lehrgänge und Ausbildungsvorhaben befreundeter ausländischer Streitkräfte
und dehnten auch ihre Übungen auf weite Teile Europas und des Nahen
Ostens aus. Weniger gut entwickelten sich aber die Beziehungen zur
Unteroffizierschule in Bad Tölz, Reibereien und wüste Schlägereien zwischen »legs« und »wings« häuften sich zunehmend. Die Spannungen brachten den halbvergessenen »Green Berets« schnell den Ruf eines »wüsten
Haufens« ein, wie der Autor des Buches »Die Grünen Teufel« es beschrieb.
Etwa ab 1958 wurden die »Grünmützen« zunehmend für allgemeine Ausbildungsvorhaben der US Army herangezogen, sie bildeten Infanteristen
im militärischen Bergsteigen aus, führten improvisierte Rangerlehrgänge
durch oder bildeten die Aufklärer aus den Scoutzügen der Army in der
subversiven Kriegführung aus.

1959 betreute die Führungs- und Ausbildungsstätte der Special Forces in
Fort Bragg – die ehemalige Schule für psychologische Kampfführung war in
ihr aufgegangen – weltweit rund 1800 »Green Berets«, die Höchstzahl von
2500 Planstellen war nie voll ausgeschöpft worden. Die Einsatz- und
Führungsteams »A und B« waren in mehrere Kompanien zusammengefaßt,
die wiederum eine Special Forces Group bildeten, die über zusätzliche
Verwaltungs-, Fernmelde-, Versorgungs- und Heeresfliegerkräfte verfügte.

Die Einsatzteams litten an einer chronischen personellen Unterbeset-
zung, die jedoch von der besonderen Qualifikation und Motivation der
erfahrenen Sergeanten teilweise aufgewogen wurde. Nach wie vor bestand
als Auftragsschwerpunkt die Unterstützung einheimischer Guerillas, sowie
die Rettung und Bergung eigenen Personals in feindbesetzten Gebieten.
Auch die Durchführung von besonders heiklen Kommandoaufträgen,
jedoch im Verantwortungsbereich des Nachrichtendienstes CIA, war vorgesehen. Hierüber wird an anderer Stelle ausführlicher berichtet.

Rückschauend betrachtet, entwickelte sich das erste Jahrzehnt für die
Special Forces zu einer Ausbildungs- und Zusammenfindungsphase. Zu
einem Einsatz innerhalb eines großen Konfliktes in Europa kam es nicht.

Vielmehr zeichneten sich schon bald erste Ansätze einer Schwerpunkt-
verlagerung in den südostasiatischen Raum ab. Dort mußten die Sondertruppen im kommenden Jahrzehnt einen hohen Blutzoll entrichten.

WELTWEITE HERAUSFORDERUNG

Das zweite Jahrzehnt ihrer Existenz begann für die »Green Berets« recht
ruhig und unterschied sich zunächst wenig von den späten 50ern. 1960

erfolgte eine grundlegende Umstrukturierung der US Army, in der auch die Fünfer-Gliederung der für die Führung eines atomaren Konflikts ausgerichteten Kampfgruppen wieder aufgegeben wurde. In diesem Zusammenhang kam es zur Auflösung und Neugründung einer Reihe von Einheiten und Verbänden auf der Grundlage einer auf drei Brigaden abgestellten Divisionsgliederung. Erstmals sollten nun die drei Gruppen der Special Forces in einen umfassenden Organisationsrahmen aufgenommen werden, verbunden mit einer möglichst funktionsbezogenen »Stammbaum«-Tradition. So kam es, daß Armee¡Historiker als Stamm-Regiment die »1st Special Forces« erfanden – ein Verband der als Kampftruppe nie existierte.

Trotzdem führen seit 1960 alle Einheiten und Verbände diese Bezeichnung neben ihrer jeweiligen Benennung. Aber auch für die berühmten Ranger fand sich keine geeignete Nachfolgeorganisation in der aktiven US Army. 1960 gab es keine reinrassige Rangertruppe, sondern lediglich einige Fernspähkompanien und Ausbilder für den Rangerlehrgang an der US-Infanterieschule in Fort Benning. Als einer – in wenigen Teilbereichen – artverwandten Truppe übertrug man kurzerhand ihre Tradition auf verschiedene Einheiten der Special Forces.

Gleichzeitig erhielt die Stamm- und Ausbildungstruppe in Fort Bragg, bis dato die 77. Gruppe, die neue Bezeichnung »7. Gruppe«. Nach wie vor hielten einflußreiche Kreise in der US Army nicht viel von Spezialeinheiten. Vielmehr vertraten sie die Auffassung, jeder Angehörige der regulären Kampftruppen sei nach einer kurzen Zusatzausbildung in der Lage, den Kampf gegen Partisanen zu führen. Noch immer befürchtete die Army einen allgemeinen Substanzverlust an Spitzenkräften, die in den Linieneinheiten viel dringender benötigt wurden.

Eine völlig neue, unerwartete Entwicklung ergab sich für die Spezialtruppe nach der Wahl des Präsidenten John F. Kennedy. Der schon wenige Jahre nach seinem Amtsantritt Ermordete gilt noch heute als maßgeblicher Förderer und »Vater« der modernen US-Sondertruppen.

Die seiner Präsidentschaft vorangegangenen Jahre kennzeichneten gewisse Entspannungsbemühungen zwischen Ost und West und besonders eine stillschweigende Respektierung der jeweiligen Interessengebiete. Die Angst vor einem atomaren Weltkrieg beherrschte Politiker und Bevölkerung gleichermaßen. In den freien, demokratisch regierten Staaten entwickelten sich im Schatten der Wasserstoffbombe Friedensbewegungen unterschiedlichster Herkunft und Zielsetzungen. Um 1960 geriet vieles in Bewegung. Die Länder der sogenannten dritten und vierten Welt befreiten sich langsam von der Kolonialherrschaft. Die ehemaligen Weltmächte Großbritannien und Frankreich erlitten tiefe politische, gesellschaftliche und wirtschaftliche Verluste, die sie auf Jahre hinaus schwächten und in das Glied der Mittelmächte zurückdrängten. Ähnlich erging es Belgien, den Niederlanden und später Portugal. Die neu etablierte westliche Weltmacht, die Vereinigten Staaten von Amerika, vermied es, die Kolonialsysteme offen zu unterstützen oder sich selbst als Kolonialmacht zu bestätigen. Dies hätte nicht dem offiziellen US¡»Image« und Selbstverständnis entsprochen. Frei-

oben: Colonel Peers (Mitte) vom ehemaligen OSS-Detachment in Burma 1958 mit Autor Hartmut Schauer (links).
unten: Ein B-Team vor dem Abflug. Die Männer sind mit M1-Karabinern und »Grease Gun«-Maschinenpistolen bewaffnet.

oben: Ein Angehöriger einer »Mike«-Formation bildet »Irreguläre« im Fallschirmspringen aus.
unten: Ein Berater der Special Forces behebt eine Störung an der Bazooka. Der erste Schuß ging zu tief (rechts).

oben: Sergeant First Class David K. Barker weist einen Vietnamesen in die »Geheim-
nisse« eines Luftkissenbootes ein.
unten: Staff-Sergeant Howard Stevens erteilt seiner Montagnard-Gruppe letzte Anwei-
sungen vor dem Angriff auf eine Vietkong-Stellung.

oben: Einheimischen-Verbände unter Führung von Special-Forces-Beratern machen Jagd auf den Vietkong.
unten: Ein vietnamesischer Dolmetscher übersetzt das Gespräch zwischen einem »Green Beret«-Offizier und südvietnamesischen Fallschirmjägern.

Waffenexperte beim Schießen mit dem M16-Sturmgewehr.

Ein Pionier-Sergeant zündet während der Sprengausbildung eine Ladung. Er ist mit einer UZI-Mpi bewaffnet.

oben: Special-Forces-Ausbilder schulen Libanesen am schweren Browning-MG, Kaliber 50.
unten: Colonel Seymour (Mitte, mit Truppenfahne) übergab 1988 die 10th SFGA an Colonel Johnson (2. von rechts).

oben: Appell im Innenhof der Flint-Kaserne.
unten: Stab der 10th SFGA 1988. Untere Reihe: Lieutenant-Colonel McNamara, Colonel
Seymour, Command Sergeant-Major Moskaluk. Darüber: Captain Conger (S1), Major
Mack (S2), Major Florer (S3) und Captain MacDonald (S4).

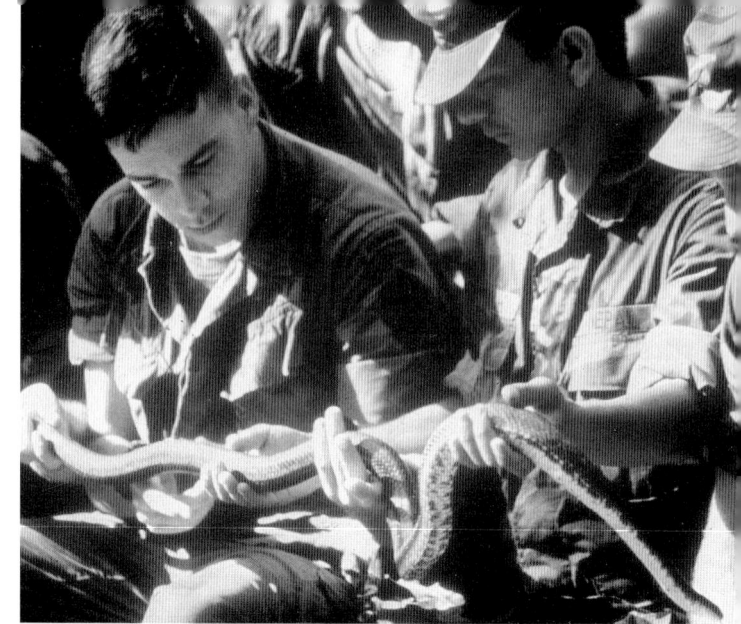

»Küchendienst« in der Dschungelkampfschule Panama.

Jeder »Green Beret« lernt den Umgang mit Waffen fremder Staaten. Der linke Soldat führt ein leichtes sowjetisches Maschinengewehr RPDM mit Gurttrommel, der rechte ein Sturmgewehr AK 47 mit Klappbajonett.

lich versuchten die USA, die entstandenen machtpolitischen Leerräume auszufüllen und Einfluß zu nehmen, vorwiegend ohne militärische Mittel. Auf der anderen Seite bemühten sich die kommunistischen Staaten mit großer Energie, ihren Einfluß auf die Entwicklungsländer auszudehnen. Am 6. Januar 1961 hielt Nikita Chruschtschow vor der Moskauer Parteihochschule seine berühmte Rede, welche die bis dato halbwegs ausgewogene politische Landschaft mit einem Schlag veränderte. Der Sowjetpremier brachte zum Ausdruck, daß sein Land jegliche nationalen Befreiungsbewegungen mit allen Mitteln unterstützen würde. Chruschtschow bezeichnete sich dabei selbst als einen leidenschaftlichen Förderer der Revolutionen. Dahinter verbarg sich die Absicht, den Machtbereich der Sowjets auszudehnen und die kommunistische Weltrevolution einzuleiten. So verstand wenigstens John F. Kennedy die aggressive Verlautbarung, der er entgegensteuern wollte. Hier begann eine Entwicklung, die Historiker eher als Mißverständnis und falsche Lagebeurteilung deuten. Um die Hintergründe zu erhellen, ist ein Blick auf die damaligen Machtverhältnisse im Ostblock unumgänglich. Neben der mehr europäisch ausgerichteten Sowjetunion bildete die junge, erstarkende Volksrepublik China den entscheidenden Machtfaktor in Asien und den umliegenden Regionen. Das einst gute Verhältnis der beiden »proletarischen Riesen« verschlechterte sich in den ausgehenden 50er Jahren deutlich. Einer der Gründe ergab sich aus den Ansprüchen Chinas auf sowjetisches Territorium, ein weiterer in unterschiedlichen ideologischen Auffassungen. China engagierte sich massiv in den jungen Staaten Afrikas, Asiens und im Pazifik, hier kam es zu Reibereien und Überschneidungen mit den Interessen der wesentlich vorsichtiger agierenden Sowjetunion, die auch durch wirtschaftliche und militärische Entwicklungshilfe Einfluß erlangen wollte. Angeblich fürchteten die Sowjets um den Weltfrieden und um die Politik der friedlichen Koexistenz.

So sollte die Rede des Sowjet-Führers in erster Linie eine Warnung an die Chinesen sein und die Regierung in Peking zu einer »ruhigeren Gangart« veranlassen. Freilich hütete sich Chruschtschow, China direkt anzusprechen oder zu erwähnen; indirekt warnte er aber China vor den Gefahren eines weltweiten Krieges. Diese Theorie erhärtet sich durch die Tatsache, daß China Ende 1960 letztmals an der Konferenz der Kommunistischen Parteien in Moskau teilnahm. Danach vertieften sich die Meinungsverschiedenheiten zu einer regelrechten ideologischen Kluft.

Kennedy und seine Regierungsmannschaft sahen aber die Dinge ganz anders. Sie versuchten, die vermeintliche Herausforderung mit außenpolitischen Mitteln und einer Aufrüstung der Streitkräfte zu erwidern. Am 28. März 1961 äußerte der US-Präsident vor dem Kongreß: »Unsere Streitkräfte sollten zusammen mit denen unserer Verbündeten in Umfang und Bereitschaft stark und beweglich genug sein, um die ständige Erosion der freien Welt durch begrenzte Kriege zu verhindern. Unser Ziel ist jetzt, unsere Fähigkeit zur begrenzten nicht-nuklearen Verteidigung zu vergrößern und den Anreiz zu irgendwelchen begrenzten Aggressionen dadurch zu verhindern, daß wir klarmachen, was unsere Reaktion bewirken wird.

Wir müssen darauf vorbereitet sein, einen substantiellen Beitrag in der Form starker, hochmobiler Truppen zu leisten, die für diesen Kriegstyp ausgebildet sind und von denen einige in den »Frontgebieten« stationiert werden. Die Sicherheit der Freien Welt kann nicht nur durch einen Atomangriff gefährdet werden, sondern auch durch einen Zerbröckelungsprozeß an der Peripherie, ausgeführt von Kräften der Subversion, einer indirekten und äußerlich nicht erkennbaren Aggression, eines inneren Aufstandes oder eines diplomatisch erpresserischen Kleinkrieges.« Kennedy verlangte also nach geeigneten Mitteln, um Aufständen, Infiltrationen und Subversionen zu entgegnen und fügte den beiden die US-Militärpolitik beherrschenden Säulen – atomare Abschreckung und gepanzerte, konventionelle Streitkräfte für den begrenzten konventionellen Krieg – eine dritte Komponente, die Forderung die USA müßten den Gegner auf dessen eigenem Gebiet, den revolutionären Volks- und Guerillakrieg schlagen, an. Kennedy nahm sich persönlich des politisch-militärischen Sachkomplexes der Partisanenkriegführung an und studierte die entsprechenden »Klassiker« auf diesem Gebiete, von »Lawrence in Arabien« über Literatur von deutschen und russischen Partisanenkämpfen im Zweiten Weltkrieg, bis hin zu den Asiaten »Mao, Ho« und Giap. Mit aller Energie setzte er sich für die Schaffung entsprechender militärischer Formationen ein und nahm an der Entwicklung der Theorie der »Special Warfare«, der Sonderkriegführung zur Partisanenbekämpfung in Form von kombinierten politischen, wirtschaftlichen, sozialen und militärischen Maßnahmen, wesentlichen Anteil. Seine Vorstöße stießen bei den führenden Köpfen in den Streitkräften auf wenig Gegenliebe, aber der Präsident setzte sich durch. Als Oberbegriff für alle Maßnahmen der Eindämmung von Aufstandsbewegungen und Bekämpfung bereits andauernder revolutionärer Volkskriege wurde der Begriff der »Counterinsurgency« geprägt. Unter dem jüngsten Brigadegeneral der US Army, William B. Rosson, entstand eine unmittelbar dem Stabschef des Heeres unterstellte Abteilung für die Belange der Sonderkriegsführung. Kennedy und seine Berater übernahmen den Grundsatz »Einen Dieb fängt man am besten mit einem Dieb«. Da die der US Army außer den Special Forces keine anderen in der Partisanenbekämpfung ausgebildeten Truppen hatte, übertrug man den »Green Berets« die Guerilla-Abwehr als zusätzliche Aufgabe. Schon bald entwickelte sich die neue Aufgabe zum beherrschenden Schwerpunkt aller Sondertruppen des US-Heeres. Der US-Präsident überzeugte sich bei einem Besuch in Fort Bragg persönlich vom hohen Ausbildungsstand und der vorbildlichen Motivation der Truppe, deren Personalstärke aber noch immer unter 2000 Mann lag. Kennedy ordnete eine erhebliche Erhöhung der Mannschaftsstärke an und sicherte jegliche Unterstützung zu. Nun begann für die Guerillaexperten eine Phase des Aufstieges, die sich allerdings noch im selben Jahrzehnt in eine ebensolche Talfahrt entwickeln sollte. Plötzlich waren die Soldaten der Special Forces in aller Munde, überall wurden Einweisungslehrgänge über Probleme der Sonderkriegführung durchgeführt. Auch die anderen Teilstreitkräfte wollten nun derartige Spezialeinheiten aufstellen. Die Luftwaffe baute ihre »Air Commando«-

Geschwader auf, die mit speziellen Flugzeugen die Aktionen am Boden direkt unterstützen sollten. Die Marine schuf die SEALs (zu deutsch: Robben), die als Fallschirmjäger und Kampfschwimmer auch im Partisanenkrieg ausgebildet wurden. Auch bei den »Marines«, der Marineinfanterie, forcierte man die Ausbildung spezieller Aufklärungsformationen, die Sonderaufträge durchführen sollten. Als eine der ersten Maßnahmen versuchten die verantwortlichen Offiziere die drei bestehenden Gruppen auf eine Sollstärke von jeweils 1500 Mann zu bringen. Dies war mit großen Schwierigkeiten verbunden, da die Ausbildung von Nachwuchs bis zur Einsatzreife viel Zeit erforderte. So mußte die Ausbildungskapazität der bestehenden Schulungseinrichtungen erheblich erweitert und aus den vielen Freiwilligen die geeigneten Männer herausgesiebt werden. In Fort Bragg herrschte Hochbetrieb. Viele Offiziere bemühten sich um eine Versetzung zu den Special Forces, obwohl sie von deren Aufgaben keinerlei Ahnung hatten. Es ist ganz natürlich, daß die fachliche Qualifikation unter dieser Entwicklung litt und sich manches »Schwarze Schaf« einschleichen konnte. Für Mannschaften und Unteroffiziere aus anderen Waffengattungen war es aber immer noch recht schwierig, zu den Sondertruppen zu gelangen. Davon konnte der damalige Gefreite Leigh F. Wade ein Lied singen.

Als 20jähriger »Private First Class« gehörte Wade 1961 der 101. Luftlande-Division an und hatte soeben mit Erfolg am Fallschirmsprung-Lehrgang teilgenommen. Da er Abwechslung suchte und von der interessanten Spezialeinheit viel Positives gehört hatte, erkundigte er sich beim First-Sergeant seiner Kompanie über die Voraussetzungen einer Versetzung zu den Special Forces. Der »Spieß« wollte hiervon nichts hören und warf den jungen Soldaten kurzerhand hinaus. Aber Wade ließ nicht locker, er stellte einen Versetzungsantrag. Die Kompanie leitete den Antrag freilich weiter; man war der Meinung, Wade würde die hohen Einstellungsvoraussetzungen nicht erfüllen und reumütig wieder zur Kompanie zurückkehren. Trotz aller Befürchtungen schaffte er den anstrengenden Fitnesstest, bestand die Prüfung über die Allgemeinbildung, den Sprachentest und die schwierigste Hürde, das vierstündige Einstellungsgespräch. Zur Kompanie zurückgekehrt, erhielt Wade erst einmal gehörigen Druck, sozusagen als Warnung für die anderen. Die fünf Monate bis zur endgültigen Versetzung zur Ausbildungsgruppe der Special Forces waren ausgefüllt mit täglichem Wacheschieben und Küchendienst. Im Frühjahr 1962 kam er nach Fort Bragg und durchlief alle Stationen der harten Ausbildung. Die Ausfallquote stieg in bisher unbekante Höhen, jedoch handelte es sich bei den »Aussteigern« meist um Leute, die Schwierigkeiten mit der Disziplin und der inneren Einstellung hatten. Wer körperliche Leistungsdefizite aufwies, sonst aber engagiert mitarbeitete, durfte meist bleiben. Anschließend erfolgte die Ausbildung zum Tastfunker, Einweisungen in weitere Spezialgebiete und intensive Sprachschulungen. Der nunmehrige »Green Beret« kam zur gerade sich in Aufstellung befindlichen 5. Gruppe, die für den Einsatz in Vietnam vorgesehen war. Vorläufig wurde Wade aber keinem Einsatzteam zugeordnet, er gehörte zu den wenigen Mannschaftsdienstgraden, die für Auslandeinsätze noch nicht in Frage kamen. So wurde er wieder als Küchenhilfe eingesetzt und mußte Wache schieben. Um dieser unbefriedigenden Routine zu entkommen, meldete er sich freiwillig als »Feuermann«. Seine Aufgabe bestand darin, in 24-Stunden-Schichten die Kohleöfen in den Diensträumen zu beschicken. Die Beheizung war ein besonderes Steckenpferd des Kommandeurs der 5. Gruppe, Colonel Lloyd Wills, das ihm den Spitznamen »Kohlenkasten Willy« einbrachte. Er hatte die Angewohnheit, die Lagerung der Heizkohle perfekt zu reglementieren; er verlangte, daß jede Woche die Lagerstätte des Heizmaterials ausgeräumt, innen und außen abgewaschen und die Kohle wieder fein säuberlich, die Briketts hinten, die Eierkohlen vorne, eingelagert wurde. Endlich, im Februar 1963, erlöste der Sergeant-Major den Soldaten. Er erhielt eine Planstelle in einem A-Team, das sich gerade auf einen Einsatz in Vietnam vorbereitete. Dort wurde er nochmals gründlich ausgebildet, erhielt französischen Sprachunterricht und eine intensive Einweisung in die Kultur und die Lebensgewohnheiten der Menschen Südostasiens. Nun war er endlich vollwertiges »Green Beret« und konnte in den kommenden Jahren neue Erkenntnisse und Erfahrungen im Kriegseinsatz gewinnen.

Vorläufig führten hauptsächlich Angehörige der 1. Gruppe von Okinawa sowie einzelne Teams der 7. Gruppe aus Fort Bragg die laufend zunehmenden Einsätze in Südostasien durch. Daneben wurde mit aller Energie der Aufbau der neu gegründeten 5. Gruppe vorangetrieben, die für den Einsatz in Vietnam vorgesehen war. In Mittel- und Südamerika operierten Teile der ebenfalls neu aufgebauten 8. Gruppe, deren Hauptquartier sich in der Kanalzone Panamas befand. 80% ihrer Angehörigen sprachen spanisch, 20% portugiesisch. Für die Räume Afrika und den Mittleren Osten entstanden die 3. und 6. Gruppe, jedoch verblieben diese offiziell in Fort Bragg und entsandten einzelne mobile Teams in die genannten Räume. Weitere Gruppen für Ausbildungszwecke, die Armee-Reserve und die Nationalgarde entstanden. Auch bei der »alten« 10. Gruppe in Bad Tölz ergaben sich eine Reihe organisatorischer Veränderungen und personeller Verstärkungen. Der eigenständige Guerillaauftrag blieb auch weiterhin vorrangig bestehen. Da sich die für Einsätze in Afrika und Asien vorgesehenen beiden neuen Gruppen, die 3. und die 6. Special Forces Group, erst noch im Aufbau befanden, wurde die 10. Gruppe vorläufig beauftragt, die Räume Nordafrikas, den Mittleren Osten und das südliche Asien, einschließlich Pakistan, zu übernehmen. Die der Gruppe für die Wahrnehmung der zusätzlichen Aufgaben zugestandenen personellen Mittel zeigen sich als mehr als bescheiden. Lediglich 50 Offiziere und rund 200 Unteroffiziere kamen neu nach Bad Tölz. Sie wurden in einer neuen Kompanie zusammengefaßt, die »C«-Kompanie trat nun zu den beiden anderen Einsatzkompanien »A« und »B«. Das Kommando der dritten Kompanie erhielt Charles M. Simpson II übertragen, ein mit der Entwicklung der Special Forces eng verbundener Offizier. Im Gegensatz zu den meisten anderen Offizieren der Sondertruppen – viele dienten dort nur kurze Zeit und kehrten wieder in ihre angestammten Waffengattungen zurück – war

Simpson kein Reserveoffizier, sondern hochqualifizierter, wissenschaftlich gebildeter Berufsoffizier. Zur Erläuterung einige kurze Worte zum Offizierskorps der US Army. Die Bezeichnung »Reserveoffizier« hat bei den US-Streitkräften eine andere Bedeutung, als in den meisten anderen Armeen. Diese Offiziere absolvieren in der Regel am College neben dem Studium auf freiwilliger Basis eine militärische Offizierausbildung. Nach Beendigung des Studiums werden sie meist zum Reserveoffizier ernannt und erhalten den Dienstgrad »Second Lieutenant« verliehen. Sie können nun bei Bedarf in die reguläre Armee eintreten und dort solange als Offizier dienen, wie sie gebraucht werden. Nach zwanzig Dienstjahren haben sie einen Pensionsanspruch in Höhe von 50% der Dienstbezüge erworben und können in Pension gehen, oder auch bei Bedarf eine Weiterverpflichtung eingehen. Die überwiegende Zahl der US-Heeresoffiziere leistet auch heute noch auf dieser Basis Dienst. Es kommt vor, daß Offiziere vor Ablauf der zwanzig Jahre ausscheiden müssen, sie erhalten dann in der Regel die Möglichkeit, die noch fehlenden Dienstjahre als Unteroffizier abzudienen. Ein kleinerer Teil des Nachwuchses setzt sich aus Aufsteigern aus der Unteroffizierlaufbahn zusammen, die eine äußerst harte »Officer Candidate School« erfolgreich absolviert haben. Die Elite aber entstammt der weltbekannten, elitären Offizierschule West-Point, die den wissenschaftlich und politisch geschulten Berufsoffizier prägt.

Simpson gehörte zu den wenigen in West Point gebildeten Berufsoffizieren, die sich freiwillig und ohne Einschränkungen für eine Dienstleistung bei den Special Forces entschieden hatten. Er tat dies, obwohl die Laufbahnberater dringend von einer derartigen Verwendung abrieten, die risikoreich vor allem für die weitere berufliche Karriere angesehen wurde. Als Sohn eines Berufsoffiziers besuchte Charles Simpson die Militär-Akademie West-Point und wurde 1946 ausgemustert. Als »honor graduate« durfte er sich die gewünschte Waffengattung selbst aussuchen; er entschied sich für die Infanterie. Als junger Leutnant diente er in Bamberg und Coburg bei einer Konstabler-Einheit. Von 1947 bis 1950 gehörte er einem US-Infanterie-Regiment in der US-Besatzungszone in Österreich an. Zwischen 1950 und 1952 führte er Infanterie- und schwere Kompanien bei der 82. Fallschirmjäger-Division und übernahm während des Krieges in Korea für 14 Monate die Führung einer Infanterie-Kompanie. Zwischen 1954 und 1955 studierte er an der Harvard-Universität Internationale Beziehungen. Anschließend kehrte er an die Militär-Akademie West-Point zurück und lehrte dort Sozial-Wissenschaften. In Beirut studierte er die Geschichte des Mittleren Ostens und entwickelte sich zum Experten für diese Region. Seine erworbenen Kenntnisse gab er als Professor für Geschichte an die Offizier¡Anwärter weiter.

1959 wurde Simpson als Major zur 10. Gruppe nach Bad Tölz versetzt. Zuvor hatte der erfahrene Fallschirmspringer den Rangerlehrgang mit Erfolg absolviert. Die Versetzung erfolgte ohne jegliche Schulung und spezielle Einweisung in den Aufgabenbereich der Sondertruppen. Der Major wurde als Kommandeur eines »B«-Detachments und später als S-3-Stabsoffizier eingesetzt. Mit dem Aufbau der »C«-Kompanie konnte kein besserer Offizier betraut werden, da Simpson Experte für die zu betreuenden Räume in Afrika und Asien war. Ab 1963 besuchte er Lehrgänge an Kriegsschulen und der Führungs-Akademie und ging dann 1966 als stellvertretender Kommandeur der 5. Gruppe im Range eines Lieutenant-Colonels nach Vietnam. Es folgte eine abermalige Verwendung als Regiments-Kommandeur an der Militär-Akademie in den Jahren 1967–1969. Danach übernahm Simpson das Kommando der 1. Gruppe auf Okinawa, die maßgeblich die Kampfverbände in Vietnam unterstützte. Von 1971 bis 1973 gehörte er der Fakultät des »Army War College« an und schied als Oberst freiwillig aus der Armee aus. Man braucht nicht viel Phantasie dazu, um festzustellen, daß der fähige Berufsoffizier ohne seine Verbindung mit den Special Forces vermutlich in den Generalrang aufgestiegen wäre.

Die Teams seiner neu aufgebauten Kompanie nahmen in den nächsten Jahren an einer Vielzahl von Ausbildungsmaßnahmen teil, sie besuchten selbst Lehrgänge bei befreundeten ausländischen Streitkräften, hauptsächlich fungierten aber die »Green Berets« selbst als Lehrer, Ausbilder, Berater und technische Entwicklungshelfer. Noch heute können viele Fallschirm- und Kommandoeinheiten aus dem Nahen und Mittleren Osten die frühe Prägephase durch amerikanische Sondereinheiten nicht verleugnen. Überall wo Not am Mann war, fanden sich die Soldaten der 10. Gruppe ein. Sie halfen bei Überschwemmungs- und Erdbebenkatastrophen, retteten so im Kongo zahlreiche Menschenleben und bauten in anderen unterentwickelten Regionen Afrikas und Asiens eine Krankenversorgung auf. Als mobile Training-Teams leisteten sie in der »Dritten Welt« wirtschaftliche, technologische, soziale, medizinische und infrastrukturelle Hilfe.

So nahm ab 1962/63 der theoretische Auftrag eines weltweiten Einsatzes erste konkrete Formen an. Im Zuge der erheblichen Erweiterungen des Aufgabenbereiches entstanden 1500köpfige »Special Forces Action Forces« die sich besonders mit der Entwicklungshilfe befaßten und so Beziehungen mit der Zivilbevölkerung knüpften. Den Schwerpunkt einer solchen Aktionsgruppe – konzipiert für einen weltweiten Einsatz – bildeten die 36 A-Teams, neun B-Teams und drei C-Teams einer Special Forces Group. Hinzu kamen Experten für Flugblatt- und Rundfunkpropaganda, Öffentlichkeitsarbeit, Kultur und Erziehung; Lehrer, Verwaltungs-Experten, Sozialarbeiter und Landwirtschaftsexperten boten zusätzliche Hilfe. Pioniere nahmen sich öffentlicher Bauten, der Kanalisation und der Wasseraufbereitung an, Ärzte betreuten die Bevölkerung, bildeten medizinische Hilfskräfte aus und leisteten vorbeugende Gesundheitsvorsorge. Abwehrspezialisten und Militärpolizei widmeten sich dem Nachrichtenwesen sowie der Spionageabwehr und sorgten so für innere Ordnung und Sicherheit. Fernmelde-Kompanien und Heeresfliegerstaffeln wurden den Gruppen unterstellt und erweiterten deren Aktionsradius und Mobilität erheblich.

Ende 1962 betrug die Mannschaftsstärke der Special Forces bereits rund 5000 Mann, die Ausbildungseinrichtungen der Special Forces Training

Group konnten aber mit dem gestiegenen Bedarf nicht Schritt halten: teilweise lagen die Ausscheidungsquoten der Bewerber bei 90%.

Trotzdem befanden sich bald Special Forces Teams mit den verschiedensten Aufträgen in nahezu 50 Ländern, so in Algerien, Indien, Indonesien, Nepal, Argentinien, Kanada, Guinea, Peru, Griechenland, Jordanien oder Venezuela. Fernmeldegerät wurde gewartet und instandgesetzt, Pioniere im Straßenbau ausgebildet, Kraftfahrzeugmechaniker geschult, Sanitätspersonal medizinisch unterwiesen und Dolmetscherfunktionen übernommen. Als ein Schwerpunkt dominierte dabei immer das Bemühen, die Fähigkeiten der Einheimischen zur Selbsthilfe zu verbessern und das Vertrauen in die eigene Regierung und deren ausführende Organe zu erhöhen.

Ein Jahrzehnt nach der Gründung des ersten Sonderverbandes hatten sich grundlegende Wandlungen und Veränderungen bei den »Green Berets« ergeben. Die Umkehrung und Erweiterung des ursprünglichen Auftrages, die zunehmenden Personalstärken und eine wachsende Popularität in der Öffentlichkeit, blieb nicht ohne Auswirkungen auf die einstmals exklusive Fallschirmtruppe, brachten ihr, rückschauend beurteilt, mehr Schaden als Nutzen.

Um die gewöhnlich nur 75%igen Ist-Stärken aufzufüllen, mußten die hohen Einstellungsvoraussetzungen reduziert werden, die Qualifikation des Personals sank entsprechend. In früheren Jahren lag das Durchschnittsalter in den Einsatz-Teams bei über 30 Jahren, die Vordienstzeiten bei wenigstens 10 Jahren, mit erheblichen Vorkenntnissen aus früheren Verwendungen. Nun kamen vermehrt junge, unerfahrene Offiziere und ahnungslose Mannschaftsdienstgrade auch in die Einsatzeinheiten. Viele »Männer der ersten Stunde« erreichten das Pensionsalter, der Emigranten- und Ausländeranteil reduzierte sich deutlich. Vermehrt fanden nun Farbige Aufnahme, sie wurden als besonders geeignet für den Einsatz in entsprechenden Entwicklungsländern angesehen. Man glaubte, Schwarze und Farbige würden den leichten Kontakt zu ihren Partnern in Afrika und Asien finden und könnten sich eher in das völlig andere kulturelle Umfeld einleben. In der Praxis gibt es allerdings keinerlei Beweise, die diese Vermutung bestätigen.

In Mittel- und Südamerika – schon seit Jahrhunderten politisches und wirtschaftliches Einflußgebiet der USA – verstärkten die Beratergruppen der 8. Gruppe, oftmals in enger Zusammenarbeit mit dem Geheimdienst CIA, ihre Aktivitäten. Die CIA hatte in den vorangegangenen Jahren mehrfach verdeckte militärische Unternehmen in eigener Regie recht glücklos durchgeführt, nach der fehlgeschlagenen Invasion Kubas durch von der CIA unterstützte und motivierte Exil-Kubaner schränkte die US¡Regierung derartige gewaltsame militärische Aktionen stark ein, der Nachrichtendienst wirkte nun mehr planend und koordinierend, aber auch als Geldquelle, im Hintergrund. Die Durchführung subversiver und unkonventioneller Operationen ging auf die Streitkräfte über, welche wiederum den Löwenanteil der Unternehmen auf die am besten geeigneten Sondertruppen delegierten. Um 1965 organisierte der US-Nachrichtendienst CIA einen Einsatz von »Green Berets« in Peru. Dort stand die Regierung unter dem wachsenden Druck einheimischer Freischärler, die von einer Basis in einer abgelegenen Dschungelprovinz von Ostperu aus operierten. Aus innenpolitischen Gründen wollte die Regierung ihre regulären Streitkräfte nicht einsetzen und wandte sich mit der Bitte um Unterstützung an die befreundeten USA. Diese entsprachen dem Ersuchen und schickten in geheimer Mission neben CIA-Operateuren auch Guerillaexperten der Special Forces in das Land. Letztere bildeten das vom Geheimdienst angeworbene und besoldete einheimische paramilitärische Personal in der Partisanenbekämpfung aus. Hierzu bauten sie ein vollständiges großes Ausbildungszentrum auf, welches Insider wegen der bestehenden großen Ähnlichkeiten als »Miniatur Fort Bragg« bezeichneten. Die den Einheimischen vermittelte harte Ausbildung und die Bereitstellung moderner Waffen zeigten bald die ersten Früchte, und die Guerillabewegung konnte zerschlagen werden. Bemerkenswert ist die weitere Geschichte der »Gegenpartisanen¡Einheit«: Die überragenden Erfolge beeindruckten zwar die politische Führung des Staates in Lima, deren Überleben wieder einmal gesichert war, außerordentlich, jedoch wuchs nun die Furcht vor einem Putsch der Sondereinheit gegen die eigene Regierung. Es wurde ihr verboten, zur Siegerparade in die Hauptstadt einzurücken, und es erging der Befehl zu ihrer Auflösung.

Teile der 7. Gruppe standen 1965 ebenfalls im Einsatz und sprangen während der US-Intervention in der Dominikanischen Republik als »Speerspitze« der Invasionstruppe mit dem Fallschirm ab und schufen so die Voraussetzungen für eine risikolose Landung der Marineinfanterie und Heerestruppen. Im weiteren Verlaufe der Aktion führten sie hauptsächlich psychologische Einsätze und zivile Hilfsmaßnahmen in Zusammenarbeit mit der einheimischen Bevölkerung durch. Ein weltweit publiziertes Ereignis kennzeichnete im Jahre 1967 die revolutionäre Szene in Südamerika; der Tod des weltbekannten Idols aller Sozialrevolutionäre bewegte die Herzen und Gemüter. Der Doktor der Medizin, Ernesto Guevara de la Serna, bekannt auch als sagenumwobener »Commandante Ramon« und besonders als »Che«, stammte aus einer der vornehmsten Familien Argentiniens, war Mitkämpfer und zeitweise enger Vertrauter von Fidel Castro. Schon zu Lebzeiten zum Volkshelden idealisiert, diente er einer in weiten Teilen der Welt aufbegehrenden Jugend als verehrungswürdiges Vorbild.

Der »noble Rebell« genoß in Argentinien eine höhere Schulbildung, »brach« aber schon bald aus der bürgerlichen Umwelt aus und schlug sich als Gelegenheitsarbeiter, durch Mittel- und Südamerika vagabundierend, durch. Als er sich die Hörner abgestoßen hatte, kehrte er zurück und absolvierte ein Medizinstudium. Mit 25 Jahren promovierte er zum Dr. med., zeigte immer wieder tätiges Engagement für die Armen und Schwachen und wandte sich immer mehr revolutionären Gedanken zu. Für seine Ideale, mehr Menschlichkeit und Gerechtigkeit, opferte er seine gesicherte bürgerliche Laufbahn und beteiligte sich in den kommenden Jahren an Aufständen und Revolutionen in Bolivien und Guatemala. Dabei traf er auf die Gebrüder Castro, die seine besondere Begabung für den Guerillakampf erkannten und förderten, nach dem Sieg über den Kuba brutal unterdrückenden Diktator Battista stieg »Che« in die Führungsspitze der neuen Administration auf. 1959 übernahm er die Verantwortung für Wirtschaft und Finanzen. Aber der Argentinier etablierte sich nicht, er blieb seinen sozialrevolutionären Grundsätzen und Idealen treu. Als ihm bewußt wurde, daß sich der kubanische Staat immer mehr unter sowjetische Abhängigkeit begab, kämpfte er gegen die wachsende Abhängigkeit an. Ehrlich prangerte er die Widersprüche der vom Kommunismus geschickt genutzten Thesen an, wies auf die tatsächlichen Mißverhältnisse von Anspruch und Wirklichkeit der kommunistischen Staatswesen hin. Seine sozialen Träume, Verzicht und Verachtung alles Materiellen brachten ihn in Konfrontation mit allen Lagern. Als er bei einer Rede vor der UNO in New York – Kuba steckte gerade in einer schweren Wirtschaftskrise – der Sowjetunion vorwarf, nicht weniger imperialistisch als die USA zu sein, entzog ihm auch sein Förderer Fidel Castro das Vertrauen. »Che« verschwand für einige Zeit von der politischen Bildfläche, suchte Verbündete für seine Ideen in der Dritten Welt und fiel immer mehr in die Vorstellung, eine wahrhaft edle, gute Welt sei erst nach dem Hinwegfegen aller vorhandenen Regierungs- und Unterdrückungssysteme zu erbauen. Er kämpfte für seine Ideen an vielen Brennpunkten Lateinamerikas und Afrikas. Im Kongo hatte er wenig Erfolg und es zog ihn zurück nach Südamerika. Dort gedachte er in Bolivien eine gute Basis für eine erfolgreiche Revolution finden zu können und baute, mit heimlicher Unterstützung von Castro, eine erste Guerillazelle auf, die allerdings nicht aus den so dringend gebrauchten ortskundigen Einheimischen, sondern »importierten« Berufspartisanen und Veteranen früherer Einsätze bestand. Trotz einiger Anfangserfolge gegen die Regierungstruppen gelang es ihm aber nicht, größere Teile der Bevölkerung zum Aufstand gegen das herrschende System zu bewegen. Mit der Zeit entwickelte sich die Gesamtsituation zusehend schlechter für die Freiheitskämpfer. Die anfänglichen Erfolge gegen die Regierungstruppen hatten die bolivianische Administration aufgeschreckt, diese wandte sich mit einem Gesuch um Hilfe und militärische Unterstützung an die US-Regierung.

Hier nun beginnt die Verstrickung einer kleinen Zahl von »Green Berets« in ein makabres, zwielichtiges politisches Abenteuer, welches aber voll in den Verantwortungsbereich von US-Regierung und der für die Aktion federführenden CIA fällt. Im April 1967 erbrachten Nachrichtenleute den offiziellen Beweis, daß der Führer der bolivianischen Partisanengruppe mit Guevara identisch war. Experten der CIA begaben sich auf Anforderung, mit Billigung der verantwortlichen Politiker, nach Bolivien und beteiligten sich an der Jagd auf »Che«. Gleichzeitig erhielt die 8. Gruppe der Special Forces in der Kanalzone den Auftrag, ein Ausbildungsteam nach Bolivien zu entsenden, welches dort Teile der Streitkräfte in die Techniken der gegenrevolutionären Kampfführung einweisen sollte. Heimlich begab sich ein Vorauskommando von zwei Offizieren in die Hauptstadt La Paz, später folgten 16 weitere Spezialisten in der unkonventionellen Kriegführung nach. Nun bildeten die »Green Berets« rund 600 Indianer vom Stamme der Quechua als »Ranger« aus und bauten das 1. bolivianische Ranger-Bataillon auf. Schon nach einem Vierteljahr zeigte das harte Ausbildungsprogramm gute Fortschritte, und die nunmehrigen »Antipartisanen«, ein silberner Kondor zierte sie als Abzeichen für die erfolgreich absolvierte Ausbildung, zogen in den Kampf und brachten Guevara und seine Guerillas zunehmend in schwere Bedrängnis.

Den »Jägern« gelang es, die Widerstandsgruppe völlig von der Bevölkerung zu isolieren. Viele Partisanen verloren den Mut und wollten aufgeben, der Anfang vom Ende hatte begonnen. Mit der Aufstellung und Einsatzbereitschaft des Ranger-Bataillons endete die Mission der Special Forces, Spezialisten des CIA beteiligten sich jedoch weiterhin an den Aktionen gegen die Revolutionäre. Nach wenigen Wochen konnte Vollzug gemeldet werden: Während eines Feuergefechts verwundeten die einheimischen Ranger Che Guevara schwer und konnten ihn gefangen nehmen. Der Regierungschef nahm die Erfolgsmeldung mit gemischten Gefühlen entgegen, er hätte lieber die Meldung über den Tod von »Che« vernommen. Die Gründe dieser wenig humanen Einstellung sind ebenso plausibel wie erschreckend. Nachdem im Lande die Todesstrafe abgeschafft war, befürchtete die Regierung im Falle einer öffentlichen Bekanntgabe der Gefangenschaft des prominenten Guerillas schwere Unruhen, besonders unter der jüngeren Bevölkerung. Um diese Reaktionen zu verhindern, entschloß sich die Staatsführung zu einer möglichst unauffälligen »Liquidierung« des Schwerverletzten. Zur Ehrenrettung der Amerikaner muß gesagt werden, daß die Agenten und Verbindungsleute der CIA sich mit allen Mitteln gegen die beabsichtigte Ermordung sperrten, ihr engagiertes Bemühen zeigte aber keinerlei Erfolg. So wurde der einstmals weltbewegende und erfolgreiche Revolutionär auf eher beschämende Weise exekutiert. Zwei Angehörige der regulären bolivianischen Armee erschossen ihn in einem verlassenen Schulgebäude. Unter dem Kugelhagel der Maschinenpistolen starb ein konsequenter Idealist, der nicht in diese Welt paßte. Sein Vorsatz, den Unterdrückten zu helfen, weist Parallelen zu den Idealen der Special Forces auf, freilich in einer anderen Ideologie.

Aber auch in vielen anderen Teilen der Welt befanden sich »Green Berets«. Natürlich band der sich immer weiter steigernde Krieg in Süd-Vietnam mehr und mehr der schon geringen personellen Kapazitäten. Auf die Verhältnisse des »Hauptkriegsschauplatzes Vietnam« wird später gesondert eingegangen. Das Königreich Laos bildete schon in den späten 50er Jahren einen weiteren Schwerpunkt der Tätigkeit der Special Forces in Südostasien. 1959 trafen dort die ersten Berater in Volltarnung ein und übernahmen auf Wunsch der Regierung Ausbildungsaufgaben in den Streitkräften, die sich im Kampf mit kommunistischen Truppen befanden. Planung und Führung oblag in der Hauptsache Agenten der CIA, aber auch andere US-Dienststellen »mischten« rege mit. Politische Vereinbarungen führten zu Beginn der 60er Jahre zu einem Abkommen über den Abzug aller ausländischen Militärverbände aus dem indochinesischen Königreich, jedoch wurde es für die Dauer des kommenden Jahrzehnts von beiden Seiten immer wieder gebrochen.

Thailand wurde um das Jahr 1966 mehr und mehr in die Aktionen der Special Forces einbezogen. Dies ergab sich als eine der Folgen des in Vietnam tobenden Krieges, der nicht vor den politischen Landesgrenzen endete. Viele Volksgruppen, die mit den »Green Berets« zusammenarbeiteten, kamen durch die Kriegswirren auf thailändisches Gebiet und wurden dort von den Amerikanern betreut oder mit neuen Kampfaufträgen versehen. Daneben übernahmen die Soldaten der US-Sondertruppen Aufgaben bei der Überwachung der Landesgrenzen gegen kommunistische Infiltrationsversuche, bildeten Grenzschutz- und weitere Militärverbände aus, die teilweise auch in Vietnam aktiv zum Einsatz kamen. Verantwortlich für den siamesischen Raum war die 46. Kompanie, die letzte 1966 erfolgte Neuaufstellung einer Special Forces Einheit überhaupt.

An der »Heimatfront« in den USA sah es auch nach dem Tode des mächtigen Förderers John F. Kennedy zunächst noch recht gut für die geheimnisumwitterten »Berets« aus, die man dort, um das Jahr 1965, noch als die strahlenden Helden eines gerechten Krieges um Freiheit und Eindämmung des Kommunismus lauthals feierte.

Aus einem Staff-Sergeant, der während eines Kampfeinsatzes in Vietnam verwundet wurde und im Hospital seine Erlebnisse und Erinnerungen als »Green Beret« in Liedertexten verarbeitete, wurde über Nacht ein berühmter Schlagerstar. Dem Sergeanten Barry Saddler gelang es überraschend, mit seiner schwülstigen »Ballade über die Green Berets« zur Schlagerspitze durchzustoßen, das Lied blieb mehrere Wochen auf Platz 1 der US-Hitparade. Als »Mr. Green Beret« besang der Sanitätsfeldwebel – der beabsichtige, später Medizin zu studieren – Langspielplatten mit recht heroischen Inhalten. Barry Saddler wurde vor einigen Jahren in Mittelamerika ermordet.

Den US-Schriftsteller Robin Moore machte seine Veröffentlichung »Die grünen Teufel« ebenfalls fast über Nacht weltbekannt. Um die »heiße« Berichterstattung aus Vietnam aktuell darstellen zu können, meldete er sich als Zivilist freiwillig zur militärischen Fallschirmausbildung und nahm auch an einem Einführungslehrgang für Offiziere der Special Forces teil. Anschließend weilte er mehrere Monate in verschiedenen Regionen Vietnams und beteiligte sich an Einsätzen der Sondertruppen. Seinen recht abenteuerlichen, aber grundsätzlich wahren Ereignissen entsprechenden Erlebnisfilm bot er vor Veröffentlichung dem Pentagon zur Korrektur an, dieses lehnte jedoch eine Bewertung des Buches ab, welches Moore aus Sicherheitsgründen für die erwähnten Personen als Roman bezeichnet hatte. US-Regierung und Armee brachte die Veröffentlichung wegen einer Vielzahl »heißer Eisen« in beträchtliche Verlegenheit. Das Buch über den grausamen Alltag des südvietnamesischen Dschungelkrieges diente ebenfalls als Grundlage für den ersten US-Kriegsfilm über den Vietnamkrieg, der mit Weltstars wie John Wayne besetzte Streifen vermittelte aber eher ein verzerrtes Bild der Wirklichkeit.

Selbst ein eigenes Gebet, das »Special Forces Prayer«, eine Art »Vaterunser« entstand – eine Mischung aus naiver Verherrlichung, Kitsch und Arroganz. Das hohe Maß an öffentlicher Popularität wurde keineswegs von der Truppe selbst gewünscht, es ging vielmehr von den cleveren Geschäftemachern der mächtigen Medien und der Unterhaltungsbranche aus; für die so bewunderten und besungenen »Green Berets« ergaben sich eher negative Auswirkungen. Gerade die Durchführung von gefahrvollen und sensiblen Sonderaufträgen muß möglichst umfassend nach außen abgeschirmt und geheimgehalten werden, um Erfolg zu haben. Besonders aber verschlechterte sich das schon gespannte Verhältnis zur »normalen« Army, die bisher schützende Hand des ermordeten Präsidenten und seiner Berater fehlte. Der Sonderstatus der Elitetruppe weckte Neid- und Haßgefühle mancher Kreise der regulären Streitkräfte, die sich gegenüber der hochgelobten und priviligierten Spezialeinheit benachteiligt fühlten. Freilich ist hierzu zu bemerken, daß in vielen Fällen die Sondertruppen durch ihr exklusives Verhalten die Probleme geradezu provozierten.

Der Aufbau der Truppe ging in den Jahren zwischen 1966 und 1968 weiter voran, jedoch nunmehr deutlich verlangsamt. In dieser Zeit erhöhte sich die Ist-Stärke von rund 10 000 auf 11 000, ein durch den Vietnamkrieg bedingter absoluter Höhepunkt. 1968 traten wesentliche Änderungen bei der bisher noch in voller Stärke in Bad Tölz und Lenggries stationierten 10. Gruppe ein. Bisher übte sie sich weiterhin in den Fertigkeiten des Partisanenkrieges, diente der Auffrischung des vom asiatischen Kriegsschauplatz zurückgekehrten Personals und übernahm eigenständig Aus- und Weiterbildungsmaßnahmen zur Unterstützung der überlasteten Schulungseinrichtungen in Fort Bragg. So ist es nicht verwunderlich, daß die Totentafel der 10. Gruppe an die große Zahl ihrer ehemaligen Angehörigen erinnert, die später in Südostasien fielen. Als Folge der Personalverluste während des Vietnamkrieges erfolgte 1968 bei der Siebten US-Armee in der Bundesrepublik Deutschland eine großangelegte »Ausdünnung«, erfahrene Berufssoldaten und Spezialisten wurden abgezogen und verstärkten die Ausbildungsverbände in den USA und die Kampfformationen in Vietnam. Eine Anzahl von Kampfverbänden und Logistikeinheiten wurde aus Kostengründen in die USA zurückverlegt, blieb aber weiterhin unter der Verfügungsgewalt des europäischen US-Oberkommandos; im Krisenfalle sollen sie nach Europa zurückverlegt werden. Auch für die 10. Gruppe erging der Rückzugsbefehl in die Vereinigten Staaten, sie erhielt eine neue Heimat in Fort Devens/Mass. In Bad Tölz verblieb nur das »Special Forces Detachment (Airborne) Europe«, sozusagen als Vorausabteilung und »Platzwart«. Dem Stab mit Teilen der 10. Gruppe unterstand ein Einsatzbataillon, die Dienststärken schwanken seit dieser Zeit zwischen 250 und 300 Mann.

Streng geheime Dienstvorschriften befaßten sich auch mit der Rolle von Sonderverbänden beim Einsatz von Atomminen. In diesem Zusammenhang ist die Affaire um den Verrat des US-Geheimplanes 10–1 erwähnenswert, in dem auch der Einsatz der US-Truppen in Europa im Falle eines Angriffes durch den Warschauer Pakt beschrieben war. 1969 gelangten ausführliche Informationen an die Öffentlichkeit, einigen führenden deutschen Publikationen wurden Unterlagen zugespielt: Ein von den USA geplanter Guerilakrieg, bei dem auch »Mini«-Atomwaffen eingesetzt werden sollten, sollte sich auf über 23 europäische Staaten erstrecken! Vermutlich stammte das Material aus Dokumenten der allerhöchsten Geheimhaltungsstufe, die ein US-Sergeant jahrelang beim NATO-Hauptquartier einsehen und dem sowjetischen Geheimdienst KGB zuspielen konnte. Das Schicksal des recht labilen Unteroffiziers ist tragisch. Als ihm Abwehrorgane endlich das Handwerk legten, wurde er zu einer langjährigen Gefängnisstrafe verurteilt. Der 19jährige Sohn des Inhaftierten, der freiwillig in Vietnam diente, zog während eines Besuches im Gefängnis plötzlich ein Messer und erstach seinen Vater.

Gegen Ende des Jahrzehntes hatten die »Berets« vieles vom Glanz der frühen Jahre verloren. Der weltweite Einsatz verzettelte die kleine Truppe und überforderte sie vollkommen; die Sonderkriegsführung in Südostasien nagte an der Substanz und zeigte aus den unterschiedlichsten Ursachen keine Erfolge. Für den sich abzeichnenden Mißerfolg in Süd-Vietnam suchte man wie üblich dort »Sündenböcke«, wo die besten Leistungen erbracht worden waren. Die konservative Gegnerschaft in der US Army konnte ihren Einfluß verstärken, und einer allgemeinen »Kriegsmüdigkeit« im amerikanischen Volke folgten massive Proteste gegen Regierung und Streitkräfte. Die enge Verbindung mit dem Geheimdienst und eine Reihe undurchsichtiger Affairen warf negative Schatten auf die Sondertruppe, die immer mehr in die Defensive getrieben wurde.

Vietnamkrieg

DIE SPECIAL FORCES IM ZWEITEN INDOCHINAKRIEG

Seit Jahrzehnten gehört Südostasien zu den gefährlichsten Krisenherden unserer Erde. Immer wieder aufflackernde Kriege verwüsteten große Teile dieser Region. Millionen Menschen kamen in den Kriegswirren ums Leben, verloren Hab und Gut, flüchteten verzweifelt in das Nichts. Auf wirklichen Frieden warten noch heute viele dieser geschundenen Menschen, Willkür und alte Ungerechtigkeiten fanden auch unter neuen Machthabern kein Ende, eher noch eine Steigerung, unter anderen Namen und neuen Ideologien. Der zweite Indochinakrieg, ein Bürgerkrieg rivalisierender Gruppen auf der einen, und ein »Stellvertreterkrieg« der Großmächte auf der anderen Seite, trug viele Gesichter und löste auch im Westen politische und gesellschaftliche Veränderungen aus, deren Folgen sich erst heute in Ansätzen erkennen lassen. Die Identitätskrise in den Vereinigten Staaten gegen Ende der 60er Jahre, die ursächlich am militärischen Disengagement der USA in Vietnam scheint, die Bestätigung der weitgehenden politischen Ohnmacht der ehemaligen Kolonialmächte, und damit Westeuropas, fanden östlicherseits ihre Entgegnung durch den Versuch der Einflußnahme in den Ländern der Dritten Welt. Vor allem zeigten sich im Verlaufe des Konfliktes aber auch mit aller Deutlichkeit die Spannungen und Folgen eines hartnäckigen Ringens um die Vormachtstellung im Ostblock, zwischen China und der UdSSR.

Für die US-Streitkräfte entwickelte sich der Krieg mit zunehmender Eskalation beinahe zum Trauma, heute scheint es endlich überwunden.

Die »Green Berets« trugen von Anfang an eine der Hauptlasten eines völlig konzeptionslosen, verwirrenden Krieges, dessen Mißerfolg durch die herrschenden Umstände schon vorprogrammiert war.

Ein kurzer Blick zurück in die jüngere Geschichte Asiens ist erforderlich, um die ganze Breite der komplizierten Lage zu verstehen. Als japanische Truppen im Zweiten Weltkrieg auch das unter französischer Verwaltung stehende Indochina unterwarfen, trafen sie auf ein Land mit durchaus befriedigenden wirtschaftlichen, sozialen und kulturellen Verhältnissen. Im Verlaufe der harten japanischen Besatzung entwickelten sich erste Widerstandsbewegungen gegen die Unterdrücker, die neben Kommunisten auch Mitglieder weiterer politischer Richtungen, besonders national gesinnte Gruppen, in ihren Reihen führten. Damals unterstützten besonders die USA diese Bewegungen mit Beratern, Waffen, Geld und Material. Zu den Nutznießern zählte auch Ho Chi Minh, der spätere politische Führer Nord-Vietnams. Nach der Kapitulation Japans im Sommer 1945 dauerte die von der Bevölkerung so sehr ersehnte Phase des Friedens freilich nicht lange

an: Schon wenige Monate nach dem Abzug der japanischen Besatzungsmacht versuchte Frankreich, seine frühere Machtstellung wieder herzustellen und schickte Kolonialtruppen. Die Bewohner Indochinas wünschten
verständlicherweise nichts sehnlicher als ihre staatliche Eigenstädnigkeit zu
erhalten und auszubauen. Verbissen zeigten sie der ständig wachsenden
Militärmacht der »Grande Nation« die Zähne. Als Vietminh-Partisanen
nahmen sie mit Todesverachtung den Kampf auf und verwickelten Frankreich in einen blutigen, verlustreichen Dschungelkrieg. Nach dem überwäl-
tigenden Sieg der Vietminh bei Dien Bien Phu gaben die Franzosen auf,
gingen einen Waffenstillstand ein und gaben dem Land seine volle Souve-
ränität.

Die weitere Entwicklung Indochinas prägte ganz wesentlich ein politisches »Pokerspiel«, die Genfer Friedenskonferenz.

Im April 1954 versuchten die westlichen und östlichen Großmächte
gerade eine realistische Lösung der Koreafrage auszuhandeln, die nieder-
schmetternde Niederlage Frankreichs brachte es dann aber mit sich, daß
die veränderte Situation in Indochina nun die Tagesordnung beherrschte.
Zu den Konferenzteilnehmern zählten China, die UdSSR, Großbritannien,
die USA, Laos, Kambodscha, Süd- und Nord-Vietnam. Jede Macht versuchte neben den Bemühungen um die Problemlösung, auch die eigenen
politischen Vorstellungen und Ziele durchzusetzen. So ergab sich ein
politischer »Kuhhandel«, dessen Auswirkungen auch die Machtverhältnisse in Europa und besonders des geteilten Deutschlands betrafen. Im
Rahmen einer »Europäischen Verteidigungsgemeinschaft« plante man die
Wiederbewaffnung der westlichen Besatzungszonen Deutschlands, ohne
die sich die Politiker eine wirksame Verteidigung des nichtkommunisti-
schen Teiles Europas nicht vorstellen konnten. Zu den vielen Gegnern
neuer deutscher Streitkräfte zählte naturgemäß die Sowjetunion, deren
beherrschende militärische Position sich verschlechtert haben würde. Die
Realisierung des Verteidigungspaktes hing entscheidend von einer Teilnahme Frankreichs ab, welches gerade um einen »ehrenhaften« Rückzug
aus Indochina bemüht war. Die Sowjets signalisierten den Franzosen, sie
würden ihren maßgeblichen Einfluß zur Erlangung der angestrebten Kon-
ditionen bei den Vietminh dann geltend machen, wenn Frankreich die
Europäische Vereinigung zu Fall brächte. Frankreich spielte mit, die Wei-
gerung Frankreichs an einer Beteiligung brachte das Bündnis zu Fall und
die deutsche Wiederbewaffnung wurde bis Ende 1955 hinausgeschoben, zu
diesem Zeitpunkt wurde die Bundeswehr im Rahmen des Nordatlantikpak-
tes gegründet.

Sichtbares Ergebnis der Genfer Konferenz war die Teilung des heutigen
Vietnams in provisorische Zonen, nördlich und südlich des 17. Breitengra-
des, mittels einer entmilitarisierten Zone. Kambodscha und Laos erhielten
ihre staatliche Eigenständigkeit. Eine internationale Kontrollkommission
überwachte den Waffenstillstand, zu einem späteren Zeitpunkt waren freie
Wahlen mit dem Ziele einer Wiedervereinigung vorgesehen. In der Zwischenzeit konnten die verschiedenen Bevölkerungsgruppen den Ort ihres
Aufenthaltes selbst bestimmen. Nahezu eine Million Nord-Vietnamesen

gingen freiwillig in den Süden, der Gegenstrom betrug allerdings nur etwa 90 000 Köpfe, überwiegend ehemalige Vietminh-Angehörige zogen das Leben im kommunistischen Norden vor. Auf beiden Seiten folgten nun grausame »Säuberungen«. Über 100 000 angebliche »Kapitalisten« und Großgrundbesitzer (nur ein verschwindend geringer Teil der Verfolgten war dies tatsächlich) wurden zum Tode verurteilt, noch mehr verschwanden in Konzentrationslagern. Die sogenannten »Agrarreformen« befriedigten zwar die Rachsucht von Teilen der besitzlosen Bauernschaft gegen die angeblichen Großgrundbesitzer, führten aber wegen übermäßiger Härte und Ungerechtigkeiten zu erheblichen Spannungen, die blutige Aufstände auslösten.

In eine andere Richtung, aber auch nicht besser, entwickelte sich die Situation im Süden, der sich eng an die westlichen Schutzmächte anlehnte. Dort bildete Ngo Dinh Diem eine scharf antikommunistische, nationalistische Regierung, vernichtete die politisch und wirtschaftlich einflußreichen Sekten und Banden und sicherte sich nach dem Abdanken des glücklosen Kaisers Bao Dai die Alleinherrschaft. Mit den Machtmitteln eines ihm voll ergebenen Militär- und Polizeiapparates ging er ab 1956 zur Jagd auf alle Oppositionellen, vor allem ehemalige Vietminhs und Kommunisten, über. Allein während des »Feldzuges zur Denunzierung der Kommunisten« wurden etwa 40 000 Kommunisten und Sympathisanten getötet oder inhaftiert. Wurden im Norden angebliche Großgrundbesitzer liquidiert, brachte die von Diem angeregte »Agrarreform« die umgekehrten Ergebnisse. Den kleinen Bauern war das früher von den Großgrundbesitzern gepachtete Land während des Krieges praktisch als Eigentum übertragen worden, nun stellte die Regierung Diem wiederum die feudalen Besitzverhältnisse her; die zurückkehrenden Großgrundbesitzer machten auch noch erhebliche Pachtnachforderungen für die zurückliegenden Jahre geltend. Folgen dieser einseitigen, unklugen Politik waren eine fortschreitende Unzufriedenheit in der ländlichen Bevölkerung, die von den im Lande gebliebenen kommunistischen Kadern natürlich geschürt und für ihre Zwecke ausgenutzt wurde. Ab 1955 nahm die Partisanentätigkeit im Süden zu, den Aufständischen gelangen bedeutende militärische Erfolge. Saigon wollte der Bedrohung mittels Zwangsumsiedlungsmaßnahmen entgegentreten, konnte aber keine entscheidenden Erfolge erringen.

Ende 1960 erst wurde in der südvietnamesischen Stadt Bien Hoa die »Nationale Befreiungsfront Süd-Vietnam« gegründet, die verschiedene oppositionelle Gruppen zu einer Widerstandsorganisation zusammenfaßte, mit dem Ziele der Wiedervereinigung und der Beseitung des Regimes Diem. Bereits 1961 kontrollierte sie den überwiegenden Teil des ländlichen Vietnams, handelte aber in vollkommener Eigenverantwortung und noch nicht als »Ableger« des kommunistischen Nord-Vietnams.

Nun entwickelte sich die Lage für die Saigoner Regierung immer schwieriger. Im Oktober 1961 sah sich der Diktator Diem gezwungen, über das ganze Land den Ausnahmezustand zu verhängen. Gleichzeitig verstärkte die Schutzmacht USA ihre wirtschaftlichen und militärischen Hilfsmaßnahmen, zunehmend kamen nun amerikanische Berater, ein Großteil davon »Green Berets«, ins Land.

Im Mai 1963 verschlechterte sich die innenpolitische Lage erneut, als sich Unruhen ausbreiteten, die in der Selbstverbrennung des Bonzen Thich Quang Duc im Juni einen Höhepunkt fanden. Am 20. August 1963 verhängte der Diktator das Kriegsrecht, am 1. November erfolgte ein von den westlichen Schutzmächten offensichtlich unterstützter Sturz Diems und dessen Ermordung. Nun übernahm eine Militärjunta die Macht.

Die USA verstärkten ihre Hilfs- und Beratertätigkeit, trotzdem gelang es der neuen Regierung auch nicht annähernd, die Guerillabewegung zu zerschlagen oder nennenswert zu schädigen.

Als am 2. August 1964 nordvietnamesische Torpedoboote den US¡Zerstörer Maddox angriffen, begann ein massives militärisches Engagement der USA. Aus dem Guerillakrieg entwickelte sich nun mehr und mehr ein konventionell geführter Krieg ohne Fronten. Ende 1964 griffen reguläre Einheiten der nordvietnamesischen Armee in die Kämpfe ein. 1965 bauten die USA ihre Bodentruppen massiv auf und begannen Nord-Vietnam zu bombardieren. Obwohl sich die Kopfzahl der US-Truppen auf über eine halbe Million erhöhte und modernste Waffen zum Einsatz kamen, gelang es den Vereinigten Staaten nicht, die Vietkong und ihre nordvietnamesischen Unterstützungstruppen zu besiegen. Im Januar 1968 versuchten die Kommunisten, unter Einsatz aller verfügbaren Kräfte, durch die »Tet-Offensive« eine Entscheidung zu erzwingen, sie rechneten mit einem Volksaufstand unter der südvietnamesischen Bevölkerung. Diese blieb aber weitgehend passiv; nachhaltige operative Erfolge konnten nicht erzielt werden und die Offensive scheiterte. Mehr als 40 000 Tote waren zu beklagen und die Kampfkraft war auf einen längeren Zeitraum hinaus schwer angeschlagen.

In den USA wuchs hingegen die Opposition gegen das für viele Amerikaner sinnlos erscheinende militärische Vorgehen. Man fand es nicht für richtig, in einem völlig fremden Land für die Aufrechterhaltung eines unfähigen, korrupten Systems Tausende junger Soldaten zu opfern, ohne jede Aussicht auf Erfolg. Im Mai 1968 kam es zu ersten Verhandlungen zwischen Hanoi und Washington in Paris, US-Präsident Nixon mußte nach seiner Wahl sein Versprechen einlösen und Schritte zur Beendigung des Krieges einleiten. Auf kommunistischer Seite zeigte sich eine wachsende Entfremdung zwischen China und Nord-Vietnam, Hanoi wurde nun mehr von der UdSSR unterstützt. Im April 1970 trug eine Gipfelkonferenz zwischen Nord-Vietnam, Nationaler Befreiungsfront, Pathet Lao und Khmer Rouge noch zur Verschärfung der Lage bei. Die USA forcierten die »Vietnamisierung« des Krieges, ab 1968 übertrugen sie die offensive Kampftätigkeit vermehrt auf die bisher passiven südvietnamesischen Verbände, die sie ausbildungsmäßig und materiell weiterhin massiv unterstützten. Schrittweise begann der Abzug der US-Kampfeinheiten, die man systematisch verringerte. In der Zwischenzeit bahnten sich Kontakte zwischen USA und China an, die ein US/chinesisches Gipfeltreffen in Peking krönte. Im März 1972 starteten die Kommunisten einen Großangriff, die sogenannte Osteroffensive. Auch hier blieb ein durchschlagender militärischer Erfolg versagt, zur Entlastung der südvietnamesischen Verbände nahmen die USA ihren Bombenkrieg wieder auf und verminten die Häfen Nord-Vietnams. Nach eingehenden diplomatischen Vorarbeiten kam es schließlich zur Verabschiedung des Pariser Abkommens am 27. Januar. Im März 1973 verließen die letzten US-Kampfeinheiten Süd-Vietnam.

Der zwischen Norden und Süden geschlossene Waffenstillstand hielt nur kurze Zeit, er wurde laufend gebrochen; Nord-Vietnam wartete nur auf eine günstige Gelegenheit, um den Kampf wieder aufzunehmen und siegreich zu beenden.

Die Kampfhandlungen gingen nun weiter. Nach dem Abzug der Amerikaner verschärften sich die wirtschaftlichen Probleme des Südens erheblich, die allgemeine Unzufriedenheit nahm zu. Am 10. März 1975 begann mit dem Angriff nordvietnamesischer Verbände auf die Stadt Ban Me Thout der »Anfang vom Ende«. Obwohl eine Million Soldaten umfassend und von den USA stark unterstützt, gelang es den Südvietnamesen nicht, dem Angriff standzuhalten. Der amtierende Staatspräsident Thieu erteilte am 18. März 1975 den Befehl zum Rückzug aus dem Hochland. Mit der Eroberung der Hauptstadt Saigon durch nordvietnamesische Panzereinheiten endete auf dem Papier der zweite Indochinakrieg. Die Zeit für einen wirklichen Frieden war und ist immer noch nicht reif. Die schrecklichen Massaker in Kambodscha, die Bedrohung der umliegenden Staaten, der Konflikt mit China sind nur einige Höhepunkte der fortwährenden Kämpfe. Den mehr als zwei Millionen Toten des Krieges folgten und folgen ungezählte Opfer. Die harten Kämpfer des Vietkongs sind politisch weitgehend entmachtet, andere Kreise haben die Macht übernommen. Viele Vietnamesen zogen in einem Massenexodus ins Nichts, oft in den Tod!

VERLAUF UND HÖHEPUNKTE DES KRIEGSGESCHEHENS

Die Geschichte des Vietnamkrieges ist in vielen Bereichen gleichzeitig die Geschichte der Special Forces, die mehr als ein Jahrzehnt einen verlustreichen, hoffnungslosen und aufopfernden Kampf führten. Wie bereits eingehend geschildert, bildeten die politischen Umstände, die gesellschaftlichen und sozialen Gegebenheiten überhaupt, nicht die für eine erfolgreiche und unkonventionelle Kampfführung erforderliche Grundlage. Unter diesen negativen Vorzeichen entwickelte sich der Einsatz der »Green Berets« in eine ganz andere Richtung als ursprünglich vorgesehen.

Bereits 1957 kamen die ersten Soldaten der Special Forces auf Wunsch der südvietnamesischen Regierung als Ausbilder nach Nha Trang, sie bildeten 58 Südvietnamesen als Stammpersonal der dortigen Kommando-Schule aus. Die Berater kamen von der 1. Gruppe Okinawa und vom 14th Special Forces Operations Detachment. Im Mai 1960 folgten weitere 30 Mann aus Fort Bragg und bauten drei Rangerausbildungszentren in Da Nang, Nha Trang und Song Mao auf, die eine Ausbildungskapazität von 50 Ranger-Kompanien aufwiesen. Anfang 1961 wurden die Ausbilder der 7.

Gruppe Fort Bragg von einem neuen Team ersetzt, welches aus vier Angehörigen der 1. Gruppe und fünf Ausbildern der 25. Infanterie-Division bestand. Im Mai ordnete Präsident Kennedy die weitere Verlegung von rund 400 Mann zur geheimen Ausbildung einheimischer Anti-Guerillas an, jedoch vollzog sich der Befehl recht langsam; im Januar 1962 befanden sich erste zwölf Offiziere und 56 Unteroffiziere im Lande, um südvietnamesische Sondereinheiten, Grenzüberwachungsformationen und Milizen zu beraten.

Wesentlichen Einfluß auf den Einsatz von Beratern der Special Forces nahm in den frühen 60er Jahren die CIA, sie organisierte in Südostasien vielerlei verdeckte Einsätze und bediente sich neben eigenen Experten – oftmals ehemalige »Green Berets« – mit Vorliebe der Special Forces. 1961 erfolgte die Unterstellung der in Süd-Vietnam weilenden Anti-Guerillas an die US-Botschaft in Saigon, die eng mit dem Nachrichtendienst zusammenarbeitete. Im selben Jahr trat auch eine streng geheime Formation in Erscheinung, deren Existenz noch heute weitgehend unbekannt ist und die für besonders risikoreiche, undurchsichtige Unternehmen herangezogen wurde. Hierzu muß gesagt werden, daß es sich bei den in Südostasien operierenden Sondereinheiten nicht um einen unter einheitlicher Führung und Kommando stehenden Verband handelte, sondern um eine Vielzahl unterschiedlicher Formationen.

So setzte sich die »Special Operations Group« (SOG), die zeitweise mehrere hundert Köpfe zählte und offiziell unter der Bezeichnung »Study and Oberservation Group« lief, größtenteils aus Männern der Special Forces zusammen. Hinzu kamen Vertreter der CIA, Angehörige der Luftstreitkräfte und der Marine für Sonderoperationen ihrer Bereiche, daneben Vietnamesen. Der Oberbefehl über diese Gruppe lag unmittelbar in den Händen eines Sonderbeauftragten des Vereinigten Generalstabes in Washington. Die Aufgabenschwerpunkte dieser Sondereinheit bildeten Guerillakampfaufträge, grenzüberschreitende Einsätze in den Nachbarstaaten und Unterstützung solcher Aktionen in Nord-Vietnam. Zu diesem Zwecke arbeiteten die Amerikaner eng mit einer schon 1956/57 ins Leben gerufenen südvietnamesischen Einheit zusammen, die den US Army Special Forces nachempfunden war. Zeitweise wurde allerdings diese 1. bzw. 77. »Observation-Group«, besonders unter dem Diktator Diem dem sie persönlich unterstand, als »Palastgarde« und Mittel zur Bekämpfung innenpolitischer Gegner herangezogen und so nicht entsprechend den eigentlichen Einsatzgrundsätzen eingesetzt.

Ursprünglich befanden sich viele Flüchtlinge aus dem Norden des Landes in der Sondereinheit, die vorrangig von der CIA ausgebildet und materiell versorgt wurde. Im Falle einer Invasion aus Nord-Vietnam, durchgeführt im Stile eines massiven konventionellen Angriffes nach der Art des Koreakrieges und nicht als Guerillakrieg, sollten die 20 Gruppen, die jeweils 15 Vietnamesen umfaßten, hinter den Eroberern zurückbleiben und Widerstandsgruppen organisieren.

1961 verfügte die US-Regierung, daß südvietnamesische Agenten, geführt und ausgeblidet von Personal der CIA und Special Forces, in Nord-

Vietnam Widerstandsnetze und Guerillabasen aufbauen sollten, mit dem Ziele, leichte Störmaßnahmen gegen die kommunistische Administration durchzuführen. Der Befehl kam von höherer Stelle und fand neben dem federführenden Abwehr-General Lansdale, besondere Befürworter bei Vertretern des Außenministeriums, des Beraterstabes des Weißen Hauses, des US-Informationsdienstes und der Nachrichtendienste. Besonderes Interesse zeigte auch der US-Präsident, Kennedy, persönlich. Ursprünglich war geplant, eine größere Widerstandsorganisation in Nord-Vietnam aufzubauen, jedoch wurde dieses Ziel dann im Verlaufe der Ereignisse aus politischen Gründen nicht voll verwirklicht, tatsächlich kam es nur zu gänzlich unbedeutenden Aktionen auf nordvietnamesischem Staatsgebiet; die Kontakte beschränkten sich hauptsächlich auf den Versuch der Zusammenarbeit mit antikommunistischen Banden im Westen Nord¡Vietnams. In Presseveröffentlichungen bestätigte die nordvietnamesische Regierung die Aktivitäten der »Gegenrevolutionäre«, sie forderte die Bevölkerung auf, den »Spionen, Saboteuren, Aufwieglern und Banditen aus dem Süden« das Handwerk zu legen. Bei der Planung der Aktion gingen die Experten der CIA allerdings von falschen Voraussetzungen aus. Sie hatten die Überzeugung gewonnen, daß die Unzufriedenheit in der einheimischen Bevölkerung zunähme und so gute Voraussetzungen für einen erfolgreichen Guerillakampf vorlägen. Die Recherchen bestätigten sich nicht und die Unternehmen entwickelten sich zu Fehlschlägen. Die Verluste an Gefallenen und Gefangenen betrugen 85% der Einsatzstärke, oftmals wurden die Flugzeuge der CIA – schon beim Einfliegen in den nordvietnamesischen Luftraum abgeschossen. Auch Einsätze gegen das südöstliche Laos fanden statt. Unter CIA- und Special Forces-Führung wurden kommunistische Versorgungsbasen und Nachschublinien zerstört.

Zeitweise gelang es, einige Teams in Nord-Vietnam zu halten, die sich aber in der Defensive befanden und wahrscheinlich unter Kontrolle der Nord-Vietnamesen standen. Als einige Gefangene solcher Aktionen der Weltpresse vorgeführt wurden und Nord-Vietnam gegen die Verletzung seines Hoheitsgebietes auf der internationalen Bühne aufbegehrte, schraubten die Amerikaner ihre Maßnahmen zurück, sie beschränkten sich nun auf Rundfunk- und Flugblattpropaganda.

Als sich 1963 die Aktivitäten der CIA mehr und mehr auf die US¡Streitkräfte, vor allem aber auf die Special Forces verlagerten, nahm die Intensität derartiger Vorhaben zunehmend ab. 1965 wurden sie praktisch ganz aufgegeben. Andere Vorhaben hatten die Störung und Nachrichtengewinnung der Nachschubtrasse des »Ho-Chi-Minh¡Pfades« zum Ziel, auch die mit dem Fallschirm abgesetzten Teams, meist ein halbes Dutzend Einheimischer oder Söldner vom Stamme der Nungs, errangen kaum Erfolge. Mit Zunahme des Bombenkrieges gehörte die Lokalisierung von lohnenden Zielen und die sich anschließende »Erfolgskontrolle« zu den Aufgaben der Sondereinheiten. Einen besonderen Schwerpunkt bildete immer das Sammeln von Feindnachrichten.

Während in der Vergangenheit die Berater der US-Sondertruppen mit dem Aufbau und der Ausbildung von vietnamesischen Spezialeinheiten und

Elitetruppen beschäftigt waren, die selbst als aktive Guerillas zum Einsatz kommen sollten, ergab sich 1961 eine weitere Entwicklung, deren Auswirkungen auf Jahre hinaus den eigentlichen Mittelpunkt der Special-Forces-Tätigkeit in Vietnam bildeten. Dabei handelte es sich um die Zusammenarbeit mit ethnischen und religiösen Minderheiten, die auch zivile Aufbau- und Unterstützungsmaßnahmen einschloß.

Ursprünglich gingen diese Bemühungen auf Erkenntnisse der CIA zurück, die schon bald dieses wertvolle Potential für Zwecke einer irregulären Auseinandersetzung erkannt hatte.

Unter Beteiligung führender Vertreter der US-Botschaft in Saigon kam es zur Gründung der »Civilian Irregular Defense Groups«, eine milizartige Selbstverteidigungsorganisation, geführt und unterstützt von Beratern der amerikanischen und südvietnamesischen Special Forces.

Die »Meos« (zu deutsch »Wilde«, auch als »Montagnards«, d. h. Bergbewohner, bezeichnet) sowie eine Reihe weiterer Volksgruppen sind über ganz Südostasien verbreitet und überwiegend in die unwirtlichen und schwer zugänglichen Regionen abgedrängt worden. Sie bildeten und bilden noch heute ein besonderes gesellschaftliches Problem. Diskriminiert und Verfolgungen ausgesetzt, lernen sie schon als Kinder mit Waffen umzugehen und sind meist ausgezeichnete Krieger. Auch heute stellen die Bergstämme einen ernstzunehmenden politischen Faktor dar, mit dem immer gerechnet werden muß. Sie rebellieren in Burma gegen die Regierung, kämpfen gegen die Thailändische Armee und halten die Truppen Vietnams dort und in Laos in Atem. In Vietnam siedeln sie besonders in den zentralen Hochländern und Bergregionen, die an Laos und Kambodscha grenzen. Alle Minderheiten machen heute in der Republik Vietnam nahezu 20% der Gesamtbevölkerung aus, leben aber auf rund 70% des Staatsgebietes. Von den Bergbewohnern lebten um das Jahr 1960 etwa 200 000 Seelen in Vietnam. Sie sprechen unterschiedliche Dialekte, entwickelten eine bescheidene bodenständige Kultur, leben von primitiver Landwirtschaft, Jagd und Fischerei. Familien und Sippen bilden kleine Dorfgemeinschaften. Als Wohnung dienen ausgedehnte Bauwerke aus Bambus und mit Schilf gedeckt, zum Schutze gegen giftiges Getier und Überflutungen meist auf Pfählen errichtet. Ist das Ackerland nach mehreren Reisernten ausgebeutet, verlassen sie das Dorf und legen es in einer anderen, unberührten Gegend, neu an. Interessant ist auch die soziale Struktur: Die Männer sind verantwortlich für den Unterhalt der Familien, Besitzer der Hütten, Geräte und Haustiere ist aber die jeweils älteste Frau des Familienverbandes. Großen Einfluß besitzen die Medizinmänner, die sich mit recht urwüchsigen Methoden der Gesundheitsfürsorge annehmen. Die kleinen, stämmigen Bergbewohner sind als außerordentlich kämpferische und zähe Krieger bekannt und gefürchtet. Die fehlende Anerkennung der Minderheiten durch die Zentralregierung und die sich laufend ergebenden Spannungen führten dazu, daß sich diese Gruppen vermehrt dem Vietkong zuwandten, der die latent herrschende Unzufriedenheit natürlich für seine Zwecke nutzte.

Die Spannungen verschärften sich durch die Ansiedlung von 80000 Tiefland-Vietnamesen nach 1954 noch. 1958 drückten Angehörige des Rhade-Stammes ihren Unmut in einer massiven, aber friedlichen Demonstration aus; daraufhin zogen die Regierungsorgane die primitiven Waffen, Speere und Bögen der Eingeborenen ein, die nun wehrlos dastanden. Nennenswerten Schutz konnten und wollten ihnen die Saigoner Politiker auch nicht gewähren. Neben den Montagnards arbeiteten im Verlaufe des Krieges noch eine Vielzahl weiterer Volksgruppen und Stämme mit den US-Sondertruppen zusammen. Kambodschaner, chinesische Nungs sowie Angehörige der Sekten Cao Dai und Hoa Hao sind die bedeutendsten.

Ende Oktober 1961 lief der erste Modellversuch einer Zusammenarbeit mit dem Ziele der Bildung von Selbstverteidigungsgruppen mit Angehörigen des Stammes der Rhade an. Das ins Auge gefaßte Selbstverteidigungsprogramm sollte beitragen, den Einfluß des Vietkong zu vermindern und den der Regierung zu stärken. Man wählte den Ort Buon Enao, eine Siedlung von etwa 400 Einwohnern, als Ausgangspunkt aus. Die ersten Kontakte knüpfte ein Angehöriger der US-Botschaft und ein Sanitäts-Sergeant der Special Forces. Es gelang ihnen schnell, die maßgeblichen Führer für das vorgesehene Projekt zu gewinnen. Das Dorf wurde durch Verteidigungsplanung geschützt, die Lebensbedingungen der Einwohner verbesserten sich als Folge einer Reihe von Bau- und sonstigen Maßnahmen, auch die medizinische Versorgung wurde verbessert. Im Verlaufe des Monats Dezember schlossen sich weitere 40 Ortschaften in einem Radius von 15 km dem Projekt an und sicherten ihre Siedlungen gegen Infiltrationsversuche des Vietkong. Dem ersten Halb-Team der Special Forces folgten bald weitere A-Teams und auch südvietnamesische Sondereinheiten. Die Selbstschutzmilizen unterschieden sich in zwei Gruppen: Nur zur Wahrnehmung der rein statischen Ortsverteidigung wurde die »Hamlet Militia« in 2wöchigen Grundlehrgängen ausgebildet während die »Strike Forces« sechs Wochen geschult wurden und als bewegliche Einsatztruppe und Reserve offensiv an bedrohten Orten zum Einsatz kamen. Das Projekt entwickelte und vergrößerte sich mit ungeahnter Schnelligkeit, die ursprünglich 40 Dörfer mit einer Bevölkerung von 14000 Köpfen, 975 Kämpfern für die Ortsverteidigung und 300 Mann Eingreiftruppe, erweiterten sich bis Oktober 1962 auf 200 Ortschaften mit 60000 Einwohnern, 10600 Dorfverteidigern und 1500 Soldaten der »Strike Forces«. Ausbildung, Organisation und Versorgung durch die US-Experten zeigten beachtliche Erfolge. Obwohl es dem Vietkong einige Male gelang, des Nachts überraschend Dörfer zu besetzen, konnten die Angreifer in den überwiegenden Fällen keine Erfolge erzielen und erlitten blutige Verluste. Mit der Zeit wagten es die Guerillas nicht mehr, im Radius der Wehrdörfer zu operieren, sie wurden abgedrängt und suchten sich nun ihre Opfer in nicht gesicherten Räumen. Das Verhältnis zwischen US-Beratern und Einheimischen kann als hervorragend bezeichnet werden, weniger gut waren die Beziehungen zwischen diesen und den südvietnamesischen Special Forces. Trotzdem mußte dem Wunsch der Politiker entsprochen werden, Verantwortung und Durchführung nach und nach auf südvietnamesische Stellen zu delegieren. Ab November 1962 erhielten die Aktionen die Bezeichnung »Operation Switchback«, die Verantwortung und Ausführung ging dabei vermehrt auf die US¡Militärs über. Die ursprüngliche reine Selbstschutzrolle erweiterte sich in den nächsten Monaten zunehmend um offensive Unternehmen, die Milizeinheiten wagten nun die ersten weiträumigen Kampf- und Aufklärungsvorhaben. Die Initiative lag hier freilich fast ausschließlich bei den »Green Berets«, die wegen mangelnden Engagements südvietnamesischer Einheiten weniger als Berater und Ausbilder, sondern eher als die eigentlichen Führer der Einheimischenverbände auftraten. Die politischen und militärischen Partner aus Saigon standen der Sache mit unverhülltem Mißtrauen gegenüber, sie hielten nicht viel von dem US-Projekt, trauten den Eingeborenen nicht und verblieben lieber im Schutze ihrer zu Festungen ausgebauten Stellungen. Einsätze außerhalb der Stützpunkte führten sie, wenn überhaupt, allenfalls vom Kompanierahmen aufwärts durch.

Auch die Kampftätigkeit des Vietkong nahm zu, es kam zu größeren Kämpfen und Verlusten. Den Guerillas gelang es, eigenes Personal in die Milizverbände und Stützpunkte einzuschleusen, US-Berater und südvietnamesische Regierungssoldaten gerieten so oft zwischen zwei Feuer. Aber die »Green Berets« wußten sich auf ihre Art zu schützen: Meist legten sie innerhalb der Befestigungen eine nur für sie bestimmte, von treu ergebenen Nung-Kriegern geschützte Igelstellung an, gelegentlich verminten sie vorsorglich Stellungen und Unterkünfte der Irregulären mit elektrisch zündbaren Minen, mit denen sie im Falle von Verrat diese in die Luft sprengten. Aber noch weitere Gefährdungen bestanden: Ging ein Spähtrupp außerhalb der Stützpunkte im Gelände vor, konnte es vorkommen, daß sich plötzlich eine größere Anzahl der Eingeborenen als verkappte Partisanen zu erkennen gaben und die wenigen Berater ermordeten oder verschleppten. Trotz dieser vereinzelten Vorkommnisse sind aber Kampfwert und Loyalität der Irregulären, bezogen auf die Zusammenarbeit mit den Amerikanern, als durchaus gut anzusehen. Im Sommer 1963 traf zusätzliches US-Personal ein, kleine Gruppen des US-Heeres und der Marine, letztere betätigte sich in der Hauptsache in der Unterstützung der Zivilbevölkerung.

Auch Rückschläge ließen nicht auf sich warten. Nach Übernahme durch südvietnamesische Regierungsstellen entwickelte sich der so hoffnungsvoll begonnene Modellversuch von Buon Enao in kurzer Zeit zum vollendeten Chaos. Die Regierung in Saigon gewährte so gut wie keine Hilfen. Die Spannungen zwischen Vietnamesen und Bergbewohnern nahmen zu und eskalierten mit Versuchen, mißliebige Gruppen zu entwaffnen. Die südvietnamesische Armee versuchte vergeblich, sich die gut motivierten und ausgebildeten Kampfgruppen einzuverleiben.

Ende 1963 mußten Beobachter der US-Streitkräfte mit Bedauern zur Kenntnis nehmen, daß das Projekt völlig außer Kontrolle geraten war und sich in Auflösung befand.

Ende 1963 geriet eine Anzahl von Camps mit US-Beratern und Irregulären zunehmend in Bedrängnis, der Druck des Vietkong verstärkte sich und einige Lager wurden überrannt. Für die Überlebenden begann mit der Gefangenschaft eine Leidenszeit, die viele nicht durchstanden.

James »Nick« Rowe schaffte es, mehr als fünf Jahre als Gefangener der Guerillas zu überleben. Auf dem Weg zu seiner Hinrichtung gelang ihm die Flucht. Nur etwa ein Dutzend weiterer Amerikaner konnte sich aus eigener Kraft aus der Gefangenschaft befreien und zur eigenen Truppe zurückkehren. Am 29. Oktober 1963 nahm der junge First-Lieutenant Rowe, Absolvent der berühmten Militär-Akademie West-Point (Jahrgang 1960), Fallschirmspringer, Ranger, Freifaller und Taucher, zusammen mit einem US-Captain und einem Mastersergeanten als »Green-Beret-Beratergruppe« am Einsatz einer Kompanie der südvietnamesischen Armee im Mekong-Delta teil. Die Militärberater befanden sich plötzlich in einem Hinterhalt des Vietkong, wurden eingekreist und von der Kompanie abgeschnitten. Nach heftiger Gegenwehr – der Captain erlitt dabei schwere Verwundungen – überwältige der Gegner die Amerikaner und verfrachtete sie mit verbundenen Augen auf ein Boot. Nun folgte die Verlegung in ein improvisiertes Gefangenenlager, in dem sich nie mehr als fünf Gefangene aufhielten. Die Unterkünfte erwiesen sich als äußerst primitiv: nach allen Seiten offene Käfige aus Bambusstäben. Darin wurden die Gefangenen noch zusätzlich angekettet, um jede Fluchtgefahr zu unterbinden. Die gesamte Haft war ein ständiger Kampf ums Überleben, der eiserne Disziplin und Willensstärke erforderte. Besonders hilfreich erwiesen sich die bei der Ausbildung erworbenen Survival-Kenntnisse, die persönliche Motivation, und auch der Glaube an Gott.

Rowe konzentrierte sich vor allem auf die Erhaltung seiner Gesundheit und der körperlichen Abwehrkräfte. In der Gefangenschaft starben die meisten Soldaten, weil sie zu wenig auf ihre Gesundheit und Hygiene achteten und sich nicht überwinden konnten, ungewohnte, ekelerregende Nahrung zu essen. Krankheiten, denen der geschwächte Körper nichts mehr entgegensetzen konnte, waren die häufigste Todesursache.

Die Verhöre waren eher durch die psychologische Raffinesse der Vernehmungsspezialisten als durch körperliche Folter geprägt. Mit Vorliebe benutzte man Phasen körperlicher Schwäche und seelischer Labilität. Fortwährend wurde versucht, die Gefangenen davon zu überzeugen, daß sie ideologisch betrachtet auf der »Falschen Seite« kämpften. So wollte man die Häftlinge »umdrehen«, um sie für Propagandazwecke zu benutzen.

Gewöhnlich begann der »Arbeitstag« für Oberleutnant Rowe in den frühen Morgenstunden, je nach Sicherheitslage zwischen 3 und 6 Uhr. Da immer mit alliierten Luftangriffen zu rechnen war, kochten sich Gefangene und Guerillas schon so früh ihren Reisvorrat ab, um nicht durch aufsteigenden Rauch den Aufenthaltsort zu verraten. Während des Tages wurden ideologische Unterrichte abgehalten, aber auch Stunden mit praktischen Themen. Bei diesen Schulungen wurde Fischfang gelehrt, Kenntnisse über eßbare Pflanzen vermittelt, sowie viele Stunden dem Bearbeiten von Holz und dem Bau und Unterhalt sanitärer und sonstiger Lagereinrichtungen gewidmet.

Nach einigen Wochen Lageraufenthalt gestattete man es dem Offizier, sich einfache Einrichtungsgegenstände zu zimmern, ein Tisch, Schlafgestell und Sitzgelegenheiten schmückten nun die bescheidene Unterkunft. Ebenso durfte sich der Offizier jetzt zur Aufbesserung seiner bescheidenen Nahrung – sie bestand hauptsächlich aus Reis – Fische fangen. Die körperliche Arbeit trug nicht nur zur Verbesserung der persönlichen Lebensbedingungen bei, sie lenkte den Gefangenen auch von seinem Los ab und half ihm so, die frustierenden Erlebnisse besser durchzustehen.

Mehrere Ausbruchsversuche verliefen erfolglos und ein Jahr reihte sich an das andere. Die Strafen für die mißglückten Ausbruchsversuche waren hart, in einem Falle bedeutete sie zwei Jahre Isolationshaft. Dabei nahm Rowe um 25 kg ab. Der junge Special-Forces-Offizier mußte des öfteren die Erschießung anderer Gefangenen miterleben.

Auch Rowe erfuhr, daß er in Kürze mit seiner Exekution zu rechnen habe. Zuvor hatte man aber die kleine Gruppe von US-Soldaten, die von 20 Vietkong bewacht wurde, aus Sicherheitsgründen in ein neu errichtetes Lager verlegt. Am 22. Dezember erhielt Rowe plötzlich seine große Chance. Ein Flächenbombardement durch US-Bomber vom Typ B-52 trieb das Wachpersonal aus dem Lager. Gleichzeitig belegte amerikanische Artillerie den Raum mit schwerem Feuer, laufend überflogen Hubschrauber die versteckten Unterkünfte. Bedingt durch den heftigen Feinddruck befanden sich Häftlinge und Bewacher in den kommenden Tage ständig in Bewegung, sie flüchteten von einem Versteck zum anderen. Am Morgen des 31. Dezember kampierte die Gefangenengruppe wieder einmal, Rowe saß zusammen mit einigen Bewachern unweit eines kleinen Kanals. In unmittelbarer Nähe tauchten unvermittelt ein Pulk amerikanischer »Cobra«-Kampfhubschrauber, Beobachtungshubschrauber und ein Kommando-Helikopter auf. »Plötzlich griffen sie ganz in unserer Nähe eine weitere Vietkong-Gruppe an«, erinnerte sich Rowe später. Die Bewacher flüchteten mit ihrem »Schützling« in ein Schilfdickicht, um sich der Sicht der in zehn Mehter Höhe kreisenden Hubschrauber zu entziehen. Der Winddruck der Rotoren trieb das Schilf auseinander. Jetzt teilten sich die Vietkongs in mehrere Grüppchen auf, die Gefangenen in der Mitte. Plötzlich war James Rowe mit einem Wachtposten allein. Als sich der Riemen von dessen Maschinenpistole in einem Strauch verfing, gelang es dem Amerikaner, unbemerkt die Magazinsicherung zu betätigen. Das Magazin fiel in den Sumpf und machte die Waffe wertlos. Nun versuchte der Oberleutnant durch heftiges Winken die Hubschrauber auf sich aufmerksam zu machen, zunächst ohne Erfolg. Als die Hubschrauber plötzlich abdrehten, schlug Rowe seinen Begleiter mit einem Knüppel nieder. Er packte das Funkgerät des Bewachers und winkte wild mit seinem Moskitonetz. Nach schier endlosen fünf Minuten wurde eine Hubschrauberbesatzung auf Rowe aufmerksam. Sie landete im stärksten Feindfeuer und nahm den Kriegsgefangenen an Bord. Der Pilot, der zuerst eine Falle vermutete, erkannte Rowe an seinem dichten schwarzen Bart als Amerikaner, Vietnamesen sind nahezu bartlos.Die Flucht gelang. Rowe wurde zunächst in ein Feldlazarett eingeliefert und dort wegen einer Hepatitis und einer leichten

Darmerkrankung behandelt. Außer seinen dringend sanierungsbedürftigen Zähnen war alles in Ordnung; es fehlte ihm nichts Ernsthaftes.Die Gefangenschaft hatte trotz aller Entbehrungen und Schrecken für den Offizier auch positive Seiten. So konnte er seine vietnamesischen Sprachkenntnisse verbessern und erlernte auch die Grundzüge der chinesischen Sprache. James Rowe brachte es noch bis zum Major. Er tat im Pentagon als Feindnachrichten-Offizier Dienst und betätigte sich an Projekten zur Rehabilitation von Kriegsgefangenen. 1974 schied er zunächst aus dem aktiven Dienst aus. In seinem Heimatstaat Texas meldete er sich zur 20. Special-Forces-Group – einer Reservergruppe der Nationalgarde. 1981 wurde er wieder als aktiver Soldat nach Fort Bragg berufen. Im Range eines Lieutenant-Colonels übernahm er als stellvertretender Kommandeur die Ausbildungslehrgruppe und entwickelte einen Spezialkurs über das Verhalten in der Gefangenschaft; Methoden des aktiven und passiven Widerstands sowie über Entkommen und Durchschlagen. 1989 starb er unter den Kugeln eines kommunistischen Mordkommandos auf den Philippen.

Neben ihrer Beratertätigkeit bei den einheimischen Miliz- und irregulären-Formationen schulten die Special-Forces in Vietnam Spezialeinheiten der südvietnamesischen Streitkräfte wie Ranger oder Fallschirmjäger. In der zweiten Jahreshälfte 1963 verlagerten sich die Einsatzschwerpunkte von den bisher über das ganze Land verstreuten Stützpunkten auf Sicherungs- und Befestigungsprojekte in den westlichen Grenzregionen. Es erfolgten weitere personelle Verstärkungen und Maßnahmen zu einer strafferen Führung. Die Grenzüberwachung durch Vorposten gegenüber Laos und Kambodscha erforderte eine Verlegung der Milizeinheiten in die meist wenig bevölkerten, unwirtlichen Räume. Da nicht genügend Freiwillige aus der unmittelbaren Region zu rekrutieren waren, führten Montagnard-Einheiten und Nung-Krieger die Selbstschutzaktionen durch. Aus der Miliz entwickelte sich so teilweise eine von den USA unterhaltene und finanzierte »Söldnertruppe«. Die schwachen Grenzposten konnten trotz einiger Erfolge die Grenze nicht effektiv sichern, sie beschränkten sich auf Aufgaben der Überwachung, Aufklärung und Unterbrechung des gegnerischen Nachschubs. Man suchte zuerst kleine Räume um die Stützpunkte zu sichern, diese Zonen sollten dann ausgedehnt werden, um schließlich zu überlappen. Im Juli 1964 standen 25 befestigte Camps mit einer Besatzung von 11 000 Soldaten im Einsatz, gewöhnlich jeweils von einem zwölfköpfigen A-Team beraten und geführt.

In den kommenden Monaten konnten die Besatzungen der Befestigungen nur mäßige Erfolge erringen. Negativ wirkte sich vor allem der viel zu große Zwischenraum (durchschnittlich 28 km) aus, der die einzelnen Posten voneinander trennte. Auch rafften sich die offiziell das Kommando führenden Offiziere der südvietnamesischen Special Forces nur selten zu offensiven Unternehmnungen auf. Vermehrt versuchte die südvietnamesische Armee die Irregulären-Verbände für konventionelle Kampfeinsätze heranzuziehen, von den Einheimischen nur unter großen Vorbehalten akzeptiert.

Die Forts erhielten eine einheitliche, nach infanteristischen Grundsätzen gegliederte Besatzung von jeweils vier Kompanien, je zwei sollten den Stützpunkt verteidigen und Aktionen außerhalb der Befestigungsanlagen durchführen. Die Initiative für Handlungen ging meist von der Handvoll US-Berater aus, die mit ihrem eigenen »Ableger«, den südvietnamesischen Special Forces, nicht besonders harmonierten. Diese weigerten sich beispielsweise, nach Einbruch der Dunkelheit ihre Stellungen zu verlassen. Mit der Zeit brachten es aber die »Green Berets« fertig, daß sie in den Nachtstunden wenigstens vorbereitete Hinterhaltstellungen außerhalb der Camps besetzten, um Vietkong-Infiltranten aufzulauern.

Mitte Mai 1964 kam es zum Aufbau einer Fernaufklärungseinheit mit Personal der US-Special-Forces, der südvietnamesischen Sondereinheiten und Einheimischen. 24 Erkundungs- und Fernspähtrupps, meist aus zwei Angehörigen der Sondertruppen und vier Einheimischen bestehend, bildeten die Grundlage des »Project Delta«. Gerieten solche Teams während eines Fernaufklärungsunternehmens in Bedrängnis, standen zum Entsatz drei Ranger-Kompanien bereit, die kurzfristig auf dem Luftwege herangeführt werden konnten. Die Einheit kam auch als schnelle Reaktionstruppe zum Einsatz, besonders wenn schwach besetzte eigene Stützpunkte von starken Feindkräften angegriffen wurden und dringend Verstärkungen benötigten.

Im Sommer 1964 erhöhte sich die Stärke der US-Special-Forces erneut, zwischenzeitlich hatte die neu aufgestellte 5. Gruppe in Fort Bragg die Einsatzreife erlangt und übernahm nun mit 1300 Mann die Forts und zivilen Entwicklungsprojekte, organisierte Lehrgänge und führte die Einheimischen-Verbände. Die Einsatzdauer betrug nun für jedes Mitglied ein volles Jahr, die bisher üblichen halbjährigen Abkommandierungen aus Fort Bragg und Okinawa endeten Mitte 1965 – und damit auch die Gewährung von lukrativen Soldzulagen.

Im Februar 1965 verfügte die 5. Gruppe neben einer Anzahl spezialisierter Einheiten, vier Führungsstäbe »C«, zwölf Führungs- und Unterstützungsstäbe »B« und 48 »A«-Teams, die eigentlichen Einsatzeinheiten.

Im Herbst 1964 traten Schwierigkeiten im Zusammenhang mit den von den »Green Berets« betreuten ethnischen Minderheiten auf. Es ergaben sich schwerwiegende Unruhen, Folgen der Jahrhunderte während Unterdrückung und Diskriminierung der Minderheiten durch die gebildeten Vietnamesen. Zum Schutz gegen Willkürmaßnahmen der Saigoner Regierung und Erlangung einer gewissen regionalen Selbständigkeit gründeten Angehörige der Bergvölker eine politische Partei, die »Front Unitié de Lutte de la Race Opprimée (FULRO).« Eine beachtliche Zahl der von den Beratern der Special Forces geführten einheimischen Kämpfer gehörten dieser Gruppierung an, die sich gegen die Zentralregierung behaupten wollte, sich aber auch durch einen scharf antikommunistischen Kurs gegen den Vietkong abgrenzte. Trotz fortwährender Warnungen und Kompromißbemühungen der Amerikaner, die die sich anbahnende gefährliche Eskalation schon im Frühstadium erkannten, bemühten sich die Regierungsstellen keineswegs um eine Zusammenarbeit mit den verachteten »Wilden«. Entsprechend schlecht stellte sich deswegen auch das Ansehen der »Green

Berets« bei den südvietnamesischen Regierungsstellen dar: Unter vorgehaltener Hand machten sie, besonders gerne westlichen Journalisten gegenüber, die so dringend benötigten Berater als Amerikas »Phantasiesoldaten« lächerlich. Die Spannungen erreichten in der Nacht vom 19. auf den 20. September 1964 einen Höhepunkt, die Einheimischen schlugen in fünf Lagern des Hochlands gleichzeitig zu. Sie entwaffneten zum Teil auch Berater der »Green Berets«, die sich ihnen entgegenstellten, erschossen eine größere Zahl südvietnamesischer Regierungsbeamter und Militärs. Eine starke Streitmacht der Aufständischen nahm die strategisch wichtige Stadt Ban Me Thuot ein und bemächtigte sich des dortigen Rundfunksenders. Nun forderten sie alle Angehörigen der Bergstämme zum Aufstand auf und stellten gleichzeitig politische und soziale Mindestforderungen an die Zentralregierung, sie verlangten dabei das Recht, Abgeordnete entsenden zu dürfen, Autonomie für die Montagnards, direkte Zusammenarbeit und Unterstellung unmittelbar unter die Special-Forces-Berater und Abzug des vietnamesischen Anteils in ihren militärischen Formationen. Wie nicht anders zu erwarten, lehnte die Regierung sämtliche Forderungen ab und drohte mit der Bombardierung der Dörfer, der damalige Präsident Ky, selbst Pilot und später Barbesitzer in den USA, plante hierzu den Einsatz seiner mit US-Flugzeugen ausgerüsteten Luftwaffe.

Wiederum betätigten sich Offiziere der Special Forces als Vermittler zwischen den verfeindeten Lagern. Einigen Kommandeuren von A-Detachments war es bereits vorher gelungen, ihre Milizformationen von der Rebellion abzuhalten, insgesamt wurde die Kontrolle über sieben Posten verloren.

Es kam nun zu einer Art Waffenstillstand mit denkbar schlechten Bedingungen für die Einheimischen, sie sollten sich bedingungslos unterwerfen. Die Berater der Special Forces gerieten so, in ihrer vermittelnden Eigenschaft zwischen den beiden Gruppen, in eine denkbar ungünstige Lage. Aus politischen Gründen blieb es ihnen verwehrt, die Montagnards gegen die Saigoner Regierung zu unterstützen. Obwohl sie mit dem Herzen auf der Seite ihrer Schützlinge waren und diesen insgeheim recht gaben, forderten Loyalität und soldatischer Gehorsam die Unterwerfung unter die offizielle US-Politik. Die Bergbewohner fühlten sich von ihren Beratern verraten, viele verließen die irregulären Einheiten und wichen über die Grenze nach Laos aus. Natürlich nutzten die Kommunisten diese Chance für ihre Ziele und suchten Zusammenarbeit mit den Enttäuschten, es gelang ihnen, eine Anzahl für ihre Zwecke einzuspannen. Die bisher stark eingedämmten Vietkong-Aktivitäten nahmen nun im Hochland wieder zu und erst nach zähen Verhandlungen und aufopfernden Bemühungen gelang es den Amerikanern, die Montagnards wieder auf ihre Seite zu ziehen.

Doch Saigon schmerzte die Schlappe. Als neue Unruhen befürchtet wurden, besetzten sie eines der Lager durch reguläre Truppen und forderten die Entwaffung der Milizen. Nur das vermittelnde Einwirken der »Green Berets« verhinderte, daß ein blutiger Kampf zwischen den rivalisierenden Parteien entbrannte. Trotzdem nahmen die Südvietnamesen die Einheimischen fest und richteten ein Blutbad an. Die Offiziere der Special

Forces, auf deren Eingreifen und Hilfe die Montagnards bis zuletzt hofften, durften und konnten nicht helfen, sie verloren zuverlässige, leistungsbereite Kämpfer und viel von ihrer Glaubwürdigkeit.

Das Vorgehen der südvietnamesischen Regierung begünstigte indirekt den Gegner, einzelne Angehörige der Sondertruppen reagierten verbittert. Sie zogen persönliche Konsequenzen und verließen die Armee. So ist der Fall eines ehemaligen Lieutenant¡Colonels durchaus verständlich, der nach seiner Entlassung aus dem Militärdienst wieder zurückkehrte und als Vertreter einer zivilen Hilfsorganisation versuchte, den verfolgten Bergstämmen zu helfen.

Mit Beginn des Jahres 1965 ergaben sich eine Reihe von grundlegenden Veränderungen. Die Kampfführung wurde zunehmend offensiver, der massive Einsatz konventioneller Verbände der US Army zeichnete sich ab. Im Bereich des II. Korps, in der Mitte des Landes, entwickelte sich die militärische Lage im ersten Halbjahr 1965 für Vietnamesen und Amerikaner recht bedenklich. Es bestand die Gefahr, daß der Vietkong tiefe Einbrüche erzielen und das Land in zwei Hälften spalten würde. Um die Lage wieder in den Griff zu bekommen, führten die Amerikaner Verstärkungen und Umgruppierungen durch, zu diesen gehörte auch die Verlegung des Führungs-Detachments B-34 von Kontum nach Song Be, der Hauptstadt der Provinz Phuoc Long. In diesem Raum sollten wichtige Verbindungs- und Aufmarschlinien des Gegners vorhanden sein mit den kürzesten Verkehrswegen zu den Basen und Bereitstellungsräumen in Kambodscha. Die Stadt war schon einmal, im Dezember 1964, überrannt worden, viele umliegende Ortschaften wurden dabei vernichtet und der Vietkong hielt weiterhin große Teile der Provinz unter seiner Kontrolle.

Die 22köpfige Gruppe bezog Stellungen in unmittelbarer Nähe des 36. Ranger-Bataillons und begann nach dem Eintreffen sofort mit dem Ausbau eines eigenen kleinen Stützpunktes. Schon wenige Tage nach der Ankunft trafen Agentenmeldungen ein mit der Information, daß sich von drei Seiten starke gegnerische Verbände nähern und ein Großangriff auf Song Be innerhalb der nächsten 72 Stunden geplant sei. Sofort erhöhte man den Bereitschaftsstand, fieberhaft wurde an den Verteidigungsanlagen gearbeitet und vermehrt Spähtrupptätigkeit befohlen. Ein Teil der Ranger bezog Vorposten und Hinterhaltsstellungen im Vorfeld und konnte den in den frühen Morgenstunden anlaufenden Angriff etwas verzögern, vor allem waren die Verteidiger nun vorgewarnt. Dem Angriff ging ein massives Vorbereitungsfeuer aus Steilfeuerwaffen und Leichtgeschützen voraus, Geländeverstärkungen, Sperren und Drahthindernisse waren bereits in kurzer Zeit zerstört. Nach heftigen Kämpfen gelang es den Verteidigern, die Angreifer unter schweren Verlusten zurückzuwerfen.

Der Kampf tobte weiter. In der folgenden Nacht gelang es einem »Selbstmordkommando« des Vietkong, in den inneren Bereich des Stützpunktes vorzudringen und den Sanitätsbunker zu besetzen. Aufgrund schlechter Wetterbedingungen fehlte eine wirksame Luftunterstützung, einige Kampfhubschrauber griffen gegen drei Uhr morgens in die Kämpfe ein. Als im ersten Morgengrauen Jagdbomber eingriffen, wendete sich das

Blatt zugunsten der schwer bedrängten Verteidiger und man rechnete mit einem Abbruch des Kampfes bei zunehmender Helle. Unterdessen versuchte das in die Stellung eingedrungene Todeskommando auszubrechen, wurde aber von den noch kampffähig verbliebenen Verteidigern abgefangen. Von der Aussichtslosigkeit eines weiteren Angriffes überzeugt, zogen sich nun die Angreifer zurück und verschanzten sich im Zentrum der Stadt, dort fühlten sie sich gegen Angriffe aus der Luft relativ sicher. Die südvietnamesischen Ranger liefen nun einen Gegenangriff, dieser zeigte aber keinen Erfolg und wurde blutig zurückgeschlagen. Im Verlauf des Tages trafen mehrere luftbewegliche Bataillone zur Verstärkung ein und warfen den Vietkong aus der Stadt. Für die Guerillas war dies eine schwere Niederlage. Aus Prestigegründen wollte man die Schlacht unter allen Umständen gewinnen und setzte neben zwei Elite-Regimentern noch zusätzlich ein ganzes Bataillon schwerer Waffen ein. Die Aktion kostete den Vietkong mehr als 300 Tote und zahlreiche Verwundete, er verlor Waffen und Kriegsmaterial in beträchtlichem Umfang.

Mit dem Eintreffen weiterer amerikanischer Kampfverbände ergaben sich auch für die Sondertruppen neue Aspekte und Aufgaben. Die US-Militärs versuchten nun unter Einsatz modernster Waffensysteme, aber für einen Guerillakrieg völlig ungeeigneter Kampftaktiken, eine Entscheidung herbeizuführen. Einsatzführung und Kampfgrundsätze der schweren, meist mechanisierten Verbände entsprachen weitgehend den Erfahrungen aus der Zeit des Zweiten Weltkrieges und der Koreakrise, die Ausbildung der Soldaten entsprach in keiner Weise den tatsächlichen Erfordernissen. So zog man die erfahrenen »Green Berets« zu Unterstützungsmaßnahmen heran.

Special Forces und irreguläre Truppen lösten sich mehr und mehr aus der bisher passiven Rolle. Aus den ehemals »Gejagten« wurden jetzt selbst »Jäger«, mit dem Auftrag, den Gegner aufzuspüren. Seine Vernichtung blieb den konventionellen Verbänden überlassen. Zu den Hauptaufgaben gehörten nunmehr neben Überwachung und Sicherung der Westgrenzen auch Kampfeinsätze gegen kommunistische Infiltrationsrouten sowie gegen Vietkong-Stützpunkte tief im Hinterland. Der Kleinkrieg im unwegsamen Dschungel (oft konnten an einem Tag nur 500 m zurückgelegt werden), in Reisfeldern, den tückischen Kanälen des Mekong-Deltas oder im unwirtlichen Hochland, verlangte allen Beteiligten das Letzte ab.

Die nachfolgende Darstellung stützt sich auf einen »After Action Report«, einen kurzen dienstlichen Einsatzbericht. An dem betreffenden Kommando-Unternehmen beteiligten sich vier Angehörige der Special Forces, die im Sommer 1965 eine südvietnamesische Infanteriekompanie im Einsatz als Berater begleiteten.

In einem nächtlichen Handstreich hatten die Soldaten der 883. Kompanie das Hauptquartier eines Vietkong-Regiments überfallen und dem Gegner empfindliche Verluste beigebracht, darunter rund 100 Gefallene. Nach geglückter Aktion lösten sich die eingesetzten Züge einzeln vom Feind und zogen sich in Richtung eines nahegelegenen Flußufers zum Sammeln zurück. Der führende US-Berater, ein Captain, begab sich zum Spitzenzug, die anderen drei Unterführer verteilten sich auf die Teileinheiten der Kompanie.

Als es dämmerte bellten plötzlich von allen Seiten Maschinenwaffen los. Der 1. Zug lag voll im Schußfeld. Neben dem Captain, der sich sofort zu Boden geworfen hatte, krepierte eine Handgranate und ein Splitter verletzte seine Hand. Als sich der Zug abzusetzen versuchte, um sich mit den anderen Zügen zu vereinigen, traf ein verwundeter Melder ein. Er berichtete, daß die Züge unter schwerem Feuer lagen und ihrerseits Hilfe benötigten. Der Captain schlug sich mit den noch kampffähigen Soldaten sofort zur restlichen Kompanie durch, die heftiges Mörser- und MG-Feuer regelrecht an den Boden nagelte. Den Befehl, den Feuerkampf aufzunehmen und vorzugehen, befolgten nur wenige Vietnamesen, der Rest verhielt sich passiv und erwiderte das Feuer kaum. Der Captain nahm selber den Feuerkampf auf. Dabei wechselte er laufend seine Position, um so den Eindruck eines heftigen Widerstandes zu vermitteln.

Plötzlich erhielt die Kompanie starkes Feuer in die rechte Flanke. Der Offizier rannte in diese Richtung, als eine Gruppe von fünf Vietkongs direkt auf ihn zustürmten. Mit mehreren Feuerstößen aus seinem M 16-Sturmgewehr schoß er die gesamte Gruppe nieder. Kaum war an der rechten Flanke die Situation einigermaßen bereinigt, ging es an der linken Flanke los. Dort näherte sich eine Anzahl Vietkongs; mit einer Handgranate schaltete der Amerikaner vier Angreifer aus. Zu allem Unglück hatte sein Gewehr plötzlich eine Ladehemmung. Er schoß seine 45er Government-Pistole leer und schlug mit dem defekten M 16 den letzten Angreifer aus der Sturmgruppe nieder. Kaum hatte er diese haarige Situation gemeistert, versuchte er einen Mastersergeant mit Beinschuß zu bergen, was jedoch im heftigen Beschuß scheiterte.

In der nun sehr kritisch gewordenen Lage gelang es dem US-Team per Sprechfunk Kontakt mit einem vorgeschobenen Beobachter der Luftwaffe aufzunehmen. Dieser lotste umgehend einige Jagdbomber heran, welche die Vietkongs mit Bomben und Feuerstößen aus den Bordwaffen eindeckten. Trotzdem versuchten sie hartnäckig, immer wieder die Stellungen der Amerikaner und Südvietnamesen zu überrennen.

Der Captain hatte alle Hände voll zu tun, um sich die anstürmenden Vietkongs mit einem erbeuteten Maschinengewehr vom Leibe zu halten. Er übergab die Waffe einem leichtverwundeten Unteroffizier, um den angeschossenen Mastersergeant zu bergen. Als er den Mann erreichte, sah er, daß dieser nochmals vier weitere Schußwunden erhalten hatte. Während der Kompaniechef seinen Unteroffizier zurückschleppte, wurde er selbst mehrmals in die Beine getroffen. Ein erneuter Luftangriff brachte für einige Minuten Entlastung. Im Feuerhagel des Vietkongs konnte er den Unterführer im »Huckepack« in Sicherheit bringen.

Wieder lag heftiges Gewehr- und Mörserfeuer auf den Bedrängten; die fanatisch angreifenden Feinde gaben einfach nicht auf. Mit Maschinengewehren und Handgranaten behaupteten sich die Verteidiger. Inzwischen griffen auch Kampfhubschrauber ein und hielten mit gut gezielten Maschinengewehrsalven den Gegner nieder. Wieder und wieder flogen die Jagdbomber ihre Unterstützungseinsätze und langsam entspannte sich die Lage. Jetzt konnte ein Rettungshubschrauber landen, um die Verwundeten aufzunehmen. Als weitere Hubschrauber erschienen brachen die Vietkong den verlustreichen Kampf ab und zogen sich unter Mitnahme der Toten und Verwundeten zurück.

Für Tapferkeit vor dem Feind erhielt der Captain später den »Silver Star«, eine hohe US-Auszeichnung.

Die eben geschilderte Begebenheit macht deutlich, daß eine enge Zusammenarbeit zwischen Sondertruppen und herkömmlichen Formationen unabdingbar war. Die mit Gelände und Bevölkerung vertrauten »Green Berets« übernahmen die Beratung der Infanterie und den Luftlandetruppen. Eine Reihe von Spezialverbänden wurde speziell zur Unterstützung der Heeresverbände neu geschaffen. Dazu gehörte die »Apache Force«, die sich aus Soldaten der Special Forces und loyalen Einheimischen zusammensetzte. Die US Army strebte danach, Sondereinsätze künftig ohne ihre oft unzuverlässigen Verbündeten durchzuführen. Die Südvietnamesen wurden teilweise vom Vietkong unterwandert und bestochen; oft genug hinderten sie mehr als sie nützten. Die »Apache Force« übernahm die Einweisung neu eingetroffener US-Verbände und vermittelte ihnen eine Kurzausbildung in der Guerillabekämpfung. Während der ersten Tage begleiteten die Green Berets ihre Kampfesgenossen bei Einsätzen im ungewohnten Gelände. Bei plötzlich auftretenden Krisensituationen dienten sie als Eingreif-Reserve.

Die »Eagle Scouts«, ähnlich gegliedert, führten schwierige Fernaufklärungen durch und versorgten die Truppenführung mit wertvollen Informationen.

Experte in risikoreichen Fernspäh-Unternehmungen war Captain Larry Thorne. Er wurde schon zu Lebzeiten zur Legende und war eine der schillernsten Persönlichkeiten, die je das grüne Barett trugen. Noch heute lebt er in den Erinnerungen aller Soldaten weiter, die je mit diesem außergewöhnlichen Haudegen etwas zu tun hatten. Selbst seinen Tod im Herbst 1965 (er galt ein Jahr vor der amtlichen Todeserklärung als vermißt) bezweifeln viele, die ihn kannten, noch heute. Im Oktober 1965 beteiligte sich Thorne an einer äußerst risikoreichen Geheimaktion in Laos. Dabei wurde der Transporthubschrauber abgeschossen. Die Leichen der Besatzungsmitglieder wurden später aus dem Wrack geborgen – mit einer Ausnahme: Larry Thorne fehlte und blieb verschollen.

Robin Moore machte ihn als Steve Korni in seinem Roman »Die grünen Teufel« weltberühmt. Thorne, so sein amtlicher Name, war ein gebürtiger Finne. Er zeichnete sich schon im russisch-finnischen Winterkrieg 1940 durch kühne Kommando-Unternehmen und große Tapferkeit aus. Für seine Verdienste wurde er mit der höchsten finnischen Tapferkeitsauszeichnung geehrt.

Während des Zweiten Weltkrieges diente er als Freiwilliger in einer deutschen Küstenjägereinheit, die eng mit der »Division Brandenburg« und anderen deutschen Spezialeinheiten zusammenarbeitete. Um nicht in russische Gefangenschaft zu geraten, kämpfte sich dieser Verband noch

Während einer Übung wird ein Wasserlauf durchquert. Die Soldaten halten ihre leichten M1-Karabiner über den Köpfen. Ein Soldat trägt ein Gewehr M14.

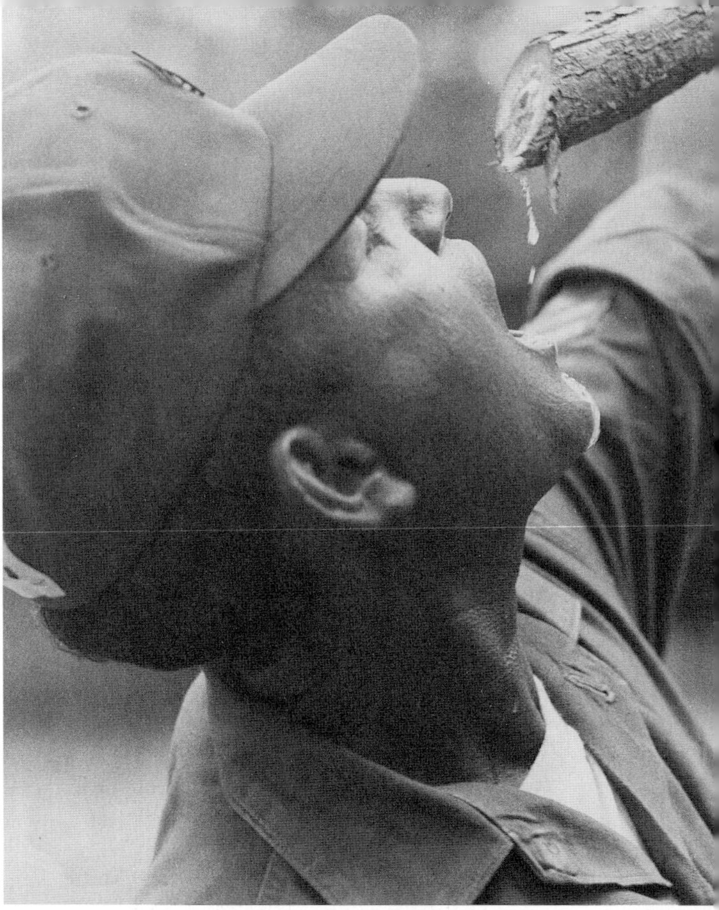

Die Dschungelaus-
bildung in Panama
erfordert hohen per-
sönlichen Einsatz. –
Trinkwasser wo man es
nicht vermutet: Der
Ausbilder demonstriert
bei der Survival-Ausbil-
dung, wieviel Flüssig-
keit in einer Liane
steckt.

Special-Forces-Soldaten bei der Seilarbeit im Gebirge.

oben: Vor ausländischen Offizieren demonstrieren »Green Berets« die Reichhaltigkeit des »Speisezettels der Natur«.
unten: Der Sanitäts-Sergeant behandelt einen Schwerverletzten.

Postbank

Einzahlung
Sparkonto

Bitte füllen Sie die rot markierten Felder aus.

Sparkontonummer

Name der Sparerin/des Sparers

Vorname

Guthaben im Sparbuch

Einzahlung (+)

Neues Guthaben

DM

DM

DM

Tagesstempel

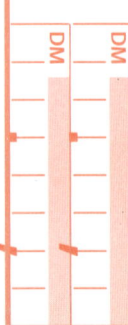

Diese Angaben trägt der Postdienst/ die Postbank ein

Besonderes

Mitarbeiter/in: Unterschrift

1.95   926 015 100

oben: Eine gründliche infanteristische Gefechtsausbildung dient als Grundlage für alle weiteren Ausbildungsmaßnahmen. Rechts M16 mit integriertem 40mm-Granatwerfer M203.

unten: »Green Berets« demonstrieren vor ausländischen Gästen ihre Fertigkeiten im Nahkampf.

Das Abseilen aus
einem »hoovernden«
Hubschrauber ersetzt
die Landung in schwie-
rigem Gelände. Ein
Kampfhubschrauber
sichert den Vorgang.

Infiltration auf dem
Wasserweg erfordert
sehr gute Schwimmer
und eine moderne Un-
terwasser-Ausrüstung.

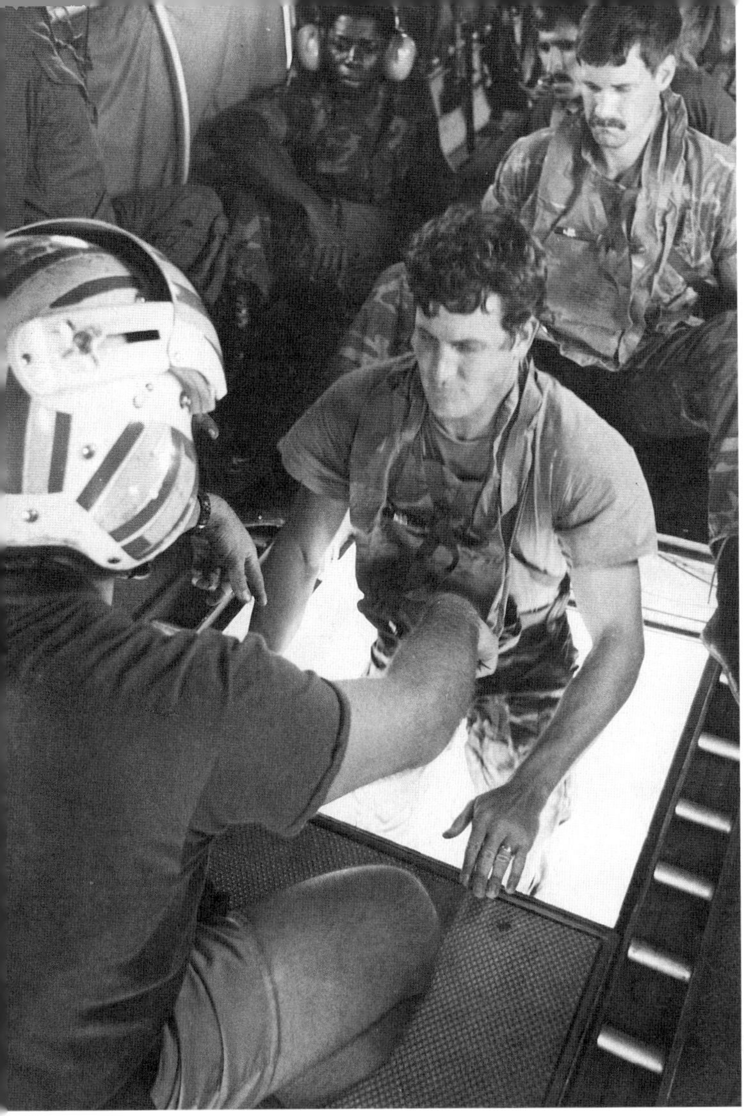

Angehörige einer
Reserveeinheit der
Special Forces lernen
das Verlassen des Hub-
schraubers durch die
Bodenklappe.

Trocken-Ausbildung
am Sprungturm;
Höhe zwölf Meter.

oben: Ein »Green Beret« im Winterkampfanzug verläßt den Transporthubschrauber. Das »A«-Team schwebt auf ein einsames Alpental nieder.
unten: Auf Skiern verläßt das »A«-Teams die Landezone und begibt sich, in mehrere Kleingruppen aufgeteilt, zu einem Sammelpunkt.

drei Tage nach der Kapitulation zu den Amerikanern durch. Thorne wanderte zunächst ins Gefängnis, entwich jedoch bald und machte sich zu Fuß auf den Weg in seine finnische Heimat. Dort gelangte er sozusagen vom »Regen in die Traufe«. Auf Drängen der einflußreichen Sowjets landete er nun in einem finnischen Gefängnis. Nach zwei erfolglosen Ausbruchsversuchen glückte ihm schließlich die Flucht. Er schlug sich über Schweden und Südamerika in die Vereinigten Staaten durch, wo er später im Rahmen des Sondergesetzes zur Aufnahme von Ostblockflüchtlingen in die US Army eintreten konnte. Nach der Version von Robin Moore knüpfte er seine ersten Kontakte mit den »Green Berets« bei einer Wirtshausrauferei in Oberbayern. Einige Offiziere der Special Forces, die er vermöbelt hatte, wurden auf den fähigen und vielseitigen Soldaten aufmerksam. Sie veranlaßten seine Kommandierung zur Offizierausbildung für besonders befähigte Mannschaften und Unterführer. Nachdem Thorne die »Officer Candidate-School« in den Vereinigten Staaten mit Erfolg absolviert hatte, kehrte er zur 10. Gruppe nach Bad Tölz zurück. Er soll später angeblich wegen Totschlags eines von ihm enttarnten russischen Agenten angeklagt worden sein. Es kam zum Freispruch, da Thorne glaubhaft nachweisen konnte, daß er den Spion mit einem Faustschlag nur kampfunfähig machen, jedoch nicht töten wollte.

Dieses Ereignis beendete mehr oder weniger seine Offizierlaufbahn, was dem »nordischen Riesen« nicht sonderlich unter die Haut ging. Er war ein Landsknechtstyp im besten Sinne und für die Rolle eines Stabsoffiziers oder Schlipssoldaten denkbar ungeeignet. Trotz dreifacher Verwundungen aus der Zeit des Zweiten Weltkrieges und schon in den 40ern stehend, stellte er seine weit jüngeren Kameraden in sportlicher Hinsicht jederzeit in den Schatten. Er war ein gewandter Kletterer, ein meisterhafter Skifahrer, sowie ein erfahrener Freifaller und Taucher.

Als in den 60er Jahren ein US-Flugzeug im verschneiten Gebirge des Iran abstürzte, mißlangen mehrfache Rettungsversuche. Schließlich sandte die Bundesrepublik Deutschland eine hochqualifizierte Rettungsmannschaft, die sich aus Bergführern der 1. Gebirgsdivision zusammensetzte. Auch diese Fachleute kehrten unverrichteter Dinge wieder in die Heimat zurück. Schließlich flog ein Team der 10. Gruppe unter Captain Herbert Schandler in den Iran. First-Lieutenant Thorne war stellvertretender Leiter der Rettungsaktion. Innerhalb von zwei Wochen hatten sie das Wrack aufgespürt und die Leichen der Besatzung und einen Teil der Bordausrüstung geborgen.

Ende 1963 kam Thorne nach Vietnam und wurde im Süden des Landes, nahe den berüchtigten »Sieben Bergen« eingesetzt. Dort erzielte er mit seinem Team überraschende Erfolge im Kampf gegen den Vietkong. Binnen weniger Monate gehörte das Gebiet um den Stützpunkt seines »A«-Teams zu den befriedeten Regionen Süd¡Vietnams. Allerdings mußten Thorne und seine Männer für den Erfolg hart bezahlen: Keiner verließ Vietnam ohne das Verwundetenabzeichen.

Nach Monaten des Garnisonsdienstes in den USA kehrte Thorne Anfang 1965 wieder auf den vietnamesischen Kriegsschauplatz zurück. Er betei-

ligte sich erfolgreich an geheimen Aufklärungsunternehmen und grenzüberschreitenden Operationen.

An seinen plötzlichen Tod* können viele Insider, wie schon gesagt,
immer noch nicht glauben. Noch heute erinnert die Gedenktafel der 10.
Special Forces Group an diesen besonderen Mann.

Ab 1966 nahmen die Aktionen der 5. Special Forces Group in Süd-
Vietnam deutlich zu. In besonders gefährdeten Gegenden wurden 22 neue
Stützpunkte errichtet, nun auch im verstärkten Maße im Mekong-Delta.
Die Zahl der befestigten Camps erhöhte sich auf etwa einhundert. Unter
dem Kommando des dynamischen Colonel Francis J. Kelly entstanden
weitere Offensiv-Verbände. In den zurückliegenden Jahren waren wiederholt Stützpunkte in die Hände des Feindes gefallen, da sie nicht schnell
genug verstärkt und entsetzt werden konnten. Der Kommandeur wollte
unter allen Umständen verhindern, daß auch nur einer der befestigten
Stützpunkte, die sich über das gesamte Land verteilten, vom Gegner
überrannt wurde. Er beauftragte seinen Stellvertreter, den damaligen
Lieutenant-Colonel Simpson, mit dem Aufbau mobiler Einsatzkompanien.
Dabei erwies sich die Zusammenarbeit mit konventionellen Verbänden und
den südvietnamesischen Truppen keineswegs immer als besonders ergiebig.
Die dringend benötigte Hilfe traf oft überhaupt nicht ein oder wurde nur
halbherzig gewährt. So entschlossen sich die »Green Berets« wieder einmal
zur Selbsthilfe und stellten fünf sogenannte »Mike«-Einheiten auf. Diese
schnellen und mobilen Eingreiftruppen in Bataillonsstärke entstanden in
den vier Korpsbereichen, eine blieb der 5. Gruppe unmittelbar als Reserve
unterstellt. Die mobilen Einsatzkommandos setzten sich aus drei leichten
Infanteriekompanien und einem kleinen Führungsstab zusammen. Das
Personal bestand hauptsächlich aus angeworbenen Nungs und Rhade-
Kriegern. Die einheimischen Soldaten, geführt von Offizieren und Unterführern der »Green Berets«, wurden im Fallschirmspringen ausgebildet,
um möglichst schnell verlegt und eingesetzt werden zu können. Die vielsei-
tige Truppe wurde auch zur Aufklärung in feindbesetzten Gebieten, zu
Sondereinsätzen in abgelegenen Regionen und als Garnisons-Verstärkung
bedrohter Stützpunkte eingeteilt.

Letztlich ging kein einziges Camp verloren. Aufgrund der Erfolge entwickelte man als weitere Mittel der offensiven Kampfführung, darunter die
mobilen Guerillakompanien. Diese ähnelten im Aufbau den mobilen Ein-
satzformationen, verfügten aber noch über einen zusätzlichen Aufklärer-
zug. Diesen Kompanien war im Unterschied zu den sonst durchgeführten
Anti-Guerilla-Einsätzen ein eigenständiger Auftrag zugewiesen, der weitgehend den ursprünglichen Aufgaben der Special Forces entsprach.Die
Einheiten operierten in Kompaniestärke völlig auf sich selbst gestellt
außerhalb der Reichweite der eigenen Artillerie. Dies war während des
Vietnamkrieges recht ungewöhnlich, da die Amerikaner und ihre Alliierten
niemals Aufträge ohne eine massive Unterstützung durch schwere Waffen
angingen.

Gewöhnlich sickerten die Einheiten zu Fuß ein und unterbrachen die
gegnerischen Verbindungslinien. Sie vernichteten Nachschubtransporte,

fingen Kuriere ab, zerstörten Munitions- und Lebensmittellager, griffen unterlegene Feindkräfte an oder verminten wichtige Geländepunkte. Vor allem dienten sie aber als eine Art »Lockvogel«. Sie brachten es immer wieder fertig, die äußerst vorsichtig vorgehenden kommunistischen Verbände zu stellen und zu umfangreichen Kampfhandlungen zu zwingen.

Die schwer bewaffneten und mit einer gewaltigen Feuerkraft ausgestatteten Kampfverbände der US Army zeigten sich in der offenen Feldschlacht den Nordvietnamesen und dem Vietkong als weitaus überlegen, zeitweise verfügten die Amerikaner auch über die absolute Luftüberlegenheit. Sie operierten meist nicht unterhalb des Rahmens verstärkter Bataillons-Kampfgruppen und bewegten sich nur unter absoluten Vorsichtsmaßnahmen vorwärts. Die Vietkong vermieden größere Schlachten, zogen sich bei starkem Feinddruck zurück, und beschränkten sich auf einen nervenaufreibenden Kleinkrieg. Groß angelegte Offensiven der alliierten Verbände erwiesen sich in der Regel als Fehlschläge und verliefen erfolglos, der Gegner war einfach nicht zu fassen.

Anders entwickelte sich die Kampfführung der Sondereinheiten. Sie kämpften allein auf sich gestellt und boten so dem Feind die Möglichkeit, seinerseits offensiv zu werden. Die mobilen Kompanien stöberten den Gegner in seinen Hochburgen auf; Zonen, in die sich sonst keine militärische Einheit hineinwagte. Der Vietkong nahm gewöhnlich den Kampf gegen die unterlegenen Köder-Einheiten auf und bot so Angriffsziele für die regulären US Army-Verbände. Aus kleinen Scharmützeln entwickelten sich so regelrechte Feldschlachten. So esaklierte der Einsatz von drei »Mike«-Kompanien im November 1966 zur Großaktion »Attleboro«, bei der die Amerikaner mehrere Divisionen gegen die 9. Division des Vietkong warfen. Die Schlacht kostete die Kommunisten über 1100 Tote. Sie brachen die Kämpfe ab; die Masse floh ins sogenannte »neutrale« Niemandsland.

Insgesamt erreichten die beweglichen Guerillaeinheiten beachtliche Erfolge mit relativ geringen Mitteln.

Das Jahr 1967 brachte für die Sondertruppe erhebliche Erfolge, die Stützpunkte wurden weiter verstärkt und die umliegenden Regionen gesichert. Bewaffnung und materielle Ausstattung wurden wesentlich verbessert; modernes Gerät, darunter Luftkissen-Boote und Artillerie standen nun zur Verfügung. Mit den zunehmenden Einsätzen stiegen auch die Verluste: Allein von der 5. Gruppe fielen 1967 55 »Green Berets«, bei den Montagnards waren es 1654. Vom Gegner sollen entsprechend 7000 Mann gefallen sein.

Schon 1967 entstanden die ersten Pläne zum Abbau der Special¡Forces. Ihre Aufgaben sollte die südvietnamesische Armee schrittweise übernehmen. Das Konzept der unkonventionellen Kriegsführung sah ausdrücklich vor, nur Hilfen und Anleitungen zu erteilen, die Initiativen mußten dann von den jeweiligen Bevölkerungsgruppen selbst kommen. Nach und nach sollten alle Aktivitäten auf die Einheimischen übergehen. Bis 1971 sollten sämtliche Unterstützungsmaßnahmen eingestellt und das Personal abgezogen werden. Unter dem Schlagwort »Vietnamisierung« übertrugen später auch die regulären US-Verbände Kampfaufgaben auf die bisher »im Zweiten Glied« stehenden Süd-Vietnamesen. Es gilt als als erwiesen, daß die Amerikaner hier nicht von ungefähr handelten: Zunehmender welt- und innenpolitischer Druck veranlaßte die US-Regierung, einen Ausweg aus dem zwischenzeitlich außerordentlich frustrierenden Krieg, der so gut wie nicht zu gewinnen war, zu finden.

Eine Anzahl von Stützpunkten, besonders im befriedeten Landesinneren, wurde aufgelöst; andere gingen an örtliche Milizen oder an die südvietnamesischen Streitkräfte über.

Mit dem sich steigernden Engagement der konventionellen Kampfverbände nahmen auch die seit jeher latent vorhandenen Spannungen mit den Sondertruppen zu. Die Protektion aus der Zeit der Präsidentschaft Kennedys fehlte, die überzogenen Erwartungen in die unkonventionelle Kriegführung schlugen sich nicht in entsprechenden Ergebnissen nieder und die Rivalitäten und Machtkämpfe der Vertreter der verschiedenen Richtungen in den Streitkräften nahmen zu. Viele Führer der US-Heeresverbände kannten Einsatzgrundsätze und Verwendungsmöglichkeiten der Special Forces und ihrer Einheimischen-Formationen entweder garnicht oder nur ungenügend. Da der größte Teil der Einheiten den jeweiligen Korpskommandeuren – bzw. deren Chefberatern – unterstellt war, kam es vor, daß die Montagnards teilweise als gewöhnliche Infanterie eingesetzt wurden.

Die Irregulären waren für derartige Vorhaben weder ausgebildet noch gerüstet; sie kämpften nur im Stammes- und Sippenverbund und weigerten sich, ortsfremd oder innerhalb der regulären Armee zu kämpfen. Es kam zu Gehorsamsverweigerungen, Desertationen, und die »Green Berets«-Berater mußten sich massive Kritik über ihre »undisziplinierten Haufen« anhören.

Aber gleichzeitig gab es auch eine Reihe von Fortschritten. Die Sicherheitslage in den entlegenen Stützpunkten verbesserte sich durch das Vorhandensein von Verstärkungskräften, bessere Lufttransport-Möglichkeiten waren entstanden und die Luftunterstützung verbesserte sich immer mehr. Die Special Forces lieferten den Heeresverbänden wertvolle Aufklärungsergebnisse; über 50% der verwertbaren Feindinformationen stammten von ihnen oder den paramilitärischen Formationen.

Mit steigendem Einsatz der US-Macht erhöhten auch die Kommunisten ihre Aktivitäten. Zunehmend beteiligten sich modern ausgerüstete Verbände der nordvietnamesischen Armee an den Kampfhandlungen, die nun an Härte zunahmen. Heftige Kämpfe entbrannten bei der Errichtung, Verlegung oder Auflösung von befestigten Lagern der Irregulären; vor allem entlang der Grenzen und in der Nähe der Infiltrationsrouten.

Zu Beginn des Jahres 1968 verstärkten die USA ihre Bemühungen, die südvietnamesischen Truppen vermehrt offensiv einzusetzen. Die Amerikaner forcierten neben der psychologischen Kriegsführung ihre Materiallieferungen, um ihren Verbündeten eine möglichst große Ausgangsbasis zu verschaffen. Speziell ausgebildete Offiziere übernahmen Aufgaben der politischen Kampfführung und sorgten für entsprechende Schulungen, um die Truppe zu motivieren. Diese »Sozialarbeiter in Uniform« kümmerten sich um Aus- und Weiterbildung, Information, Versorgung von Angehörigen der Soldaten und setzten sich sehr für die Hebung des Kampfgeistes und das Wohlergehen in den Einheimischen-Formationen ein.

Die A-Teams der Special Forces erhielten teilweise einen weiteren Offizier und Unteroffizier zusätzlich für den psychologischen Bereich zugewiesen.

Eine überraschende, völlig unerwartete Entwicklung bahnte sich am 29. Januar 1968 an. Während des vietnamesischen Neujahrsfestes starteten die Kommunisten ihre »Tet«-Offensive. Sie schlugen überraschend mit allen verfügbaren Kräften und unter rücksichtslosem Einsatz von Menschen und Material los, um eine endgültige Entscheidung zu erzwingen. Aufgrund der Feiertage standen nur wenige kampfbereite südvietnamesische und US-Einheiten in Bereitschaft. Trotzdem konnten Vietkong und Nordvietnamesen nur Anfangserfolge erringen. Die US-Luftwaffe zerschlug die Hauptstoßkräfte mit Massenbombardements nahezu vollständig.

Während der heftigen Bodenkämpfe, die sich auf die Städte und dicht besiedelte Regionen konzentrierten, fanden die Einheimischenverbände auch im Ortskampf Verwendung. Obwohl sie für derartige Einsätze weder ausgebildet noch ausgerüstet waren, schlugen sie sich hervorragend. Im Verlaufe der etwa 60 Tage andauernden Offensive kämpften sie Seite an Seite mit vietnamesischen und alliierten Verbänden.

Mit dem Versuch, die Entscheidung in den Bevölkerungszentren zu suchen, hatte der Gegner keinen Erfolg. Der erwartete Volksaufstand zugunsten der Kommunisten blieb aus, die kriegsmüde Bevölkerung hielt sich so gut es ging aus den Kämpfen heraus.

Immer mehr nahm der ehemalige Buschkrieg die Formen einer massiven konventionellen Auseinandersetzung an, in Anlehnung an die Lehren des kommunistischen »Volkskrieges«. Diese Theorie sieht in der Endstufe den Einsatz herkömmlich gegliederter und bewaffneter Verbände vor, ausgerüstet mit den modernsten Flugabwehrsystemen, schwerer Artillerie und Kampfpanzern.

Als sich die geschlagenen kommunistischen Verbände in das Landesinnere und in die Grenzräume zurückzogen, nahm der Druck auf die kleinen, gegen eine starke Streitmacht nur bedingt einsatzfähigen Special-Forces-Camps erneut zu. Es kam zu Truppenmassierungen im Nordteil Südvietnams, dort zogen die Nordvietnamesen starke reguläre Kampfverbände zusammen, unterstützt von leichten Panzern sowjetischer Bauart. Bald war klar, daß die Kommunisten die US-Basis Khe Sanh einschließen wollten. Es kam es zu einer regelrechten Belagerung des Stützpunktes, den Verbände der US Army und der Marine-Infanterie hielten. Zunächst fürchteten die Amerikaner eine Wiederholung von Dien Bieh Phu – die kriegsentscheidende Niederlage der Franzosen während des ersten Indochina-Krieges. Im Frühjahr 1954 schlugen die Viet-Minh die Elite des französischen Expeditionskorps, darunter viele deutschstämmige Fremdenlegionäre so vernichtend, daß Frankreich sich aus Indochina zurückzog. Khe Sanh erhielt fortlaufend Verstärkung, die US-Luftüberlegenheit gab letztlich den Ausschlag. Als eine starke, gepanzerte und mechanisierte Einsatzkolonne anrückte, brachen die Kommunisten die Belagerung kampflos ab.

Weniger glücklich entwickelten sich die Dinge beim Kampf um den Special-Forces-Stützpunkt Lang Vei.

Der nördliche Teil des Landes, mit seinen bedeutenden Bevölkerungs- und Wirtschaftszentren Da Nang und Hue, gehörte zu den besonders hart umkämpften Gebieten. Entlang der provisorischen Grenze lieferten sich reguläre nordvietnamesische Einheiten mit den Infanteristen der US Army und den »Ledernacken« der US-Marines erbitterte Kämpfe. Als besonders nachteilig erwies sich die Tatsache, daß die »Marines« nicht unmittelbar dem US-Oberkommando Vietnam unterstellt waren, sondern einem eigenen Kommando unterstanden.

Im dünnbesiedelten Grenzland zu Laos lebten nur kleinere vietnamesische Stammesgruppen, meist Angehörige der Katu. Die zahlenmäßig unbedeutende Minderheit ließ sich nur schlecht in das von den Sondertruppen geführte Verteidigungssystem integrieren. So gab es in dieser Gegend nur wenige Stützpunkte der Irregulären, meist besetzt von landfremden Söldner-Einheiten oder wenig qualifizierten Freiwilligen aus den Slums der Großstädte. Im Verlaufe des Jahres 1965 wurden die meisten Stützpunkte wieder aufgegeben. Lediglich das Camp Khe Sanh, nur wenige Kilometer südlich der entmilitarisierten Zone und in Sichtweite der laotischen Grenze, bildete eine Ausnahme. Dort arbeiteten Teams der Special Forces mit rund 10 000 Einheimischen vom Stamme der Bru zusammen, die zu den Montagnards zählten. 1964 war Khe Sanh regelrecht aufgeblüht. Aufgrund großzügiger amerikanischer Entwicklungshilfe florierte die Wirtschaft und die Region befand sich fest in den Händen der Regierung. Militärisch gelang es, die Flanke nach Laos zu sichern und den Fluß des kommunistischen Nachschubs in diesem Bereich zu unterbinden. 1965 nahm der Feinddruck zu. Die Verteidigungsmaßnahmen konzentrierten sich nun schwerpunktmäßig auf den Schutz des strategisch wichtigen Flugplatzes.

Die steigende US-Militärpräsenz brachte immer mehr »Marines« in den Stützpunkt, die ihn mit viel Stacheldraht, Sandsäcken und Beton schulmäßig zu einer wahren Festung ausbauten. Die wenigen »Green Berets« mit ihren »exotischen« Einheimischen-Verbänden wurden dagegen mehr und mehr zur Seite gedrängt. Schließlich zog das »A«-Team mit seiner Gefolgschaft aus und quartierte sich in Lang Vei ein, ein Ort wenige Kilometer vor der Grenze zu Laos. Es handelte sich um eine schwach befestigte Dorf-Siedlung. Die zunehmende US-Präsenz brachte noch eine weitere unangenehme Folgeerscheinung: Versehentlich bomardierte ein US-Jagdbomber die Siedlung, wobei viele Einwohner ums Leben kamen. Nach diesem Unglück wurde das Camp, nunmehr als befestigter Stützpunkt, neu aufgebaut.

Im Mai 1967 zogen die Nordvietnamesen und der Vietkong zwei bis drei Divisionen im Raum Khe Sanh zusammen. Noch im gleichen Monat wurde Lang Vei angegriffen; erstmals setzten die Nordvietnamesen hierbei leichte Panzer des sowjetischen Typs PT–76 ein. Es gelang den Angreifern, Teile der Befestigung zu überrennen. In ihrer Verzweiflung forderten die Verteidiger Artilleriefeuer aus Khe Sanh auf die eigenen Stellungen an. Schließlich wurde der Angriff unter hohen eigenen Verlusten abgeschlagen: das halbe A-Team fiel oder wurde verwundet; dazu an die 90 Kombattanten der Einheimischen-Formation.

Zu Beginn des Jahres 1968 begannen die Kommunisten, Khe Sanh mit starken Kräften einzuschließen. Im Februar starteten der Vietkong und die Nordvietnamesen einen Großangriff auf den Außenposten Lang Vei. Unterstützt von Panzern und schweren Mörsern gelangen den Angreifern schnell tiefe Einbrüche in die Linie der Verteidiger; ein Panzer bezog sogar Stellung auf dem Befehls- und Kommandobunker. Fast alle vorhandenen Panzerabwehr-Waffen, die ja bisher noch nicht im Einsatz erprobt werden konnten, versagten. Die schwer bedrängten Verteidiger forderten über Funk Hilfe aus dem Hauptstützpunkt an – vergeblich. Lediglich ein beherzter Special-Forces-Sergeant, ein farbiger Sanitäter namens Asley, organisierte auf eigene Faust eine Entsatztruppe aus Montagnards. Diese unternahm mehrere Entlastungsangriffe in Richtung des bedrängten Stützpunktes. Der 38jährige Sergeant fiel bei den Kämpfen, die Truppe konnte jedoch noch einen Fluchtweg nach Lei Vang bahnen, der einem Teil der schwer angeschlagenen Besatzung den Rückzug zum Hauptstützpunkt ermöglichte. Dem Vater von fünf Kindern wurde Jahre später posthum die höchste US¡Tapferkeitsauszeichnung, die »Medal of Honor«, verliehen.

Als der traurige Rest Khe Sanh erreichte, wurde ein Teil der »Bru's« von den »Marines« nicht gerade wohlwollend empfangen. Sie entwaffneten die Irregulären und schickten die Wehrlosen wieder in das Kampfgebiet zurück – kein Einzelfall im Vietnamkrieg.

Während den Kämpfen um Lang Vei fiel auch der Sergeant First Class Charles Lindewald, ein Original, das bereits zu Lebzeiten zur Legende geworden war.

Lindewald war in Vietnam sozusagen von Anfang an dabei. Als einer der Männer der ersten Stunde half er schon 1962 beim Aufbau der einheimischen Hilfstruppen. Über den Waffen-Sergeanten gibt es viele Anekdoten, vor allem über die Trinkfestigkeit und den Bierdurst. Da es in dem eingeschlossenen Stützpunkt nur das Notwendigste und natürlich keinen Alkohol gab, hatte sich der clevere Sergeant einen anderen Weg ausgedacht, um die ungewollte »Durststrecke« zu überwinden. Er tat sich mit einer alten Frau aus der Zivilbevölkerung zusammen, die es tatsächlich schaffte, einige Flaschen Bier durch die kommunistischen Linien zu schmuggeln, die sie Lindewald für den Wucherpreis von 300 Piaster je Flasche verkaufte.

Während des Kampfes um Lang Vei führte Lindewald einen Zug Einheimischer, der sich in einem Stützpunkt, mehrere hundert Meter von der eigentlichen Bunkerstellung entfernt, eingeigelt hatte. Er fiel, als der Gegner am 7. Februar gegen zwei Uhr morgens den Außenposten angriff.

Nach den Kämpfen wurde Lang Vei nochmals aufgebaut, jedoch im August 1970 endgültig aufgegeben. Die Überlebenden zogen sich in die umliegenden unwirtlichen Dschungelregionen zurück.

Das Jahr 1969 stand im Zeichen verstärkter Bemühungen, die Kampfkraft der Vietnamesen zu erhöhen. Aus den paramilitärischen Irregulären bildeten die Amerikaner nun reguläre Rangereinheiten, welche die »A«-Camps an den westlichen Landesgrenzen übernahmen.

Zwischenzeitlich formierte sich an der amerikanischen »Heimatfront« ein erbitterter Widerstand gegen die US-Kriegsführung, der sich teilweise auch gegen die in Süd-Vietnam eingesetzten Soldaten richtete. Aus den in den Anfangsjahren des Krieges hochgelobten Helden wurden Verfemte. Die Auswirkungen auf die Moral der kämpfenden Truppe waren nachhaltig.

Die »Green Berets« gerieten vermehrt in das Kreuzfeuer der öffentlichen Kritik. Die internationale Presse schlachtete eine Reihe peinlicher Vorkommnisse aus. Daneben verschärften sich die Spannungen zwischen den konventionellen Streitkräften und den Sondertruppen. Viele Unannehmlichkeiten brachten vor allem die engen Beziehungen zum Nachrichtendienst CIA, der selbst zunehmend ins Zwielicht geriet. Hinter den Kulissen suchte man bereits nach Sündenböcken für die sich abzeichnende Niederlage in Vietnam.

Die Ermordung eines angeblichen südvietnamesischen Doppel-Agenten durch Offiziere des militärischen Nachrichtendienstes, die den Special Forces unterstanden, heizte die Stimmung noch an. Angeblich veranlaßte die CIA die »Beseitigung« des Agenten; natürlich lehnte sie später jede Verantwortung ab. Über den tatsächlichen Vorgang gibt es verschiedene Versionen, die Weltpresse veröffentlichte folgenden Ablauf:

Aller Wahrscheinlichkeit nach gehörte der Vietnamese dem »Operational Detachment B-57« an; einer Spezialeinheit zur Nachrichtenbeschaffung, die direkt dem Kommandeur der 5. Gruppe unterstand. Sie wurde vor allem in grenzüberschreitenden Aktionen eingesetzt, hauptsächlich im Auftrage des Geheimdienstes CIA. Die 5. Gruppe war zuständig für ihren organisatorischen und logistischen Bereich, die Auftragserteilung und Einsatzführung aber lag in den Händen des Nachrichtendienstes.

Das Rahmenpersonal setzte sich aus einigen Angehörigen der Special Forces zusammen; die meist lebensgefährliche Aufklärungs- und Sonderunternehmen führten jedoch vor allem Söldner vom Stamme der Nung durch. Vietnamesen dienten als Agenten, Spione und Zuträger. Die Drahtzieher, die alle Fäden in der Hand hielten, waren Nachrichtenexperten der US Army, keine »Green Berets«.

Politische Morde waren im Verlaufe des Vietnamkrieges auf beiden Seiten an der Tagesordnung, sie dokumentieren die Härte und Grausamkeit der über 10 Jahre andauernden Kämpfe um die Vorherrschaft in Südostasien. Die Zahl der Ermordeten läßt sich nicht einmal annähernd bestimmen, sie dürfte aber nach objektiven Schätzungen weit über 100000 liegen.

1969 nahmen die Verluste von Einsatzgruppen des Detachments B-57 ohne erkennbaren Anlaß stark zu. Immer öfter fielen die Beteiligten in die Hände des Gegners und wurden meist auf grauenvolle Weise umgebracht. Der Verdacht lag nahe, daß es den Kommunisten gelungen war, einen oder mehrere »Maulwürfe« einzuschleusen. Analytiker des US-Nachrichtendienstes erkannten auf einem erbeuteten Foto neben einem bedeutenden

136

Führer des Vietkong einen ihrer südvietnamesischen Agenten. Sie vermuteten, daß es sich bei diesem Mitarbeiter namens Khac um einen Doppelagent handelte, der die anderen Agenten buchstäblich ans Messer geliefert hatte.

Während eines Verhöres gestand Khac seine Zusammenarbeit mit der gegnerischen Seite ein. Die Nachrichtenleute fragten nun bei der CIA-Station nach, wie sie sich im vorliegenden Falle weiter verhalten sollten. Es ist bis heute nicht erwiesen, ob diese Stelle klare Entscheidungen fällte, oder ob die Antwort aus unverbindlichen und doppeldeutigen Formulierungen bestand. Angeblich wurde innerhalb des B-57 entschieden, den Doppelagenten zu ermorden. Khac wurde mit Drogen betäubt. Drei Offiziere der Feindnachrichteneinheit verfrachteten ihn auf ein Boot, transportierten ihn in eine einsame Bucht und töteten ihn mit mehreren Revolverschüssen in den Kopf. Anschließend beschwerten sie die Leiche mit einer schweren Kette sowie Autofelgen und versenkten sie an einer verschlammten, haiverseuchten Stelle.

Kurze Zeit nach der Hinrichtung kam vom US-Oberkommandierenden Abrams in Saigon der Befehl, den Agenten sofort auf freien Fuß zu setzen und seiner alten Tätigkeit nachgehen zu lassen. Angeblich war der Vietnamese – ohne Wissen seiner amerikanischen Auftraggeber – ein hochkarätiger Verbindungsmann, den südvietnamesische Regierungsstellen mit Geheimverhandlungen betraut hatten.

Colonel Robert Rheault, der als neuer Kommandeur der 5. Gruppe die Ermittlungen leitete, machte einen entscheidenden Fehler: Er meldete dem General, daß der Agent gerade in einer heiklen Sondermission an der Grenze zu Kambodscha im Einsatz sei. Er belegte die Falschmeldung zusätzlich mit gestellten Fotografien. Nun wurde einem Sergeant First Class der »Green Berets«, der als Agentenführer des entlarvten Doppelagenten eingesetzt war, die Sache zu heiß. Angeblich wurde der Unteroffizier nachhaltig von eigenen Kameraden bedroht, die befürchteten, daß er nicht dichthalten würde. Er suchte Schutz beim örtlichen CIA-Residenten, der seine Aussagen dann offiziell auf dem Dienstwege an das US-Oberkommando in Saigon weitergab. General Abrams, der unter dem Druck der äußerst kritischen US-Presse, sowie eigener und südvietnamesischer Regierungsstellen stand, beauftragte eine Polizeieinheit der US Army mit der Untersuchung des Vorfalles. Seine in diesem Zusammenhang angeblich gefallene Äußerung, »den ganzen Schweinestall auszumisten«, unterstrich, daß er den Special Forces nicht besonders wohl gesonnen war. Im Verlaufe der Ermittlungen verhaftete die Heeres-Kriminalpolizei den Kommandeur und sieben Angehörige der Sonderformation B-57. Lediglich der Colonel, formal mitverantwortlich, und ein Unteroffizier waren Green Berets, der Rest gehörte dem Heeres-Nachrichtendienst an.

Die Beschuldigten verbrachten die nächsten zwei Monate in winzigen Einzelzellen. Es soll auch Pläne von Kameraden gegeben haben, die Gefangenen gewaltsam zu befreien. Die Sache entwickelte sich zu einem Politikum, das nebenbei die tiefen Zerwürfnisse zwischen Sondertruppen, Armee und Geheimdienst zur Schau stellte.

Im Verlaufe des Gerichtsverfahrens engagierten sich Kreise des US-Kongresses und weitere einflußreiche Persönlichkeiten für die angeklagten Angehörigen des Detachments B-57, die als Sündenböcke für eine verfahrene Kriegspolitik in Südostasien der Öffentlichkeit geopfert werden sollten.

Der CIA selbst schwieg wie ein Grab und verweigerte jegliche Stellungnahme. Ebenso fehlte als Beweisstück der Anklage die Leiche des ermordeten Agenten, sie wurde trotz umfangreicher Suchmaßnahmen niemals gefunden. Bevor es zur Hauptverhandlung gegen den Special-Forces-Kommandeur und die beteiligten Offiziere kam, wurde das Verfahren auf Weisung höchster politischer Stellen eingestellt. Ohnehin hatte die CIA ihre Angehörigen mit einem absoluten Schweigegebot belegt, das eine ordnungsgemäße Verhandlung fast unmöglich machte. Die zwangsläufige Veröffentlichung verschiedener Fakten hätte Folgen höchster politischer Brisanz nach sich gezogen, vor allem aber zahlreiche Spionageaktionen der CIA bloßgestellt. Der amtierende US-Präsident Nixon und die US-Regierung wären durch die Aussagen außerordentlich belastet worden. So handelte der Heeresminister, der das Militärgerichtsverfahren wegen der Unmöglichkeit eines fairen Verfahrens einstellte, im allerhöchsten Auftrag des US-Präsidenten.

Eine weitere Version über die als »Green-Beret-Mord« bekanntgewordene Affaire behauptet, daß sich der Doppelagent nach seiner ersten Vernehmung absetzte und mit unbekanntem Ziel verschwand. Die nie aufgeklärte Angelegenheit warf aber für lange Zeit Schatten auf die Sondertruppe, deren unkonventionelle Taktiken sich der öffentlichen Kritik stellen mußten. Das Ansehen der »Green Berets« erreichte einen katastrophalen Tiefpunkt.

Colonel Rheault reichte nach Rückkehr in die Vereinigten Staaten seinen Abschied ein und verließ die US Army, ebenso die meisten der beschuldigten Offiziere.

Wie schwierig und undurchsichtig die Situation zwischenzeitlich für die Angehörigen der Special Forces geworden war, die für ihre schwierigen Aufträge immer weniger Rückendeckung erhielten, zeigt auch der Fall John McCarthy.

Captain John McCarthy, der einer alten Soldatenfamilie entstammte, war Offizier mit Leib und Seele. Einen Großteil seiner Jugend verbrachte er in Deutschland, da sein Vater als Angehöriger der US Army hier Dienst tat. Er stieß bald zu den Special Forces und gehörte längere Zeit der 10. Gruppe in Bad Tölz an. Im Jahre 1967 befand er sich bereits zum zweiten Male freiwillig im Kriegseinsatz und gehörte dem B-57 an. Auch McCarthy wurde angelastet, einen kambodschanischen Doppelagenten ermordet zu haben. Später stellte es sich heraus, daß es sich um einen Absolventen der Moskauer Parteischule handelte. Der Captain wegen einer Sache angeklagt, an der er überhaupt nicht beteiligt war: die Verdachtsmomente richteten sich gegen ihn, weil es sich bei dem Kambodschaner um einen seiner früheren Informanten handelte. McCarthy hatte Zugang zu äußerst sensiblen Geheimsachen, die ihn zum Schweigen zwangen – seine Aussagen hätten die US-Regierung in größte Verlegenheit gebracht. So befand sich der Offizier in der unglücklichen Lage, aus Rücksichtnahme und Loyalität sein Wissen um die tatsächlichen Vorgänge nicht preisgeben zu dürfen. Das Militärgericht verurteilte ihn zu einer lebenslänglichen Gefängnisstrafe. Der Offizier wurde jedoch weder – wie sonst üblich – degradiert, noch aus den Streitkräften ausgestoßen. Er saß zwei Jahre im Militärgefängnis Ford Leavenworth ab, wobei er alle Privilegien eines Offiziers erhielt. Eine von ihm angestrebte Revision des Urteils zeigte Erfolg: 1970 hob das Berufungsgericht die Gefängnisstrafe auf und wandelte den Urteilsspruch in »unschuldig« um. Der Captain tat nun wieder Dienst als Offizier, schied aber bereits 1971 freiwillig aus der Armee aus. Die von ihm gedeckten Hintermänner und Politiker, denen er viel ersparte, ließen ihn aber fallen. McCarthy erhielt erheblichen Druck. Man wollte ihn sogar wegen »Gedächtnisschwund« und weiterer psychischer Störungen als unzurechnungsfähig erklären lassen. Trotz vieler Schikanen hielt McCarthy weiterhin den Mund, teilweise aus dem Gefühl eines guten Gewissens, teilweise aus Angst. Zwischenzeitlich hat McCarthy wieder voll zu sich selbst gefunden. Er legt seine Erfahrungen in einem Buch nieder, welches vor allem die nachfolgende jüngere Generation davor warnen soll, unbekümmert und unbefangen in gefährliche Situationen hineinzuschlittern. Das Buch wird sicherlich bei einigen hochgestellten Persönlichkeiten für Magenschmerzen sorgen. Erstaunlicherweise boten ihm gerade solche Quellen hochbrisantes Material an, von denen man dies am wenigsten erwarten dürfte.

1970 flauten die Kämpfe in Süd-Vietnam etwas ab. Am Einmarsch in Kambodscha beteiligten sich die Gruppen der »A«-Kompanie der 5. Gruppe mit ihren Hiwis. Der bereits Jahre zuvor geplante Rückzug der USA begann offiziell am 15. April 1970, zu diesem Zeitpunkt zogen sie die ersten 400 Mann ab. Am 1. Juni erfolgte die Übergabe von 37 Special-Forces-Stützpunkten an die südvietnamesische Armee, die diese in Ranger-Camps umfunktionierte. Ende Juni wurde die Reaktionstruppe B-52, »Projekt Delta«, aufgelöst. Mitte Oktober erging der Befehl zur Auflösung von vier Fernmelde- und vier Feindnachrichteneinheiten. Zum 1. November hatte die »C«-Kompanie die Übergabe der Stützpunkte im Bereich des I. Korps vollzogen und kehrte in das Hauptquartier in Nha Trang zurück. Einen Monat später folgte die im Mekong-Delta stationierte Kompanie »D«. Zum Jahresende löste man die bisherige »Recondo-Schule« auf, ebenso die 5. mobile Einsatztruppe, das Detachment B-55; die Zusammenarbeit mit den Einheimischen -Verbänden endete am 31. Dezember 1970. Die Kompanie »A« kam unter das Kommando der Army, die restliche 5. Gruppe wurde dem stellvertretenden Oberbefehlshaber unmittelbar unterstellt. Mitte Januar kehrte auch die »B«-Kompanie nach Nha Trang zurück, wenig später erfolgte die Auflösung weiterer Unterstützungseinheiten.

Am 24. Februar fand die Abschiedsparade in Nha Trang statt, die Liegenschaften gingen in die Verwaltung der US Army Vietnam über. Der offizielle Schlußstrich wurde am 1. Mai 1971 gezogen, als eine Ehrengarde von 94 Mann unter dem Kommando des letzten Kommandeurs der 5.

Gruppe den Flugplatz verließ und die Fahnen und Auszeichnungen der Special Forces nach Fort Bragg zurückbrachte.

Noch während sich die letzten »Green Berets« in das Flugzeug begaben, begannen Handwerker mit dem Abbruch der ehemaligen Stabs- und Unterkunftsgebäude. Für die Special Forces endete eine Epoche, die sie maßgeblich geprägt hatte und deren Nachwirkungen noch auf Jahre hinaus in der Truppe zu spüren waren. Sie ließen nahezu 600 Gefallene in Südostasien zurück, 2658 Verwundetenabzeichen verweisen auf die große Zahl der Verwundungen dieser höchstdekorierten amerikanischen Einheit.

Entgegen der manchmal anzutreffenden Auffassung, es habe sich um eine überstürzte Flucht gehandelt, war der Rückzug schon ab 1966 geplant worden. Die Vietnamesen wurden keinesfalls von ihren großen Freunden im Stich gelassen; sie hatten bis zur endgültigen Niederlage im Jahre 1975 genügend Zeit, sich den allgemeinen Veränderungen anzupassen oder unterzutauchen. Gerade die kriegerischen Bergvölker waren seit jeher schwer zu kontrollieren und wechselten bevorzugt in die angrenzenden Nachbarländer über. Sie dürften sich auch noch heute unter dem neuen Regime einer gewissen Selbständigkeit erfreuen.

Mittelfristig wird aber die Anwesenheit und das teilweise gezeigte erhebliche Engagement der »Green Berets« auch seinen Teil dazu beigetragen haben, die Lebensbedingungen großer Teile der Bevölkerung positiv verbessert zu haben.

Von Teheran nach Bagdad

Der schon Ende der 60er Jahre ins Auge gefaßte Personalabbau lief 1970 voll an. Im März 1971 endete die Rückverlegung der 5. Gruppe nach Fort Bragg, tatsächlich kehrten aber nur die Soldaten in die USA zurück, die mehr als die Hälfte des turnusmäßigen einjährigen Einsatzes hinter sich hatten. Der Rest blieb in Vietnam, beteiligte sich an der Übergabe von Camps und Einrichtungen an die vietnamesischen Ranger, leistete Ausbildungs- und Beraterdienste und führte innerhalb konventioneller US-Einheiten im begrenzten Umfange Erkundungs- und Kommandounternehmen durch. Auch grenzüberschreitende Operationen – zusammen oder im Auftrag der CIA – sind auch noch nach 1971 zu verzeichnen. Als sich gegen 1973 der Ausbildungsstand und Kampfwert der südvietnamesischen Soldaten immer mehr verschlechterte, kehrte für einen befristeten Zeitraum nochmals eine größere Ausbildungtruppe der »Green Berets« in das Land zurück, um die angeschlagene Armee Süd-Vietnams etwas auf Vordermann zu bringen. In den nachfolgenden Jahren wurde es recht ruhig um die einstmals gefeierten Elite-Soldaten. Nicht lange nach dem Abzug der 5. Gruppe erging der Befehl über die Auflösung der 1. Gruppe auf Okinawa, etwas später verschwand die 46. Kompanie in Thailand; damit war die Präsenz in Asien praktisch beendet. Lediglich in Süd-Korea befindet sich noch ein unterbesetzter Verbindungsstab innerhalb eines B-Teams.

Auch die 8. Gruppe in Panama stellte ihre Aktivitäten ein, fand jedoch einen teilweisen Ersatz durch das 3. Bataillon der 7. Gruppe. Die 3. und 6. Gruppe in Fort Bragg waren schon vorher aufgelöst worden, der größte Teil der 10. Gruppe befand sich nun in den Vereinigten Staaten. Die Personalreduzierungen betrugen über 60%. 1974 trugen nur noch etwa 4500 Mann das grüne Barett; vorgesehen war eine weitere Reduzierung auf eine Endstärke von 3000 Mann, die allerdings nicht ganz vollzogen wurde. Ein Teil des hochqualifizierten Personals, Unteroffiziere mit langjährigen Vordienstzeiten, wurde nun nicht mehr gebraucht und erhielt die Versetzung zu einer anderen Einheit der US Army. Viele Experten schieden freiwillig aus, gingen in Pension oder suchten sich im Zivilleben einen neuen Job, meist verbunden mit einem erheblichen sozialen Aufstieg und finanzieller Verbesserung. Vorher aber, am 21. November 1970, schlugen die »Green Berets« in einer tollkühnen Aktion nochmals zu. Der Sturm auf das Gefangenenlager Son Tay in Nord-Vietnam stellte für lange Zeit die letzte Großaktion der »Green Berets« dar, sie versuchten dabei, US-Kriegsgefangene aus einem Lager in der Nähe von Hanoi herauszuholen. Die gemeinsame Rettungsaktion von US-Luftwaffe und Special Forces stand unter dem Oberbefehl des Luftwaffengenerals Leroy Manor, die Aktionen am Boden leitete der schon zu Lebzeiten eine Legende gewordene Colonel »Bulle« Arthur Simons. An dieser markanten, knorrigen Persönlichkeit kommt niemand vorbei, der die Entwicklung der Special Forces studiert. Im Kriegsjahr 1941 wurde der studierte Journalist und Reserveoffizier Soldat und übernahm alsbald die B-Kompanie des 6. Ranger-Bataillons und zeichnete sich bei einer Anzahl halsbrecherischer Unternehmen durch Kaltblütigkeit, Tapferkeit, Mut und Fürsorge für die ihm unterstellten Soldaten aus. Nach der Teilnahme am Koreakrieg und einer Tätigkeit als Berater in der türkischen Armee »entdeckte« er die Special Forces, denen er künftig die Treue hielt. 1960 gelangte er in einer geheimen Aktion, von der CIA gesteuert und mit dem Kode-Namen »White Star« bedacht, zusammen mit weiteren ausgewählten 107 »Green Berets« nach Laos. Im Auftrag der laotischen Regierung sollte die nicht sehr kampfkräftige Armee des Königreiches ausgebildet und modernisiert werden. Simons sah sehr bald, daß die Streitkräfte hoffnungslos heruntergewirtschaftet waren und eine Hebung der Kampfkraft wenig Aussicht auf Erfolg zeigte. Er fand einen ganz anderen Weg ein militärisches Gegengewicht zu den von China und Nordvietnam massiv unterstützten kommunistischen Formationen zu bilden. Es gelang ihm, genügend einheimische Krieger der »Meo's« für den Aufbau paramilitärischer Verbände zu gewinnen und sie zu brauchbaren Kämpfern zu formen. In kurzer Zeit schafften er und seine Männer es, zwölf kampfkräftige Bataillone aufzustellen. Simons war bekannt für seine Überlegtheit, Ruhe, immerwährende Fürsorge für seine Leute und seine konsequente Beharrlichkeit. Eines der laotischen Bataillone lief zum Gegner über und nahm einige der Berater der »Green Berets« als Geiseln mit. Colonel Simons reagierte blitzschnell. Mit dem nächsterreichbaren Hubschrauber flog er mitten in das befestigte Lager der Überläufer, dort begrüßte ihn der Kommandeur mit noch immer scheuem Respekt. Simons verlangte die unverzügliche Auslieferung seiner Männer, anderenfalls drohte er das Camp von der Luftwaffe bombardieren und dem Erdboden gleichmachen zu lassen.

Der Laote ließ die Amerikaner frei, die sofort mit dem Hubschrauber in Sicherheit gebracht wurden. Eine halbe Stunde später bekamen die laotischen Soldaten die Quittung: Simons befahl trotzdem den Luftangriff, und die Rechnung war beglichen. Als die Amerikaner nach Ausführung einer Vielzahl abenteuerlicher, gefährlicher Einsätze ein Jahr später Laos verließen, waren es immer noch 107 Mann. Er sorgte für seine Männer, plante alle Aktionen mit äußerster Sorgfalt und genoß das blinde Vertrauen seiner Untergebenen, die mit ihm »zur Hölle und wieder zurück« gegangen wären. Colonel Simons pendelte im nächsten Jahrzehnt zwischen Süd-Amerika und Vietnam ständig hin und her.

So wundert es nicht, daß man die Befreiungsaktion der Gefangenen im Herbst 1970 in seine Hände legte. Gegen 2 Uhr morgens am 21. November 1970 flogen einige Hubschrauber und Transportflugzeuge in den Luftraum von Son Tay, rund 30 km von der Stadt Hanoi entfernt, ein. Nach Erkenntnissen der Nachrichtendienste waren dort seit 1968 alliierte Kriegsgefangene untergebracht, überwiegend abgeschossene Flugzeugbesatzungen. Das Transportflugzeug vom Typ »Hercules« hielt die Fernmeldeverbindung aufrecht und tankte die Hubschrauber in der Luft auf. Die waffenstarrenden Kampfhubschrauber transportierten 56 Soldaten der Special Forces und einige Ranger. Sie waren in monatelanger Kleinarbeit an einer maßstabsgerechten Nachbildung des Lagers ausgebildet worden und beherrschten ihre jeweiligen Einzelaufträge im Schlaf. Während der Vorbereitung, sie fand in einem geheimen Stützpunkt der USA statt, ging man aus Geheimhaltungsgründen sogar soweit, daß die Ausbildungsanlage immer dann abgebaut wurde, wenn ein bekannter sowjetischer Aufklärungssatellit die Region überflog. Der improvisierte Flugverband startete von Thailand aus und sollte die vermuteten 70 Gefangenen im Handstreich befreien und ausfliegen. Als die Hubschrauber unbehelligt das Camp erreicht hatten, eröffneten sie aus allen Rohren das Feuer. Jagdbomber der Luftwaffe flogen zusätzliche Entlastungsangriffe gegen die feindliche Luftabwehr. Die Kampf- und Transporthubschrauber landeten mitten im Gefangenenlager, der Helikopter von Colonel Simons etwas abseits vom Ziel. Der Kommandeur und seine Männer erhielten unmittelbar nach der Landung heftiges Feuer und wurden in einen mörderischen Nahkampf verwickelt. Bei den Gegnern dürfte es sich mit großer Wahrscheinlichkeit um russische oder chinesische Berater gehandelt haben, es waren überwiegend hochgewachsene Männer. Mit der ihm eigenen Kaltblütigkeit nahm Simons den Feuerkampf auf und tötete mit seinem Sturmgewehr viele Feinde. In kurzer Zeit konnten die Soldaten des Kommandotrupps den Widerstand brechen und sich mit dem Gros der Truppe im Camp vereinen. Dort informierten gerade Lautsprecher die vermeintlichen Gefangenen über die geglückte Befreiung und forderten sie auf, sich zum Abtransport zu sammeln. Aber nicht einer der Gefangenen ließ sich blicken. Innerhalb weniger Minuten konnten sich die »Green Berets« davon überzeugen, daß überhaupt kein Gefangener im Lager war. So blieb ihnen nichts anderes übrig, als unverzüglich den Rückzug anzutreten. Verbittert begaben sich die Soldaten wieder in die Hubschrauber und traten mit zwei Verwundeten den Heimflug an. Die Gründe des Mißerfolgs sind vielschichtig. Bereits vier Monate vor dem Start des Sonderunternehmens mußte man die Kriegsgefangenen in ein anderes Gefängnis verlegen, da eine Überschwemmung der Region in der Regenzeit erwartet wurde. Die Zusammenarbeit zwischen Teilstreitkräften, Nachrichtendiensten und Dienststellen der Vietnamesen klappte überhaupt nicht. Später stellte sich heraus, daß Aufklärungsmaterial, auf dem deutlich die leeren Gefängniszellen zu erkennen waren, schon vor Beginn der Kommandoaktion vorhanden, aus unerklärlichen Gründen aber weder ausgewertet noch weitergegeben wurde. Dieser Mißerfolg gab der in Militärangelegenheiten damals außerordentlich kritischen US-Presse eine gute Gelegenheit, gegen die besonderen »Sündenböcke« des Vietnamkrieges zu wettern. Zwar zeichnete man die Teilnehmer an dem Befreiungsunternehmen mit hohen Orden aus, Teile der Öffentlichkeit schoben die Schuld für den Fehlschlag den »Berets« zu, die als »wildgewordene Cowboys« bezeichnet wurden.

Arthur Simons ging kurze Zeit später als Lieutenant-Colonel in Pension, er hatte seinem Vaterland 30 Jahre treu gedient und nach seinen eigenen Worten keine Lust, sich durch »Arschkriecherei« bei einflußreichen Vorgesetzten in der militärischen Hierarchie weiter »hochzubuckeln«. Im Ruhestand konnte er sich endlich seiner Familie widmen, gab gelegentlich noch aktiven jüngeren Kameraden wertvolle Ratschläge und züchtete in einer einsamen Farm Schweine. Aber noch einmal kam der »Bulle«, der übrigens ein mißtrauischer, aber außerordentlich gebildeter und höflicher Mensch war, in die Schlagzeilen der Weltpresse.

Als 1978 die Revolutionswirren den Iran in einen brodelnden Hexenkessel verwandelten und die Anhänger des Ayatolla Khomeini mit Vorliebe gegen die verhaßten Ausländer vorgingen, ereigneten sich viele Morde und unberechtigte Festnahmen, Opfer von Willkür und Ausländerfeindlichkeit wurden auch die beiden US-Geschäftsleute Paul Schiapparoni und William Gaylord, die als Angestellte der Firma Electronic Data Systems, Dallas, im Auftrag der iranischen Regierung ein EDV-gestütztes Sozialversicherungssystem aufbauten. Nach der Festnahme forderte das Justizministerium des Iran ein Lösegeld in Höhe von umgerechnet 12,75 Millionen Dollar. Der Firmeninhaber weigerte sich, einen derart hohen Betrag für die Freilassung seiner Mitarbeiter aufzubringen und nahm – nachdem sich die Behörden als zu schwerfällig erwiesen hatten – als cleverer Geschäftsmann die Sache selbst in die Hand. Er heuerte den ihm von früher her bekannten pensionierten Lieutenant-Colonel an, der unter seinen Mitarbeitern 14 Freiwillige für ein spektakuläres Unternehmen aussuchte. Ein Teil davon hatte Kriegserfahrungen in Vietnam gewonnen, darunter auch einige ehemalige Angehörige der Special Forces und der Ranger. Simons unterzog die geeigneten Mitarbeiter aus der US-Firma einer improvisierten Spezialausbildung, und im Februar 1979 konnte die Sache starten. Simons begab sich mit einem Teil seiner Männer nach Teheran und begann mit den Vorarbeiten eines waghalsigen Befreiungsunternehmens. Er sondierte gründlich die Lage, nahm Verbindung zu den Inhaftierten auf und wartete auf eine günstige Gelegenheit. Die US-Angestellten waren im größten Gefängnis der Stadt untergebracht und sollten notfalls mit Gewalt befreit werden. Über die eigentliche Befreiung gibt es zwei Versionen. Nach der einen soll der »Bulle« mit saftigen Bestechungsgeldern eine Anzahl Iraner soweit gebracht haben, daß sie vor einem Sturm auf das Gefängnis allgemeine Verwirrung stifteten. Eine andere Version besagt, daß die Massen ohne fremdes Zutun das Gefängnis stürmten, alle Inhaftierten befreiten und so auch den Amerikanern die Flucht ermöglichten. Jedenfalls trafen sich die Befreiten und das Rettungskommando in einem Teheraner Hotel und schlugen sich in einer gefahrvollen Flucht zur türkischen Grenze durch. Obwohl mehrfache Festnahmen durch örtliche Banden und Revolutionäre erfolgten, schmuggelten sich die Amerikaner, denen sich noch weitere Flüchtlinge angeschlossen hatten, unbeschadet in die Türkei. Dort erwartete sie der Firmeninhaber schon persönlich mit einer gecharterten Maschine vom Typ Boing 707 und brachte Retter und Befreite wohlbehalten nach Dallas zurück. Die US-Regierung leistete bei diesem Unterneh-

144

men keinerlei Unterstützung, das Außenministerium äußerte sich nicht zu dieser Angelegenheit.

Eine 1980 von der US-Regierung verantwortete Aktion zur Rettung von Geiseln – auf sie wird später noch eingehend eingegangen – stand mit diesem Vorgang in keinerlei Verbindung. Sie war letztlich glücklos; manche Stimmen schreiben dies dem Umstand zu, daß Präsident Carter eben keinen Arthur Simons zur Verfügung hatte.

Zu den Bewunderern des legendäre »Bullen« gehörte auch der Schauspieler John Wayne. Er äußerte sich so über Simons: »Er spielte im wirklichen Leben die Rollen, die ich nur im Film darstellte«.Im Alter von nur 60 Jahren erlag der Veteran zahlreicher Himmelfahrtsunternehmen einem Herzanfall. Einer seiner Freunde, Ross Perot, vielfacher Millionär und glückloser Präsidentschaftskandidat von 1992, kümmerte sich in den letzten Monaten um den kranken, verwitweten Offizier und ließ ihn in Dallas/Texas begraben.

Für eine Anzahl ehemaliger »Green Berets« gab es allerdings große Eingliederungsprobleme in das Zivilleben. Viele konnten ihre Kriegserlebnisse nicht verarbeiten, das Trauma Vietnam lastete ohnehin auf der amerikanischen Gesellschaft. Die Stimmung im Volk hatte sich in den frühen 70er Jahren nun gegen die einst gefeierten Kriegshelden gerichtet. Manche in die USA zurückkehrende Soldaten der Special Forces konnten es nicht verkraften verspottet, angespuckt und erniedrigt zu werden. In mehreren Fällen flüchteten sie in abgelegene Regionen, vegetierten jahrelang als »Waldmenschen« unter menschenunwürdigen Umständen dahin. Als sehr hilfreich erwiesen sich die zahlreichen Initiativen ehemaliger und aktiver Angehöriger der Sondertruppen, die sich in aufopfernder Kameradschaft gegenseitig halfen und unterstützten.

Einige ehemalige Grünkappen betätigten sich als Söldner für verschiedene Staaten und Interessengruppen. Ihre Zahl wird jedoch von den Medien weit übertrieben, in Wirklichkeit handelt es sich hierbei nur um eine verschwindend geringe Minderheit, die keineswegs repräsentativ ist.

Der besondere Zusammenhalt der »Green Berets« untereinander endet auch nicht, wenn sie in anderer Verwendung bei den Streitkräften Dienst tun. Sie helfen nicht nur den »Unterdrückten«, sondern auch sich selber und sind stolz, einer Elite anzugehören oder angehört zu haben. »Wir sind daher sehr »clannish«, dies ist der schottische Ausdruck, einem Stamm zugehörig zu sein, und dieses Gefühl ist es eben, das uns auszeichnet, um welches wir beneidet, oft auch gehaßt werden.« Diese Aussage stammt von Mastersergeant Neithard Cramer von Clausbruch, einem ehemaligen Unterführer der Special Forces, der nach den Personalreduzierungen zur 3. mechanisierten US-Infanteriedivision versetzt wurde. Mastersergeant von Clausbruch ist gebürtiger Deutscher, er wanderte aus dem tristen Nachkriegsdeutschland aus und trat in die US Army ein. Seit 1967 diente er bei den »Green Berets« und nahm an Kampfeinsätzen in Süd-Vietnam teil. Nach den Kürzungen und Umgliederungen landete er bei der Artillerie der US Army und wurde später zu einem Verbindungsstab der US Army für die Zusammenarbeit mit der Bundeswehr versetzt. Während des Großmanövers »Reforger« 1979 war er als Verbindungsoffizier zusammen mit zwei Soldaten der Bundeswehr dienstlich mit einem VW-Bus des deutschen Verteidigungsbezirkskommandos unterwegs. Als das Benzin knapp wurde, steuerte von Clausbruch die US-Kaserne in Illesheim an und wollte tanken. Die GIs verweigerten ihm den Sprit, angeblich waren alle Tankwagen fort und Treibstoff nicht vorhanden. Die Situation änderte sich, als plötzlich der »First Sergeant« einer mechanisierten Infanterie-Kompanie aus dem Gebäude trat und den Befehl zum sofortigen Auftanken gab. Nun gab es auf einmal Benzin und der Tank wurde gefüllt. Für den unerwarteten Umschwung gibt es eine Erklärung, die typisch für das Zusammengehörigkeitsgefühl bei den Special Forces ist. Der First-Sergeant Callaghan kannte von Clausbruch nicht, aber beide trugen an der rechten Schulter das Abzeichen der Special Forces, bei der sie im Krieg gemeinsam dienten. Diese Tatsache genügte schon als Anstoß für die gegenseitige Unterstützung und Hilfe, zu der sich die »Green Berets« immer verpflichtet fühlen.

Ab 1973 ergab sich in den USA die Aussetzung der Wehrpflicht und der Übergang zur »modernen Freiwilligen-Armee«. Wehrpflichtige wurden nun nicht mehr eingezogen und das ergiebige Menschenreservoir versiegte.

Die jungen Freiwilligen konnten sich unmittelbar bei der von ihnen gewünschten Einheit bewerben, teilweise suchten sich sogar die einzelnen Divisionen und Verbände auf eigene Faust den Nachwuchs. In den vorangegangenen Jahren kamen gewöhnlich nur solche längerdienende Mannschaften und Unteroffiziere freiwillig zu den Sondertruppen, die bereits schon voll ausgebildete Soldaten waren und entsprechende Vorkenntnisse mitbrachten. Nunmehr traten junge Zivilisten unmittelbar von Schule und Beruf bei den Special Forces ein, so eine erhebliche Fluktation und zusätzliche Ausbildungsmaßnahmen auslösend. Jedoch hatten auch weiterhin gediente Soldaten die Möglichkeit beim Erfüllen der allgemeinen Voraussetzungen, sich freiwillig zu den Sondertruppen versetzen zu lassen. An die Stelle der »Special Warfare« des vorangegangenen Jahrzehntes traten nun reduzierte Einsatzkonzepte mit neuen Inhalten. In den Vordergrund trat der politische und gesellschaftliche Gedanke, sich entwickelnden Konflikten schon früh im Vorfeld mit beratenden und vorbeugenden Maßnahmen entgegenzutreten. Die kombinierte zivile und militärische Entwicklungshilfe sollte vor allem präventiv wirken. Daneben legte man nun offensichtlich wieder mehr Wert auf den klassischen, ursprünglichen Auftrag der unkonventionellen Kampfführung. Zivile Hilfsmaßnahmen zur Unterstützung sozial schwacher Minderheiten in den USA kamen hinzu. Langsam formte sich ein neuer Typus von »Green Berets«, eher zurückhaltend, gutmeinend und hilfreich, eine Wende weg vom zerstörerischen Kämpfer und gelegentlichen »Killer« der Vergangenheit.

Nach Vietnam bemühten sich die USA, die zurückkehrenden Soldaten besser in Staat und Gesellschaft zu integrieren, die vorhandenen Kapazitäten auch für Zwecke der zivilen Hilfe zu nutzen. Diese Entwicklung brachte es mit sich, daß die Soldaten der Special Forces nun im eigenen Lande Aufbauhilfe leisteten, sie gewährten wirtschaftliche und soziale Hilfen, übernahmen die medizinische Versorgung in Indianerreservaten, gaben dort Schulunterricht oder bauten Straßen und Brücken. Hinzu kamen Hilfeleistungen bei Naturkatastrophen, Rettung von in Bergnot geratenen Touristen oder Schiffsbrüchiger. An der Durchführung der US-Weltraumprogramme beteiligten sie sich als Bergungs-, Such- und Rettungsmannschaften.

Die Hilfsmaßnahmen in den USA gaben den Soldaten nicht nur die Möglichkeit, ihre Vielseitigkeit zu beweisen und die beherrschten Fertigkeiten sinnvoll und nutzbringend anzuwenden, gleichermaßen lernten sie selbst hinzu und verbesserten die Kontakte zur einheimischen Bevölkerung. Auch sonst gab es einige Änderungen, eine realistische, fordernde »Abenteuerausbildung« bildete nun den Höhepunkt des jeweiligen Militärischen Ausbildungsjahres. Dabei zogen die Soldaten für lange Zeiträume in unwegsame Wälder, absolvierten Lehrgänge im Dschungelkampf oder bauten Iglus in Alaska. Im Vordergrund stand auch die Nachvollziehung von Entdeckerexpeditionen, wie sie während der Erschließung und Besiedelung des nordamerikanischen Kontinents in den Pioniertagen der Vergangenheit einmal tatsächlich zur Durchführung kamen.

Einen Auftrag besonderer Art erhielt die 7. Gruppe in Fort Bragg zugewiesen. In den 70er Jahren bildete das Drogenproblem, mit allen seinen negativen Auswirkungen auf Bestand und Einsatzbereitschaft militärischer Einheiten, das größte Personalproblem innerhalb der US-Streitkräfte. Gezielte Rehabilitationsmaßnahmen bildeten einen Schwerpunkt der eingeleiteten Bekämpfungsmaßnahmen. Besondere Problemfälle wurden von den Männern der Special Forces aus den Militärgefängnissen übernommen und einer Sonderbehandlung unterworfen. Die »Green Berets« zogen mit ihren Schützlingen in besonders abgelegene Regionen, in dieser Wildnis isolierte man die Patienten von den ursächlichen negativen sozialen Einflüssen. Sie mußten lernen, in einer gnadenlosen Umwelt zu überleben, für sich selbst zu sorgen, lernten dabei Selbstdisziplin und gewannen Selbstvertrauen. So machten sie die Erfahrung, daß Erfolg oder Mißerfolg weniger von den Umständen der Umwelt, sondern einzig und allein von der eigenen Persönlichkeit abhängen.

Die militärischen Organisationsformen erhielten eine Angleichung an übliche Gliederungen der US Army. Dies äußerte sich in der Einführung der Stufe Bataillon, die früher nur in Ausnahmefällen vorhanden war. Den drei Special Forces Groups unterstanden nun Bataillone und Kompanien, die Einsatzteams A, B und C blieben aber in ihrer Grundstruktur erhalten. In Bad Tölz führten die verbliebenen Reste der 10. Gruppe weiterhin eine besonders scharfe Ausbildung durch. 1972 schwammen ein First-Lieutenant und ein Sergeant des Detachments zwischen Dover und Cap Gris Nez im Kampfanzug über den Ärmelkanal, zusätzlich noch mit einem wasserdichten Kampfschwimmeranzug ausgestattet. Sie benötigten für die 42 Kilometer lange Strecke 18 Stunden und 44 Minuten. Häufig belegten sie Lehrgänge bei der Bundeswehr, so an der Gebirgs- und Winterkampfschule bei Mittenwald, bei der Kampfschwimmerkompanie der Marine in Eckernförde und besonders an der Luftlande- und Lufttransportschule Schongau sowie der Einzelkämpferinspektion. Gegen 1975 erhielt die

Spezialtruppe in Fort Bragg Anweisung, sich wieder mehr dem militärischen Auftrag der unkonventionellen Kriegführung zu widmen. Zeitweilig arbeiteten die »Green Berets« gleichzeitig an 29 Entwicklungsprojekten in sieben verschiedenen Staaten. Es ergaben sich auch Komplikationen mit zivilen Firmen und Freiberuflern, die sich durch die »Konkurrenz« der Soldaten in ihrer wirtschaftlichen Existenz bedroht fühlten. Die Rücksichtnahme auf die Interessen der zivilen Geschäftswelt und die militärischen Forderungen, führten schließlich zu einer Reduzierung und später Einstellung der sozialen Hilfs- und Unterstützungsmaßnahmen im eigenen Lande.

Zurück blieben neue Unterkünfte in Indianerreservationen in Montana, Waisenhäuser in South Carolina oder ein Netz freiwilliger Feuerwehren in Kentucky.

Immer wieder wurden Stimmen laut, die eine Auflösung der »überflüssigen Luxuseinheit« forderten. Trotzdem blieben die Special Forces erhalten, auch die Indienststellung von zwei aktiven Ranger-Bataillonen wirkte sich nicht auf die Existenz der Sondertruppen aus. Die befürchtete und vielleicht auch beabsichtigte Personalabwanderung zu den Rangern fand nicht statt. Die zur leichten Infanterie gehörende Rangertruppe, vorgesehen für taktische Handstreiche, schnelle Verlegungen und Fernaufklärungsunternehmen mit geringer Eindringtiefe, bildete für die Männer der Special Forces keine Alternative. Einer Befragung zufolge hätten die meisten »Green Berets« bei einer Auflösung ihrer Truppe und Versetzung zu den Rangern es vorgezogen, die US Army überhaupt zu verlassen. Informierte Kreise behaupten sogar, die Aufstellung der Ranger-Bataillone sei eine späte Rache des US-Heeresoberbefehlshabers gewesen, der den »Berets« während der Schlußphase des Vietnamkrieges nicht »grün« gewesen war. Die Ranger sollten danach eine Alternative zu den Special Forces bilden, die man gerne in der Ecke irgendeines Armeemuseums versteckt hätte. In dieser Richtung muß man auch die Rede des Heeresoberbefehlshabers deuten, der die Ranger aufforderte als tapfere, mutige Soldaten, aber nicht als undurchsichtiges Gesindel und Lumpenpack ihrem Lande zu dienen. Der gezielte »Seitenhieb« auf die ungeliebten Sondertruppen ist kaum zu übersehen. Insgesamt betrachtet, spielten die Special Forces im Gesamtrahmen der US Army in dem Vietnamtrauma folgenden Jahrzehnt nur eine unbedeutende Rolle. Neben der eigenen Weiterbildung betätigen sich die »Green Berets« besonders als Ausbilder, leiteten Lehrgänge für Angehörige der Kampftruppen im Überleben unter schwierigsten Bedingungen und schulten sie in der Kampfführung im schwierigen Gelände. Ebenso griff die US Army gerne auf die spezialisierten Soldaten zurück, wenn innerhalb der offiziellen Militärberatungs- und Auslandshilfeprogramme geeignetes Personal für den Aufenthalt in den verschiedensten Teilen der Erde benötigt wurde. Die in Fort Bragg verbleibenden Bataillone der 5. und 7. Gruppe waren größtenteils mit Ausbildungs- und Fortbildungsaufgaben betraut, für größere Projekte und weiterführende Vorhaben fehlten personelle und materielle Kapazitäten. Ausbildung und Einsatzkonzepte erlebten eine gewisse Anpassung an die sich verändernden Gegebenheiten der unkonventionellen Kampfführung, man widmete sich nun auch Fragen der Stadtguerilla, des Einsatzes gegen strategische Waffen und besonders der Terroristenbekämpfung, die in der zweiten Hälfte der 70er Jahre stark im Vordergrund stand. »Alte Zöpfe«, überholte Einsatzdoktrinen und Techniken ersetzten neue, an den praktischen Forderungen ausgerichtete Verfahren. In Fort Bragg bürgerte sich folgender Dienstablaufrhythmus ein: Je Gruppe befand sich im Wechsel ein Bataillon in ständiger Alarm- und Einsatzbereitschaft, eines führte Feldübungen oder andere Einsätze im In- und Ausland durch, während das dritte den Garnisonsdienst übernahm, der mit Wacheschieben, Stellung von Fahrbereitschaften, Ausführen von Haustieren hoher Offiziere, oder Rasenmähen wenig beliebt ist. Im Jahre 1979 schien es, daß eine erneute massive Personalreduzierung den Mannschaftsbestand der Sondertruppen um ein weiteres Drittel kürzen sollte. Die Pläne sahen vor, die gesamte 7. Gruppe, die damals über 1100 Mann verfügte, aufzulösen und ein 450köpfiges Bataillon für Sondereinsätze aufzubauen. Das restliche Personal sollte abgezogen werden und konventionelle Verbände verstärken. Das Engagement einiger vorausblickender einflußreicher Politiker und Offiziere brachte den Plan zu Fall, jedoch wurden 380 Planstellen gestrichen. Diese Reduzierung hatte zur Folge, daß lediglich die beiden Bataillone im Panama und Bad Tölz in der bisherigen vollen Einsatzstärke erhalten blieben.

Aber das »Tief«, das Jahrzehnt des Aschenputteldaseins und »tiefen Schlafes« der Special Forces war noch nicht vorüber. Die 80er Jahre begannen wieder einmal mit einem Mißerfolg der Vereinigten Staaten und ihrer Streitkräfte, an dem auch Angehörige der »Green Berets« – weitgehend passiv – beteiligt waren. Die vom damaligen US-Präsidenten Carter angeordnete und verantwortete Befreiungsaktion für die in Teheran widerrechtlich festgehaltenen Geiseln der US-Botschaft stand, in ihrem eigentlichen Befreiungseinsatz im Iran, unter dem Kommando von Colonel Beckwith, einem Fallschirmjägeroffizier und Haudegen aus der Zeit des Vietnamkrieges, der die »Delta Force«, eine für den Anti-Terroreinsatz spezialisierte Formation der Special Forces aufgebaut hatte und befehligte. Colonel Beckwith ist ein in Kreisen der Sondertruppen recht unterschiedlich beurteilter Offizier, ein dynamischer »Heißsporn« mit einer ausgesprochenen Neigung zu Konflikten, eher zu Vorgesetzten und Gleichgestellten, als zu Untergebenen. Sein Hang zu spontanen Entscheidungen und seine Hartnäckigkeit, einen einmal eingeschlagenen Weg bis zum bitteren Ende durchzustehen, brachten ihm und seiner Umgebung viele Probleme. Insider bezeichnen Beckwith eher als Anhänger der »harten Linie«, die mehr in die Richtung von Kommando- und Kampfunternehmen deutet und die eigentlichen Prinzipien der unkonventionellen Kampfführung, präventive Vorbeugung von Konflikten und Zusammenarbeit mit der einheimischen Bevölkerung, vernachlässigt.

Charlie Beckwith wurde 1958 als junger Fallschirmjägeroffizier zur Special Forces versetzt, da man dort dringend Offiziere brauchte. Anschließend wurde er bei einer verdeckten Aktion in Laos eingesetzt. 1962 erfolgte im Rahmen eines Austauschprogrammes zwischen der britischen Armee und der US Army eine einjährige Dienstleistung im elitären »Special Air Service Regiment«, diese Zeit prägte Beckwith entscheidend. Die Monate beim SAS vermittelten dem jungen Offizier Erfolgserlebnisse besonderer Art, und von diesem Zeitpunkt ab kannte er nur noch ein Ziel, den Aufbau einer weitgehend der britischen Sondereinheit entsprechenden Formation in der US Army.

Als er in die USA zurückkehrte, wollte niemand etwas von seinem mit großer Begeisterung immer wieder vorgetragenen Vorschlag wissen, der zunehmend eskalierende Vietnamkrieg stellte ganz andere Forderungen, und bald befand sich Beckwith als Angehöriger der Special Forces auf dem südvietnamesischen Kriegsschauplatz. Dort baute er seine erste »Delta«-Truppe auf, eine zur schnellen Reaktion und Fernaufklärung befähigten Einheit aus Einheimischen und »Green Berets«. Unter seinem Kommando führte der Einsatzverband eine Reihe kühner Einsätze durch, unter anderen rettete er die überlebende Besatzung eines von zwei Vietkong-Regimentern schwer bedrängten eigenen Stützpunktes. Beckwith erlitt mehrere Verwundungen, wurde im Hubschrauber dreimal abgeschossen, kehrte abermals nach Vietnam zurück, dabei auch als Kommandeur eines Infanterie-Bataillons der 101. Luftlande-Division. Seine Pläne über den Aufbau einer Spezialeinheit nach dem Muster des britischen SAS vergaß er jedoch nicht. 1977 endlich, erhielt er »grünes Licht« und durfte nach jahrelangen Machtkämpfen eine in erster Linie als »Anti-Terror«-Einheit ausgerichtete Formation aufstellen. In mühevoller Kleinarbeit baute er im für seine »Delta«-Truppe eigens geräumten Militärgefängnis Fort Bragg – eine andere Örtlichkeit stand nicht zur Verfügung – seine beiden »squadrons« auf. Er gab sich große Mühe bei der Auswahl geeigneten Personals, es kam vorwiegend von Einheiten und Verbänden der Special Forces, aber auch Bewerber aus anderen Bereichen wurden akzeptiert. Der Colonel forderte für Ausbildung und Organisation der Anti-Terror-Truppe einen Zeitraum von zwei Jahren bis zur Einsatzreife, er holte sich dabei viele Anregungen vom britischen SAS, aber auch von der Sondereinheit des Bundesgrenzschutzes, der GSG-9, die gerade erfolgreich eine Geiselbefreiung hinter sich gebracht hatte und die er mehrfach besuchte. Bei der Ausbildung bildeten die Körperertüchtigung, das schnelle Überwinden von Hindernissen, eine umfassende Schießausbildung, der Umgang mit Sprengstoffen aller Art und psychologische Grundlagen die wesentlichen Schwerpunkte. Auf die Beherrschung einer Vielzahl praktischer, technischer Fertigkeiten, wurde besonders großer Wert gelegt.

Nach Ablauf der zwei Ausbildungsjahre stand eine hochqualifizierte, gut motivierte Einsatztruppe bereit, besonders befähigt, Terroristen in besetzten Gebäuden und Flugzeugen wirksam zu bekämpfen. Kurze Zeit nach der Meldung der Einsatzbereitschaft der beiden unter dem Kommando von Majoren stehenden Teileinheiten »A« und »B«, hinzu traten Führungs-, Unterstützungs- und Versorgungsteile, sollte Beckwith in die Bundesrepublik Deutschland versetzt werden.

Die aktuellen politischen Ereignisse brachten indessen eine neue Situation mit sich. Unter Bruch des Völkerrechts und ausdrücklicher Billigung durch Ayatolla Khomeini, besetzten am 4. November 1979 iranische

Revolutionäre die Teheraner US-Botschaft und nahmen 53 Botschaftsangehörige als Geiseln gefangen. Kurze Zeit darauf befaßte sich ein Krisenstab im US-Verteidigungsministerium mit Fragen einer gewaltsamen Befreiung. Unter strengster Geheimhaltung wurden die verschiedensten Befreiungspläne ausgearbeitet. Atomgetriebene Flugzeugträger wurden in die Nähe der arabischen Küste verlegt, Flugzeug- und Hubschrauberbesatzungen ausgewählt und für die Durchführung einer Rettungsaktion ausgebildet. Für den schwierigsten Teil des Unternehmens, der eigentlichen Befreiung der Geiseln im Rahmen eines zwar äußerst risikoreichen, grundsätzlich aber erfolgversprechenden Kommandounternehmens im Herzen des Iran, griff man erwartungsvoll auf die »Delta Force« sowie eine Rangereinheit zurück. In den nächsten Wochen verlegte die Truppe in einen geheimen Stützpunkt und bereitete sich intensiv auf das Rettungsunternehmen vor. Am Sandkasten und an Modellen wurde jede Phase der Aktion immer wieder durchgeübt, jeder Handgriff mußte sitzen. Die wiederholte Verschiebung des Beginns des Einsatzes zehrte mit der Zeit an den Nerven aller Beteiligten; am 24. April 1980 genehmigte dann der Präsident die Aktion, die den Kodenamen »Adlerklaue« erhielt. Die Planung sah folgenden Ablauf vor: Acht Großraumhubschrauber des Typs RH-53 D sollten Befreiungsmannschaft und Geiseln transportieren und ausfliegen, da aber die Reichweite der vom US-Flugzeugträger »Nimitz«, er lag vor der arabischen Küste, startetenden Hubschrauber zu gering war, wurde als Zwischenstation zum Auftanken ein unwirtlicher Ort in einer Wüstenregion ausgewählt, der etwa 150 km südöstlich von Teheran lag. Dort sollten sie auf sechs Transportmaschinen der Luftstreitkräfte stoßen, die von einem ägyptischen Flugplatz kamen, Sprit und Material mit sich führten. »Desert One«, die Bezeichnung für diesen Ort, war schon einige Tage vorher angeflogen und aufgeklärt worden, nach den Ergebnissen handelte es sich um eine öde, menschenleere Gegend, bestens geeignet, um in den Nachtstunden unbemerkt zu versorgen. Um Mitternacht sollte die Versorgung beendet sein und der Weiterflug der Hubschrauber vollzogen werden. Die Transportmaschinen beherbergten aber auch die 97 Männer der eigentlichen Rettungsmannschaft, die in die Hubschrauber »umsteigen« sollten. Allerdings kam es niemals so weit!

Die ersten Pannen traten schon bei der Landung der Transportflugzeuge auf, mehrere Zivilfahrzeuge, darunter auch ein voll besetzter Omnibus, tauchten unerwartet auf, und die Insassen wurden ungewollt Zeugen des gespenstischen Unternehmens. Die unerwünschten Gäste wurden sofort festgenommen, jedoch gelang einigen die Flucht, und das Risiko einer vorzeitigen Entdeckung stieg.

Besonderes Pech hatten die Hubschrauber, die von Besatzungen der »Marines« geflogen wurden. Schwierigkeiten traten schon beim Start auf dem Flugzeugträger auf, später gerieten einige der Hubschrauber in einen schweren Sandsturm und verloren zeitweise die Orientierung. Zwei der Hubschrauber fielen durch plötzlich auftretende technische Mängel aus. Zwischenzeitlich betrugen die Verzögerungen im Zeitplan über zwei Stunden, die Helikopterausfälle ließen zudem das Sonderunternehmen unkalkulierbar werden. Beckwith mußte jederzeit mit weiteren technischen Ausfällen rechnen, er hätte dann nicht mehr über genügend Transportraum verfügt, Retter und Geiseln zu transportieren. Über Funk informierte er seine Leitstelle in Ägypten, die unverzüglich Präsident Carter über die negative Lageentwicklung in Kenntnis setzte. Dieser befahl, die Aktion abzublasen. Die Transportflugzeuge und Hubschrauber sollten unbemerkt zu ihren Ausgangspunkten zurückkehren. Aber es traten weitere unerwartete Schwierigkeiten auf. Ein Hubschrauber wurde beim Betanken durch eines der Transportflugzeuge so schwer beschädigt, daß er in Brand geriet und explodierte. Acht Besatzungsmitglieder wurden getötet, die sich im Transportflugzeug befindlichen Soldaten des »Delta«-Teams konnten sich noch in Sicherheit bringen. Panik brach aus, und die Hubschrauberbesatzungen verließen ihre nur über wenig Treibstoff verfügenden Maschinen, um sich in den restlichen, noch unversehrten Transportern in Sicherheit zu bringen. Um weitere Verluste zu vermeiden beschloß Beckwith, die Hubschrauber zurückzulassen und in den noch einsatzbereiten Maschinen zurückzufliegen. Seinem Vorschlag, die zurückgebliebenen Maschinen durch einen Jagdbomberangriff durch US-Kampfflugzeuge zerstören zu lassen, entsprach der kommandierende General nicht. Nur unvollständig vernichteten die Soldaten geheime Dokumente und Material, die Angehörigen der Marinehubschrauber beteiligten sich angeblich überhaupt nicht daran.

Als der US-Präsident Colonel Beckwith empfing, waren beide über den Mißerfolg schier verzweifelt, dem sonst ach so harten Colonel kamen die Tränen. Die Vereinigten Staaten steckten als Quittung für die mißlungene Mission weltweit nur Schadenfreude, Spott und ungläubiges Kopfschütteln ein.

Noch einige Worte sollen gesagt werden über den geplanten Ablauf und den Einsatz von Agenten, welche die Kommandoaktion im Raum Teheran unterstützten.

Es war ursprünglich vorgesehen, daß die Hubschrauber gegen 1 Uhr morgens »Desert One« aufgetankt verlassen und das Einsatzkommando in die Nähe der Stadt Garmsar bringen sollten. Anschließend hätten die Hubschrauber ein Versteck in einer abgelegenen Gebirgsgegend anfliegen und sich dort vorübergehend verstecken sollen. In einer leerstehenden Garage sollten sich die Soldaten einen Tag verbergen und dann gegen Mitternacht mit von Agenten bereitgestellten Lastkraftfahrzeugen in die Nähe der US-Botschaft gebracht werden. Dort angekommen, lautete der Auftrag, die Botschaft zu stürmen und die Landsleute zu befreien. Zwischenzeitlich sollten die Hubschrauber ihr Versteck verlassen, die Stadt überraschend anfliegen, auf einem Sportfeld landen, dort Geiseln und Befreier an Bord nehmen und ausfliegen. Dabei sollten mehrere der Hubschrauber zur Überwachung und Feuerunterstützung in der Luft bleiben. Im weiteren Verlauf sollten dann die Hubschrauber alle Passagiere zu einem Behelfsflugplatz in Mansarieh bringen, der von einer Rangereinheit genommen, besetzt und gesichert werden sollte. Dort erwarteten Hercules-Transportflugzeuge die Flüchtenden für einen Abtransport aus dem Iran.

Für die letzte Phase hatten sich die Amerikaner auch vorsorglich auf größere Luftkämpfe mit der iranischen Luftwaffe eingerichtet und eine erhebliche Anzahl von Kampfflugzeugen in Alarmbereitschaft versetzt.

Die nachrichtendienstlichen Vorarbeiten im Iran, besonders im Großraum Teheran, oblagen dem Geheimdienst CIA, der aber nach den jüngsten Ereignissen dort nicht mehr über ein intaktes Agentennetz verfügte, lediglich einige Kontaktpersonen waren verfügbar. Ein erst kurze Zeit vor Beginn der Aktion pensionierter Offizier, ein aus dem Mannschaftsstand kommender, hochdekorierter ehemaliger Angehöriger der Special Forces, erklärte sich bereit, als Agent und Verbindungsmann in den Iran zu gehen, ebenso einige weitere Männer. Zuerst verweigerte die CIA ihre Zustimmung, sie bezeichnete den pensionierten Lieutenant-Colonel Meadows schlicht als Amateur. Da keine Alternativen vorhanden waren, wurde er schließlich als irischer Geschäftsmann in Teheran eingeschleust. Dort baute er eine Unterstützungs- und Spitzelorganisation aus Einheimischen auf. Ein iranischer Geschäftsmann mietete die schon erwähnte Garage, die als Versteck dienen sollte sowie sieben Mercedes-Lastkraftwagen, welche die Befreiungstrupps zur Botschaft gebracht hätten. Die Zusammenarbeit mit den Iranern erwies sich als gut, und auftretende Schwierigkeiten konnten mit Bestechungsgeldern schnell behoben werden. So wären von dieser Seite aus sicher keine Schwierigkeiten zu erwarten gewesen. Aber niemand kam. Als sich der Mißerfolg der Amerikaner wie ein Lauffeuer verbreitete, standen die Chancen für die US-Agenten nicht sehr gut, vor allem, weil die Perser nahezu alle Geheimunterlagen in ihren Besitz gebracht hatten. Meadows mußte sich schleunigst absetzen, er hatte die Möglichkeit unterzutauchen und konnte versuchen, die Türkei oder Abadan zu erreichen, ein zeitraubendes und risikoreiches Unterfangen. Er konnte aber auch versuchen, das Land ganz offiziell mit einem Verkehrsflugzeug zu verlassen. Das Risiko bei der Abfertigung geschnappt zu werden war außerordentlich hoch. Es gelang ihm aber, unbehelligt auszufliegen.

Beckwith ging bald nach dem mißglückten Unternehmen in Pension und arbeitet heute als freier Unternehmer.

Der Mißerfolg stellte sich, rückschauend betrachtet, als Folge einer Kette von Pannen dar. Einige der Ursachen sind jedoch auch Folge einer Beteiligung zu vieler und zu unterschiedlicher militärischer Einheiten und Regierungsstellen, die zusätzliche Unsicherheiten und Risiken verursachten. Hier wäre von Vorteil gewesen, wenn alle Maßnahmen in einer Hand gelegen hätten, vieles wäre so besser aufeinander abzustimmen und zu koordinieren gewesen. Dies schließt besonders den technischen und den nachrichtendienstlichen Bereich ein. Außerdem muß das Sicherheitsrisiko einer gewaltsamen Befreiung, mitten im aufgewühlten Teheran, als ungewöhnlich hoch beurteilt werden.

Trotz des iranischen Debakels blieben die Sonderverbände bestehen. Die nächsten Jahre sollten ganz neue Schwerpunkte und einen allgemeinen Aufschwung für militärische Sonderoperationen in den US-Streitkräften bringen.

Nach einem Jahrzehnt relativer Bedeutungslosigkeit »entdeckten« US-Politiker zu Beginn der 80er Jahre die nahezu vergessene Sondertruppe wieder. 1982 stellte der US¡Verteidigungsminister Weinberger in einer Studie über die künftige Militärpolitik der USA fest, daß die vorhandenen Verbände zur Durchführung von Sonderoperationen zu schwach seien, um die ihnen obliegenden Aufträge weltweiten Umfanges erfüllen zu können. Gleichzeitig empfahl er eine personelle Verstärkung und materielle Verbesserungen. Weiterhin bezeichnete er unkonventionelle Truppen als Machtmittel für den Fall von politischen, wirtschaftlichen und militärischen Krisen im östlichen Machtbereich. Ebenso schloß der Minister die Fähigkeit zur weltweiten Entgegnung und Erwiderung kommunistischer Subversionsversuche ein. Vor allem aber betrachten die USA heute ihre Sondertruppen als geeignetes Machtmittel bei der Demonstration militärischer Stärke in solchen Fällen, in denen der Einsatz allgemeiner militärischer Verbände unangemessen, zu risikoreich oder politisch nicht möglich erscheint.

Der Mißerfolg im Iran bewies erneut und deutlich, wie notwendig das Vorhandensein gut ausgebildeter und aufeinander eingespielter Spezialeinheiten bei der Bewältigung von Krisen besonderer Art ist. Die Aktion zur Geiselbefreiung klappte vor allem deshalb nicht, weil es eine einheitliche, funktionierende Organisation bei Planung, Koordination und Führung des Unternehmens überhaupt nicht gab. So handelte es sich bei dem zur Verfügung stehenden Fluggerät keinesfalls um spezielles Material, die Piloten hatten keine Zusatzausbildung für Sondereinsätze absolviert und standen den extremen Anforderungen nahezu hilflos gegenüber. Erste Schritte zur Verbesserung der unbefriedigenden Situation wurden eingeleitet; unter extremen Geheimschutzmaßnahmen wurden Schlagkraft und Einsatzbereitschaft des »DELTA«-Teams erhöht, die Fähigkeit zu Anti-Terroreinsätzen weiter verbessert. Die »Intelligence Support Activiy«, eine Geheimformation zur Nachrichtengewinnung und Unterstützung verdeckter Aktionen, nahm ihre Arbeit auf. Weltweit steigerten sich die Einsätze der »Green Berets«, nun im wesentlichen in der Rolle von Militärberatern zur Ausbildung militärischer Einheiten befreundeter Staaten.

In der liberanischen Hauptstadt Monrovia stürzte der ehemalige Hauptfeldwebel Samuel Doe das herrschende Regime. Er blieb bis zu seinem Tod im Jahr 1991 Staatschef. Der ehemalige Unterführer war ehedem von Angehörigen der Special Forces ausgebildet worden. Nach der Machtübernahme forderte er weitere US-Berater an, welche die nicht sehr effektive Armee modernisieren sollten. Zeitweise lag die Stärke der Ausbilder bei 100 Mann, meist zwölfköpfige »A«-Teams aus Fort Bragg. Wie im Sommer 1982 nach 4½ Monaten Aufenthalt zurückgekehrte Berater berichteten, mußten sie dort sehr improvisieren; sie begannen in verwahrlosten Gebäuden, umgeben von Müllhalden. Schwierigkeiten ergaben sich bei der Verständigung, die meisten Rekruten konnten weder lesen noch schreiben. So erstreckten sich die Ausbildungsvorhaben und Unterrichte auf Vormachen, Nachmachen und Üben. Wie üblich entsprach die Arbeitsteilung der Amerikaner der jeweiligen Spezialisierung: Die Funker erteilten Fernmelde-Unterricht und versuchten Grundkenntnisse im Schreiben, Lesen und Rechnen zu vermitteln, die beiden Waffenexperten lehrten den Umgang mit Waffen und die Bewältigung kleiner Reparaturen, die Pioniere übten Sprengdienst und Schanzen, erste Hilfe leisteten die Sanitäter, die auch das Krankenrevier betrieben und Kenntnisse in der Sanitätsausbildung weitergaben.

Verwirrender waren die Umstände unter denen 1981 einige »Green Berets« ungewollt gerade dem eingefleischten US-Gegner Gaddafi Ausbildungshilfe für seine Armee leisteten. Ein ehemaliger Mitarbeiter des Geheimdienstes CIA mißbrauchte seine Kenntnisse und Beziehungen dazu, um in dunklen Geschäften mit Waffen zu handeln, Giftgase und Sprengstoff in Krisengebiete zu verkaufen und berufsmäßige »Killer« zu vermitteln. Von seinem Büro in Tripolis aus arbeitete er eng mit der dortigen Regierung zusammen und soll auch die Mitverantwortung an einer Reihe von politischen Morden tragen. Er war Experte in der Vermittlung und Verpflichtung von Spezialisten der unkonventionellen Kampfführung, die er zum Aufbau entsprechender lybischer Einheiten anheuerte. Als es sich herausstellte, daß Edwin Wilson sogar über einen von ihm beauftragten Ex-Soldaten der Special Forces in den USA einen Mordversuch an einem lybischen Staatsbürger anstiftete, gingen die US-Behörden der Sache auf den Grund. Es stellte sich heraus, daß es dem gerissenen Ex-Agenten sogar gelungen war, einige »Green Berets« als Ausbilder für lybische Soldaten nach Nordafrika zu holen. Durch Vorgabe seiner angeblich noch immer guten Beziehungen zu Geheimdienst und Armee gelang es ihm, an die Vietnam-Veteranen heranzukommen. Über einen Mittelsmann gab sich Wilson als Beauftragter der CIA aus, der im Auftrag der US-Regierung, jedoch unter strengster Geheimhaltung, geheime Aktionen in Lybien durchführen sollte. Er nahm Kontakt zu einem Mastersergeant in Fort Bragg auf und unterbreitete diesem den angeblichen Auftrag des Geheimdienstes. Zusätzlich versprach er eine monatliche »Aufwandsentschädigung« von weit über 10000 DM. Die Befürchtungen des Special-Forces-Sergeanten über die tatsächliche Legalität der Aktion räumte der fingierte Anruf eines »Abwehrexperten« aus, der am Telefon die Sache im Auftrag seiner Dienststelle genehmigte und rechtlich legalisierte. Nun heuerte der Feldwebel eine Anzahl weiterer Kameraden an und flog mit diesen – alle Beteiligten waren noch immer der festen Meinung, für die eigene Regierung ein geheimes Unternehmen durchzuführen – über einige europäische Flugplätze nach Lybien. Nach kurzer Zeit merkten die Soldaten, wohin sie geraten waren und welcher betrügerischen Manipulation sie aufgesessen waren und begaben sich in die USA zurück.

Für einige Unruhe sorgte die Aufnahme der ersten Frau in die Sondertruppe, bis zu diesem Zeitpunkt eine der letzten »Männerbastionen« in den US-Streitkräften. Seit Aussetzung der Wehrpflicht vergrößerte sich die Zahl der weiblichen US-Soldaten ständig, die heute ihren männlichen

Kollegen gleichgestellt sind; eine Ausnahme bilden reine Kampfverwendungen.

Der Antrag auf Aufnahme in das »Elitekorps harter Männer« wurde zunächst abgelehnt. Nachdem sich jedoch der 29jährige Captain Kathleen Wilder an höchster Stelle über die Ablehnung beschwerte, wurde ihrem Antrag entsprochen. Da der Frau die Aufnahme zunächst nur wegen ihres Geschlechts verweigert wurde, legte man dies als eine Diskriminierung der Frauen in Uniform aus. Eine solche Entscheidung konnte aus grundsätzlichen Erwägungen nicht unterstützt werden, so glichen sich nun auch die »Green Berets« den Erfordernissen unserer modernen Zeit an.

Nach Feststellungen staatlicher und privater Stellen in den USA befinden sich angeblich in den ehemaligen Kriegsgebieten Südostasiens noch Amerikaner, vermutlich als Gefangene. Ehemalige Vietnamkämpfer und national gesinnte US-Bürger sind in Verbänden zusammengeschlossen, deren Zielsetzung Befreiung und Rückführung dieser amerikanischen Staatsbürger ist. Sie üben Druck auf die maßgeblichen Politiker aus, auf dem Verhandlungswege Schicksal und Verbleib der Verschollenen zu klären. Es kam dabei ab 1981 auch zu privaten Befreiungsaktionen, die zeitweilig von der CIA unterstützt wurden. Nachdem die Versuche publik geworden waren, zog sich der Geheimdienst von der Sache zurück. James »Bo« Gritz, pensionierter Lieutenant-Colonel der »Green Berets« und während des Vietnamkrieges als Captain Führer einer »Mike«-Kompanie, setzte sich in diesem Zusammenhang persönlich sehr für die Vermißten ein und führte Befreiungsversuche.

Ein weiteres Betätigungsfeld zeichnete sich in der Zusammenarbeit mit der »Schnellen Eingreiftruppe« der US-Streitkräfte ab. Zusammen mit Fallschirmjägern der 82. US-Luftlande-Division beteiligten sich Teams der 5. Gruppe an weltweiten Großmanövern.

Die Unruhen in Mittelamerika erreichten zu Beginn der 80er Jahre einen Höhepunkt. In einem mörderischen Bürgerkrieg zerfleischten sich die verfeindeten Parteien in El Salvador. In Nicaragua zeichnete sich immer deutlicher der Wechsel von einer rechten zu einer linken Diktatur ab. Die Amerikaner unterstützten El Salvador und einige weitere mittelamerikanische Staaten und gewährten offiziell Militärhilfe. Zu den sich im Lande befindlichen halben Hundert US-Beratern gehörte auch eine Anzahl von »Green Berets«. Da die USA unter allen Umständen eine Neuauflage des Vietnam-Debakels verhindern wollten, handelte es sich bei den Militärberatern um ein Minimum. Es war ihnen untersagt, an jeglichen Kämpfen teilzunehmen, sie durften Kampfgebiete nicht bewaffnet betreten und hatten ausschließlich den Auftrag, die technische Seite der Militärhilfe zu koordinieren und die Einheiten auszubilden. Die Ausbildung der einheimischen Verbände wurde teilweise auch in Fort Bragg durchgeführt, dort versuchte man vor allem, den mittelamerikanischen Offizieren und Unteroffizieren, neben Techniken der Anti-Guerilla-Bekämpfung, besonders Methoden einer einigermaßen »gesitteten« Kampfführung beizubringen, ohne die oftmals verübten sinnlosen, bestialischen Grausamkeiten.

Einen Schwerpunkt ihrer Tätigkeit hatten die Special Forces im honduranischen Ort Trujillo, nahe der Karibikküste, gebildet. Dort befand sich 1983 der größte Teil eines Special-Forces-Bataillons und bildete Soldaten der Streitkräfte Honduras und El Salvadors zu Anti-Guerillas aus. In den Kämpfen gegen aus Nicaragua eingesickerten kommunistischen Guerillas erzielten die von den »Green Berets« gedrillten Einheiten beachtliche Erfolge.

Mehr als 80 Soldaten der Special Forces befanden sich bis 1984 im Libanon und beteiligten sich an der Ausbildung und am Aufbau der Regierungsstreitkräfte in dieser heiß umkämpften Region. Als Militärberater befinden sie sich heute in vielen Staaten. Obwohl der Anteil der »Green Berets« im US-Heer sehr klein ist, stellen sie 30% der vorhandenen Ausbildungskapazitäten. Die erfahrenen Ausbilder und Berater genießen einen guten Ruf in den ausländischen Armeen, sie befinden sich in fast allen Erdteilen. Das vorhandene Personal, ein harter Kern von etwa 1000 erfahrenen Unterführern, war allerdings total überlastet und nur bedingt in der Lage, den zahllosen anfallenden Aufträgen nachzukommen. Bedenkt man, daß innerhalb von drei Jahren rund 180 mobile Ausbildungsgruppen in Stärken von einem bis zwölf Soldaten tätig wurden, ist die Personaldecke äußerst kurz. Von den 1984 vorhandenen 8600 Planstellen waren teilweise nur wenig mehr als 3000 besetzt. Hier wirkte sich die verfehlte Personalpolitik nach Beendigung des Vietnamkrieges sehr negativ aus. Den Sondertruppen haftet seit dieser Zeit ein schlechtes Image an. Man beklagt den schlechten Ruf, der die Soldaten im Jargon als »Schlangenfresser« und »Mafia in Uniform« bezeichnet. In der amerikanischen Öffentlichkeit besteht wenig Verständnis für die Komplexe der unkonventionellen und Guerillakampfführung. Von den verbliebenen drei Gruppen befindet sich die 10. Gruppe mit zwei Bataillonen in Fort Devens, ihr Einsatzschwerpunkt liegt nach wie vor im Guerillaeinsatz, und sie ist für den Fall eines größeren Krieges für den europäischen Raum bestimmt. Einige Teams waren für eine Verwendung in Staaten des ehemaligen Warschauer Paktes ausgebildet. Allerdings dürfte nach den gegenwärtigen Gegebenheiten ein klassischer Guerilkrieg im Falle einer konventionellen Auseinandersetzung in Europa wenig wahrscheinlich sein.

In Bad Tölz bleib bis 1991 das 1. Bataillon einschließlich des Stabes für das »Detachment Europe«. Nunmehr befinden sich die Stäbe und Einheiten in Vaihingen bzw. Böblingen bei Stuttgart.

Im Fernen Osten und im Pazifikraum befinden sich SEAL-Teams der Marine und Spezialflugzeuge MC-130 E der Luftwaffe, der mit Laserzielge räten, Laserspotlights, 20-Millimeter-Kanonen und Vorwärts-Infrarotsen-soren modern ausgerüstet sind. Das 1. Bataillon der 1st Special Forces Group ist auf Okinawa. In Süd-Korea ist ein kleiner Verbindungsstab vorhanden, der mit den außerordentlich starken süd-koreanischen Special Forces eng zusammenarbeitet. Süd-Korea verfügt über zwei Special-Forces-Brigaden, in Nord-Korea sind Spezialstreitkräfte in Stärke von 100000 Mann vorhanden.

Die 7. Gruppe in Fort Bragg, deren 3. Bataillon sich bis 1991 in Panama befand, ist auf den Einsatz in Mittelamerika fixiert. Bis auf eine kleine Verbindungsgruppe haben die US-Streitkräfte Panama verlassen.

Die 5. Gruppe in Fort Campbell hat ebenfalls alle Hände voll zu tun. Sie stellt in der Hauptsache die mobilen Ausbildungs-Teams für die Bereiche Afrika, Naher und Mittlerer Osten.

Zum 1. Oktober 1982 wurde in Fort Bragg das »1st Special Operations Command« aufgestellt, dem nunmehr alle mit der unkonventionellen Kampfführung betrauten Verbände der US Army unterstehen. Der neue Stab ist verantwortlich für Fragen der Führung, Planung, Organisation und Unterstützung von Sonderoperationen. Die Lehrgruppen für Aus- und Weiterbildung und für die Fortentwicklung der Einsatz- und Kampfgrundsätze wurden selbständig, so verfügt das Einsatzkommando über die notwendigen operativen Freiräume. Dem neuerrichteten Kommando unterstehen sämtliche Special-Forces-Gruppen und -Bataillone, die 4. Gruppe für psychologische Kampfführung und das 96. Bataillon für Zusammenarbeit mit der Zivilbevölkerung. Überraschenderweise traten auch die drei aktiven Ranger-Bataillone unter das 1. Sondereinsatz-Kommando.

Heute können sich grundsätzlich Soldaten aus allen Laufbahnen zu den Special Forces melden, wenn sie die allgemeinen Voraussetzungen erfüllen. Für die Sondertruppen wurde eine eigenständige Laufbahngestaltung erstellt, das »career management field 18«, welches folgende Spezialisierungen vorsieht:

– Waffen-Unterführer für Sonderoperationen (18B);
– Pionier-Unterführer für Sonderoperationen (18C);
– Sanitäts-Unterführer für Sonderoperationen (18D);
– Fernmelde-Unterführer für Sonderoperationen (18E);
– Feindnachrichten/Abwehr-Unterführer und »Senior«-Unterführer für Sonderoperationen (18F).

Ehemalige Unteroffiziere der Sondertruppen, die die fachlichen und gesundheitlichen Voraussetzungen erfüllten, wurden zeitweilig aufgefordert, sich für die genannten Tätigkeitsfelder zu melden. Geeignete und interessierte Unterführer im Range eines Sergeant First Class können sich einem Auswahlverfahren unterziehen, um in der herausgehobenen Position 18F, verbunden mit der Beförderung zum Mastersergeant, eingesetzt zu werden. Die Aufstiegschancen und Beförderungsmöglichkeiten liegen mit 90% derzeit mit an der Spitze der gesamten US-Streitkräfte. Eine weitere bedeutende Veränderung ergibt sich mit der Zuweisung von »Warrant-Officer«-Stellen für die »A«-Teams, vergleichbar etwa mit den Fachoffizieren und einer Besoldung, die bis zu der eines Majors entspricht. Die künftigen Fachoffiziere, ehemalige Unterführer, nehmen nun die Stelle des stellvertretenden Kommandeurs ein, die früher meist von einem First-Lieutenant ausgefüllt wurde. Es ist verständlich, daß die ausgesuchten und einsatzerfahrenen nunmehrigen »Techniker für Sonderoperationen« weit mehr Erfahrungen und Kenntnisse aufweisen, als dies bei einem jungen Offizier der Fall ist. Weiterhin ergibt sich ein Anreiz für die dringend benötigten Unterführer, in Spitzenstellen weiter in den Streitkräften zu verbleiben, und nicht bereits nach 20 Dienstjahren mit Pensionsanspruch auszuscheiden. Auch für Offiziere wird eine Dienstleistung bei den Special Forces nunmehr lukrativ, sie können sich als Offiziere für Sonderoperationen zusätzlich qualifizieren und haben mit der erworbenen Zweitfunktion verbesserte Beförderungschancen. Es ist möglich, daß auch Offiziere für ausgedehnte Zeiträume ohne Laufbahnnachteile bei den Sondertruppen verbleiben dürfen, wenn sie dies wünschen.

Wegen der Vielseitigkeit der Aufgabenstellung hat man sich für eine Aufteilung entschlossen. Für die Militärberatung und Unterstützung befreundeter Staaten bei der Bekämpfung innerer Unruhen ist die größere Zahl der »Green Berets« zuständig. Der Rest steht für eher offensive Kampf/Nachrichtenbeschaffungs- und schwierigere Sonderaufträge bereit, deren Umfang und Verwirklichung strenger Geheimhaltung unterliegen.

Das 1. Kommando für Sonderoperationen kam erstmalig bei der Militäraktion gegen Grenada im Herbst 1983 zum Einsatz. Die beiden Ranger-Bataillone sprangen aus nur 150 m über dem strategisch wichtigen Flugplatzgelände ab und schufen so die Voraussetzungen für die Landung weiterer Verbände. »Green Berets« des »DELTA-Teams« landeten heimlich vor dem Angriff und führten waghalsige Aufträge aus. Wenig Arbeit hatten die später eintreffenden Experten der psychologischen Kampfführung. Sie trafen auf eine Bevölkerung, die sie nicht erst gewinnen mußten, die die Amerikaner als Befreier feierte.

Teile der 10th Special Forces Group befanden sich trotz veränderter politischer Wetterlage weiter in Bad Tölz. Als 1968 der Warschauer Pakt den zaghaften Freiheitsbemühungen des »Prager Frühlings« ein gewaltsames Ende bereitete, waren die USA rettungslos im Vietnamkrieg verstrickt. Ein militärisches Eingreifen in der früheren CSSR wurde nicht erwogen. Im Pokerspiel des Kalten Krieges gelang es den Kommunisten einen Teilsieg zu erringen und ihren Machtbereich abzusichern. So blieben die für die Tschechei und Slowakei vorgesehenen Kommando¡Teams in ihren Unterkünften. Die geplante Rückverlegung von zwei Dritteln geschah planmäßig im September 1968. Die meisten Special Forces Verbände wurden in den folgenden Jahren aufgelöst. Dieses Schicksal drohte auch der »Zehnten«, aber sie blieb bestehen. Weiterhin galt der gegen Osteuropa gerichtete Offensiv-Auftrag für einen Teil der Gruppe, offensichtlich wollten die US-Politiker dieses vielseitig verwendbare Instrument für den »Fall des Falles« behalten. Die in Deutschland verbliebenen Green Berets arbeiteten zur Verbesserung ihres Standards, machten Spezialausbildungen an Truppenschulen der Verbündeten mit und führten verschiedene Lehrgänge für die US Army in Europa durch. In der Gebirgs- und Kletterausbildung, Freifalltechnik und im Tauchen gehörten die Green Berets der »Alpinen Gruppe« bald zur Spitze.

Für die mißglückte Geiselbefreiungsaktion im Iran stellte die »Zehnte« 13 Mann ab. Sie bereiteten sich in Bad Tölz darauf vor, drei Botschaftsangehörige zu befreien, die getrennt im Gebäude des Außenministeriums festgehalten wurden. Bei einer Zwischenlandung der Transportflugzeuge aus den USA in Frankfurt gesellte sich die Gruppe aus Bad Tölz zur DELTA-FORCE.

Beste Beziehungen bestanden zur Luftlandeschule der Bundeswehr in Altenstadt, zur Gebirgs- und Winterkampfschule in Mittenwald und zu den

Gebirgsjägern. Jährlich besuchte ausgewähltes Personal die Ausbilder-Lehrgänge für den Winterkampf. Nach ihrer Rückkehr übernahmen diese Männer die Skiausbildung. Ein »Green Beret« nahm jährlich am Lehrgang für Heeresbergführer teil. Da es in der US Army keine Gebirgsjäger gibt, versuchten die Soldaten diese Lücke zu schließen und hier Erfahrungen zu sammeln. Wegen der fehlenden dienstlichen Bekleidung und Spezialausrüstung, wurde ein Großteil im zivilen Handel beschafft oder von der Bundeswehr übernommen. So waren GI's in Kniebundhosen und Gamaschen keine Seltenheit. Gut funktionierende Patenschaften bestanden zwischen einzelnen Teileinheiten. So pflegte das »ODA–9«, später in ODA–133 umbenannt, enge Kontakte zur 4. Kompanie, Gebirgsjägerbataillon 234. Man lernte gegenseitig von einander.

Eine neue Generation von Soldaten hatte in Bad Tölz die »Männer der Ersten Stunde« abgelöst. Die »unaussprechlichen« Namen in den Personalakten wurden weniger. In der Flint-Kaserne lebten nun Green Berets, die ihre Feuertaufe im gefahrvollen Dschungelkrieg erlebt hatten. Statt Bambussperren sprengten die Pioniere jetzt Betonrohre, der neue Ausbildungsstoff wechselte auf die Erfordernisse des »Großstadt-Dschungels.« Die persönlichen Erfahrungen in Südostasien bestärkten die meisten Veteranen noch in der Ablehnung des menschenverachtenden Kommunismus. Dieser bedrohte noch immer Frieden und Stabilität in Europa und so sahen sich die Soldaten der Special Forces in ihrer Rolle zur Verteidigung der Prinzipien freiheitlicher Demokratie voll bestätigt.

Einer dieser Soldaten ist Richard Burns. Er befand sich mehrfach im Vietnamkrieg im Einsatz und führte einen Fernspähtrupp »LRRP«. Kleine Teams wurden heimlich mit Hubschraubern im Feindgebiet zur Aufklärung abgesetzt. Nach Kriegsende verbrachte der Sergeant ein Jahrzehnt bei der 10th Special Forces Group in Bad Tölz. Er begann als »Light Weapons Leader«, spezialisierte sich im Sprengwesen und übernahm schließlich als Master Sergeant die Funktion des Team-Sergeanten beim ODA–9. Die Krönung seiner Laufbahn war die Ernennung zum »Area Specialist Sergeant for Special Forces Detachment, (Airborne), Europe.« In dieser Verwendung war er auch für die Erstellung von Fachanalysen und Studien zuständig.

Die 10th Special Forces Group stellte im »Friedensauftrag« zahlreiche Beratergruppen bereit, die überwiegend in Afrika südlich der Sahara und im Nahen/Mittleren Osten tätig wurden. Einen Schwerpunkt bildete der Libanon. Dort konnte ein großes Kontingent in kurzer Zeit einen Teil der heruntergekommenen einheimischen Einheiten zu schlagkräftigen Verbänden formen. Andere Formationen der Special Forces beteiligten sich an einer Anzahl geheimer und verdeckter Aktionen, die weiter der Geheimhaltung unterliegen.

Im Januar 1985 geriet die Flint-Kaserne in die Schlagzeilen. Die Nachrüstung brachte Millionen Bundesbürger auf die Beine, die sich gegen die atomare Hochrüstung wehrten. Nach US¡Pressemeldungen sollten in Bad Tölz etwa 50 »Spezial-Atomminen« für offensive Schläge hinter dem Eisernen Vorhang lagern. Es wurde von 27 kg-»Tornisterbomben« gesprochen, die eine Vernichtungskraft von 250 Tonnen des herkömmlichen Sprengstoffes TNT haben sollten. Die »Rucksackbomben« würden von Zweimann-Gruppen hinter die Linien gebracht werden und den Gegner nach Funk-Zündung an empfindlichen Punkten treffen. Tatsächlich passen derartige »Rucksackbomben«, die in den 60er Jahren in Los Angeles entwickelt wurden, überhaupt nicht in einen Rucksack. Sie wiegen nach Angaben in offenen US-Vorschriften gut 75 Kilo. Der nukleare Sprengsatz soll ein Gewicht von 25 Kilo haben. Es ist selbst für die durchtrainierten Burschen der Special Forces fast ein Ding der Unmöglichkeit, zu zweit ein solch sperriges Kampfmittel über kürzere Entfernungen zu bewegen. Bereits 1983 wurden nach einem Beschluß der nuklearen Planungsgruppe der NATO die sogenannten »taktischen« A-Waffen vom Typ SM-50 mit einer Tonne Sprengkraft sowie die D-444 mit 0,25 bis 0,50 Kilotonnen abgezogen.

Dabei handelte es sich keineswegs um Atom-Minen. Vielmehr ergab sich durch einen Übersetzungsfehler eine falsche Bezeichnung. Der Begriff »Atomic Demolition Means« wurde fälschlicherweise mit »Minen« übersetzt. Richtig ist aber »Mittel«. Mit Sicherheit kann gesagt werden, daß auch in früheren Zeiten derartige Kampfmittel nicht in und bei Bad Tölz lagerten. Am 18. Dezember 1984 verübte die RAF einen Sprengstoffanschlag auf die NATO-Truppenschule in Oberammergau. Zu den weiteren, besonders gefährdeten Zielen gehörte die Flint-Kaserne. Der Haupteingang wurde durch große Betonklötze gesperrt und der Verkehr über »Sicherheitsschleusen« umgeleitet.

In Fort Bragg ging unter der Reagan-Regierung der Ausbau der Streitkräfte für Sonderoperationen zügig voran. Ab 1. Oktober 1984 erhielten die Special Forces endlich den Status einer selbständigen Waffengattung. Die schon früher eingeleitete Laufbahnregelung für die Unteroffiziere und Fachoffiziere wurde am 9. April 1987 durch eine eigenständige Laufbahn für Special¡Forces-Offiziere ergänzt.

Stark engagierten sich die Green Berets in der Krisenregion Mittelamerika. In El Salvador und Honduras konnten sie erfolgreich ein Übergreifen des Bürgerkrieges aus Nicaragua verhindern.

Nach dem Vietnamkrieg wurden die Finanzmittel für die Spezialeinheiten um 95 Prozent gekürzt. Nun versuchte man, die Lücken möglichst schnell mit den reichlich vorhandenen Mitteln zu schließen. Die Folgen des überhasteten Wiederaufbaues blieben nicht aus. Die Ausbildung des Fachpersonals erforderte nicht Monate, sondern Jahre. Ähnlich ist es mit der Entwicklung und Einführung moderner Materialien. Die nicht überzeugenden Einsätze während der Grenada-Aktion sowie Fehlschläge in der Terrorismusbekämpfung, brachten massive Kritik aus dem politischen Lager. Es wurden Zweifel an der Einsatzbereitschaft der Spezialeinheiten geäußert. Die Sondereinheit DELTA geriet in massives Kreuzfeuer. Die Angehörigen der Anti-Terror-Gruppe wurden angeklagt, ihre Befugnisse überschritten und sich unrechtmäßig bereichert zu haben. Gegen einen Großteil der Soldaten wurde Anklage wegen angeblich gefälschter »Reisekostenabrechnungen« erhoben. Nach dem Abschluß der Ermittlungen brachen aber die

Vorwürfe von »Geschäften im Zwielicht« in sich zusammen. Probleme gab es auch bei der Verwendung von Haushaltsmitteln. Zeitweilig gab es von politischer Seite ernsthafte Bestrebungen, eine unabhängige Teilstreitkraft für Sonderoperationen zu bilden. Diese Absicht konnte jedoch nicht verwirklicht werden. Dafür entstand am 1. Oktober 1987 auf der US-Flugbasis Tampa in Florida das übergreifende »US Special Operations Command«. Unter dem Kommando eines Viersternegenerals koordiniert es die Aktivitäten der »Army Special Operations Forces (1st SOCOM), der »Navy Special Operations Forces« (SEAL'S), der »Air Force Special Operation Forces« (Spezial-Geschwader) sowie ihrer Reservisten. Die Aufwertung in der Hierarchie und die verstärkten Anstrengungen zur Schaffung schlagkräftiger Sondereinsatztruppen sollte sich schon bald auszahlen. Bereits Ende 1987 führten Einheiten der Special Operations Commands im »Tankerkrieg« während des Konflikts zwischen dem Iran und Irak erfolgreiche Einsätze im Golf durch.

Die 10th Special Forces Group stellte weiterhin Personal für die verschiedensten Aufträge in zahlreichen Ländern bereit. Gleichzeitig bemühten sich die Spezialeinheiten ständig, ihren Ausbildungsstand zu verbessern. Regelmäßig beteiligten sich die in Fort Devens stationierten Verbände an gemeinsamen Übungen in Europa und tauschten dabei Erfahrungen mit verbündeten Streitkräften von Portugal bis Norwegen aus. Ab 1988 wurde die Ausbildung auf den Gebieten Guerillakampfführung, Subversion, Sabotage, strategische Aufklärung und Kommandounternehmen verbessert. Colonel Roger Seymour, unterstützt von Command Sergeant Major Moskaluk, übernahmen das Kommando über die 10th Special Forces Group. Colonel Seymour ist Absolvent von West¡Point. 1960 begann er als Leutnant und Zugführer bei der 82. Fallschirmjägerdivision. Es folgten Verwendungen als Führer eines »A«-Teams, später eines »B«-Teams bei der »Zehnten« in Bad Tölz.

Mit der 1. Infanteriedivision kämpfte er in Vietnam. Nach einer Verwendung als stellvertretender Militär-Attaché in Wien kehrte er als Kommandeur des 1. Bataillons, 10th Special Forces Group nach Bad Tölz zurück. Die Krönung seiner Laufbahn war das Kommando über die »Zehnte« in Fort Devens. Im Juni 1988 endete seine Dienstzeit, neuer Kommandeur wurde Colonel Jesse Johnson.

Am 21. April 1989 fuhr Colonel James »Nick« Rowe wie gewohnt mit dem Wagen zu seinem Arbeitsplatz in der US-Botschaft auf den Philippinen. Der frühere Chef der Lehrgruppe für »Durchschlagen und Überleben« an der Special Forces Schule in Fort Bragg, hatte die Funktion des Direktors für Heeresfragen im Rahmen der US¡Beratergruppe für die philippinischen Streitkräfte übernommen. Ein Feuerüberfall aus dem Hinterhalt beendete sein Leben. Kurze Zeit nach der Ermordung übernahm eine Gruppe kommunistischer Rebellen die Verantwortung für den Anschlag. Colonel Rowe war 20 Jahre zuvor schon einmal nur knapp dem Tod entgangen.

Nach seiner Gefangennahme in Vietnam 1963 verbrachte er fünf Jahre in der Gefangenschaft des Vietkongs. Einen Tag vor seiner Hinrichtung gelang ihm die Flucht. Bei der Gedenkfeier in der John F. Kennedy Kirche in Fort Bragg sagte General David Baratto: »... Er starb in der Hoffnung, daß sich Recht und Gerechtigkeit durchsetzen und die Unterdrückten befreit werden würden!«

Die Bekämpfung des internationalen Drogenhandels rückte ab Mitte der 80er Jahre vermehrt in den Vordergrund. Panama spielte dabei eine Schlüsselrolle. Der Diktator Noriega, ein ehemaliger Günstling der USA, trieb es immer bunter. Am 19. Dezember 1989 gab US-Präsident Bush grünes Licht für die Operation »Just Cause«. Das Ziel der Aktion »Gerechte Sache« war die Festnahme des bereits wegen Drogenhandels gerichtlich angeklagten Diktators. Nach Übergriffen gegen US-Soldaten eskalierten die Spannungen und schließlich erklärte Noriega der USA den Krieg. Mit rund 24000 Soldaten bereitete die US Army dem ehemaligen CIA-Agenten und seinem Unterdrückungsapparat ein schnelles Ende. Neben den Fallschirmjägern der 82. Airborne-Division und leichter Infanterie waren auch die Green Berets und Rangers beteiligt. Mit mehr als 1700 Luftlande-Soldaten leitete das US Special Operations Command die Militäraktion ein. Alle drei Bataillone des Ranger-Regiments standen im Einsatz und bildeten mit Einheiten der psychologischen Kampfführung und Teams der »Civil Affairs« die »Kampfgruppe Rot«. Sie wurde unterstützt von Heeresfliegern der Task Force 160 aus Fort Campbell und weiterer Special Operations-Einheiten.

Green Berets vom 3. Bataillon der 7th Special Forces Group gehörten zur »Kampfgruppe Schwarz«. Sie führten Aufklärungs- und Überwachungsaufträge sowie Sperr-Operationen zur Unterstützung der gesamten Aktion durch. Im engen Zusammenwirken mit den »Spectre-Gunships« der US Air Force sicherten Green Berets der »Kampfgruppe Schwarz« die operativ wichtige Pacora-Brücke. Dabei standen sie im Gefecht mit dem »Bataillon 2000« der Armee Panamas. Sie verhinderten in einem heftigen Feuergefecht, daß überlegene Kräfte die Stellungen der Rangers einnehmen konnten. Ein Großteil der eingesetzten Soldaten der Special Forces befand sich bereits vor Ausbruch der Kämpfe in Panama und verfügte über hervorragende Ortskenntnisse. Die Aktion verursachte keine Verluste – auch ein Beweis für den hohen Ausbildungsstand der Sondertruppe. Unabhängig von der Operation »Just Cause« endet die Anwesenheit von US-Truppen vertraglich in wenigen Jahren. Im August 1991 kehrte das 3. Bataillon der 7th Special Forces Group nach Fort Bragg zurück. Rund 100 Angehörige der »C«-Kompanie verbleiben jedoch bis auf weiteres als Planungs- und Unterstützungs-Zelle für Sondereinsätze in Lateinamerika in Fort Gulick.

Wie gefährlich der militärische Dienst bereits im Frieden sein kann, erlebte die 10th Special Forces Group im Juli 1990. Ein schwerer Unfall traf das »Operational Detachment »A« 095 der »C«-Kompanie, 3. Bataillon, 10th Special Forces Group aus Fort Devens. Das Team flog im Rahmen einer Übung nach Fort Chaffee, Arkansas und sollte dort in der Nacht in einem »Blackhawk«-Hubschrauber im Tiefstflug in ein Übungsgelände einsickern. Kurz vor dem Ziel stürzte der Hubschrauber nach einem

Motorschaden in das dicht bewaldete Gelände. Von 13 Soldaten überlebten bloß acht.

Zu Beginn der 90er Jahre war der »Wiederaufbau« der Sondertruppen größtenteils abgeschlossen. Die nach dem Krieg in Südostasien aufgelöste 3d Special Forces Group mit Zielregion Afrika wurde 1990 wieder in Dienst gestellt. Verstärkt wurden auch die weiteren Sonderformationen. Heeresflieger und Unterstützungsverbände stehen nun in ausreichender Zahl bereit. Das Material wurde modernisiert und verfeinert, ebenso die Aus- und Weiterbildung.

Eine strenge Vorauswahl des Personals stellt sicher, daß nur geeignete Freiwillige aufgenommen werden. Sie müssen nun einen dreiwöchigen Test absolvieren und kommen erst danach zur eigentlichen Ausbildung an den Schulungseinrichtungen in Fort Bragg. Die Ausfallquote liegt bei 40 bis 50 Prozent. Die weiteren Lehrgangsabschnitte wurden kombiniert und modernisiert, wurden aber insgesamt schwieriger. Die Einsatz-Gruppen setzen sich nur noch aus erfahrenen Unteroffizieren ab Dienstgrad Staff Sergeant zusammen. Für die neuerliche Herausforderung im Wüstenkrieg schienen die Special Forces bestens gerüstet...

»DESERT STORM«

Die Friedenseuphorie nach der unblutigen Revolution in Ost¡Europa endete im Sommer 1990 jäh. Ohne Kriegserklärung überfielen die Soldaten von Saddam Hussein den »ölreichen« Nachbarstaat Kuwait. Die Bevölkerung erlebte die Schrecken einer brutalen Besatzung und die Ohnmacht der Wehrlosigkeit. Unter Führung der USA ergriffen die Vereinten Nationen in seltener Eintracht energische Schritte gegen den Irak.

Wenige Tage nach der Besetzung befanden sich die ersten US¡Fallschirmjäger des XVIII. Luftlande-Korps in Saudi-Arabien. Die schnell zunehmende Präsenz alliierter Expeditionstruppen sollte dazu beitragen, den Irak von einer möglichen Fortsetzung des Angriffs auf Saudi-Arabien abzuhalten. Gleichzeitig versuchte man Hussein mit politischen und wirtschaftlichen Maßnahmen zur Räumung Kuwaits zu zwingen. Der Oberbefehlshaber der einst als viertstärkste Streitkräfte der Erde eingeschätzten irakischen Armee dachte nicht daran, seine Beute zurückzugeben. Wie erwartet, reagierte der Irak auf ein entsprechendes Ultimatum nicht. Die angedrohte gewaltsame Lösung vermochte den Diktator nicht umzustimmen. Nach einer Entscheidung des US-Präsidenten wurden die schon erheblichen Kontingente des US Central Command und der Verbündeten ab Mitte November 1990 weiter verstärkt. Die schweren Panzerdivisionen der 7th US Army in Deutschland, ursprünglich für die Verteidigung Mitteleuropas gegen einen Angreifer des Warschauer Paktes vorgesehen, verlegten in die arabische Wüste. Alle Drohungen nützten nichts. Mitte Januar schlugen die alliierten Luftstreitkräfte in einem überraschenden Großangriff zu. Obwohl der Luftschlag das Militärpotential des Irak nicht vollkommen zerstörte, richtete er doch ganz erhebliche Schäden an. Die irakische

Luftwaffe wurde ausgeschaltet und die Alliierten errangen die Luftüberlegenheit. Luftabwehr und Kommunikation brachen fast vollständig zusammen. Der Irak verlor weitgehend jegliche Handlungsfähigkeit. Er konnte nicht mehr »agieren« sondern mußte »reagieren«. Nach einem zermürbenden Landkrieg gelang den Bodentruppen in nur 100 Stunden ein überzeugender Sieg über die so gefürchtete Armee.

Während in einigen demokratischen Staaten Demonstranten gegen die Militäraktion protestierten, trugen die GIs die Hauptlast der Kämpfe. General H. Norman Schwarzkopf, Oberbefehlshaber der alliierten Truppen, mußte bei »DESERT STORM« gewaltige Risiken eingehen. Rein zahlenmäßig waren seine Soldaten dem Gegner unterlegen. Nur wenige Einheiten hatten schon Erfahrungen im Wüstenkampf gesammelt und kaum ein GI befand sich schon einmal im feindlichen Feuer. Das »Vietnem-Trauma« lastete noch schwer auf den älteren Offizieren und Unteroffizieren. General Schwarzkopf, selbst erfahrener Infanterie-Veteran des unrühmlichen »Schmutzigen Krieges« tat alles, damit sich ein derartiges Disaster nicht wiederholen konnte. Waffen und Material entsprachen kaum den besonderen Anforderungen eines Wüstenkrieges. Zur Lage: Die Allianz der arabischen Verbündeten schien zeitweise zu wackeln. Die ständige Gefahr einer weltweiten Parteinahme der Moslems für den Irak, konnte die politischen Gewichte verschieben. Die überwiegende Zustimmung der Zivilbevölkerung in den USA würde bei größeren Verlusten vermutlich schnell umschlagen. Israel sollte sich unter allen Umständen aus dem Krieg heraushalten, drohte aber mit dem Einsatz eigener Atomwaffen. Der Irak verfügte über große Mengen chemischer und biologischer Waffen. Die irakischen Truppen waren gut bewaffnet, viele Soldaten brachten jahrelange Kriegserfahrungen mit und waren mit dem Gelände bestens vertraut. Sie bauten die Süd-Grenze von Kuwait mit gewaltigem Aufwand zu einer fast unüberwindbaren Barriere aus. Selbst für Fachleute schien der spätere überwältigende Erfolg der weiträumig angreifenden mechanisierten Verbände fast unglaublich.

Tatsächlich befanden sich neben den klassischen Boden- und Luftstreitkräften »Spezialeinheiten« aller Teilstreitkräfte im Einsatz, die zum ersten Mal sinnvoll eingesetzt wurden. Die »Special Operations Forces« schufen durch mutige, klug geplante Sondereinsätze die Voraussetzungen für den schnellen Sieg. Sie halfen damit auch sinnlose Opfer zu vermeiden. GREEN BERETS, RANGERS, SEALS, AIR COMMANDOS, »PSYCHO-KRIEGER«, Soldaten des britischen SAS – sie alle trugen dazu bei, die kriegsentscheidende Rolle von Spezialeinheiten in modernen Auseinandersetzungen zu demonstrieren. In der Öffentlichkeit bleiben die Aktionen von Spezialeinheiten meist unbekannt. Profis wünschen keine öffentliche Aufmerksamkeit und Anerkennung. Dies könnte sehr leicht zu Mißverständnissen führen, geheime Taktiken aufdecken, betroffene Soldaten und künftige Unternehmen gefährden. Gefährlich ist es auch, den Neid zu wecken...!

Nur ein Bruchteil der zahlreichen, gefährlichen Sondereinsätze wurde bekannt. Die Green Berets aus Bad Tölz, Fort Bragg und Fort Devens bewährten sich bei DESERT STORM hervorragend und erhielten einen Vorgeschmack künftiger Anforderungen.

Zu den im August 1990 alarmierten US-Verbänden gehörten auch die Einheiten des »US Special Operations Command« in Florida. US Army, US Navy und US Air Force stellten ihre Sonderformationen bereit. Da sich zahlreiche Geiseln in den Händen des Gegners befanden und mit weiteren Geiselnahmen und internationalen Terroraktionen noch zu rechnen war, befanden sich bald »Anti-Terror-Teams« auf dem Weg in die Krisenregion. Kurz darauf folgte die 5th Special Forces Group aus Fort Campbell. Dieser Verband unter dem Befehl von Colonel Kraus ist speziell für Aktionen im Mittleren Osten vorgesehen. Viele Soldaten befanden sich bereits als Mitglieder von »Mobile Training Teams« in dieser Region und erwarben persönliche Erfahrungen, oft bei gemeinsamen Übungen mit verbündeten Streitkräften. Die 5th Special Forces Group, vor zwei Jahrzehnten schwerpunktmäßig in Vietnam eingesetzt, hatte sich gut vorbereitet sowie Spezialfahrzeuge und -gerät entwickelt, welches nun dringend benötigt wurde. Teams des 1. Bataillons, 10th Special Forces Group wurden aus Bad Tölz eingeflogen. Auch in Fort Devens packten die restlichen Bataillone der »Zehnten«. Die erst 1990 in Dienst gestellte 3rd Special Forces Group aus Fort Bragg kam zum ersten Mal in eine Krisenregion. Weiterhin trafen das 112th Special Operations Signal Bataillon, zuständig für Fernmeldeverbindungen und das 528th Special Operations Support Bataillon, betraut mit der Versorgung am Golf ein. Das 160th Special Operations Aviation Regiment »schlich« nachts mit seinen hochmodernen Spezialhubschraubern hinter die feindlichen Linien und sorgte mit lasergelenkten »Hellfire«-Raketen für einige Aufregung. Als mindestens genau so wichtig erwiesen sich die Experten für psychologische Kriegsführung von der 4th Psychological Operations Group und vom 96th Civil Affairs Bataillon. Sieben Einheiten für psychologische Kriegsführung und weitere 17 für die Zusammenarbeit mit der Zivilbevölkerung verstärkten die Spezialisten. Diese Einheiten gehörten zur »Army Reserve«. Für die Dauer von DESERT STORM wurde eine komplette Special Forces Group der Reservestreitkräfte aktiviert und nach Fort Bragg einberufen. Einzelne Zivilpersonen mit besonders gesuchten Spezialkenntnissen vertauschten die Zivilkleidung mit der Uniform. Auch die DELTA FORCE und das Ranger-Regiment befanden sich in der Kriegsregion. Einschließlich der Spezialeinheiten der weiteren Teilstreitkräfte dürften rund 10000 Angehörige von Sonderverbänden am Krieg beteiligt gewesen sein. Als »Augen und Ohren« besorgten sie die neuesten Führungsdaten. Sie waren besonders erfolgreich, wenn technische Aufklärungsmittel bei schlechter Witterung versagten. Gerade unter solchen äußeren Umständen sind die Erfolgsaussichten für Spezialeinheiten günstig. In ihrer klassischen Berateraufgabe lebten und kämpften sie gemeinsam mit den Soldaten der arabischen Verbündeten. Zahlreiche gefährliche Kommandounternehmen förderten den erfolgreichen Einsatz von konventionellen Verbänden und Waffen.

Einige Beispiele.

In 10000 m Höhe verlassen Soldaten der US Special Forces Transportflugzeuge und schweben mit Spezialfallschirmen weite Strecken über den Irak. Ihr Ziel: Strategisch wichtige Einrichtungen des Gegners, die kurze Zeit später von Flugzeugen oder Raketen angegriffen werden sollen. Plötzlich fällt in einem kriegswichtigen Rüstungsbetrieb die Energieversorgung aus. Die Folgen für die Kampfkraft der irakischen Armee sind beachtlich.

Der Kommandeur eines Artilleriebataillons in der rückwärtigen Kampfzone fühlt sich sicher und inspiziert in Begleitung seines Fahrers die Feuerstellungen. Wie ein Spuk lösen sich plötzlich mehrere Gestalten aus dem Dunkel. Später erwacht der Offizier an einem unbekannten Ort und gibt den mit allen Wassern gewaschenen Verhör-Experten durch seine Reaktionen ungewollt wertvolle Informationen.

Die Stellungen der irakischen Infanterie werden seit Tagen heftig bombardiert. Nach einem der Angriffe regnet es statt Bomben Flugblätter. Die geplagten Soldaten erfahren aus den einfach und verständlich gestalteten Blättern die Wirklichkeit über ihre »aussichtslose« Lage und werden über bevorstehende, katastrophale Luftangriffe informiert. Sie nehmen sich insgeheim vor, bei der ersten sich bietenden Gelegenheit zu desertieren.

Das sind nur einige Ergebnisse von Aktionen der Green Berets und der »Psychokrieger« aus Fort Bragg. Tatsächlich gelangen den Amerikanern und Briten auf diese Art viele entscheidende Schläge gegen die irakischen Streitkräfte weit hinter der Front.

Der erste Teil des Krieges begann mit einer gewaltigen Luftoffensive der alliierten Truppen am Golf. Der Irak verfügte über eine durchaus leistungsfähige Luftabwehr, ausgestattet mit moderner Elektronik und Radar. Ohne ein Ausschalten der feindlichen Luftabwehr wären den Boden-Luft-Raketen wahrscheinlich Hunderte von Flugzeugen zum Opfer gefallen. Für eine »Schneise« Richtung Bagdad mußten vor Beginn der Angriffe zwei miteinander verknüpfte Radarstationen gleichzeitig ausgeschaltet werden. Mehrere »Pave Low«-Hubschrauber der Sondereinheiten der US Air Force und AH-64 der Special Forces erledigten diese Aufgabe im Tiefstflug bei völliger Dunkelheit. Gleichzeitig wurden Warnstationen von Abwehrraketen zerstört. Die Bomber konnten nun praktisch ungehindert eindringen und ohne Verluste ihre tödliche Last abladen.

Bereits vor Ausbruch der Kampfhandlungen sorgten die Green Berets unmittelbar vor und weit hinter den feindlichen Stellungen für Durcheinander und Chaos. Als militärische »Präzisionswerkzeuge« stützten sich die Soldaten allerdings mehr auf modernstes Gerät, als auf »Rambo«-Methoden, die ihnen oft zu Unrecht unterstellt werden.

HALO-Teams (High Altitude-Low Opening: Fallschirmjäger, die aus großen Höhen abspringen, den Schirm aber erst wenige hundert Meter über Grund öffnen.) erreichten aus großen Höhen punktgenau ihren Bestimmungsort in einem abgelegenen Wadi. Mit Nachtsichtbrillen und handlichen Satelliten-Navigationssystemen ausgestattete Aufklärer segelten mit Gleitschirmen bis zu 50 Kilometer, beobachteten den Gegner und übermittelten ihre aktuellen Meldungen mit speziellen Funkgeräten. Nach der Landung gruben sich die Green Berets im Wüstensand ein, tarnten sich sorgfältig und beobachteten weiter. Andere Teams gelangten nachts mit Hubschraubern des Typs »Hughes 500« fast lautlos hinter die feindlichen Linien. Ihre praktisch geräuschlosen Rotorblätter lassen sich kaum orten, zudem können die Maschinen im Konturenflug in Höhen von nur wenigen Metern über dem Boden fliegen. Sie holten die Teams auch wieder in Nachtflügen zurück. Die 5th Special Forces Group war in voller Stärke am Golf vertreten. Sie verfügt über drei Bataillone mit jeweils drei Kompanien. In jeder Kompanie sind sechs »maßgeschneiderte »A«-Teams vorhanden. Das 2. und 3. Bataillon lagen vor Ausbruch des Bodenkrieges an vorderster Front in unmittelbarer Nähe des Gegners. Etwas weiter in der rückwärtigen Zone standen die Zelte der Stabs- und Unterstützungseinheiten. Die angeblich hervorragende Versorgung schien aber am entscheidenden Ende des Versorgungsstromes fast zu versiegen. So klagten die Green Berets zunehmend über die schlechte Verpflegung. Meist gab es immer nur Reis mit etwas Ziegenfleisch. So suchte ein findiger Warrant Officer (Dienstgrad zwischen Unteroffizier und Offizier) Hilfe bei den Kameraden der »Special Forces Association« und schickte einen Brief in die Heimat. In diesem schilderte er die höchst unerfreuliche Situation und bat um »Aufbesserung« in Form von Fertiggerichten. Umgehend schickten die »Alten Kameraden«, darunter Veteranen der 5th Special Forces Group aus der Vietnamzeit, Verpflegungspäckchen nach Saudi Arabien.

Mit der Zeit gewöhnten sich die Green Berets an das harte Leben in der Wüste, obwohl manchem GI das Leben durch das strikte Alkoholverbot schwer gemacht wurde. Kurz vor Kriegsausbruch sickerten zahlreiche Teams in das feindliche Hinterland ein und richteten mehrere geheime Stützpunkte ein. Von dort überwachten die Soldaten unbemerkt ein Gebiet von 100 000 Quadratkilometern. Mindestens zwei Fernspähtrupps wurden jedoch von überlegenen irakischen Kräften in Feuergefechte verwickelt, die sich bis zu sechs Stunden hinzogen. US-Verluste waren nicht zu verzeichnen. In den Nachtstunden gelang es den Teams, sich unbemerkt vom Gegner zu lösen und mit Hubschraubern auszufliegen. Einige Kleingruppen hielten sich lange Zeit mitten im gegnerischen Hinterland und meldeten alle Aktivitäten der irakischen Verbände. Besonders die »Republikanischen Garden«, Husseins Elitetruppe, wurden pausenlos überwacht. Da die Alliierten ihre genauen Positionen kannten, konnten sie als mobile Eingreiftruppen nicht rechtzeitig in das Kampfgeschehen eingreifen. Dafür sorgten massive Luftangriffe.

Zur höheren Mobilität der Amerikaner diente das Spezialfahrzeug »Fast Attack Vehicle«, auch als »Dünen-Buggy« bekannt. Dieses »Wüstenauto« läuft auf vier übergroßen Rädern und hat einen leistungsstarken Motor. Die dreiköpfige Besatzung verfügte über eine hohe Feuerkraft. Am Heck und vorne wurden zwei M 60-Maschinengewehre angebracht; zusätzlich erhielten einige Flitzer einen halbautomatischen 40mm-Granatwerfer und eine Panzerabwehrwaffe. An Bord befanden sich modernste Kommunikations- und Navigationsgeräte; dazu Verpflegung, Wasser und Munition. Mit ihren Spezialfahrzeugen bewegten sich die Special Forces und der SAS bei ihren Nachteinsätzen praktisch ungehindert im irakischen Hinterland.

168

Nach Beginn der Bodenkämpfe stellte die 5th Special Forces Group 106 zwei- und vierköpfige Verbindungs-Gruppen auf. Diese unterstützten die arabischen Verbände. Die Green Berets sorgten für die Aufrechterhaltung der Fernmeldeverbindungen und beseitigten Verständigungsprobleme. Weiterhin arbeiteten sie als vorgeschobene Beobachter und lenkten den Einsatz der schweren Waffen. Die Soldaten der Special Forces erledigten diesen Auftrag mit dem üblichen Taktgefühl. Sie waren voll in die arabischen Einheiten integriert; aßen und lebten mit den Moslems.

Rund 30 Millionen Flugblätter trugen dazu bei, den Gegner systematisch zu zermürben und ihn in der Endphase des Krieges praktisch auszuschalten. 75 Prozent der Gefangenen gaben zu, daß ihr Entschluß zur Kampfaufgabe hauptsächlich durch diese Maßnahmen und die Informationen des Propagandasenders »Voice of the Golf« begründet wurden. Unter den Überläufern befanden sich Offiziere mit äußerst wichtigen Informationen. So besaßen alliierte Nachrichtenexperten bereits vor Beginn des Landkrieges die Pläne der Sperren und Minenfelder. Dies ermöglichte die rasche Überwindung der gefürchteten, tiefgestaffelten Verteidigungsanlagen. Weitere Informationen lieferten »gekidnappte« feindliche Führer. Kommandotrupps überfielen rückwärtige Stäbe und einzelne Offiziere des Gegners und brachten sie in Hubschraubern oder Spezialfahrzeugen zur Vernehmung zu den »Intelligence«-Experten. Scharfschützen töteten hohe irakische Stabsoffiziere und Kommandeure sowie die von den Soldaten gefürchteten »politischen« Offiziere. Diese Aktionen verwirrten die feindliche Führung und ermutigten die Soldaten der Kampfgruppe, zu desertieren oder sich zu ergeben. Noch vor Beginn des Luftkrieges meldete die Presse, daß eine Anzahl irakischer Piloten mit Hubschraubern aus Kuwait nach Saudi-Arabien flogen, um sich zu ergeben. Tatsächlich handelte es sich um die Rückkehr einer erfolgreichen Kommandoeinheit. Sie war in Kuwait eingedrungen und »stahl« dort eine Rakete. Sie wurde zerlegt in den Hubschraubern zurückgebracht und von Fachleuten eingehend untersucht. Einige Angehörige der Spezialeinheit tarnten sich als Einheimische. Ausgestattet mit gefälschten Papieren unternahmen sie Sabotageakte und sammelten wichtige Nachrichten. Diese Spezialisten, die auch sprachlich fit sein mußten, stellte vor allem der »arabienerfahrene« britische SAS. Oft gelang es ihnen, unerkannt in die sensibelsten Bereiche einzudringen. Andere Green Berets sollen als Kaufleute und Waffenhändler getarnt in Bagdad und Kuwait City aufgetaucht sein, um Geschäfte mit der Lieferung von dringend benötigten Ersatzteilen oder Nachschubgütern zu machen. In Wirklichkeit nutzten sie den Aufenthalt zur Spionage oder ließen »kleine Andenken« in Form von versteckten Sensoren zurück, die Kampfflugzeugen mit elektronischen Signalen den Weg wiesen. Viel Arbeit hatten die Spreng- und Sabotage-Fachleute. Sie sprengten Kommunikationszentren und zerstörten die Nachrichtenverbindungen, schädigten die Wasserversorgung schwer und sprengten Straßenbrücken, um die Panzer der Republikanischen Garden lahmzulegen. Wichtige Ziele und Truppenmassierungen meldeten die Aufklärungs-Trupps per Funk. Diese Ziele wurden dann kurzfristig mit Bomben oder Raketen belegt.

Völlig unerwartet griffen Panzerdivisionen der Alliierten zu Beginn des Landkrieges weit westlich an und konnten nahezu ungehindert tief in irakisches Gebiet vorstoßen. Vorher war man nicht sicher, ob die schweren Kampfpanzer nicht im Sand stecken bleiben würden. Um Gewißheit zu erlangen, flog ein Trupp der Green Berets in die Region und brachte Bodenproben zur Analyse zum Stab. Die Untersuchungen waren positiv und die Panzer konnten rollen.

Zu den spektakulärsten Unternehmungen gehörte eine Aktion der SEALS – der »Special Forces« der US Navy. Die Iraker rechneten mit einer großangelegten amphibischen Landung von rund 17 000 Marines. Statt der Landungstruppen kam jedoch nur ein Sechser-Trupp SEALS, dem es gelang, die Landung erfolgreich vorzutäuschen. Die irakische Führung glaubte an eine Invasion und verlegte starke Verbände an die Küstenlinie, die dann an den tatsächlichen Angriffs-Schwerpunkten fehlten.

Die wohl größte Gefahr stellten die SCUD-Raketen dar. Sie bedrohten Israel und die umliegenden arabischen Staaten unmittelbar. Die Explosion eines mit chemischen/biologischen Sprengköpfen ausgerüsteten Flugkörpers in einer Stadt hätte verheerende Verluste verursachen können. Israel hätte dann mit großer Wahrscheinlichkeit in den Krieg eingegriffen und die Allianz der arabischen Verbündeten wäre zerbrochen. Folglich gehörte es zu den vorrangigsten Aufgaben, die festen und vor allem die mobilen Abschuß-Vorrichtungen zu finden und auszuschalten. Für diesen außerordentlich heiklen Sonderauftrag bildete Generalleutnant Wayne Downing eine »Fusion-Cell« aus Soldaten von »DELTA« und des britischen SAS. General Downing kam ursprünglich von der Rangertruppe, kämpfte als Fallschirmjäger bei der 173. Airborne-Brigade in Vietnam und baute als Kommandeur das »Ranger-Regiment« auf. Heute führt er als Kommandierender General das Special Forces-Command in Fort Bragg. Das risikoreiche Unternehmen war vor allem ein Wettlauf mit der Zeit. In den geländegängigen Spezialfahrzeugen klärten die Teams auf und meldeten Ergebnisse. Unbemerkt »schlichen« dann die Spezialhubschrauber in die Zielregion und setzten Kommandotrupps ab. Diese griffen aber nicht die gut geschützten Feuerstellungen an sondern vernichteten die Führungs- und Kommunikationszentren und unterbrachen die Versorgungslinien.

Die »schießenden Batterien« waren damit praktisch »kopflos«. Gut getarnt versteckten sich die Soldaten der Special Forces in der Nähe der Stellungen und nahmen Verbindung mit der Luftwaffe auf.

Mit Hilfe der unsichtbaren Strahlen eines »Laser Target Designator« peilten sie die Raketenstellungen an und lenkten die anfliegende Flugzeugbombe oder Luft-Boden-Rakete in das Ziel. So gelang es den Fliegerleit-Trupps, ein Dutzend SCUD's zu zerstören. Als der Krieg schon verloren war, beabsichtigte der Irak, rund 25 Raketen in einem Vernichtungsschlag gegen Israel abzufeuern. Dies konnte die kombinierte Spezialeinheit jedoch verhindern.

Die Soldaten der Special Forces sickerten unbemerkt weit ins feindliche Hinterland ein, führten in aller Stille waghalsige Aufträge durch und

170

bewährten sich bei zahlreichen geheimen Operationen. Als die Waffen schwiegen, beteiligten sich Green Berets und die Spezialisten von den »Civil Affairs« am Wiederaufbau und der Bewältigung der schrecklichen Kriegsfolgen. Wenige Tage nach der Niederlage griffen irakische Truppen die Kurden im Norden des Iraks an. Das Eingreifen der Alliierten verhinderte dort das Schlimmste. Nun galt es zahlreichen Flüchtlingen zu helfen. Zahlreiche Teams der 10th Special Forces Group und weitere GIs beteiligten sich an den Hilfsmaßnahmen und halfen das Elend der obdachlosen Zivilbevölkerung zu lindern. Bereits wenige Tage nach Kriegsende löste ein »Friedenseinsatz« den vorangegangenen »Kriegseinsatz« ab.

Alles in allem bewährten sich die Special Operations Forces im Golf-Krieg hervorragend. Sie trugen zu einem schnellen Sieg bei und verhinderten weitere Verluste an Menschenleben. Die bekannten Verluste der Special Forces betrugen elf Mann, die Opfer eines Hubschrauberunfalles wurden.

Am 21. März 1991 besuchte der bayerische Ministerpräsident Dr. Max Streibel persönlich die zurückgekehrten Soldaten der 10th Special Forces Group in der Bad Tölzer Flint-Kaserne. Er dankte dabei den »bayerischen« Green Berets bei der Siegesparade für ihren Einsatz im Golf-Krieg. Besonders dankbar zeigten sich die Soldaten für die von der bayerischen Regierung gestifteten 700 Liter Bier.

Die »10TH SPECIAL FORCES GROUP – SOMETHING SPECIAL«

»Wir sind weder Schlangenfresser noch eine Horde wildgewordener Rambos«, erklärte kürzlich der Kommandeur der Green Berets. Der Rambo-Darsteller Sylvester Stallone hat in den Filmen der vergangenen Jahre dem Ruf und Image der Special Forces mehr geschadet als der Medienrummel in der Zeit des Vietnamkrieges. Auch John Wayne vermittelte damals in dem Film »Die grünen Teufel« kein wahrheitsgetreues Bild und schadete der Truppe.

Natürlich verleiten die abenteuerlich klingenden Einsatzgrundsätze, Bilder von geschwärzten Gesichtern, Strickmasken und viel »Camouflage« schon zu überzogenen Vorstellungen. In Wirklichkeit haben aber nur gereifte, qualifizierte und besonders motivierte Soldaten eine Chance bei den Green Berets. Gebraucht werden dort disziplinierte »Profis«, denen selbst in der heutigen Zeit der Wunsch ihrem Lande »dienen« zu können mehr bedeutet, als materielle oder persönliche Vorteile. Nicht naives, rücksichtsloses »Draufgängertum« sind gefragt, sondern Eigenschaften wie Kameradschaft, Verbindlichkeit, Zurückhaltung, Anspruchslosigkeit, Zähigkeit, Aufgeschlossenheit und Geduld. Brutale »Killertypen« haben keine Chance; gefragt ist der flexible, einfühlsame Berater und Ausbilder.

Trotz dieser hohen Anforderungen finden sich genügend Freiwillige.

Rasante Veränderungen und grundlegende Umwälzungen prägen unsere Gegenwart. Gerade militärische Sondereinheiten unterliegen einem ständigen Wandel und müssen sich fortlaufend an die gesellschaftlichen, politischen und technischen Veränderungen anpassen. Das wohl bedeutendste Ereignis war die friedliche Revolution in Osteuropa. In kürzester Zeit folgte der Zusammenbruch des morsch gewordenen kommunistischen Unterdrückungssystems. Eine der Folgen des friedlich beendeten Kalten Krieges ist der Abbau überflüssig gewordener militärischer Strukturen.

Die Streitkräfte der Zukunft müssen in vielen Bereichen verändert und umgegliedert werden. Wenig wahrscheinlich erscheint dem Autor eine Bedrohung aus Osteuropa, aber die Folgen des Machtzerfalls sind heute noch nicht absehbar. Der Bruderkrieg in Jugoslawien dient als warnendes Beispiel. Wird es gelingen die Verbreitung von Atomwaffen zu verhindern? Welche Konflikte stehen uns im Zusammenhang mit den ungelösten Problemen der Dritten Welt bevor?

Ohne Zweifel wird die Bedeutung von militärischen und auch innerstaatlichen Spezialeinheiten und Sicherheitsstrukturen erheblich zunehmen. Für die Green Berets waren Veränderungen und Erweiterungen ihrer Einsatzgebiete schon immer selbstverständlich. Sie kleben nicht an herkömmlichen Denkweisen und überholten Traditionen.

Im Sommer 1989 besuchte der damalige sowjetische Verteidigungsminister Dimitri Yazoy Fort Bragg und schaute auch bei den Special Operations Forces vorbei. Ein »A«-Team der 10th Special Forces Group erklärte dem früheren »Feind« Aufbau, Ausbildung, Einsatzgrundsätze, Bewaffnung und Gerät dieser früher hochgeheimen »Kleinzellen im Kampf gegen kommunistische Unterdrückung und Diktatur«. So hat sich nun der Kreis geschlossen, die »Unterdrückten« in Osteuropa sind »befreit« – der Kalte Krieg ist beendet und der Eiserne Vorhang existiert nicht mehr. Probleme, Gefahren und Spannungen sind aber geblieben und haben sich eher noch verschärft.

Auf ihre Art bemühen sich Veteranen der Green Berets aus der Zeit des Vietnamkrieges, die Zeichen der Zeit zu verstehen und sich auf die veränderte Weltsituation einzustellen. Vor 20 Jahren brach für viele dieser Dschungelkrieger eine Welt zusammen. Manche leiden noch heute am »Vietnam-Trauma« und bringen so großes Verständnis für die Lage vieler Menschen in Ost-Europa auf, die nach den Umwälzungen plötzlich vor dem materiellen und persönlichen »Nichts« stehen. Bob Rheault ist ein pensionierter Colonel der US Army. In früheren Jahren diente er auch bei der 10th Special Forces Group in Bad Tölz. Wenige Tage nachdem er in Vietnam das Kommando über die 5th Special Forces Group übernommen hatte, wurde er angeklagt, für die Ermordung eines Doppelagenten verantwortlich zu sein. Später sprach man ihn frei. Heute verbringt er einen großen Teil seiner Zeit mit Leistungssport besonderer Schwierigkeitsgrade. Mit Kameraden startet er abenteuerliche Unternehmen in unwegsamen, schwierigen Regionen. Eines der erklärten Ziele der Gruppe ist es, den Schock der Vergangenheit zu bewältigen und sich für den Frieden unter den Völkern einzusetzen.

Die Sowjets erlebten ihr »Vietnam« im Krieg gegen die afghanischen Freiheitskämpfer. Die hochgerüstete Sowjetarmee mußte schließlich geschlagen das Feld räumen. So haben auch viele Afghanistan-Veteranen mit ihrem Kriegtrauma zu kämpfen. 1989 startete Bob Rheault eine Friedensinitiative. Er unternahm mit einer Gruppe aus Amerikanern und ehemaligen Afghanistan-Kämpfern schwierige Bergtouren in Zentral-Asien. Später erfolgte eine Gegeneinladung in die USA und die Kriegsteilnehmer verbrachten gemeinsam eine Woche mit Hochsee-Segeln. Beide Seiten lernten viel voneinander – vor allem aber, daß sich selbst große Feindschaften in Freundschaften wandeln können.

Nach 45 Jahren beginnen die USA mit dem Abzug ihrer Soldaten aus Europa. Bei aller Freude und Begeisterung über die friedvolle Revolution dürfen aber die Leistungen der Soldaten nicht unerwähnt bleiben.

»Schutz und Festigkeit« in der spannungsgeladenen Vergangenheit gewährleisteten die Soldaten der US Army, indem sie unbeirrt die »Frontlinie des Kalten Krieges« hielten.

Den Soldaten der 10th Special Forces Group soll an dieser Stelle für ihren mutigen Beitrag zur Erhaltung des Friedens gedankt werden. Es hätte sich alles ganz anders entwickeln können…!

Als die ersten US-Abzugspläne an die Öffentlichkeit kamen, stand die Schließung der Flint-Kaserne in Bad Tölz, der ehemaligen Junkerschule der Waffen-SS, ganz oben. Schon 1990 verfügte das US-Oberkommando Europa die Aufgabe ihres früheren »Aushängeschildes« am Rande der Alpen. Die Nachricht schlug bei den Soldaten und in der Zivilbevölkerung wie eine Bombe ein. Seit 1953 fühlen sich ganze Generationen eng mit dem Standort und seiner Bevölkerung verbunden. Aber der Abzug der Special Forces aus dem geliebten »Isar Valley« war bereits beschlossene Sache. Die 200 Hektar großen US-Liegenschaften mit Schießplatz, Flugplatz und Wohnsiedlung gingen an die Bundesrepublik Deutschland zurück. Die Special Forces haben einen Standort mit hoher Lebensqualität und modernsten Einrichtungen verloren. Gerade für die Spezialausbildung waren zahlreiche Übungsmöglichkeiten vorhanden. Die nähere Umgebung bot beste Möglichkeiten für Übungen, besonders in der Infiltration und Exfiltration. Ein gutes freundschaftliches Verhältnis entwickelte sich in den vier Jahrzehnten zwischen Deutschen und Amerikanern. Schon Ende 1990 hatte die Unteroffizierschule der 7th US Army die Flint-Kaserne verlassen. Der Golf-Krieg bremste noch einmal und gab Soldaten und Familien eine Gnadenfrist.

Am 15. Juli 1991 endete mit der Abschiedsfeier auf dem Gelände der Flint-Kaserne eine Epoche. Im weitläufigen Paradehof waren die Ehrenformationen angetreten. Zahlreiche deutsche und amerikanische Gäste und Besucher fanden sich zum Abschied ein. Das größte Truppenkontingent stellten die Green Berets des 1. Bataillons der 10th Special Forces Group. Weiterhin beteiligten sich Abordnungen der kleineren in Bad Tölz stationierten US-Einheiten. Neben den »hohen Tieren« aus Politik, Öffentlichkeit und Militär befand sich Colonel Aaron Bank, Gründer und erster Kommandeur der 10th Special Forces Group. Wie eng die Verbindung zur bayerischen Bevölkerung war, bewies das Abspielen der Bayern-Hymne am Anfang der Zeremonie. Die Fallschirmjäger, Gebirgsjäger und die Luftwaffe der Bundeswehr waren mit Abordnungen an der teierlichen

Zeremonie vertreten. Ein besonders farbiges Bild vermittelte das Kontingent der oberbayerischen Gebirgsschützen.

Colonel Darrell W. Katz, Standortkommandeur von Bad Tölz, verabschiedete die Standortfahne. Ein letztes Mal wurde die Geschichte der Kaserne verlesen und beim Vorbeimarsch der Truppen gab es feuchte Augen. Besonders betroffen zeigten sich viele der Veteranen, die 1953 als junge GI's in die Kaserne einzogen. Im Herbst 1991 hatte der letzte US-Soldat Bad Tölz verlassen. Vorläufig bleibt das »7th Special Operations Support Command (Theater Army)« und das »1st Special Forces BN, 10th Special Forces Group (Airborne)« innerhalb der »Army Special Operations Forces Europe« in Deutschland. Ein neuer Standort ist Böblingen bei Stuttgart.

Für die in Fort Devens stationierten Verbände der »Zehnten« rückt die Stunde des Abschieds näher. Bedingt durch die Einsparungen im Verteidigungshaushalt wird dieser US-Standort aufgelöst. Die 10th Special Forces Group soll nach Fort Carson, Colorado, umziehen. Dort bestehen hervorragende Ausbildungsmöglichkeiten, besonders im Gebirgs- und Winterkampf sowie im »Überleben unter schwierigen Bedingungen«.

Den Herausforderungen der Zukunft begegnen die Special Forces durch vermehrte Anstrengungen in der Ausbildung. In einer Zeit des Umbruches und verminderter Stabilität wachsen die Risiken. Viele mit den USA verbündete Staaten sind von inneren und äußeren Gefährdungen bedroht. Als Mittel zum Krisenmanagement und Antwort auf die komplexer und komplizierter werdenden Anforderungen nehmen die Green Berets des 21. Jahrhunderts eine wichtige Rolle ein.

Wo sich Konflikte anbahnen, sind die Special Forces bereits im Vorfeld vertreten. In Latein-Amerika, Asien, Afrika – überall helfen die US-Teams ihren Verbündeten bei der Verteidigung. Sie arbeiten als Berater, Entwicklungshelfer in der Landwirtschaft und im Gesundheitswesen, sichern gefährdete Grenzregionen gegen Eindringlinge und tragen zur Herstellung guter internationaler Beziehungen als »Botschafter des guten Willens« nach Kräften bei. So werden sie auch künftig ihrem Ruf »...something special« zu sein, alle Ehre machen.

Die Soldaten mit dem grünen Barett

SELBSTVERSTÄNDNIS UND PERSONALAUSWAHL

Die Soldaten der Spezialeinheiten sind ohne Einschränkung Angehörige der US Army mit allen üblichen Rechten und Pflichten. Sie unterliegen den militärischen Grundsätzen von Befehl und Gehorsam und sind voll integriert und eingeordnet in die Befehls- und Organisationsstruktur des US-Heeres. Die politische und rechtliche Verantwortung im Falle ihres Einsatzes trägt die US-Regierung.

Ihre Aufgabenstellung und die Einsätze der Vergangenheit zeigen aber deutlich, daß es sich um eine außergewöhnliche Truppe handelt, die in vielerlei Hinsicht vom gängigen Schema abweicht.

Ihr Einfallsreichtum und die besondere Flexibilität weichen im ehrheblichen Maße vom formalen Schematismus ab, der viele andere militärische Einheiten prägt.

So kommt es im Einsatz durchaus vor, daß sich »Green Berets« irgendwo in Asien oder Afrika in einheimischer Tracht am Straßenrand niederlassen, sich einige Münzen erbetteln und Nachrichten sammeln. Aber auch eine große Zahl junger Erdenbürger haben das Licht der Welt unter tätiger Mithilfe von Special¡Forces-Sanitätern erblickt, die als männliche »Hebammen« tätig wurden. Dankbar erinnern sich von Zahnschmerzen geplagte Eingeborene der Sanitäter mit der grünen Mütze, die sie von ihren eitrigen Zähnen befreiten.So außergewöhnlich ihre Aufgabenbereiche auch sein mögen, von Anbeginn üben die Special Forces eine große Anziehungskraft aus.

In den vergangenen Jahrzehnten ergaben sich eine Anzahl von Aufgaben-Schwerpunkten, die unterschiedliche Anforderungen an das Personal stellen. Das erste Jahrzehnt forderte in der Hauptsache den Guerilaexperten für den mittel- und osteuropäischen Raum, der tief im gegnerischen Hinterland Widerstandsorganisationen aufbauen, beraten oder unterstützen sollte.

Im folgenden Jahrzehnt konzentrierte sich die Ausbildung auf die Bekämpfung von Widerstandsbewegungen. Als absoluter Schwerpunkt stand der Krieg in Südostasien im Mittelpunkt. Seither betätigen sich die »Green Berets« als Berater und Ausbilder befreundeter Streitkräfte, überwiegend konventioneller Einheiten. Sie behielten jedoch ihre ursprüngliche Guerilla-Zielsetzung weiter. In jüngster Zeit wurde ihre Aufgabenstellung noch um »Sonderoperationen« und die Terroristen-Bekämpfung erweitert.

Trotz aller Veränderungen sind aber die bestimmenden Forderungen, Auswahlkriterien und Ausbildungsgänge, vor allem aber die hohen persönlichen Anforderungen, im Grunde gleich geblieben. Es gibt eine ganze Reihe von Gründen, die junge Männer veranlassen, sich freiwillig zu den Special Forces zu melden. Oft handelt es sich dabei um Menschen, die Abwechslung und vor allem Abenteuer suchen. Diesen Personenkreis reizen ferne Länder, ein anstrengender – dafür aber abwechslungsreicher – Dienst, und natürlich ein gewisser »Nervenkitzel«. Eine weitere Motivation ist der Wunsch, einer Elite anzugehören, etwas Besonderes zu leisten, Selbstbestätigung und Selbstvertrauen zu gewinnen und dies auch beweisen zu können. Manchmal sind auch ideologische Antriebskräfte erkennbar; in der Vergangenheit herrschte oft ein ausgeprägter Antikommunismus vor, der besonders auf dem hohen Ausländeranteil aus Osteuropa beruhte. Manchmal ist ein missionarisches Sendungsbewußtsein ausschlaggebend – das Bestreben, Menschen, die unter schwierigen Lebensbedingungen leben müssen, zu helfen und an den eigenen Errungenschaften teilhaben zu lassen. Gleichwohl üben die Special Forces eine besondere Anziehungskraft auf zwielichtige Elemente aus: Leichtfertige Abenteurer, gewissenlose Killer oder undisziplinierte Schläger versuchen in Spezialeinheiten ihre ungelösten Probleme und Konflikte abreagieren zu können, wobei sie das Höchstmaß an militärischer Freiheit und Selbständigkeit für ihre Zwecke mißbrauchen.

Meist gelingt es, Bewerber mit charakterlichen Schwächen von vorneherein »auszusortieren«. Viele scheitern an den hohen Anforderungen im Verlauf der Ausbildung und des späteren Dienstes, werden von ihren Kameraden in der Kleingruppe, mit denen sie oft Monate »hautnah« verbringen müssen, durchschaut und haben dann die Möglichkeit, sich umzustellen oder die Truppe zu verlassen. Betrachtet man die Entwicklung der Special Forces unter diesem Aspekt, ist festzustellen, daß es besonders in den ersten Gründungsjahren eine Anzahl »schwarzer Schafe« gab, ebenso, als in der Zeit des Vietnamkrieges die Dienststärken innerhalb kürzester Zeit verfielfacht wurden und so das Anforderungsprofil entsprechend gesenkt werden mußte.

Schwierigkeiten ergeben sich auch bei einem ganz anderen Personenkreis, der zwar außerordentlich gut motiviert, jedoch auf die Dauer nicht genügend leistungsfähig und belastbar ist. Diese Bewerber lassen sich schnell begeistern, versagen aber in der harten Wirklichkeit leicht. Das Ziel der sorgfältigen, strengen Auslese ist es, derartige Leute fernzuhalten. Die Ausfallquote ist sehr hoch, dies macht deutlich, daß außerordentlich hohe Anforderungen an Intelligenz, Charakter und körperliche Belastbarkeit gestellt werden. Menschliche Reife, Selbstvertrauen, Härte und Entschlußkraft gehören neben Mut, Risikobereitschaft und Kameradschaft zu den unabdingbaren Voraussetzungen. Menschenkenntnis, Toleranz im Umgang mit anderen Menschen aus unterschiedlichen Kulturkreisen, praktisch-technisches Verständnis, Lehr- und Ausbilderbefähigung und gute Fremdsprachenkenntnisse sind die praktischen Voraussetzungen für eine Tätigkeit bei den Special Forces.

Bei den Bewerbern handelt es sich grundsätzlich um Freiwillige. Zu Zeiten der allgemeinen Wehrpflicht mußten die Anwärter in der Regel

General Suddath, ehemaliger Kommandeur der 1st SOCOM, darf während eines Truppenbesuchs bei der »10th Special Forces Group« eine russische RPG-7-Panzerfaust abfeuern.

General Lindsay läßt
sich verschiedene
Präzisionsgewehre
erklären.

Ein gut getarnter Scharfschütze bezieht eine Dachstellung auf dem Übungsgelände der 10th SFGA in Fort Devens. Er führt ein deutsches Selbstlade-Präzisionsgewehr des Typs H&K PSG 1.

oben: Colonel Seymour seilt sich mittels der »Fast-Rope-Technik« ab.
unten: Schulschießen mit dem MG3 der Bundeswehr.

Ein »A«-Team der 10th
SFGA vor einem win-
terlichen Gefechts-
schießen.

Wasserlandungen mit dem Fallschirm müssen oft geübt werden.

Eistauchen mit Trokkentauch-Anzügen in Fort Devens, Januar 1988.

bereits eine gewisse Zeit bei einer herkömmlichen Einheit der US Army gedient haben. Ihre militärischen Vorkenntnisse wurden bei der Sondertruppe vervollkommnet und verfeinert. Ein großer Teil des Nachwuchses kam von den Fallschirmjägern, besonders der 82. Fallschirm-Division. Dort schnappten sich die »alten Hasen« meist die Lehrgangsbesten und das Spitzenpersonal weg. So ist es leicht erklärlich, daß das Verhältnis zwischen Sondertruppen und Fallschirmjägern in Fort Bragg nicht gerade rosig war und Spannungen vielerlei Art auftraten.

Die ab 1973 erfolgte Umgestaltung der Laufbahnen als Folge der Umstrukturierung der US-Streitkräfte in eine Berufsarmee brachte grundlegende Veränderungen, die sich auch auf die Nachwuchslage bei den »Green Berets« auswirkten. Nun konnten sich Bewerber unmittelbar von der Schule weg oder aus dem Zivilleben für einen Eintritt bei den Special Forces bewerben. Dieser weitgehend unerfahrene und wenig vorbelastete Personenkreis brachte nicht die Vorkenntnisse früherer Bewerber mit. Es mußten zusätzliche Kapazitäten in die Auswahl und Ausbildung investiert sowie neue Planstellen geschaffen werden.

Heute sind wieder Vordienstzeiten üblich.

Soldaten ohne größere militärische Vorkenntnisse müssen folgende Mindestvoraussetzungen erfüllen:

– 100 oder mehr Punkte bei einer Einstellungsprüfung;
– Eigung für die Übertragung einer höheren Sicherheitsstufe;
– 50 m-Schwimmen im Kampfanzug mit voller Ausrüstung;
– High-School-Diplom oder entsprechender Bildungsstand;
– Erfolgreiche Teilnahme an einem harten körperlichen Leistungstest;
– Erfolgreich abgeschlossene militärische Grundausbildung, Spezialausbildung und Springerlehrgang;
– Keine Vorstrafen, Disziplinarstrafen oder Verfehlungen (bei Bagatellen drückt man ein Auge zu);
– Kein Gebrauch von Drogen, auch nicht in der Vergangenheit.

Derzeit scheint man aber bei der Nachwuchsrekrutierung wieder vermehrt auf Anwärter mit Vordienstzeiten zurückzugreifen, die aus allen Bereichen der US-Streitkräfte kommen. Sie sind durchschnittlich etwa 23 Jahre alt, haben meist schon drei Dienstjahre, absolvierten mit Erfolg den Springerlehrgang und verfügen über einen überdurchschnittlich hohen Bildungsstand (gemessen am US-Niveau). Um angenommen zu werden, müssen sie außerdem noch folgende Voraussetzungen erfüllen:

– Restdienstzeit von mindestens 18 Monaten, Sanitäter 24 Monate (aufgrund der langen Ausbildung);
– Keine schwebenden Verfahren wegen Verstößen gegen die Disziplin oder aufgrund ziviler Verfehlungen;
– Kein schuldhaftes Versäumen des Dienstes von mehr als 30 Tagen;
– Keine Ablehnung des Antrages auf Weiterverpflichtung durch den Vorgesetzten;
– Kein früheres Abbrechen einer Fallschirmjäger- oder Special- Forces-Ausbildung;
– Keine längerfristige Stationierung im Ausland;

– Keine laufende Bewerbung für eine neue Laufbahn.

Ebenso müssen die Bewerber die allgemeinen gesundheitlichen und sportlichen Eignungsvoraussetzungen mitbringen.

Zeitweise mußten sich die Interessenten einem komplizierten Test unterziehen, der nach modernen psychologischen und pädagogischen Erkenntnissen die Eignung feststellen sollte. Dieses Verfahren erwies sich aber in der Praxis als wenig verläßlich und wurde wieder aufgegeben.

Nicht durch ein Prüfungsverfahren überprüft und festgestellt werden können allerdings so wichtige Eigenschaften wie Mut, Ideenreichtum, Loyalität und Verläßlichkeit.

Hier verläßt man sich in der Praxis auf das durch langjährige Erfahrungen begründete, objektive Urteilsvermögen von altgedienten Unterführern, die entsprechend ihrer Menschenkenntnis leicht die »Spreu vom Weizen« trennen können.

In früheren Jahren bereisten sie in kleinen Gruppen die US-Garnisonen um Aufklärungs- und Werbeveranstaltungen durchzuführen, denen sich Einstellungsgespräche anschlossen. Heute gibt ihr Urteil gewöhnlich den Ausschlag bei den Prüfgesprächen vor der Einstellung.

ABLAUF DER AUSBILDUNG

Die Soldaten der Sondertruppen können nur ihre risikoreichen, fordernden und vielfältigen Aufträge erfüllen, wenn ihnen eine entsprechend qualifizierte Ausbildung vermittelt wird. Dieser Grundsatz wurde immer mit peinlicher Genauigkeit eingehalten. Auch während des Vietnamkrieges wurden unerfahrene Soldaten gründlich eingewiesen. Das Training ist körperlich hart, geistig anspruchsvoll; es erfordert eine starke Willenskraft und ein hohes Maß an Selbstdisziplin. Zielsetzungen sind nicht nur umfangreiche praktische Fachkenntnisse, sondern auch die Formung einer starken Persönlichkeit und eine Stärkung des Selbstvertrauens. Besonders auffällig ist dabei die Vielfalt, die sich aus der Doppelfunktion des Auftrages ergibt: die Kombination aus Kampfaufträgen und Hilfseinsätzen setzt eine besondere Flexibilität voraus.

Im Vordergrund der Ausbildung steht die Schaffung eines hochspezialisierten Stammes von Unteroffizieren, die die Einsatz-Teams stellen. Mannschaftsdienstgrade sind hier nicht vorgesehen, schon allein die lange Ausbildung bringt es mit sich, daß mindestens der Dienstgrad eines Sergeanten (E 5) erreicht wird.

Die Ausbildungslehrgänge sind sehr vielseitig und dauern deshalb teilweise sehr lange. Sie machten in den zurückliegenden Jahrzehnten gewisse formale Änderungen mit, blieben sich aber vom Grundsatz her gleich. Die 16wöchige Grundausbildung beginnt in der Ausbildungslehrgruppe der Special Forces in Fort Bragg. Sie gliedert sich in mehrere Unterabschnitte. In einem abgelegenen Camp unterziehen sich die Anwärter zuerst einer einmonatigen Einführung, in der das infanteristische Grundwissen wiederholt und vervollständigt wird. Das bedeutet konkret: Verschärfte Grundausbildung, sieben Tage die Woche, täglich durchschnittlich 17 Stunden Dienst. Der erste Schweiß fließt schon kurz nach dem Wecken beim 10km-Gepäckmarsch, es folgen weitere sportliche Aktivitäten. Zu den Unterrichtsthemen, die in der Regel am praktischen Beispiel erfolgen, zählen Überleben im feindbesetzten Territorium, Spähtrupptechniken, Ernährung aus dem Lande und Tarnen. Besonders intensiv wird das Orientieren im Gelände geübt, der entsprechende Lehrgangsteil erstreckt sich über zwölf Nächte und findet in einer abgelegenen, urwaldähnlichen Region unter schwierigen Geländebedingungen statt. Zur Abwechslung und als Konditionstraining wird immer wieder die Kampfbahn mit ihren 28 Hindernissen überwunden, in der Regel zweimal hintereinander. Die intensive Ausbildung hat vor allem das Ziel, die meist aus Ballungsräumen stammenden Anwärter der Natur etwas näherzubringen; eine Bindung, die viele Menschen nahezu völlig verloren haben.

Planung und Durchführung von Luftlandeeinsätzen, die Feuerleitung von schweren Waffen sowie die Auswertung von Feindnachrichten sind weitere Themen. Eine einwöchige Durchschlageübung im Uwharrie-Nationalpark rundet das Ganze ab. Hier werden die Lehrgangsteilnehmer sich selbst überlassen und mehrere Tage gnadenlos durch die Wälder gejagt. Lediglich ausgerüstet mit einem Messer, ohne Verpflegung, Schutzbekleidung und persönliche Ausrüstung, müssen sie sich durchschlagen, die Spürnasen der Verfolgergruppen auf den Fersen. Sie müssen sich aus der Natur versorgen und ernähren. Wer diese Phase geschafft hat, hält erfahrungsgemäß meist bis zum Ende durch. Für die erfolgreichen Absolventen beginnt nun die eigentliche Fachausbildung in den Bereichen Einsatzführung und Feindnachrichten, Spreng- und Pionierwesen, Fernmeldedienst, leichte und schwere Infanteriewaffen sowie im Sanitätsdienst. Die Lehrgänge finden an der Special-Forces-Schule in Fort Bragg statt, teilweise werden sie an anderen militärischen und gelegentlich auch zivilen Schulungsstätten ergänzt.

Der wichtigste Mann im Einsatzteam ist zweifelsohne der Gruppenfeldwebel, ein erfahrener Mastersergeant. Er plant als Experte im Guerillakampf und in der psychologischen Kampfführung die Einsätze und organisiert den Dienstablauf. Er ist der wichtigste Berater der Offiziere, denen meist gründliche praktische Erfahrungen und die technischen Kenntnisse fehlen. Ihm zur Seite steht der Experte für Feindnachrichten, meist ein besonders abgeklärter und erfahrener Sergeant First Class. Für diese Dienstposten werden nur besonders befähigte Unteroffiziere zugelassen, sie müssen mindestens den Dienstgrad eines Staff-Sergeant innehaben und über gründliche Kennntnisse in mehreren anderen Spezialgebieten verfügen. Ihre Fachausbildung dauert vier Monate; sie findet an der Schule des Heeresnachrichtendienstes in Ford Huachuca sowie in Fort Bragg statt. Im Unterricht werden Verfahren zur Beschaffung von militärischen Nachrichten und gleichzeitig die Abwehr derartiger Unternehmen des Gegners gelehrt. Eingehendes Wissen wird den Teilnehmern über Vernehmungstechniken vermittelt; sie lernen Agentennetze aufzubauen und zu führen. Fragen der psychologischen Kriegsführung und der Zusammenarbeit mit der Zivilbevölkerung stehen ebenso auf dem Programm. Technische Fertigkeiten, Fertigung von Flugblättern und anderen Propagandamitteln, die Auswertung von Fingerabdrücken, Tarn-, Verschlüsselungs- und Fototechniken sind weitere Bestandteile der Hauptausbildung der Unterführer.

Die Pioniere sind Experten im Zerstören und Wiederaufbau, jedoch scheint ein ausbildungsmäßiger Schwerpunkt im Spreng- und Sabotagewesen erkennbar. Während eines achtwöchigen Lehrgangs lernen sie den Umgang mit Sprengstoffen aller Art, berechnen Ladungen für komplizierte Objekte und erhalten auch Unterricht an Zünd- und Sprengmittel anderer Länder. Sie kennen alle Tricks, um mit ein paar Handgriffen die Sprengwirkung zu erhöhen; basteln mit einfachsten Grundstoffen Zündmechanismen und stellen selbst Sprengstoffe her. Sie sind Experten im Minenkampf, legen und räumen Minenfelder, und bauen die unterschiedlichsten Sperren, Hindernisse und Fallen.

Planung und Durchführung von Baumaßnahmen aller Art, Hoch- und Tiefbau, Bewässerungstechniken, Bedienung verschiedener Baumaschinen und die Wasseraufbereitung sind einige ihrer konstruktiven Fertigkeiten. Ein großer Teil der Ausbildung findet in den Nachtstunden unter gefechtsmäßigen Bedingungen statt.

Die Ausbildung zum Waffenspezialisten ist in Lehrgänge für leichte und schwere Waffen unterteilt. Dabei lernen die Soldaten nicht nur den Umgang mit modernen Maschinenwaffen aller Art sowie die Bedienung von Unterstützungswaffen; sie befassen sich auch eingehend mit veralteten Modellen. Sie lernen, sich mit selbstgebastelten Improvisationen zu behelfen und erhalten Unterricht an ausländischen Handfeuerwaffen und Kampfmitteln. Als Berater von Streitkräften oder Widerstandsorganisationen in den unterschiedlichsten Ländern müssen sie die dort benutzten Waffen kennen und beherrschen, notfalls müssen sie sogar mit Armbrüsten oder Speeren umgehen können. Derzeit stehen auf dem Ausbildungsprogramm der Waffenmeister etwa 85 in- und ausländische Waffen und Kampfmittel, welche die Lehrgangsteilnehmer letztlich bedienen, warten und notfalls reparieren müssen.

Die Ausbildung an schweren Waffen schließt die Bedienung von Leichtgeschützen mit ein; in früheren Jahren wurde sogar an schweren Geschützen wie Haubitzen ausgebildet. Heute ist man bemüht, die fachlichen Kenntnisse auf weitere moderne Waffensysteme auszudehnen, da die Einsätze schwerpunktmäßig als Militär-Berater im Ausland erfolgen und dort entsprechende vielfältige Waffenfamilien anzutreffen sind.

In Zweitfunktion dienen die Waffentechniker als Experten für den Guerillakampf und dessen Abwehr. Sie führen die konventionelle infanteristische Grundausbildung durch, vermitteln Kenntnisse im infanteristischen Feuerkampf, Vorgehen im Gelände und Geländeausnutzung, Spähtruppunternehmen, Überfälle und Hinterhalt. Sie sind weiter verantwortlich für die Feuerleitung, die Verbindungsaufnahme mit Kampfunterstützungstruppen sowie die Lagerung von Waffen und Munition. Auch die Fertigung von improvisierten Geländekarten und die Auswertung von Luftbildern fallen in ihr Ressort.

Am schwierigsten und umfassendsten ist der Ausbildungsgang zum Sanitäter; in Teilbereichen ähnelt er einem Medizinstudium. Im Einsatz sind die Sanitätsspezialisten in aller Regel vollkommen auf sich allein gestellt, müssen im Notfall schwierige Aufgaben und medizinische Eingriffe übernehmen, die sonst nur von Ärzten wahrgenommen werden dürfen. Dazu zählen Blinddarmoperationen, Amputationen, Geburtshilfen oder Zahnbehandlungen.

Die Bewerber für die Sanitätslaufbahn weisen gewöhnlich den höchsten Bildungsstand auf; manche können eine College-Bildung nachweisen. Eine Anzahl bildet sich nach Beendigung der Dienstzeit zum praktischen Arzt weiter.

Die Ausbildung erfolgt im Rahmen mehrerer Einführungslehrgänge an der Sanitätsakademie, immer wieder unterbrochen von Praktikantenzeiten und Tätigkeiten an zivilen und militärischen Krankenhäusern. Die Soldaten arbeiten dabei verantwortlich im Labor, assistieren bei Operationen und übernehmen Vor- und Nachversorgung der Patienten. Sie leisten Dienst auf Unfallstationen, bereiten chirurgische Eingriffe vor, befassen sich mit Fragen der Gesundheitsvorsorge sowie mit der Bekämpfung von Infektions- und Tropenkrankheiten. Tierversuche dienen ebenfalls der Vermittlung möglichst umfassender und praxisnaher Fertigkeiten.

In diesem Zusammenhang muß ein interessantes Leistungskriterium erwähnt werden, welches typisch ist für die besonderen Verhältnisse bei den Special Forces. Der Sanitäts-Aspirant muß ein verletztes Tier versorgen, behandeln und wieder gesund pflegen; er muß es mit allen Mitteln und mit voller eigener Verantwortung betreuen. Schafft er dies nicht und das Tier stirbt, hat sich der Anwärter als unqualifiziert erwiesen und wird abgelöst. Gerade die Sanitätsspezialisten tragen viel zum Erfolg oder Mißlingen eines Unternehmens bei. Durch ihre helfende Tätigkeit sind sie im besonderen Maße geeignet, das Vertrauen der einheimischen Bevölkerung zu gewinnen; etwa wenn sie die ersten Kontakte mit den Bewohnern unterentwickelter, medizinisch schlecht versorgter Regionen knüpfen. Von ihrem Auftreten und Einfühlungsvermögen hängt es oftmals ab, ob sie als Berater aus einer anderen Welt akzeptiert werden. Die Mißachtung scheinbar unbedeutender Kulthandlungen und Formalitäten haben schon manchen Unbedarften nicht nur die Sympathien der Bevölkerung, sondern auch das Leben gekostet.

Viel Geschick ist erforderlich, wenn die ärztliche Versorgung noch weitgehend in den Händen von »Zauberern« liegt, die meist die unbequeme »Konkurrenz« nicht gerne sehen. Die in der allgemeinen Entwicklungshilfe gewonnenen Erfahrungen zeigen immer wieder, daß es oft schädlich ist, gewachsene Strukturen zu schnell umzukrempeln und die Bevölkerung mit geballter Technik zu überfordern. So müssen auch die Sanitäter der Special Forces äußerst vorsichtig und zurückhaltend agieren. Gerade die Sanitätsdienstgrade tragen sehr viel dazu bei, den »Kampf um die Herzen und Seelen« zu gewinnen. Im Team nennt man die »Medizinmänner« gerne »Einmann-Krankenhäuser«. Sie tragen auch die Verantwortung für die Gesundheit ihrer Kameraden; ohnehin stehen sie aufgrund ihrer besonderen Vielseitigkeit in einem guten Ruf. Wie praxisnah die Ausbildung schon zu Friedenszeiten ist, zeigt die Tatsache, daß Erkrankte oder Verletzte in Manövern (soweit es sich nicht um wirklich schwere Fälle handelt) weiter in der Gruppe bleiben und dort medizinisch versorgt werden; einschließlich des Transports über größere Entfernungen.

Die Fernmeldespezialisten befassen sich mit allen Bereichen der Nachrichtenübermittlung; ein Schwerpunkt bildet der Tastfunk. Der Ausbildungsgang gliedert sich in einen geteilten theoretischen und fachpraktischen Lehrgang von zwei Monaten Dauer.

Im Mittelpunkt steht die Tastfunkausbildung, es müssen dabei mindestens 18 »Gruppen« in der Minute im Hören und Geben erreicht werden. Wahl des richtigen Standorts, zweckmäßiger Einsatz der Antenne, Reparatur und Wartung des Geräts müssen beherrscht werden. Auch der Bau von behelfsmäßigen Geräten, Reichweitenbestimmung und die Grundsätze der elektronischen Kriegsführung gehören zum Ausbildungsstoff. Perfektes Beherrschen der Verschlüsselungstechniken, aber auch das Stören gegnerischer Fernmelde-Aktivitäten, zählen zu den gewünschten Fertigkeiten. Nahezu selbstverständlich ist der Bau und Betrieb von Feldkabelverbindungen und Sprechfunkgeräten.

Zur praktischen Erprobung des vermittelten Wissens dient eine Übung im »feindbesetzten« Gebiet. Gegliedert in Vierergruppen springen die Funker mit dem Fallschirm im Pisga-National-Forst ab. Dort müssen sie unter realistischen Einsatzbedingungen, ohne Ruhepausen und unter andauernder körperlicher Belastung, Geräte und Antennen aufbauen, Funksprüche absetzen und entgegennehmen, entschlüsseln und verschlüsseln.

Seit einigen Jahren gibt es auch Lehrgänge für das Versorgungs- und Verwaltungspersonal, das in den Führungs- und Versorgungseinheiten auf höherer Ebene Dienst tut. Die Lerninhalte entsprechen den allgemeinen technischen und logistischen Vorgaben und finden eine zusätzliche Ergänzung und Erweiterung hinsichtlich der spezifischen Besonderheiten, die sich bei verdeckten Einsätzen ergeben.

FORT- UND SPEZIALAUSBILDUNGSGÄNGE

Nach abgeschlossener Einzelausbildung wird die Kleingruppe zusammengestellt. Sie muß sich zum selbständig handelnden, jederzeit einsatzbereiten Trupp entwickeln. Dies geschieht im Rahmen einer fünfwöchigen Feldübung, die sich unter realistischen Einsatzbedingungen im Uwharrie-National-Forst abspielt. Die künftigen »Green Berets« erhalten den Auftrag, unerkannt mit dem Fallschirm ihren Bestimmungsort zu erreichen und eine Partisaneneinheit aufzubauen. In Ermangelung »echter« Widerstandskämpfer bedient man sich unerfahrener Soldaten; meist ist es technisches oder logistisches Funktionspersonal. Mit diesen »grünen« Mitstreitern führen die Spezialisten Guerillaeinsätze gegen den Manöverfeind durch, meist dargestellt von den ebenbürtigen Soldaten der 82. Luftlande-Division aus Fort Bragg.

Sind endlich alle Hürden der Ausbildung genommen, erhält der frischge-backene Special-Forces-Soldat eine Planstelle in einem A-Team. Freilich kann er sich noch lange nicht auf seinen Lorbeeren ausruhen. Praktische und theoretische Fortbildungs- und Speziallehrgänge folgen. Viele Solda-ten lernen als Freifaller mit dem Fallschirm aus großen Höhen abzuspring-gen; eines der besten Mittel, unentdeckt in gegnerisches Gebiet einzudring-gen. Zuvor werden die Kursteilnehmer in einem Gesundheitstest buchstäb-lich auf Herz und Nieren überprüft. Vor dem ersten Sprung steht ein Test im »Windkanal« sowie eine Ausbildung am Boden. Erst danach folgen die mehr als 30 Übungs- und Gewöhnungssprünge. Die Ausbildung zum Absetzer dauert zwei Wochen und verläuft überwiegend praktisch. Neben der besonderen Betonung des hohen persönlichen Verantwortungsberei-ches wird das Packen der Schirme gelehrt, die zweckmäßige Behandlung von Ausrüstungsgegenständen und das Verstauen von Gepäck und Lasten kommen hinzu. Die Bewährung erfolgt abschließend durch Teilnahme und Leitung mehrerer Fallschirmabsprünge bei Tag und Nacht.

Einen weiteren Schwerpunkt bildet die Unterwasserausbildung, sie stellt einen der schwierigsten Ausbildungsabschnitte überhaupt dar. Nur beson-ders erfahrene »alte Hasen«, die auch keinerlei gesundheitlichen Ein-schränkungen unterliegen und sehr gute Schwimmer sein müssen, dürfen teilnehmen.Im allgemeinen Teil des Lehrganges wird zuerst der Leistungs-stand im Schwimmen überprüft und notfalls gezielt verbessert. Der umfangreiche Lehrstoff beinhaltet Themen wie die Behandlung und Repa-ratur des Materials, Gefahren durch Wasserpflanzen und Tiere, medizi-nisch-physikalische Grundlagen des Tauchens oder den Gebrauch von Spezialgeräten wie Lungenautomaten, Preßluftgeräten sowie Wiederbele-bungs-Vorrichtungen. Den militärischen Teil prägen die unterschiedlichen Tauchtechniken, die Unterwasser-Sprengausbildung und die unerkannte Annäherung an das Ziel auf und unter Wasser. Dabei wird auch die Zusammenarbeit mit Schiffen und U-Booten geübt.

Die Beherrschung von Fremdsprachen, zumindest einiger Grundkennt-nisse, ist sowohl bei verdeckten Einsätzen, als auch bei offiziellen Ausbil-dungsvorhaben im Ausland von ausschlaggebender Bedeutung. Dolmet-scher sind nicht immer in ausreichender Zahl vorhanden. Wenig Schwierig-keiten ergaben sich in dieser Hinsicht in den Aufbaujahren, damals schos-sen sich die grünen Männchen fast ausschließlich auf Mittel- und Osteuropa ein. In ihren Reihen befanden sich genügend Leute aus diesen Regionen; Sprachprobleme gab es kaum, zumal viele Soldaten mehrere Ostsprachen beherrschten. Heute ist dieses wertvolle Potential aus den Reihen der »Green Berets« verschwunden und es gibt kaum noch Soldaten, die nicht in den USA geboren wurden. Die in den 70er Jahren erfolgte Abwertung der Sondertruppen brachte auch einen weiteren Verlust qualifizierter Fachleute mit sich, unter den mittelbaren Folgen leidet die Truppe heute noch. Die Sprachausbildung steht nun wieder hoch im Kurs und in den meisten Teams werden eine Anzahl von Fremdsprachen und Dialekten gesprochen. Kurse veranstalten das Ausbildungszentrum in Fort Bragg, die Sprachschulen der US Army, zeitweise werden auch zivile Bildungseinrichtungen und Fernlehr-Institute bemüht. Hier eine Auswahl der vermittelten Sprachen und Dialekte: Amharisch, Arabisch, Burmesisch, Hindi-Urdu, Lingala, Suhaheli, Thai, Farsi; aber auch Russisch, Französisch, Spanisch und Türkisch. Versucht wird, ein Minimum an Soldaten heranzubilden, die jeweils die vorherrschende Sprache ihres vorgesehenen Einsatzraumes sprechen.

Der selbständige Einsatz der meist weit abgesetzt von der eigenen Truppe zum Einsatz kommenden Zwölfergruppe macht es erforderlich, daß Personalausfälle intern ausgeglichen werden. In Krisensituationen müssen also die Angehörigen des Teams jederzeit die Aufgaben des Nebenmannes übernehmen und so die weitere Einsatzbereitschaft gewährleisten. Dieser Zwang macht es erforderlich, daß die Experten neben ihrem Spezialgebiet weiteres Fachwissen erlernen. Um dieses Ziel zu erreichen, gibt es keine zusätzlichen Lehrgänge, vielmehr ergibt sich eine gute Lösung sozusagen als »Nebenprodukt« des täglichen Dienstes. Unter dem Oberbegriff »Crosstraining« erteilen die jeweiligen Spezialisten laufend Unterrichte und Einweisungen aus ihren jeweiligen Fachgebieten an die weiteren Angehörigen in der Gruppe. So sind die »Lehrenden« gezwungen, ihr Fachwissen ständig zu vervollkommnen und auf dem neuesten Stand zu halten, während die »Lernenden« davon profitieren. Mit der Zeit bilden sich im Team Experten heran, die mühelos den Verantwortungsbereich des Nebenmanns übernehmen können, wenn dies die Situation erfordert. Die Unterrichte erfolgen auf vollkommen zwangloser Basis, Kritik »von unten« ist nicht nur erlaubt, sondern wird gewünscht. Offiziere machen da keine Ausnahme, sie können viel von den erfahrenen Unterführern lernen und haben nur dann eine Chance, vor deren kritischen Augen zu bestehen, wenn sie sich motiviert engagieren. Es ist nicht verwunderlich, daß in der Vergangenheit mancher Offizier frustriert die Sachen packte und der anstrengenden Sondergruppe den Rücken kehrte – ein weiterer Grund für das gelegentlich schlechte Image der Spezialeinheiten bei der Army.

Eine sorgfältige, vorbereitende Einweisung geht in der Regel jedem Auslandseinsatz voraus. Sie kann bis zu mehrere Monate dauern und wird oft isoliert in speziellen Lagern, völlig abgeschirmt von der familiären, zivilen und militärischen Umgebung, durchgeführt. Aus Sicherheits- und Geheimhaltungsgründen ist jeder Kontakt mit der Außenwelt untersagt, selbst der Familie gegenüber werden keinerlei Angaben über Ort und Art des Einsatzes gemacht. Es ist schon vorgekommen, daß Schlüsselpersonal, getarnt als Zivilisten, in die vorgesehenen Operationsräume reiste, um vor Ort Informationen zu sammeln und die Aktionen vorzubereiten.

Neben den genannten Lehrgängen gibt es noch zahlreiche weitere Ausbildungen, deren Inhalte den Rahmen dieses Kapitels sprengen würde. Erwähnt werden soll die Scharfschützenausbildung sowie die Lehrgänge über das Leben und Überleben in extremen Gebieten wie Wüste, Dschungel, Gebirge oder arktischen Regionen.

Beliebt sind Teilnahmen an entsprechenden Vorhaben bei verbündeten ausländischen Streitkräften, sie dienen dem Kennenlernen, der Gewinnung neuer Eindrücke, dem Sammeln wertvoller Anregungen; besonders aber der Sprachschulung. Natürlich zählt auch der Besuch des Rangerlehrganges in Fort Benning zu den herausragenden Ausbildungsvorhaben, er ist aber nicht zwingend vorgeschrieben.

Völlig anders sind die Verhältnisse bei den Offizieren. Im Gegensatz zu den Unteroffizieren dienten sie meist nur für einen beschränkten Zeitraum bei den Special Forces, um dann wieder zu ihren Stammeinheiten zurückzukehren. Ein Blick zurück zeigt, daß vor Beginn des Vietnamkrieges keine Sonderausbildung für Offiziere vorgesehen war. Da es immer an Interessenten mangelte, wurden bei Bedarf auch Versetzungen ohne Zustimmung des Betroffenen vorgenommen. Als Voraussetzung genügten die Absolvierung der Fallschirmausbildung oder des allgemeinen Rangerlehrganges. Im Verlaufe des Krieges wurden Einführungslehrgänge durchgeführt, die das erforderliche Basiswissen vermittelten. Auf den Dienstplänen standen Themen wie Aufbau und Führung von Guerillaeinheiten, Erstellung von entsprechenden Studien und Analysen, Auswertung von Feindnachrichten, psychologische Beeinflussung der Zivilbevölkerung und weitere unkonventionelle Techniken. Einführungen erfolgten über Grundzüge der zivilen Entwicklungshilfe, Infiltrationstechniken, Einsatzführung sowie des Waffen-, Sanitäts-, Fernmelde- und Pionierwesens. Die Dauer der Lehrgänge lag durchschnittlich bei zehn Wochen, während einer fordernden Abschlußübung unter Einsatzverhältnissen wurden die erworbenen Kenntnisse überprüft. Allerdings lagen die Anforderungen insgesamt unter dem bei Unterführern üblichen Niveau, entsprechend geringer waren auch die Durchfallquoten.

Die Offiziersausbildung bereitet in erster Linie auf die Führung eines A-Teams vor. Über 70 verschiedene Themen sind innerhalb dieser Spezialausbildung vorgesehen. Hierzu zählen nun auch Grundlagen über internationale Beziehungen, rechtliche und juristische Gesichtspunkte der unkonventionellen Kriegführung und Krisen-Management. Der Nachwuchs kommt freiwillig, erwünscht sind jüngere Hauptleute mit praktischer Truppenerfahrung. Fremdsprachenkenntnisse werden groß geschrieben, sie werden durch einen vorgeschalteten Lehrgang ergänzt und vertieft. Eine größere Anzahl der Offiziere spricht heute fließend die Sprache des Stationierungslandes, etwa deutsch oder spanisch.

Gegenwärtig ergeben sich eine Reihe von Umorganisationen und Laufbahnveränderungen, die noch nicht abgeschlossen sind. Die Ursachen liegen in den Maßnahmen zur Erhöhung der Personalstärke der Sondertruppen. Neu eingeführt wurde ein Ärmelstreifen mit der Aufschrift »Special Forces«, den nur »vollwertige« Green Berets, also Soldaten mit sämtlichen Ausbildungsgängen, tragen dürfen. Das Abzeichen darf allerdings auch dann getragen werden, wenn der Soldat bei einer »konventionellen« Einheit Dienst leistet.

Aufbau, Kampf- und Einsatzweisen

Die vielfältigen Einsatzmöglichkeiten unkonventioneller Spezialeinheiten, verbunden mit teilweise gegensätzlichen Zielsetzungen bei den verschiedenen Aufträgen, erfordern – verglichen mit herkömmlichen militärischen Strukturen – eine besondere Gliederung- und Organisation. Große Bedeutung kommt kleinen, flexiblen Gruppen zu, die sich sozusagen »selbst tragen« und schwierigsten Anforderungen genügen.

Alle »unkonventionell« eingesetzten Soldaten müssen zugleich gute »konventionelle« Kämpfer sein. Die eigentliche Spezialisierung baut auf umfassenden allgemeinen militärischen Kenntnissen auf. Ebenso verhält es sich mit den Kampftechniken und Einsatztaktiken, die im Grunde lediglich das Grundlagenwissen ergänzen und verfeinern. Die Vielzahl unterschiedlichster Fertigkeiten und Fähigkeiten orientiert sich an der ganzen Breite des Auftrages. Es würde den Rahmen dieser Ausführungen sprengen, dies umfassend darstellen zu wollen.

So begnügte sich der Verfasser damit, einige besonders typische Gebieten zu beleuchten und die Beziehungen zu verwandten Bereichen anzusprechen. Die Zusammenfassungen ermöglichen daher nur einen kleinen Einblick in die komplizierte Vielfalt der breit gefächerten Aufgaben der »Green Berets«.

AUFBAU UND ORGANISATION DER SPECIAL FORCES

Die Angehörigen der Special Forces (Airborne) sind Soldaten der US Army, die laufbahnmäßig eine eigene Waffengattung bilden.

Die Gliederung in unabhängige Kleingruppen stellt an Selbständigkeit und Einsatzbereitschaft aller Mitglieder hohe Anforderungen; hier sind die Leistungen des Einzelnen bestimmend und nicht die Feuerkraft eines Waffensystems. Auf der unteren Ebene der Teileinheiten gibt es weder Trupp, Gruppe oder Zug im üblichen Sinne, die Kompanien und Bataillone haben nur verwaltungsmäßige und organisatorische Aufgaben. Ähnlich verhält es sich bei der sogenannten Special Forces Group, diese »Gruppe« ist weder Regiment noch Brigade.

Die kleinste und wichtigste taktische Einheit stellt das sogenannte »A«-Team dar. Diese Gruppe kann vollkommen selbständig operieren; weitere Führungs-, Versorgungs- und Unterstützungseinheiten arbeiten ihr – je nach Auftrag – zu. In der Grundform besteht das »Team« aus zwölf Mann. Gruppenführer ist in der Regel ein Captain, dessen Stellvertreter, ein First-Lieutenant, neuerdings ein erfahrener Warrant-Officer ist. Nur voll ausgebildetes Personal, das alle erforderlichen Lehrgänge und Spezialausbildungen erfolgreich hinter sich gebracht hat, wird in der Gruppe aufgenommen. So bildet der Sergeant den untersten Dienstgrad. In den letzten Jahren mußten wegen der bekannten Schwierigkeiten und der Umgestaltung der Laufbahnen einige Einschränkungen hingenommen werden, da es an erfahrenen Experten fehlte. Zur Zeit ist man energisch bemüht, die Schwächen auszugleichen und vermehrt Experten heranzuziehen.Grundsätzlich setzt sich das »A«-Team aus den beiden Offizieren, einem Mastersergeant als dienstführendem Unteroffizier, einem Sergeant First Class als Nachrichten- und Abwehrexperten, zwei Waffenspezialisten, zwei Sanitätern, zwei Funkern und zwei Pionieren zusammen. Die Doppelbesetzung ist weniger als Vorsorgemaßnahme anzusehen, sondern dient als Grundlage für die Aufteilung in zwei Halbgruppen. Personalausfälle können aufgrund der Zusatzausbildung der Soldaten in den Aufgabengebieten ihrer Kameraden ausgeglichen werden.

In der Vergangenheit gab es einige kleinere Veränderungen in Stärke und Zusammensetzung der Teileinheiten, im wesentlichen blieb sich sich die bewährte Grundgliederung jedoch gleich. Die Männer einer Gruppe sollen möglichst lange zusammen leben, damit sich eine Kameradschaft des gegenseitigen Vertrauens und des Zusammenhalts entwickeln kann. Die einzelnen Mitglieder können sich voll auf ihre Aufgaben konzentrieren, gemeinsam versuchen sie Schwächen zu erkennen und abzubauen, sich zu helfen und zu unterstützen. Da den »A-Teams« eine bestimmte Einsatzregion vorgegeben wird, müssen die Mitglieder bereits ein praktisches Grundwissen der Sprache und Kultur mitbringen.

Die nächsthöhere Führungsebene bildet die Special-Forces¡Kompanie, deren Teileinheiten die »Teams« führen und unterstützen. Sie setzt sich aus sechs Offizieren und 18 Unteroffizieren zusammen. Die Kompanie-Führungsgruppe entspricht einem kleinen Stab, der sechs »A-Teams« führt, versorgt und koordiniert. Einige »Operational Detachments« setzen sich aus Spezialisten für den Freifall, Kampfschwimmereinsätze oder den Kampf im Gebirge zusammen. Drei Kompanien bilden ein Bataillon mit einem Lieutenant-Colonel an der Spitze; Stab- und Stabsgruppe setzen sich aus neun Offizieren und 22 Unteroffizieren zusammen. Wenn es der Auftrag erfordert, werden den Bataillonen Teileinheiten der »Special Forces Group« unterstellt.

Die »Special Forces Group« (SFG) steht unter dem Kommando eines Colonels und verfügt über umfangreiche Führungs- und Unterstützungselemente. Stab und Stabskompanie entsprechen weitgehend konventionellen Einheiten, etwa den entsprechenden Gliederungen eines Infanterie-Regiments. Der SFG unterstehen eine Anzahl Kompanien und Zügen von Fernmeldern, Heeresfliegern, Sanitätern, Versorgungs- und Instandsetzungstruppen, Verwaltungspersonal und Fallschirmpackern. Zusätzliche Teileinheiten mit speziellen Aufgaben, etwa Experten für psychologische Kampfführung, Nachrichtenleute oder Techniker, werden bei Bedarf zukommandiert. Die Sollstärken der Special-Forces-Gruppen änderten sich mehrfach, jedoch lagen die Ist-Stärken praktisch immer deutlich darunter. Derzeit sind rund 1400 Mann je Gruppe eingeplant, eine Feindnachrichten/Abwehrkompanie ist hinzugekommen. Zusammenfassend ist festzustellen, daß der Organisationsrahmen äußerst flexibel ist und sich nach den Erfordernissen des Auftrages richtet.

TECHNIKEN DER INFILTRATION UND EXFILTRATION

Zu den schon klassischen Einsatztechniken der Sondertruppen zählen das unbemerkte Erreichen von Einsatzräumen in der Tiefe des gegnerischen Hinterlandes sowie das entsprechende Verlassen nach Erfüllung des Auftrages. Sie entscheiden wesentlich über Erfolg oder Mißerfolg des Auftrags mit. Es wurden verschiedene Verfahren und spezielle Techniken entwikkelt, die hohe Anforderungen an die Geschicklichkeit und körperliche Belastbarkeit des einzelnen Soldaten stellen. Ein Großteil der Fort- und Weiterbildung bei den Einsatzeinheiten befaßt sich mit derartigen Techniken, die auch konzeptionell ständig weiterentwickelt werden.

Manchmal erreichen die Soldaten die Einsatzgebiete unter recht abenteuerlichen Verhältnissen. Im Mittelpunkt steht nach wie vor der Fallschirmabsprung, erweitert durch Freifall aus extremen Höhen. Teilweise werden die Verfügungsräume auch über das »nasse Element«, über Küsten und Flußläufe erreicht. Bei der Annäherung über den Landweg müssen oft schwierige Gelände- und Witterungsbedingungen in Kauf genommen werden. Schließlich können sich einzelne Teams bewußt vom Gegner »überrollen« lassen, um in dessen Rücken aktiv zu werden.

Transportflugzeuge der Luftwaffe, die auch über eine beschränkte Zahl von Spezialflugzeugen verfügt, sowie die Hubschrauber des Heeres übernehmen den Lufttransport der »Green Berets«. Heute verfügen die »Special Forces Groups« wieder über gut ausgestattete eigene Heeresfliegerstaffeln. Im Vordergrund steht eindeutig der Sprung aus dem Flugzeug; alle Einsatzgruppen der »Green Berets« werden ja im militärischen Fallschirmabsprung ausgebildet. Im Laufe der Zeit haben sich allerdings eine Reihe von neuen Gesichtspunkten ergeben, die ein Eindringen per Transportflugzeug in den gegnerischen Luftraum mit anschließendem Fallschirmabsprung als äußerst risikoreich, nahezu unmöglich erscheinen lassen. Während in den 50er Jahren ein ungehinderter Anflug durch die zahlreichen »Lücken« der Luftraumüberwachung noch möglich war, ist dies heute als Folge der rasanten Entwicklung und Perfektionierung der Flugüberwachung- und Flugabwehr in dieser Art und Weise kaum noch möglich. Mit Hilfe elektronischer Täuschungs- und Ablenkungsmanöver sowie extrem niedrig fliegenden Maschinen läßt sich die gegnerische Luftraum-Überwachung jedoch austricksen. Grundvoraussetzung für eine glückliche Landung ist nach wie vor eine zumindest notdürftig markierte Landezone, in der möglichst Verbindungsleute als »Empfangsgruppe« fungieren sollten. Dabei kann es sich um Mitglieder von Widerstandsorganisationen, Agenten, oder um »Pfadfinder« handeln, die einige Zeit vorher eingeschleust wurden.

Die Phase des Anfluges gehört wohl zu den kritischsten Momenten.

Auch wenn die Landung gut über die Bühne ging müssen die Soldaten immer damit rechnen, plötzlich vom Gegner »kassiert« zu werden; sei es durch Verrat oder Zufall. Auch wenn sie sich durch das Tragen von Uniformen als Soldaten zu erkennen geben, werden sie oft als vermeintliche Spione behandelt; was mit einer standrechtlichen Exekution enden kann.

Nach einer Fallschirm-Landung werden als erstes die verräterischen Fallschirme vergraben, seltener verbrannt; danach übernehmen die Soldaten das mit Lastenfallschirmen angelandete Gerät – also schwere Waffen und Munition, Fernmeldegerät, Sanitätsmaterial, Verpflegung, Zusatzbekleidung und technische Ausrüstungen. Alle verräterischen Dinge, die Hinweise auf die Landung oder die Truppe geben könnten, werden sorgfältig entfernt oder versteckt. Anschließend teilt sich das Einsatzteam aus Sicherheitsgründen in eine Anzahl kleinerer Trupps oder Einzelpersonen auf, die den Landeplatz zügig in verschiedenen Richtungen verlassen.

Heute finden bei statischen Sprüngen mit der Reißleine meist Fallschirme der Typen T10 oder MC1 Verwendung; Freifaller benutzen gut steuerbare Rundkappen-Schirme vom Typ MC-3, beziehungsweise moderne Tandemschirme, sogenannte Matratzen. Die Anwendung dieser Infiltrationstechnik ermöglicht es auch heute noch, Ziele unbemerkt zu erreichen. Ihre einwandfreie Beherrschung beansprucht einen hohen Ausbildungsaufwand und setzt eine gute Konstitution des Springers voraus. In extremen Höhen, oft 10000 Meter über Grund, tragen die Freifaller Atemschutzgeräte und eine spezielle Schutzbekleidung. Nach Verlassen des Flugzeuges bleibt der Fallschirm geschlossen; der Springer läßt sich frei fallen. Während des Falles muß er seine Körperlage stabilisieren und sich orientieren. Erst wenige hundert Meter über Grund betätigt er manuell den Auslösemechanismus seines Schirmes. Da Freifaller nur kurze Zeit am geöffneten Schirm hängen, erhöht sich ihre Chance, unerkannt zu landen. Springt ein geschlossenes Team, darf es sich bei der Landung nicht zu weit im Gelände verstreuen. Es versucht, in der Freifallphase möglichst eng zusammenzubleiben, um danach möglichst geschlossen zu landen. Oft tragen die Springer optische Erkennungsmerkmale wie Leuchtstreifen am Helm, an denen sich der jeweils Nachfolgende orientiert. Freifallsprünge werden aus Gründen der Tarnung bevorzugt in der Dunkelheit durchgeführt – für die Springer eine weitere psychische Belastung und potentielle Gefahrenquelle.

Neben einer Zusatzausbildung erfordert die Freifalltechnik eine Reihe von Vorkehrungen, bei Absprüngen aus einer Höhe von über 4000 m ist das Tragen eines Druckanzuges, bei mehr als 5000 m eine Sauerstoffmaske notwendig. Ein Öffnungsautomat öffnet den Schirm bei einer Höhe von rund 600 m selbsttätig; die Öffnung des Schirmes kann aber bis auf eine Höhe von etwa 150 m verzögert werden. Die eingebaute Automatik kann lebensrettend sein; etwa wenn der Springer aufgrund einer defekten Sauerstoffmaske ohnmächtig wurde.

Ausgesuchte Experten beherrschen die Technik des »blinden Absprunges«. Sie springen quasi auf gut Glück und ohne jede Boden-Unterstützung in den Nachtstunden über völlig unbekanntem Gelände ab. Dies kann beispielsweise in Fällen der Kontaktaufnahme mit einheimischen Widerstandsorganisationen erforderlich werden.

Besondere Verletzungsgefahren, die leicht den Gesamtauftrag in Frage stellen können, ergeben sich bei Absprüngen in Waldgebiete, aber auch Straßen, Baulichkeiten, Weidezäune oder selbst freistehende Verkehrszeichen bergen erhebliche Verletzungsgefahren in sich. Zur Verminderung der Risiken stehen Spezialausrüstungen zur Verfügung. Schutzanzüge, Gesichtsmasken und eine Ausrüstung für das Abseilen von Bäumen oder Bauten herunter, sind meist vorhanden. Eine besonders wirksame Infiltrationstechnik hat sich in den letzten Jahren als Folge der Weiterentwicklungen in der Sportfallschirm-Technik ergeben. Heute gehören trapezförmige Schirme, die sich sehr gut steuern lassen, zur Grundausstattung der meisten Spezialeinheiten. In diesem Zusammenhang ist das sogenannte »HAHO«-Verfahren (High Altidude High Opening) unter Verwendung von Gleitschirmen entwickelt worden. Der Fallschirmspringer verläßt das Flugzeug in großer Höhe und öffnet den Schirm sofort. Er segelt durch den Luftraum und steuert sich selbst in die gewünschte Richtung. Je nach Absprunghöhe sowie Windstärke und -richtung kann er Strecken von 35 bis über 100 km segelnd und gleitend zurücklegen. Bei dieser Technik braucht das Mutterflugzeug nicht in den elektronisch meist bestens überwachten Luftraum des Gegners einzudringen.

Für Einsätze, die nur eine verhältnismäßig geringe Eindringtiefe in feindbesetzte Räume erfordern – etwa taktische Handstreiche auf Brücken oder Stäbe – eignen sich Hubschrauber als Transportmittel. Besonders im Vietnamkrieg bildete dieses »Lufttaxi« das unentbehrliche Fortbewegungsmittel der Spezialeinheiten. Meist waren bei den Einsätzen in Vietnam keine extremen Entfernungen zurückzulegen. Start- und Landevorgang verursachten keinen besonderen technischen Aufwand und waren bei halbwegs günstigem Gelände überall möglich. Im Notfall, bei überraschend auftretendem Feind oder in anderen Krisenlagen, eigneten sich die Hubschrauber gut für die Durchführung von Evakuierungsmaßnahmen. Im schwierigen Gelände konnte das Personal die Helikopter mittels Seilwinden und Strickleitern verlassen, man sprang aber auch bei Flughöhen um die zwei Meter aus dem »hoovernden« Hubschrauber heraus. Um die Entdeckunggefahren zu vermindern, wird gerne in der Dämmerung und bei Nacht geflogen; bei Tageslicht bietet der sogenannte Konturenflug fünf bis zwanzig Meter über der Erdoberfläche die besten Chancen, unbemerkt und überraschend den vorgesehenen Einsatzraum zu erreichen. Auch finden leichtgebaute Motordrachen bei Guerillaeinsätzen Verwendung. Sie unterfliegen den Radargürtel und erreichen unbemerkt ihr Ziel. Diese Sport-Hängegleiter sind zusätzlich mit einem 28-PS-Leichtmotor ausgestattet, der einen äußerst geräuscharmen Holzpropeller antreibt. Gesteuert wird das Luftgefährt über zwei Seitenruder, die Körperverlagerung des Piloten sowie durch gezielten Motoreinsatz. Der Treibstoffverbrauch ist minimal, so kann der Drachen bei einer durchschnittlichen Geschwindigkeit von 60 bis 80 km/h gut 200 km in die Tiefe des Raumes eindringen.

Das Fluggerät wiegt lediglich 60 kg; damit kann es neben dem Piloten noch Nutzlasten aufnehmen. Vor allem aber kann der Soldat mit dem Motorsegler das Einsatzgebiet auch wieder verlassen. Nach geglückter Infiltration in den Nachtstunden ist die Flugmaschine rasch zerlegt und ohne Aufwand in einem Packsack verstaut, der sich wiederum leicht tarnen und verstecken läßt.

Auch gewaltsame »Sturmlandungen« gehören zum Repertoire der Special Forces. Dabei stehen ihnen eine Anzahl modifizierter Transportflugzeuge vom Typ C-130, sogenannte Gun-ships, zur Verfügung, die mit ihrer starken Bordbewaffnung eine gewaltige Feuerunterstützung geben können. Eher die Ausnahme bildet das Eindringen und Einsickern auf dem Landwege, eine Infiltrationstechnik, die wohl bei taktischen Einsätzen mit geringen Eindringtiefen Anwendung findet. Auch hier werden die Nachtstunden sowie Zeiträume schlechter Witterung mit eingeschränkten Sichtmöglichkeiten bevorzugt. Im Rahmen überraschend angesetzter, zeitlich befristeter Vorstöße oder ablenkender Scheinangriffe werden Teams in den Raum des Gegners eingeschleust und unbemerkt »zurückzulassen«. Infanteristische Stoßtruppunternehmen oder eine (gewaltsame) Erkundung der Panzeraufklärer eignen sich hierfür besonders.

Gelegentlich erscheint eine Einschleusung auf dem Landwege über große Entfernungen sinnvoll, wenn geeignetes, schwieriges Gelände vorhanden ist und das zu erreichende Territorium an eigenes oder verbündetes Staatsgebiet grenzt. Unwirtliche, bevölkerungsarme und verkehrsmäßig unerschlossene Gegenden, Regionen die von Eiswüsten, Gebirgsmassiven, Sümpfen oder Wüsten bedeckt sind, eignen sich besonders. Gerade diese Art der Infiltration stellt hohe Anforderungen an den Ausbildungsstand und die Belastbarkeit der beteiligten Soldaten. Das Vorhandensein ortskundiger Führer erleichtert derartige Vorhaben. Eine sorgfältige Vorausplanung mit intensivem Studium der geplanten Route ist unumgänglich. Meisterhafte Tarnung, geschicktes Vorgehen im Gelände stellen hohe Forderungen an Ausbildungsstand und Leistungsbereitschaft jedes einzelnen Mitglieds.

»Stay behind«, das geplante Zurückbleiben hinter den feindlichen Linien im Falle eines Vorstoßes auf eigenes Gebiet, gehört zu den ältesten Techniken. Erste Pläne entstanden in den frühen 50er Jahren, als mit der Gefahr des Überrolltwerdens großer Teile Europas durch die sowjetischen Divisionen gerechnet werden mußte. Einzelne Kleingruppen der Special Forces hätten in diesem Fall vorbereitete, sorgfältig ausgesuchte und getarnte Verstecke bezogen, um im Rücken des Angreifers eine Widerstandsbewegung aufzubauen. Auch noch in der Gegenwart existieren streng geheime Pläne über vorgeplante Flucht- und Durchschlagenetze, Verstecke und Geländeräume, die sich für den Aufbau von Guerillabasen eignen.

Den Zurückgebliebenen obliegt es, den Gegner fortwährend zu beunruhigen und jeden erdenklichen Schaden zuzufügen, seine Führungs- und Versorgungseinrichtungen zu bedrohen und zu vernichten. Daneben eignen sich die verdeckt operierenden Trupps vorzüglich zur Aufklärung und

Nachrichtengewinnung, wobei sie die Ergebnisse nach Möglichkeit per Funk an die eigene Führung weitermelden. In schwierigem Gelände und schwach besiedelten Regionen ist die Gefahr einer vorzeitigen Entdeckung am geringsten. Aber auch in Ballungsräumen und Städten sind Einsätze denkbar, hier hängt das Gelingen der Aktionen im besonderen Maße vom Verhalten und der Unterstützung durch die Zivilbevölkerung ab.

Nicht vergessen werden darf das »nasse Element«, amphibische Landungen und Annäherungen aus Binnengewässern oder vom Meer her. Die Gefahren die vom Wasser drohen, verlangen eine entsprechend gründliche Spezialausbildung und viel Sorgfalt bei der einsatzmäßigen Durchführung. Natürliche Gefährdungen ergeben sich auch durch nicht sichtbare Wasserhindernisse, Meeresströmungen oder Gezeiten.

Gewöhnlich erfolgt die Infiltration von See her in enger Zusammenarbeit mit der Marine. Um gegnerischen Abwehr- und Aufklärungsmaßnahmen zu entgehen, werden die Schiffe meist schon etwa 30 km vor der Küste verlassen, um die verbleibende Distanz unauffälliger überwinden zu können. Hierfür nutzen die »Green Berets« verschiedene Techniken. So rudern sie in Schlauchbooten in Strandnähe; oftmals legen sie die letzten Meter schwimmend zurück. Ein anderes Verfahren sieht vor, Küsten bis zu 15 km schwimmend oder tauchend zu erreichen. Dabei stecken die Soldaten in wasserdichten Schwimmanzügen, die sie über den Kampfanzügen tragen; Waffen und Ausrüstung ziehen sie in wasserdichten Transportsäcken mit. Bei schwerer See ist aber die Technik nicht anwendbar. Geübt wird die Zusammenarbeit mit Unterseebooten, die sich unerkannt näher als Schiffe an eine fremde Küste heranwagen können. Teilweise nehmen sie Schlauchboote in Schlepp, um sie so kräfteschonend näher an das Ufer heranzubringen. Jedoch verbietet eine Reihe fundamentaler Einschränkungen eine umfassende Verwendung von Unterseebooten als Infiltrationsmittel, da deren begrenzter Transportraum nur für wenige Mann reicht, zudem sind nur sehr improvisierte Ausstiegsmöglichkeiten vorhanden. Moderne, atomgetriebene Boote eignen sich aufgrund der technischen Beschaffenheit überhaupt nicht für derartige Einsätze, zudem besteht in unmittelbarer Küstennähe immer Entdeckungsgefahr. Je nach Beschaffenheit des Meeresbodens und den Wassertiefen können die Boote leicht auf Grund laufen und bewegungsunfähig werden. Eine weitere Infiltrationsmöglichkeit stellt eine Kombination von Fallschirmabsprung und Tauchen dar. Sie wird auch in manchen Special Forces Teams angewandt, gehört aber mehr zum Tätigkeitsbereich der »SEALS«, der Sondertruppen und Kampfschwimmer der US-Marine. Dabei springen die Soldaten mehrere Kilometer vor der Küste mit dem Fallschirm ab, um nach der Wasserlandung die Küste tauchend zu erreichen. Dieses Verfahren wird auch von U¡Booten oder Schiffen aus angewandt.

Die Annäherung von See hat grundsätzlich nur in den Nachtstunden und bei schlechter Sicht Aussicht auf Erfolg, eigene Empfangsgruppen sind unbedingt notwendig. Das Anlanden stellt die Phase der größten Schwäche und Gefährdung dar. Die Gelandeten sind fast wehrlos gegen feindliche Sicherungskräfte, sie bieten in flachen, gut einsehbaren Küstenstrichen ein gutes Ziel. Flucht oder Ausweichen ist so gut wie unmöglich. So sind derartige Unternehmen nur in Ausnahmefällen nach sorgfältiger Planung und Erkundung erfolgsversprechend. Vor allem Einzelpersonen und kleine Kampftrupps, für Zwecke der Sabotage an Hafenanlagen, Schiffen oder Überwachungseinrichtungen, werden auf diese schwierige, risikoreiche Art eingeschleust.

Ist es schon schwierig, heimlich und unversehrt die oftmals weit entfernten Einsatzräume zu erreichen, ergeben sich beim Verlassen des Operationsgebietes noch größere Probleme. Dies gilt besonders für das Ausschleusen Verwundeter, Erkrankter oder wichtiger Schlüsselpersonen. Da die Infiltration meist auf dem Luftwege erfolgt, ist auch ein Rücktransport meist nur auf diese Art möglich. Robuste Flugzeuge mit Kurzstarteigenschaften, die in abgelegenen Gegenden auf unbefestigten Behelfspisten landen und starten können, eignen sich für diese Zwecke am besten. Auch Wasserflugzeuge können sehr brauchbar sein. Handelt es sich um kürzere Entfernungen, ist ein Hubschrauber-Transport möglich. Auch die schon erwähnten »Gun-ships«, also schwerbewaffnete und gepanzerte Spezialflugzeuge werden in Sonderfällen herangezogen. Es bestehen aber immer außerordentliche Risiken für die Flugzeugbesatzungen und die auszufliegenden Personen. Mit Zusatzausstattungen versehene Propellermaschinen können aus der Luft Einzelpersonen aufnehmen und ausfliegen. Sie bedienen sich dabei des »Skyhook-Verfahrens«. Dabei trägt ein Gasballon ein Seil auf eine bestimmte Höhe, das wiederum am Gurtzeug der »auszuschleusenden« Person befestigt wird. Das Flugzeug besitzt eine gabelartige »Fangvorrichtung« an der Nase. Bei der Annäherung der Maschine wird der Ballon losgelassen und steigt mit dem Seil nach oben. Im Langsamflug nimmt die gabelartige Fangvorrichtung das Seil auf. Ist das Koppelungsmanöver geglückt, wird die Person per Seilwinde in das Flugzeug gezogen. Dieses komplizierte und risikoreiche Verfahren wurde schon im Vietnamkrieg mehrfach erfolgreich angewandt.

Natürlich gibt es noch eine Vielzahl weiterer Verfahren und Techniken, die sich jeweils an den individuellen Gegebenheiten des Auftrages und der Gesamtsituation orientieren.Die Benutzung öffentlicher Verkehrsmittel ist ebenso üblich wie die spezieller militärischer Transportorganisationen, sofern es sich um keine verdeckten Aktionen handelt. Obwohl es sich in der Gegenwart bei Einsätzen der Special Forces nahezu ausschließlich um offene Tätigkeiten als Militärberater normaler Einheiten und Verbände ausländischer Streitkräfte handelt, müssen sämtliche Angehörige der einsatzreifen A-Teams die wichtigsten Infiltrationstechniken beherrschen und sich entsprechend fortbilden.

ZUSAMMENARBEIT MIT EINHEIMISCHEN GUERILLABEWEGUNGEN

Noch immer nimmt dieser klassische Auftrag aus der Zeit der Gründerjahre einen breiten Raum in der Aus- und Weiterbildung der Soldaten ein.

Die Ausbildungsrichtlinien des US-Heeres verlangen von den Spezialeinheiten Kenntnisse in der Vorbereitung von verdeckten Einsätzen, unerkannte Infiltration, Ausbildung von paramilitärischen Einheimischen-Verbänden, Versorgung von Widerstandsbewegungen und den Aufbau von Nachrichten- und Fluchtorganisationen; außerdem die Befähigung zu strategischen Fernaufklärungs- und Kommandounternehmen. Die Zusammenarbeit mit einheimischen Partisanen ist in verbindlichen Dienstvorschriften schriftlich festgehalten, jedoch ergeben sich in der Praxis Abweichungen von diesen Grundsätzen. Unbedingt vorausgesetzt muß ein sorgfältiger Einsatzplan werden, der die Vielzahl der politischen, wirtschaftlichen, sozialen, gesellschaftlichen und militärischen Aspekte berücksichtigt, die es zu koordinieren gilt. Die hierfür erforderlichen technischen Planungsarbeiten umfassen Fragen der Organisation, Beziehungen zu den unterstützten Guerillaformationen, psychologische Maßnahmen, Nachrichtengewinnung und -auswertung und logistische Unterstützung. Besondere Bedeutung kommt der Auswahl des optimalen Teams zu. Sprachkenntnisse und persönliche Erfahrungen in der entsprechenden Region gelten als wichtigste Auswahlkriterien. Im Einsatzbefehl sind die endgültigen Zielsetzungen schriftlich festgehalten; die Unterstützung ist ebenso geregelt wie Probleme einer Evakuierung im Krisenfalle. Der strukturelle Aufbau von Widerstandsbewegungen ist in den meisten Fällen recht unterschiedlich. Der Bogen spannt sich von zahlenmäßig sehr kleinen, schwachen Gruppen, denen es an allem fehlt, bis hin zur etablierten, gut geführten und versorgten Partisanenarmee, die nur noch bestimmte technische oder logistische Hilfen benötigt.

Nach den jeweiligen speziellen Erfordernissen richtet sich die Entscheidung, wieviel Einsatzteams »A«, oder zusätzliche Gruppen und Führungs/ Unterstützungsteams »B/C« herangezogen werden müssen.

Bei der Operationsplanung spielen regionale und klimatische Gegebenheiten, die Feindlage, die allgemeine politische Situation sowie gesellschaftlich-landsmannschaftliche Verhältnisse im vorgesehenen Einsatzraum eine ausschlaggebene Rolle. Um eine fruchtbare Zusammenarbeit mit den Einheimischen herbeizuführen ist es wichtig, ihre typischen Eigenheiten und ihre Herkunft zu kennen und ihre Eigenarten vorbehaltlos zu akzeptieren. Eine vertrauensvolle Zusammenarbeit kann sich nur dann entwickeln, wenn die nationalen, religiösen und regionalen Eigenheiten nicht nur erkannt und toleriert, sondern von den Beratern persönlich übernommen werden. Auch dürfen sich die Berater nicht selbst in Machtpositionen drängen (lassen); sie sollen lediglich beratend und unterstützend wirken. Dies schließt allerdings nicht aus, daß in besonders gelagerten Einzelfällen oder in Krisensituationen Berater das Kommando übernehmen, Einsätze leiten oder ihren Einfluß sonstwie geltend machen.

Den Phasen der Einsatzplanung und der psychologischen Vorbereitung folgt nach einer ersten Kontaktaufnahme die eigentliche Infiltration des Teams. In der Zusammenarbeit zwischen Berater-Team und Guerillaformation dominiert der eigenständige politische Auftrag, der immer fordert, daß die strategischen Ziele der Widerstandsorganisation grundsätzlich mit den offiziellen Zielsetzungen der US-Regierung übereinstimmen müssen. Zu den von den Beratern wahrzunehmenden organisatorischen Aufgaben zählen die Erstellung von Plänen zur Führung, Gliederung und Versorgung sowie entsprechende Ergänzungen und Verbesserungen bereits praktizierter Verfahren. Neben der Schaffung einer möglichst großen Zahl selbständig operierender Kampfeinheiten müssen Nachschublager, Ausbildungscamps und Sanitätseinrichtungen errichtet sowie die Nachrichten-Übermittlung verbessert werden. Je nach Auftrag und Entwicklung der Widerstandsbewegung liegt die Personalstärke der Formationen zwischen zehn und mehreren hundert Köpfen. Wichtig ist eine klare und übersichtliche Organisation. Aus Sicherheitsgründen soll zwischen den einzelnen Gruppen keine direkte Verbindung bestehen, lediglich die eigentliche Führungsmannschaft, der »harte Kern«, wird über die Gesamtzusammenhänge informiert.

Guerillaeinheiten mit militärischen Aufträgen und der geheime »Untergrund« operieren streng voneinander getrennt, sie erhalten jedoch nach Möglichkeit immer gemeinsame Unterstützung aus dem Umfeld der sympathisierenden Bevölkerung. Kleine unabhängige Zellen und Kampfgruppen bilden den besten Schutz gegen Versuche des Gegners, eigenes Personal einzuschleusen. Der Guerillakampf erfordert eine hohe Flexibilität und besondere Sicherheitsmaßnahmen. Dazu gehören ein fortwährender Wechsel der Operationsbasen und der benutzten Verkehrsverbindungen. Verstecke und Stützpunkte der Guerillas sind schon im Vorfeld von zwei Sicherheitszonen umgeben, sie sind sorgfältig getarnt und werden von Beobachtern, Spähtrupps und Postensystemen überwacht. Jedoch bildet die länger anhaltende Verteidigung eines vom Feind erkannten und angegriffenen Stützpunkts die Ausnahme. Gewöhnlich werden derartige Kämpfe vermieden; man zieht ein sofortiges Verlassen der Basis und Ausweichen vor.

Der Aufbau leistungsfähiger Organisationen zur Gewinnung von nachrichtendienstlichen Informationen zählt zu den wichtigsten Aufgaben der Berater. Die Planung und Durchführung der eigentlichen militärischen Ausbildung beschränkt sich meist auf die Führer und Unterführer der Partisanen, da im Berater-Team nicht genügend Personal vorhanden ist. Im Schneeballsystem geben diese ihr Wissen an die weiteren Angehörigen ihrer Einheiten weiter.

Die frühere Einsatzplanung sah vor, daß ein A-Team einen Guerillaverband in der Größe eines Regiments ausbilden, beraten und unterstützen sollte, wobei von einer Kopfstärke von etwa 1500 Mann ausgegangen wurde. Heute sehen die Vorschriften lediglich die Größenordnung eines Bataillons vor.

Vergrößert sich ein Partisanenverband, erhöht sich zwangsläufig seine Kampfkraft und die Fähigkeit zu einer offensiven Kampfführung. Der Gegner soll durch vermehrte Überfälle, überraschende Angriffe und nadelstichartige Sabotageunternehmen beunruhigt werden. Nach und nach werden größere Geländeräume – zeitweilig oder auf Dauer – beherrscht. Dennoch ziehen aber die Guerillakräfte den beweglichen Kampf ohne feste

195

Fronten einer statischen Geländeverteidigung vor. Der Überraschungseffekt, die gute Geländekenntnis- und Ausnutzung sowie die passive und aktive Unterstützung durch die Bevölkerung gleichen die materielle und personelle Unterlegenheit der Widerstandskämpfer aus.

Partisanen schädigen und behindern den Gegner bei jeder sich bietenden Gelegenheit, jedes Mittel ist recht, wenn es nur Erfolg zeigt. Sie ermorden oder entführen feindliches Führungspersonal, zerstören wichtige Anlagen und unterbrechen Verkehrs- und Versorgungsverbindungen, versuchen Munition, Verpflegung und Sanitätsmaterial zu erbeuten – kurzum, sie binden feindliche Kräfte, die dann in anderen Bereichen fehlen. Beliebte Ziele für Sabotageeinsätze sind Straßen, Brücken, Eisenbahnen, Kanäle, Flugplätze, Energieversorgungsanlagen, Kommunikationsnetze, Pipelines und Hafeneinrichtungen. Die Kampftechniken der Freischärler schließen hinterhältige Überfälle, Heckenschützeneinsätze und die Verwendung von Pioniermitteln wie Minen oder selbstgebastelten Bomben ein.

Im Verlaufe einer Auseinandersetzung mit Guerillas organisiert der Gegner meist großangelegte Gegenoffensiven, um die Initiative wieder zu erlangen; diese können – sofern nicht rechtzeitig erkannt – bis zur Vernichtung der Aufständischen führen. Es gibt eine Reihe äußerer Anzeichen, die eine derartige Aktion signalisieren und von den Guerillas erkannt und beachtet werden müssen. Gefahr ist im Verzug, wenn Garnisonen plötzlich, und ohne erkennbaren äußeren Anlaß, durch zusätzliche Kampfgruppen verstärkt werden; wenn sie Spezialgerät erhalten – zusätzliche Hubschrauber, biologische und chemische Kampfmittel oder elektronische Geräte. Die Verlegung von Anti-Guerilla-Verbänden, Aufklärungseinheiten, Fallschirmjägern oder Gebirgstruppen, Zunahme von Spätruppsaktionen und forcierte Aufklärung durch die Luftstreitkräfte, lassen diesbezügliche Absichten erkennen.

Auch der Einsatz neuer Einheitskommandeure, und natürlich verstärkte nachrichtendienstliche Aktivitäten, sind typische Anzeichen, aber auch verstärkte psychologische Kampfführung und zunehmender Druck gegenüber der Zivilbevölkerung.

Grundsätzlich verlaufen Aufbau und Entwicklung der Widerstandsbewegungen in mehreren zeitlich versetzten Phasen, die von einer Vielzahl allgemeiner, politischer und wirtschaftlicher Faktoren beeinflußt werden. Ist die Bewegung insgesamt erfolgreich – der Erfolg kann sich oft erst nach vielen Jahren einstellen – wird der Gegner mit der Zeit in eine defensive Rolle gedrängt. Er muß sich geschwächt dem Endkampf stellen. Während dieses Endkampfes werden starke Kampftruppen konventioneller Prägung benötigt, die mit ihrer Feuerkraft und Beweglichkeit Entscheidungen herbeiführen können. Diese Verbände können vom befreundeten Ausland kommen – wie es im Falle des Eingreifens der nordvietnamesischen Armee im Vietnam-Krieg der Fall war. Aber auch die Guerillaverbände lassen sich in entsprechende Kampfeinheiten umgliedern. Sind die militärischen Ziele erreicht oder in greifbare Nähe gerückt, ist die Mission der Special-Forces-Berater beendet, sie ziehen sich so unbemerkt zurück wie sie kamen.

ÜBERFALL, HINTERHALT UND HANDSTREICH

Gegen den Feind und seine lebenswichtigen Anlagen gerichtete überraschende Schläge haben besonders dann oftmals verheerende Auswirkungen auf die Kampfmoral, wenn sie vermeintlich sichere Räume in der Tiefe des Hinterlandes treffen.

Die Angehörigen der Special Forces sind Meister in der Ausführung aller Arten von »Raids«; wobei sie nach Möglichkeit auf die Unterstützung durch weitreichende Artillerie, Luftwaffe und Kampfhubschrauber bauen.

Ein weiträumiger Überfall birgt immer hohe Risiken in sich und hat nur dann Aussicht auf Erfolg, wenn eine sorgfältige Planung vorausging und die Annäherung unerkannt gelingt. Der eigentliche Kampfauftrag muß unter konzentriertem Einsatz aller verfügbaren Mittel innerhalb weniger Minuten ausgeführt sein, anschließend ist sofortiges Lösen vom Feind und ein rascher Rückzug notwendig. Besonders lohnende Ziele sind Fernlenkwaffen-Basen, Verkehrsknotenpunkte, Versorgungsdepots, Stäbe, Fernmeldezentren, Stellungen der elektronischen Kampfführung; in Einzelfällen ist aber auch die Ausschaltung oder Entführung gegnerischer Führungsleute aus Politik, Militär und Wirtschaft durchaus denkbar. Vor allem soll beim Gegner ein ständiges Gefühl der Unsicherheit erzeugt werden, damit er zusätzliche Truppen zur Erfüllung von Sicherungsaufgaben abstellen muß.

Die Größe und Zusammensetzung einer solchen Formation richtet sich nach der Art des Auftrages, der Lage und Beschaffenheit des Zieles und der operativen Gesamtlage. Sie bewegt sich zwischen wenigen Soldaten bis hin zu einer Kampfgruppe in Bataillonsgröße. Die vorhandenen Kräfte werden grundsätzlich in Angriffs- und Sicherunggruppen unterteilt.

Die Überfallgruppe besteht aus dem eigentlichen Kampfelement, welches zusätzlich von Munitionsträgern, Sprengexperten und weiteren Spezialisten unterstützt wird. Umfangreiche Planungs- und Vorbereitungsarbeiten bereiten den Einsatz vor. Das jeweilige Ziel wird sorgfältig nach Bedeutung und Verwundbarkeit ausgewählt; ebenso spielt die Geländebeschaffenheit und der Kampfwert der Einheit mit in die Planung hinein.

Es ist auch zu bedenken, ob nicht der Gegner durch einen ungünstig gewählten Zeitpunkt zu massiven Gegenschlägen provoziert wird, die dann Truppe und Zivilbevölkerung gleichermaßen unvorbereitet treffen würden. Erfolgt die Aktion während eines Einsatzes zur Unterstützung von Guerillas, ist zu berücksichtigen, daß ein mißglückter Angriff oftmals katastrophale Folgen und Auswirkungen auf die Motivation der Kämpfer hat. Erfolge stärken dagegen das Prestige und Vertrauen in der einheimischen Bevölkerung und bringen diese eher zur Mitarbeit und Unterstützung. Es müssen daher nach Möglichkeit Maßnahmen getroffen werden, die gewährleisten, daß die Zivilbevölkerung keine Repressalien erleidet.

Der Plan selbst sollte möglichst einfach sein und darf nicht von unvorhersehbaren Risikofaktoren abhängen. Nach Möglichkeit sind Einsätze in der Dämmerung oder in den Nachtstunden durchzuführen. Wachsamkeit und

Beobachtungsvermögen des Gegners sind dann eingeschränkt. Sorgfältige Erkundung, gründliche Einweisung aller Beteiligten anhand von Skizzen, Modellen oder Luftbildern und eine sorgfältige Überprüfung von Mannschaften und Gerät gehen dem Abmarsch voraus. Bei der Annäherung sind Feindkontakte zu vermeiden, verschiedene Routen können im Bedarfsfalle gewählt werden, die in einen vorher vereinbarten Sammelpunkt münden. Ist das Ziel erreicht, wird versucht, möglichst unbemerkt die Wachen zu beseitigen und technische Warnanlagen außer Betrieb zu setzen. Es kann sich die Notwendigkeit ergeben, Gassen durch Minenfelder zu räumen und weitere Hindernisse zu beseitigen.

Beim Angriff übersät der Sturmtrupp mit heftigen Feuerschlägen den Gegner, stößt blitzartig vor, führt den jeweiligen Kampf- oder Zerstörungsauftrag aus, und zieht sich sofort unter dem Feuerschutz des Deckungstrupps zurück. Die überwachenden Teile verhindern weiterhin den kurzfristigen Einsatz von gegnerischen Verstärkungen und sichern als Nachhut den Rückzug der Einheit, der durch ein vorher vereinbartes Signal eingeleitet wird. In dieser Phase der Schwäche zieht sich die Truppe über mehrere voneinander getrennte Routen in großer Geschwindigkeit zurück und sammelt sich dann an abgesprochenen Meldepunkten. Nachstoßender Feind wird unter Gewährung gegenseitigen Feuerschutzes abgewehrt. Ist der Feinddruck zu stark, löst sich die Einheit in Einzelpersonen oder kleine Trupps auf, um so eine gezielte Verfolgung zu erschweren. Sie schlägt sich zur eigenen Truppe zurück oder bezieht Verstecke. Ideal ist die Evakuierung auf dem Luftwege in den Fällen, in denen dies die allgemeine Lage zuläßt und entsprechende Transportkapazitäten vorhanden sind.

Ein Hinterhalt ist ein Überraschungsangriff aus einer vorbereiteten Stellung heraus, er richtet sich gegen sich bewegende oder rastende Truppen und Kolonnen. Dabei kann es sich um Einzelfahrzeuge, Lastwagenkolonnen, Züge, Boote oder Fußtruppen handeln. »Harte« Ziele wie größere mechanisierte und gepanzerte Verbände machen allerdings umfangreichere Planungsarbeiten erforderlich.

Beim Hinterhalt bestimmt der Gegner den Zeitpunkt und der Angreifer immer den Ort des Geschehens. Ziele des Hinterhalts, einer der ältesten Gefechtstaktiken überhaupt, sind die Vernichtung oder Gefangennahme feindlicher Soldaten, die Zerstörung von Material und Versorgungsgütern, Beunruhigung und Demoralisierung des Feindes, Verzögerung von Truppen- und Materialbewegungen oder deren Kanalisierung in eine gewünschte Richtung. An anderen Punkten zwangsläufig auftretende Massierungen und Truppenansammlungen bieten als »Nebenprodukt« der Aktion gute Angriffsziele für weitere eigene Verbände.

Die Grundgliederung sieht hier ebenfalls ein Angriffs- und ein Sicherungselement vor. Die Sicherungsgruppe errichtet Straßensperren und schirmt den geplanten Einsatzort mit einer Kette von Außenposten ab, nach Erfüllung des Auftrags übernimmt sie die Sicherung des Rückzuges. Die Vorbereitungen ähneln denen des Überfalls, entscheidend ist dabei die Wahl eines geeigneten Geländes. Dieses muß gute Deckungsmöglichkeiten und ein weitgehend uneingeschränktes Schußfeld bieten, für die angegriffene Truppe sollen möglichst wenig Schutz- und Rückzugsmöglichkeiten bestehen.

Natürliche Geländehindernisse, Sümpfe oder steile Böschungen begünstigen den Angreifer. Ist das Gelände weniger günstig, eignen sich Minensperren, Sprengungen oder getarnte Stacheldrahthindernisse, die den Feind zum Anhalten zwingen oder seine Bewegungen in eine bestimmte Richtung lenken. Die Sicherungselemente überwachen Straßen und Annäherungswege, die zur vorgesehenen Stelle des Überfalls führen und melden rechtzeitig jede Annäherung eines Gegners. Bevor der Führer des Unternehmens den Befehl zum Angriff gibt, informiert er sich über die Stärke des Begleitschutzes und der Bewaffnung des Feindes, prüft, ob das Ziel überhaupt lohnend ist und trifft dann die endgültige Entscheidung. Hat er sich für einen Überfall entschlossen, werden die Außenposten auf ein Siganl hin auf den Kernbereich zurückgenommen und verstärken die Überfalltruppe. Nachdem das Spitzenfahrzeug einer Kolonne den Bereich der Sperren erreicht hat und anhalten muß, eröffnen die Angreifer schlagartig aus allen Rohren das Feuer. Der plötzliche Feuerüberfall richtet sich besonders gegen bewaffnete Begleitfahrzeuge und die aus den Fahrzeugen springenden Fahrer und Soldaten. Gepanzerte Fahrzeuge werden mit Panzerabwehrwaffen niedergekämpft. Mit überschneidendem Dauerfeuer riegeln Maschinenwaffen den Kampfplatz nach außen ab, verhindern die Zuführung von Verstärkungen und die Flucht der Begleitmannschaften. Der ganze »Feuerzauber« wird noch durch den Einsatz von Mörser, Hand- und Gewehrgranaten verstärkt und führt zu einer kurzfristigen, absoluten Feuerüberlegenheit. Ist der Widerstand gebrochen, durchsuchen bestimmte Beute-Trupps die Fahrzeuge nach verwertbarer Ausrüstung, Munition und Verpflegung. Soweit die Zeit reicht, werden alle Fahrzeuge zerstört oder bewegungsunfähig gemacht. Nach Erfüllung des Auftrages ergeht der Befehl zum Rückzug, das Sicherungselement übernimmt den Feuerschutz für die sich absetzenden Angriffsteile. Schnelligkeit und kluge Geländeausnutzung ermöglichen in den meisten Fällen einen sicheren Rückzug.

VERKNÜPFUNGEN MIT DEM GEHEIMDIENST CIA

Es ist nicht möglich, sich intensiv mit Entwicklungen, Aufgabenbereichen und Strukturen der US-Special-Forces auseinanderzusetzen, ohne immer wieder auf die Aktivitäten des US-Geheimdienstes CIA, der »Central Intelligence Agency«, zu stoßen.

Geheim- und Nachrichtendienste sind eigenständische staatliche Einrichtungen, die den jeweiligen Regierungen unmittelbar unterstehen. Ihre Aufgabenbereiche sind vielseitig und gehen, je nach Staatsform und Zielsetzungen, oft weit über eine reine Nachrichten- und Informationsbeschaffung hinaus. Machtstellung und die Möglichkeit politischer Einflußnahmen sind gewissen Schwankungen unterworfen, sind aber naturgemäß in totalitären Diktaturen erheblich stärker als in freiheitlichen Demokratien. Zu den mannigfaltigen Aktivitäten des »politischen« Geheimdienstes – sie finden ihre Ergänzung im militärischen Bereich durch entsprechende Einrichtungen der Teilstreitkräfte – gehört auch das Sammeln von Nachrichten über »innere« Feinde. Über die Auswertung offener und geheimer Quellen versuchen die jeweiligen Organisationen Einblicke in die zivilen, wirtschaftlichen und militärischen Strukturen ihrer Gegner zu gewinnen. Die Abwehr fremder Spionageversuche und die Bekämpfung innerer staatsfeindlicher Gruppen treten hinzu. Aber auch die Planung und Durchführung von verdeckten und paramilitärischen Unternehmen im Ausland obliegt den nach außen streng abgeschirmten Einrichtungen, die ebenfalls für Propaganda und Desinformationen zuständig sind.

Nachrichtendienste, besonders die von Großmächten, sind außerordentlich umstritten, und ihre Aktivitäten bewegen sich zumindest hart am Rande rechtsstaatlicher Legalität. Vielmehr unterliegen sie ihren eigenen, spezifischen und für den Laien kaum durchschaubaren Zwängen und Gesetzen, sie sind daher auch von den gesetzgebenden staatlichen Stellen oft nicht vollständig zu kontrollieren. Meist erhält die Öffentlichkeit nur bruchstückhafte Informationen, besonders bei den zahlreichen Mißerfolgen und fehlerhaften Analysen, die oft zu politischen Fehlentscheidungen führten. Beachtliche Erfolge, auf die östliche und westliche Geheimdienste gleichermaßen verweisen könnten, gelangen gewöhnlich nicht in die Öffentlichkeit. Dies trägt mit dazu bei, daß in der breiten Öffentlichkeit kaum realistische Vorstellungen über die Funktion von Nachrichtendiensten bestehen; meist wird deren Tätigkeit als undurchsichtig und verbrecherisch eingestuft.

Es würde den Rahmen dieses Buches sprengen, wenn auch nur annähernd ein Überblick über das gesamte Wirken der CIA und vor allem eine Bewertung der moralischen, rechtlichen und politischen Hintergründe und Zwänge erfolgen würde. So beschränken sich die folgenden Ausführungen ausschließlich auf tatsächliche Verbindungen und gemeinsame Aktionen von CIA und Special Forces. Der Verfasser bezieht sich auf eine Reihe von Presseveröffentlichungen, die natürlich keinen Anspruch auf Vollständigkeit erheben können.

Es ist verständlich, daß eine Reihe von Gemeinsamkeiten in den Aufgabenstellungen des Nachrichtendienstes und der für Fragen der unkonventionellen Kriegführung zuständigen Sonderformationen der US Army zu internen Verbindungen und Überschneidungen führten. Diese Verbindungen können rückschauend durchaus als eng bezeichnet werden.

Oft werden die Special Forces fälschlich als Exekutivorgan oder »Haustruppe« der CIA bezeichnet, dieser Schluß entspricht aber keinesfalls den tatsächlichen Gegebenheiten. Wie schon erwähnt, handelte es sich bei den Special Forces von Anbeginn an um einen regulären Verband des US-Heeres. Einflußmöglichkeiten boten sich für die CIA niemals direkt, sondern immer über die verantwortlichen politischen Stellen, wobei sie die militärischen Kommandostrukturen berücksichtigen mußte. Von den speziellen Aufgabenstellungen her ergaben sich für die »Green Berets« verschiedene Kontakte zu zahlreichen Stellen außerhalb der Streitkräfte. So arbeiteten sie eng mit Vertretern des US-Außenministeriums, des zivilen Informationsdienstes, weiteren Nachrichtendiensten und natürlich mit öffentlichen, religiösen und privaten Entwicklungshilfe-Initiativen zusammen.

Daß sich besonders enge Beziehungen zur CIA entwickelten, ist angesichts der weltweiten Ausweitung der Aufgabenstellung, die sich seit den 60er Jahren abzeichnete, keinesfalls verwunderlich. Die Zusammenarbeit mit dem Geheimdienst brachte den »Green Berets«, neben einigen Freiheiten und Vorteilen, auf lange Sicht freilich auch Nachteile. Aus den negativen Erfahrungen heraus wurden klare Grenzen zwischen reinen Geheimdienstoperationen, für die der Nachrichtendienst die volle Verantwortung zu übernehmen hat, und militärischen Sonderoperationen gezogen. Freilich wurden auch diese Grenzen in den letzten Jahrzehnten gelegentlich überschritten. Gegen den politisch mächtigen und einflußreichen Geheimdienst konnten sich die Special Forces nicht immer durchsetzen. Mehr oder minder in die Rolle des »Befehlsempfängers« gedrängt, erhielten sie einige bittere Lektionen.

Wirft man einen Blick zurück auf die Entstehungsgeschichte beider Gruppierungen, sind schon in den allerersten Anfängen gewisse Gemeinsamkeiten festzustellen. Sie finden ihre Wurzeln im OSS, der während des Zweiten Weltkrieges für Spionage und Sonderoperationen verantwortlich zeichnete. Wie schon erwähnt wurde der Geheimdienst kurz nach Kriegsende auf Druck des Außenministeriums, der Streitkräfte und des FBI aufgelöst. Bereits 1946 ordnete Präsident Truman die Gründung der Vorläuferorganisation eines Nachrichtendienstes an, aus dem sich dann als Folge des »National Security Act« 1947 die CIA entwickelte. Truman wollte mit der Schaffung des Dienstes vor allem verschiedene zivile und militärische Nachrichtendienste koordinieren. Schon bald wurde die reine Nachrichtenbeschaffung und -auswertung um den Sektor der »Speziellen Operationen«, der verdeckte Aktionen einschloß, erweitert. In den nachfolgenden Jahren konnte sich der Geheimdienst über Arbeitsmangel nicht beklagen. Obwohl nach eigener Selbstdarstellung im Grunde defensiv, präventiv und letzthin kriegsverhindernd tätig, tauchten Agenten und »Vertragsangestellte« immer wieder an vielen Brennpunkten des Weltgeschehens auf. 1950 ergab sich ein weites Betätigungsfeld in Korea, Linksregierungen wurden unter Beteiligung des Dienstes gestürzt, antikommunistische Regierungen und Bewegungen weltweit unterstützt. Die paramilitärischen Einsätze entwickelten sich besonders in Europa zu peinlichen Fehlschlägen. Es gelang der CIA nicht, Guerilla-Bewegungen in Polen, den baltischen Staaten und der Ukraine aufzubauen oder zu nennenswerten Erfolgen zu führen. Ähnlich entwickelte sich die Situation in den kommunistischen Regionen Ostasiens. 1960 führte der Abschuß eines US-Spionageflugzeuges vom Typ U-2 zu einem massiven politischen Konflikt zwischen den USA und der UdSSR, der zum Abbruch der Gipfelkonferenz dieses Jahres führte. Die verkorkste Invasion Kubas, die bei der Landung von Exil-Kubanern in der »Schweinebucht« total scheiterte, brachte die Regierung der USA in erhebliche Schwierigkeiten. Sie entzog dem

Geheimdienst die Zuständigkeit für die Durchführung größerer militärischer Operationen.

Obwohl die CIA heftig gegen die 1952 erfolgte Aufstellung der Special Forces protestierte, arbeitete sie hin und wieder mit ihnen zusammen. Zeitweilig existierten bei der CIA besondere Abteilungen, die mit paramilitärischen Operationen Einfluß auf politische Entscheidungen im Ausland nehmen sollten. Die tatsächliche Durchführung der verdeckten Einsätze lag meist in den Händen von kurzfristig angeworbenen Söldnern oder unzufriedenen Minderheiten des betreffenden Landes. Die Steuerung der Aktionen übernahmen paramilitärische »Operateure«. Viele dieser Fachleute dienten früher in den Streitkräften und hatten dort ihr militärisches Handwerk erlernt. Es ist kaum verwunderlich, daß auch eine Anzahl ehemaliger »Green Berets« nach dem Ausscheiden aus dem aktiven Militärdienst bei der CIA anheuerte und dort mit der organisatorischen Planung und Realisierung von geheimdienstlichen Aktionen betraut wurde.

Die Zusammenarbeit wurde enger, da dem Nachrichtendienst meist genügend fachlich qualifiziertes Personal fehlte. Hierbei gilt es zu berücksichtigen, daß die gewaltsamen Sonderoperationen beim Geheimdienst-Personal nicht besonders beliebt waren. Man versuchte, andere Leute für diese schmutzigen und risikoreichen Unternehmungen zu gewinnen. Terror und Gewalt wurde zwar von den überwiegend wissenschaftlich gebildeten Nachrichtendienstlern empfohlen, sie wollten sich selbst jedoch keinesfalls die Hände schmutzig machen oder das hohe Gefahrenrisiko eingehen. So wurden gelegentlich einzelne Spezialisten und auch komplette Teileinheiten der »Green Berets« direkt von der US Army an die CIA »ausgeliehen«. Es kam auch vor, daß Soldaten formal den Militärdienst verließen und für längere Zeit in den Dienst der CIA traten. Nach Erfüllung des Auftrages kehrten sie unter Beibehaltung der Beförderungs- und Versorgungsansprüche wieder in den regulären Dienst zurück. Selbstverständlich treffen diese »Leiharbeiterzustände« nur für einen verschwindend geringen Teil des Personals zu und sind keineswegs in irgendeiner Weise als beispielhaft anzusehen. Über die Formen der Zusammenarbeit gibt es für die Epoche der 50er Jahre nur unverbindliche Aussagen und Spekulationen. Es ist aber erwiesen, daß überwiegend erfolglos Einsätze offensiver, gewaltsamer Natur stattfanden, im Verantwortungsbereich der CIA und unter wahrscheinlicher Beteiligung »ausgeliehener« Soldaten der Special Forces, die im Verlauf der Geheimunternehmen nicht den formalen, rechtlichen Status eines Soldaten erfüllten. Bekanntlich haben bei derartigen Operationen eingesetzte Männer keinerlei Papiere oder andere Identifizierungsmerkmale bei sich, sie tragen Kleidung ausländischer Fertigung, ebenso fremde Waffen. Wenn sie eine Gefangenschaft überhaupt erleben und sich auf ihr Herkunftsland berufen, lehnt dieses meist jegliche Beziehung ab und leugnet alle Verbindungen zu den als »Tieren« bezeichneten Aktivisten.

Ab 1961 übernahmen nach den erwähnten Fehlschlägen die Sondertruppen auf Weisung der US-Regierung offiziell den praktischen Teil der unkonventionellen Aufgaben. Planung, Führung und Finanzierung lagen weiterhin größtenteils in den Händen des Nachrichtendienstes. Die Sondertruppen übernahmen vor allem die strategische Aufklärung und die Feindnachrichten-Gewinnung.

Regionale Einsatzschwerpunkte ergaben sich in Lateinamerika, Afrika und besonders in Südostasien. Eine Vielzahl mobiler Ausbildungs- und Berater-Teams arbeitete in Mittel- und Südamerika eng mit der CIA zusammen; sie untertstützten einheimische Regierungen in der Bekämpfung von Aufständen und Widerstandsorganisationen. Auch im ständig brodelnden Afrika operierten »Detachments« mit den unterschiedlichsten Aufträgen.

In Südostasien stand ab 1959 Laos im Brennpunkt der Aktionen. Zusammen mit Vertretern des US-Außenministeriums und CIA¡Angehörigen gelang es einer Hundertschaft »Green Berets«, erstaunliche Erfolge zur Stabilisierung des damaligen Königreichs und bei der Abwehr kommunistischer Infiltranten zu erzielen. Man bediente sich vorwiegend einheimischer Minderheiten, die sich unter der Anleitung der Berater zu schlagkräftigen Kampfverbänden formen ließen. Dieses Konzept wurde kurze Zeit später auch in Süd¡Vietnam erfolgreich wiederholt; auch die dortigen paramilitärischen Formationen standen unter der Kontrolle von Nachrichtendienst und Special Forces.

1963 endete die enge Zusammenarbeit in Vietnam. Die Sondereinheiten wurden dem neu geschaffenen US-Oberkommando für Süd-Vietnam unterstellt. Obwohl das US-Heer sich bemühte, die Special Forces etwas »an die Kette zu legen«, blieben die engen Beziehungen zum Nachrichtendienst weiterhin erhalten. Die Special Forces stellten Personal für geheime Unternehmungen der CIA ab, führten unterschiedliche Programme fort und versorgten den Geheimdienst mit Nachrichten aller Art, die sie bei waghalsigen Einsätzen in Süd-Vietnam und den umgebenen Staaten erlangten. Die »Green Berets« konnten auf zahlreiche Einrichtungen der CIA zurückgreifen, die sogar eine eigene Flugzeuggesellschaft zur Verfügung hatte. Von besonderer Bedeutung ist die Tatsache, daß der Dienst als nahezu unerschöpfliche Geldquelle für die Finanzierung zahlreicher Sondereinsätze und -programme diente. Diese versiegte auch nicht nach der »Machtübernahme« der konventionellen US Army. So hatten die Offiziere bei der Besoldung ihrer Einheimischenverbände und Söldnerformationen weitgehend freie Hand, konnten Käufe tätigen und waren nicht auf den bürokratischen, schwerfälligen Nachschubweg der Army angewiesen. Der Nachweis und die Dokumentation ausgegebener Gelder wurde den Umständen entsprechend recht locker gehandhabt.

Gegen Ende der 60er Jahre, als der Krieg in Vietnam im allgemeinen, der Geheimdienst CIA und die Special Forces im besonderen Maße in das Kreuzfeuer der öffentlichen Kritik gerieten, verschlechterten sich die gegenseitigen Beziehungen. Es kam zu Spannungen und Konflikten, die in Mordanklagen gegen Angehörige der Sondertruppen, nicht aber gegen deren »Hintermänner« gipfelten. Dabei wurden einigen Sonderformationen und Einzelpersonen der Special Forces Verstöße gegen das Kriegsrecht und weitere verbrecherische Handlungen unterstellt.

Eine Anzahl von »Green Berets« war tatsächlich in mehr oder weniger zwielichtige geheimdienstliche Vorgänge verwickelt, die mit militärischen Aufträgen nicht mehr viel gemein hatten. Menschenraub, Mord, die Verwendung geächteter Kriegswaffen und Kampfmittel zählten zu den dunklen Methoden. Da höchste Regierungskreise in diese verdeckten Aktionen verstrickt waren, wurde eine ernsthafte Aufklärung der Anschuldigungen vermieden; die Prozesse platzten.

Es sollte jedoch betont werden, daß die große Masse der »Green Berets« nichts mit derartigen Aktionen zu tun hatte. Eine Reihe der Beschuldigten gehörte zwar formal Einheiten der Special Forces an; es handelte sich oft um keine »echten Berets«, sondern abkommandierte Experten vor allem aus Feindnachrichten- und Vernehmungseinheiten der regulären US Army.

Als recht »heiße« Aktion machte sich das Unternehmen »Phoenix« einen Namen, welches die CIA als Gegenmaßnahme gegen den gezielten Terror nordvietnamesischer Spezialeinheiten organisierte. Es ist erwiesen, daß dieser »Gegenterror« vielen Unschuldigen das Leben kostete. Zum planenden und ausführenden Personal zählten neben Vietnamesen auch Angehörige der Special Forces. Im weiteren Verlauf wurde die Operation allerdings in ein Propagandaunternehmen umgeleitet, welches nun ohne Anwendung von Gewalt Vietkongs dazu brachte, überzulaufen.Heute scheint eine klare Trennung zwischen CIA und »Berets« weitgehend verwirklicht worden zu sein.

»DIRTY TRICKS«

Der Guerillakrieg gehört zu den gnadenlosesten und grausamsten Kriegs-Arten überhaupt; er wird durch Terror jeglicher Art, Hinterlist und rücksichtslos Brutalität geprägt. Der Zweck heiligt jedes Mittel, wenn es nur dem Erfolg dient.

Sowohl in ihrer Eigenschaft als Berater von Partisanen als auch in der Rolle des Anti-Guerillas wurden und werden die Soldaten der Special Forces mit den Methoden und Kampfweisen der Kleinkriegführung konfrontiert. In den zurückliegenden Kriegseinsätzen, besonders in Südostasien, kam es auch im Verantwortungsbereich der Special Forces zu Verstößen gegen die Menschlichkeit und herrschendes Recht, die moralisch nicht entschuldbar sind. Das Verhalten einzelner Soldaten kann aber nicht als Maßstab für die gesamte Truppe herangezogen werden, und so kann von keiner Kollektivschuld gesprochen werden.

Guerillaeinsätze erfolgen meist aus einer Position der Schwäche heraus. Es ist nur natürlich, daß sich die Kampfweisen an diesen Gegebenheiten orientieren und so viel Improvisationstalent, List und Tücke einschließen. Klugheit und Besonnenheit in der Planung, List und Mut in der Ausführung, sind nach den Worten des berühmten Feldherrn Hannibal aus Karthago Voraussetzungen für gelungene Handstreiche und Hinterhalte. Diese Grundsätze beherrschen heute weitgehend die Kleinkriegführung, die deshalb aber nicht hinterhältig zu sein braucht. Verstöße gegen formale Kriegsregeln lassen sich bei Geheimeinsätzen eher feststellen. Das Auftreten in Halbtarnung oder Volltarnung, in ziviler Kleidung ohne ausreichende Kennzeichnung oder in Uniform des Gegners, ist bei Sondereinsätzen keine Ausnahme. Besonders bei der Durchführung schwieriger Erkundungsunternehmen oder bei Sabotageaufträgen kommt dies häufig vor. Im Verlauf des Vietnamkrieges wählte man daher meist fremdes Personal für derartige Aktionen aus, die »Green Berets« traten in Uniform als reguläre Soldaten auf. War eine US-Teilnahme unbedingt erforderlich, beschränkte man Bewegungen auf die Nachtstunden, gelegentlich gruppierte man Einheimische so um die US-Berater, daß diese nicht erkannt werden konnten.

Viele der eigentlichen »schmutzigen Kniffe« fallen in den Bereich der Sabotage- und Sprengwesens. Herstellung und Umgang mit Spreng- und Zündmitteln aller Art obliegen den beiden Pionieren auf der Ebene des A-Teams. Als Sprengmeister ausgebildet, können diese mit allen Arten von gewerblichen und militärischen Sprengstoffen umgehen. Sie sind aber auch in der Lage, aus einfachsten Grundstoffen – wie Mehl und Zucker – Sprengstoffe herzustellen. Sie bauen aus den einfachsten Hilfsmitteln raffinierte Verzögerungszünder. Entscheidend ist neben der richtigen »Verpackung« die Plazierung der Sprengladungen. Hier reichen die Möglichkeiten vom »präparierten« Blumentopf über mit hochexplosivem Sprengstoff gefüllte Kugelschreiber bis hin zu Reisetaschen mit Zeitbomben, die in der Nähe eines Angriffszieles »vergessen« werden. Die Pioniere werden geschult, besonders anfällige Punkte öffentlicher Verkehrsanlagen zu erkennen und zu lähmen. Hafenanlagen und Eisenbahnverschiebepunkte bilden bevorzugte Ziele. Sie wissen, wie man am besten eine Fabrikanlage außer Betrieb setzt; mit wenigen Handgriffen und einer Handvoll Eisenspäne ist dies mühelos zu schaffen. Unterbrechungen und Störung gegnerischer Nachrichtenverbindungen und Datenverarbeitungszentren gehören dagegen schon zu den etwas »feineren« Methoden.

Im Nahkampf, mit oder ohne Waffe, entscheiden Schnelligkeit und Entschlossenheit über Leben und Tod. Die »Green Berets« lernen, einen Gegner mit bloßen Händen zu erwürgen, sie beherrschen aber auch die entsprechende Technik unter Verwendung einer Drahtschlinge. Der menschliche Körper weist viele Stellen auf, die auch schon bei nur geringfüger Verletzung zum Tode führen; beispielsweise führt ein nicht allzu tiefer Stich in die Nierengegend zum sofortigen, lautlosen Tod. Selbstverständlich sind Kenntnisse und Fertigkeiten in den üblichen Kampfsportarten, aber auch im Bajonettkampf.

Im Vietnamkrieg kam es auf beiden Seiten zu einer Vielzahl von Terroraktionen, Folge eines mit aller Härte geführten grausamen Dschungelkrieges. Vom schrecklichen Ausmaß zeugen die Zahlen der zivilen Opfer, die allein durch die Tätigkeit einer eigenständigen Terrororganisation der Kommunisten entstanden. Innerhalb eines wahllos herausgegriffenen Monatszeitraumes hatte dabei die Zivilbevölkerung in Süd-Vietnam folgende Verluste zu beklagen: 418 Tote, 673 Verwundete und 1099 Entführungen gingen auf das Konto der Terroristen. Es ist nicht verwunderlich, daß so auf beiden Seiten ein Klima herrschte, in dem das Leben und die körperliche Unversehrtheit eines Menschen keine allzu große Rolle spielten. Zu den erschütterndsten Ereignissen zählt die Folterung von Gefangenen und Zivilisten, für asiatische Verhältnisse leider nichts Ungewöhnliches. Obwohl die »Green Berets« gewöhnlich humanere Befragungsmethoden anwandten – »mit Honig fängt man mehr Fliegen, als man erschlagen kann« – duldeten sie zumindest in Einzelfällen brutale Folter-Verhöre. Es ist jedoch erwiesen, daß sie in weitaus mehr Fällen energisch dagegen einschritten.

Gefangene und ungewollte Zeugen aus der Zivilbevölkerung können die Durchführung eines Sonderauftrages gefährden. Zur Gewährleistung der eigenen Sicherheit kam es vor, daß derartige Zeugen getötet wurden. Solche Liquidierungen, oftmals unter Verwendung von Spezialwaffen und Schalldämpfern vorgenommen, fanden vor allem dann statt, wenn andere Möglichkeiten ausfielen oder mit zu hohen Risiken verbunden gewesen wären. Zeitweilig bestand die Anweisung, Gefangene prinzipiell erst ab Dienstgrad Major zu machen und zurückzubringen. Dieser Befehl besagte aber deshalb nicht, alle weiteren Gefangenen zu töten, oft genügte ein »Außergefechtsetzen« für bestimmte Zeiträume.

Es kam vor, daß Lebensmittel und Trinkwasser vergiftet wurden, bakteriologische und chemische Kampfmittel fanden Anwendung. Verdächtige, deren Unschuld sich später herausstellte, wurden erschossen, da man Verrat befürchtete; unbequeme Personen wurden in »Free-Kill-Zonen« ausgesetzt, wo sie eine leichte Beute der US¡Kampfhubschrauber und Jagdbomber wurden. Andere stieß man in großen Höhen aus Hubschraubern.

Der Vietnamese Cuong Ngo-Anh stellt in seiner Dissertation »Die Vietcong – Anatomie einer Streitmacht im Guerillakrieg« einige der Techniken vor, die von den »Zellen für Sonderaufgaben« praktiziert wurden. Überall lauerten Fallgruben mit eingebauten Granaten, zugespitzten Bambusstäben und vergifteten Pfeilen, vor allem unter Wasser in Reisfeldern. Handgranaten und Plastiksprengstoffe wurden in den Städten vor an Ampeln stehende Fahrzeuge geworfen, an Toren, Bäumen, Hühnerställen und anderen Orten angebracht. Aus Kokosnüssen, Bambusstöcken, Feuerzeugen oder Bierdosen wurden Bomben, entlang von Dschungelpfaden versteckte man Schwerkraftfallen mit zugespitzten Pfählen, die auf den Auslöser niedersausten. Druck- und Kontaktminen gefährdeten Brücken und enge Pfade, sogar giftige Insekten ließ man bei Gelegenheit auf den Gegner los. Kugelschleudern in Form selbstgebauter Gewehre, mit einem Rohr aus einem zusammengebogenen Blechstück und mit rostigen Nägeln, Blechabfall, Bambusstücken und Steinen gefüllt, töteten und verletzten die Soldaten.

Als recht wirksam erwiesen sich Pfeilschleudern, die, durch einen Stolperdraht ausgelöst, Schwärme von Bambusspeeren oder -pfeilen bis zu 100 m weit katapultieren. Zu den unmenschlichsten Praktiken gehörte das Verminen von Gefallenen und Gefangenen. Es kam vor, daß man harmlosen Kindern Handgranaten in die Tasche steckte oder zwischen den Beinen festband und sie in die US-Stellungen schickte. Dort ließ man die menschlichen Bomben über Zeitzünder detonieren.

Das militärische Feindnachrichtenwesen gliedert sich in umfangreiche Organisationen, die als selbständige Einrichtungen für die amerikanischen Teilstreitkräfte nachrichtendienstlich tätig sind. Sie arbeiten zwar untereinander und mit weiteren nationalen Diensten zusammen, sind aber in erster Linie ihren eigenen Stabschefs verantwortlich. Sie werden vorwiegend für spezielle Belange der eigenen Teilstreitkräfte eingesetzt. Es gibt Verbindungen und Gemeinsamkeiten zum Geheimdienst CIA, jedoch arbeitet die G-2 Nachrichtenorganisation selbständig und in eigener Verantwortung. Die weltweite Stationierung von US-Truppen führt dazu, daß vielfältige Informationen aus aller Herren Länder gesammelt und ausgewertet werden müssen. Neben den »klassischen« Techniken – Auswertung von Agentennachrichten, öffentlichen Publikationen und der Medien – sind heute modernste Technologien im Vormarsch. Spionagesatelliten liefern detailgetreue Fotos aus den entlegensten Winkeln der Erde, und die Kapazitäten der elektronischen Kampfführung sind nahezu unbeschränkt.

Trotzdem ist die politische und militärische Führung immer wieder auf Nachrichten angewiesen, die nur Menschen vor Ort sammeln und bewerten können. So verwundert es nicht, daß die strategische Nachrichtengewinnung seit Anbeginn eine bedeutende »Zweitfunktion« bei allen Sondereinsätzen darstellte, gelegentlich wurde sie zur Hauptaufgabe. Ob es sich um ein Geheimunternehmen weit hinter den gegnerischen Linien oder einen ganz normalen Ausbildungseinsatz in einem befreundeten Staat handelt, wertvolle nachrichtendienstliche Informationen können immer gesammelt werden.

Aber auch Maßnahmen zur Abwehr und Bekämpfung entsprechender gegnerischer Vorhaben gehören zum weiten Aufgabenspektrum des militärischen Nachrichtenwesens. Im US-Heer sind eine Anzahl von »Military Intelligence«-Verbänden und -Einheiten vorhanden. So besitzt jede Heeresgruppe, einen Nachrichten-Verband in Regimentsgröße; jede Division eine eigene »Intelligence«-Einheit.

Nicht nur Sammeln von Informationen ist für die Wirksamkeit der Nachrichtengewinnung entscheidend; wesentlich sind Auswerten, Vergleichen, Abstimmen und Analysieren einer Vielzahl von Beobachtungen und Entwicklungen. Jeder »Special Forces Group« untersteht eine gut ausgestattete S-2-Abteilung, die die Einsatzformation mit den notwendigen Informationen versorgt und eigene Erkenntnisse an die höhere Führung weitergibt.

In der ersten Phase des Vietnamkrieges ergaben sich gravierende Schwächen im Feindnachrichtenwesen der 5. Gruppe. Dort lieferten die über das ganze Land verstreuten Teams zwar mehr als 50% aller verwertbaren Nachrichten nach oben, umgekehrt lieferte die Führung nur spärliche Informationen, da viele Soldaten noch nicht die erforderliche Sicherheitsstufe besaßen. Später wurde diese Lücke, die mit Sicherheit einer Anzahl von Green Berets das Leben kostete, geschlossen. Die »Green Berets« erhielten eine eigene Abwehr-Abteilung und konnten die Effizienz im nachrichtendienstlichen Bereich stark erhöhen. Die Beziehungen zum Geheimdienst CIA, der natürlich ein erhebliches Interesse an allen weiteren nachrichtendienstlichen Operationen zeigt, sind gesondert angesprochen.

Auf der Ebene des »A«-Teams hat das Feindnachrichtenwesen einen hervorragenden Platz, gleichermaßen bei Guerillaeinsätzen und bei der Bekämpfung von Partisanen. Bei unkonventionellen Einsätzen übernehmen die Abwehrspezialisten einen großen Teil der Vorbereitungen, sie erstellen ausführliche Studien und Analysen über die Einsatzräume und lernen dabei, selbst kleinste Details zu berücksichtigen. So ist es verständlich, daß es sich bei dem Intelligence-Sergeanten um den wichtigsten Mann im Team nach dem dienstführenden Mastersergeanten handelt.

Zu den schwierigsten Aufgaben gehört die Nachrichten-Beschaffung während verdeckter Einsätze im Rücken des Gegners. Dabei arbeiten die Feindnachrichten-Spezialisten oftmals mit Agenten und Informanten aus der Bevölkerung zusammen. Die Beurteilung von Eignung und Zuverlässigkeit solcher Mittelsleute setzt großes Geschick, Erfahrung, Menschenkenntnis, scharfen Verstand und Einfühlungsvermögen voraus. Nichts ist für einen Agentenring tödlicher als eingeschleuste oder »umgedrehte« V-Leute.

Der »Spionage«-Sergeant im Team muß vertraut sein mit den Gliederungen und Kampfgrundsätzen des Feindes, mit den Bestimmungen des Kriegsvölkerrechts, der Auswertung von Material und Befragungstechniken gegenüber Kriegsgefangenen und Zivilisten. Psychologische und politische Kenntnisse, bezogen auf den Einsatzraum, technische Fertigkeiten wie Auswerten von Luftbildern, Umgang mit der Mikrofilmtechnik und besonders der Fotografie, sind erforderlich. Die Fototechnik dient der Dokumentation von wichtigen persönlichen und organisatorischen Daten, sie wird wegen des äußerst geringen Platzbedarfs bevorzugt. Aufnahmen über geheime Anlagen, Technologien und Waffensysteme des Gegners lassen sich als unauffällige Negative leichter und sicherer aus den geheimen Einsatzräumen herausschmuggeln. Ebenso dient die Fototechnik der Erkundung wesentlicher Ziele, die gewonnenen Unterlagen eignen sich hervorragend zur Planung von Kampfeinsätzen. Deshalb gehören moderne Kameras, versehen mit vielen technischen Zusatzgeräten, zur Grundausstattung aller »A«-Teams, die auch mit einigen einfachen Mitteln die Filme entwickeln können.

PSYCHOLOGISCHE EINSÄTZE UND ZUSAMMENARBEIT MIT DER BEVÖLKERUNG

Das Motto der US-Special Forces »den Unterdrückten Freiheit zu bringen« ist in der Praxis schon ein recht schwieriges Unterfangen mit einem hohen moralischen Anspruch. Jedenfalls ist das Wohlwollen und die Unterstützung durch die Zivilbevölkerung von ausschlaggebender Bedeutung für ihre Operationen.

Geschicktes, rücksichtsvolles und einfühlsames Vorgehen stellt beim »Kampf um die Herzen und Seelen« der einheimischen Bevölkerung eine äußerst wirksame Waffe dar. Wer das Vertrauen, die Zuneigung und Unterstützung der Zivilbevölkerung gewinnt oder bewahrt, wird letztlich, sowohl bei der Zusammenarbeit als auch der Bekämpfung einer Widerstandsbewegung, den Sieg erringen.

So gehört ein ganzes Bündel verschiedener Maßnahmen zur psychologischen Beeinflussung, darunter »Civic Actions« und »Civil Affairs« zum Handwerkszeug der »Green Berets«. Sie werden aber auch in geringerem Umfang bei den herkömmlichen Streitkräften gelehrt.

Im Grunde handelt es sich um Maßnahmen zur Unterstützung der Zivilbevölkerung. Bei Stabilisierungseinsätzen oder der Bekämpfung von Aufständen erfolgen solche Vorhaben meist in enger Zusammenarbeit mit den zuständigen staatlichen Organen, die auf diese Weise versuchen, effektiv für sich zu werben. Es dominiert dabei das Bestreben nach einer Verbesserung der Beziehungen zwischen militärisch/paramilitärischen Einheiten und der Zivilbevölkerung.

Maßnahmen, die unmittelbar im Zusammenhang mit militärischen Aktionen als Teil der Gesamtstrategie ergriffen werden, müssen grundsätzlich von allgemeinen Hilfsaktionen unterschieden werden, die das Militär für zivile Zwecke außerhalb kriegerischer Auseinandersetzungen nutzt.

Im unkonventionellen Bereich ist »Hilfe zur Selbsthilfe« unverzichtbarer Bestandteil der Einsatzkonzeption. Neben der Bekämpfung des Gegners steht der Kampf um das Vertrauen der einheimischen Zivilbevölkerung im Mittelpunkt. Schon in der Planung einer Aktion sind entsprechende Maßnahmen zu berücksichtigen. Besonders im Guerillakampf ist die Seite begünstigt, die von wesentlichen Teilen der Bevölkerung unterstützt wird. Um eine positive Zusammenarbeit zu gewährleisten, ist es vor allem erforderlich, der Zivilbevölkerung bessere Lebensbedingungen zu verschaffen sowie Schutz vor Übergriffen der »anderen« Seite zu bieten, die sich oft mit Terror durchzusetzen versucht.

Die Bemühungen um die Zuneigung der Bevölkerung zeigen aber nur dann Erfolg, wenn sie mit vollem Engagement glaubhaft und langfristig angelegt sind. Die angesprochenen Menschen müssen das Gefühl haben, daß sich die Berater der befreundeten Großmacht USA ganz persönlich ihrer Probleme annehmen, selbst an den Sieg der eigenen Sache glauben und sich voll mit dieser identifizieren. Wenig Sinn haben dabei Hunderttausende lustlos verteilter Flugblätter oder Propagandasendungen jeglicher Art; vor allem wenn Versprechen nicht gehalten oder Ergänzungsmaßnahmen nicht vollzogen werden. Sinnlos und gefährlich sind demütigende Barmherzigkeit sowie planloses Verteilen von finanziellen oder materiellen Mitteln und Hilfsgütern. Hier wird die Not nur kurzzeitig gelindert. Hilfe aus Mitleid bringt oft Demütigungen für die Empfänger mit sich. Sie schafft auf weite Sicht eher Feinde als Freunde und arbeitet dem Gegner geradezu in die Hände.

Es gehört zu den erklärten Zielen der »Green Berets«, Hilfsbedürftige anzuleiten, sie auszubilden und ihnen entsprechende Hilfestellungen zu geben. Eigeninitiativen werden nachhaltig gefördert.

Vertrauen kann nicht befohlen, es muß erworben werden, dies belegen zahlreiche Einsätze der »Entwicklungshelfer in Uniform« in allen Teilen der Welt. Die vielen Erfolge, oftmals in enger Zusammenarbeit mit weiteren Hilfsorganisationen errungen, werden in den Medien allerdings kaum erwähnt. Die meisten Einsätze erfolgen in unterentwickelten Ländern mit schlechter Gesundheitsvorsorge, hoher Armut sowie fehlender industrieller und verkehrsmäßiger Infrastruktur. Die medizinische Versorgung der Zivilbevölkerung bietet immer ein nahezu unerschöpfliches und dankbares Betätigungsfeld für die »Green Berets«. In vielen Fällen knüpften Sanitäts-Sergeanten die ersten Verbindungen zur Bevölkerung; sie schlugen Brükken der Freundschaft in ihren – unter primitiven Bedingungen – abgehaltenen »Sprechstunden«. Für viele erkrankte Menschen bedeutete der Kontakt mit einem Sanitäter der Special Forces überhaupt die erste qualifizierte medizinische Behandlung. Daneben unterweisen die Special Forces die Bevölkerung in zahlreichen weiteren Bereichen, die der Verbesserung der Lebensqualität dienen. Es werden Kenntnisse zu einer vernünftigen, gesunden Ernährung, zur Körperpflege und Hygiene vermittelt. Nach und nach wird geeignetes Personal geschult und zur Versorgung und Heilung Erkrankter herangezogen.

Einen weiteren Schwerpunkt bildet die Fähigkeit zur Eigenversorgung mit Lebensmitteln. Bekanntlich leiden Millionen von Menschen an Unterernährung. Die Vermittlung von Kenntnissen und Arbeitstechniken nach modernen wissenschaftlichen Grundsätzen übernehmen Spezialisten der Sondertruppen, die oftmals persönliche Erfahrungen in Viehhaltung, Düngung und Anbau von Feldfrüchten mitbringen. Während des Vietnamkrieges bauten »Green Berets« etwa einige Musterfarmen auf, an denen Lehrgänge für einheimische Bauern durchgeführt wurden. Die Versorgung gefährdeter Regionen mit Saatgut, Düngemitteln und Werkzeugen lag ebenfalls in den Händen der »Green Berets«.

Baumaßnahmen unterschiedlichster Art gehören ebenfalls zum Hilfsprogramm. Es handelt sich in der Regel um den Bau von Schulen, Straßen, Brücken, Mühlen, Werkstätten, Waisenhäusern und religiösen Versammlungsstätten – um nur die wichtigsten zu nennen.Ganz wesentlich ist auch die Trinkwasser-Versorgung über Brunnen oder Pumpstationen. Die Planung und Überwachung der Arbeiten übernehmen die Pioniere der »A«-Teams, da sie die größten Erfahrungen im Tiefbau besitzen.

Die Fähigkeit zur Abwehr von feindlichen Angriffen, der Schutz des Lebens und der Familie, des persönlichen Eigentums und der Siedlungen verlangen grundlegende militärische Fertigkeiten und eine Grundausstattung an Waffen und Munition. Milizartige Selbstschutzeinheiten können nur dann für Sicherheit sorgen, wenn entsprechende Maßnahmen mit Motivation und Konsequenz angegangen werden. Auch hier muß der Schwerpunkt bei den Eigenanstrengungen liegen, da die Berater ja irgendwann einmal abziehen und die Dorfgruppe dann wieder auf sich selbst angewiesen ist.

Die Grundsätze und Kniffe der psychologischen Kampfführung gehören zum unentbehrlichen »Handwerkzeug« der Special Forces. Die offiziellen US-Dienstvorschriften umreißen psychologische Einsätze als Vorhaben verdeckter militärischer Art. Dazu gehören aber auch wirtschaftliche, politische und ideologische Maßnahmen, mit denen die Zivilbevölkerung so überzeugt und beeinflußt werden kann, daß sie die von den US-Beratern geführte Widerstandsbewegung untertstützt. Grundsätzlich sollen Einzelpersonen oder ganze Bevölkerungsgruppen so beeinflußt werden, daß sie entweder die geplanten Vorhaben unterstützen, oder sich zumindest passiv verhalten. Unterstützen die Männer der Special Forces offiziell eine befreundete Regierung in der Bekämpfung einer Guerillabewegung, bemühen sie sich, die Bevölkerung zur Loyalität zu erziehen.

Grundlage für den Erfolg ist die Schaffung eines ausgeprägten Vertrauensverhältnisses zwischen Beratern und Zivilbevölkerung. Hier müssen die fremden Soldaten äußerst sorgsam und einfühlsam vorgehen. Ganz klar, daß Besonderheiten, Mentalität und Eigenständigkeit der anvertrauten Menschen respektiert werden. Das persönliche Gespräch mit den Menschen, besonders mit Leuten von Einfluß, ist wohl immer noch das beste Kommunikationsmittel. In der Praxis ist es oft recht mühsam, das Vertrauen der oft mißtrauischen, verängstigten und unsicheren Bevölkerung zu gewinnen. Wenn aber erst einmal eine kleine Gruppe überzeugt und gewonnen wurde, dehnt sich der Einfluß rasch auf weitere Kreise aus. Besonders vorteilhaft entwickeln sich die Dinge, wenn es gelingt, größere Menschengruppen bei Versammlungen, Treffen oder auf Märkten anzusprechen. Da sich nicht immer unmittelbare Kontakte in Form von Gesprächen herstellen lassen, wird auf eine Anzahl weiterer, unterschiedlicher Kommunikationsmittel zurückgegriffen. Vorzüglich für Propagandazwecke geeignet sind schriftliche Nachrichten, die geschickt plaziert leicht von größeren Menschengruppen wahrgenommen werden können. Ganz wichtig: Die Menschen müssen sich dabei persönlich angesprochen fühlen, es muß um ihre Interessen und Probleme gehen. Ihre Lebensgewohnheiten und Denkweisen sind selbstverständlich zu berücksichtigen.

Neben dem gesprochenen und geschriebenen Wort können spezielle Geschenke, aber auch musikalisch umrahmte Veranstaltungen, Tanz, Kunst oder Schauspiel als Medium dienen. Gerade Geschenke sind wertvolle Propagandaträger. Einfache Zündholzpackungen, Seife, Nähzeug oder Kleidungsstücke mit aufgedruckten Informationen oder Symbolen eignen sich sehr gut, um die Zielgruppe anzusprechen.

Den »Green Berets« stehen besonders viele Propagandamittel zur Verfügung, wenn es um die Bekämpfung einer Guerillabewegung geht. Hier lassen sich Zeitungen, Illustrierte, Poster, Flugblätter und Filmmaterial offen einsetzen. Rundfunk- und Fernsehsendungen erreichen große Teile der Bevölkerung. Großveranstaltungen kultureller, religiöser und sportlicher Art ziehen Menschenmassen an.

Im umgekehrten Fall sind die äußeren Umstände meist weniger günstig. Meist müssen die Informationsträger und Flugblätter heimlich im Untergrund hergestellt werden; hierfür stehen nur einfache Hilfsmittel, beispelsweise Handpressen, bereit. Das Anbringen von Propagandaparolen, Aufrufen, »Wandzeitungen« an stark frequentierten Orten und Verkehrsverbindungen bietet aber eine gute Alternative. Mit einfachen Hilfsmitteln lassen sich improvisierte Lautsprecher herstellen. Radiostationen können von wechselnden Standorten Sendungen ausstrahlen; gelegentlich übernehmen diese Aufgabe auch Sender im befreundeten Ausland in der jeweiligen Landessprache.

Persönlichen Gesprächen, der Flüster- und Mund-zu-Mund-Propaganda kommt ebenfalls eine besondere Bedeutung zu; zumal die im Verborgenen agierende Guerilla die meisten technischen Kommunikationsmöglichkeiten nicht nutzen kann.

Die Soldaten der Sondertruppen lernen auch die behelfsmäßige Herstellung von Propagandamaterial ohne wesentliche Hilfsmittel. Zur Herstellung einer behelfsmäßigen Druckpresse etwa benötigt man nur sechs Dinge, die überall erhältlich sind. Einen Holzrahmen, ein Stück Seidenleinwand, Tinte, Papier, Schablone und eine Walze reichen aus; geeignet ist auch ein anderer Farbstoff. Die Stoffunterlage wird an den Rändern des Holzrahmens befestigt. Auf die Unterlage wird die Schablone gelegt und die Tinte über die Druckfläche verteilt. Nach Möglichkeit soll der Farbstoff dickflüssig sein, am besten mit Öl vermischt. Die Walze sorgt dafür, daß sich der Farbstoff in die Unterlage ätzt. Gutes Papier verbessert natürlich die Qualität des Endproduktes, im Notfall können aber auch Altpapier oder andere Stoffe verwendet werden. Zum Beschriften der Schablonen und Matrizen dienen im Bedarfsfall kompakte und robuste Schreibmaschinen aus Leichtmetall.

Jeder Angehörige einer Einsatz-Gruppe muß die wichtigsten Grundsätze des richtigen persönlichen Verhaltens Einheimischen gegenüber kennen und beherzigen, ebenso Schliche und Fertigkeiten der psychologischen Beeinflussung. Offiziere und dienstführende Unteroffiziere befassen sich schwerpunktmäßig mit diesem Bereich. Galten die »Green Berets« der ersten Generation noch um kaltblütige Guerillas und die Special Forces der 60er Jahre als Experten in der Bekämpfung von Widerstandsorganisationen, so haben die Angehörigen der dritten Generation durchaus den »Touch« von sozial engagierten Entwicklungshelfern bekommen.

Dem Kommando für Sondereinsätze sind eine Gruppe für psychologische Operationen und ein Bataillon für Zusammenarbeit mit der Zivilbevölkerung unterstellt. Diese Einheiten stellen zusätzliches Personal und Gerät für größere psychologische Vorhaben zur Verfügung und dienen »hauptamtlich« diesen Zwecken. Soweit es die beschränkten Personalstärken zulassen, gewähren sie auch konventionellen Verbänden entsprechende Unterstützung. Künftig stehen vier luftbewegliche Bataillone für psychologische Kriegführung bereit, die mit außerordentlich leistungsstarken Rundfunkanlagen praktisch an jeden Ort der Erde verlegt werden können. In einer Vielzahl von Fremdsprachen und Dialekten bewanderte Spezialisten fungieren als Radiosprecher und »Disc-Jockeys«, wo immer es der Einsatz erfordert. Modernste Druckereien produzieren in kurzer Zeit Flugblätter, Zeitungen und andere Drucksachen in jeder benötigten

Menge. Lautsprecher verbreiten aus Flugzeugen, Hubschraubern, Fahrzeugen oder Stellungen einschlägige Informationen auch in den unwirtlichsten Gebieten.

Natürlich bietet gerade die psychologische Kriegführung ein weites Feld für phantasievolle Unternehmen. Um die Aufmerksamkeit des Gegners auf das Propagandamaterial zu lenken, haben sich die Experten etwas Besonderes einfallen lassen. Es handelt sich um eine menschengroße Figur, die äußerlich in allen Details einem Fallschirmspringer nachempfunden ist. Interessant ist aber vor allem das »Innenleben« der verkleideten Puppe: Sie enthält Hunderte von Flugblättern in der jeweiligen Landessprache.

Während der »Fallschirmspringer« nach Abwurf aus dem Flugzeug zur Erde sinkt, und man dort schon Maßnahmen vorbereitet, um den vermeintlichen Agenten gebührend zu empfangen, tritt ein Verzögerungszünder in Aktion und die Puppe explodiert. Die Flugblätter gelangen sozusagen ersatzweise für den Agenten in die Hände des Feindes und werden mit umso höherer Aufmerksamkeit gelesen.

Neben diesen mittelfristigen Aktionen sollen noch kurz die allgemeinen, langfristigen Unternehmen erwähnt werden, die keine unmittelbaren Verbindungen mit militärischen Zielsetzungen aufweisen. An erster Stelle steht die Katastrophen-Hilfe. Sie ist dann sinnvoll und zweckmäßig, wenn sie rasch erfolgt und auch abgelegene Gebiete schnell erreicht. Die Kleingruppen der »Green Berets«, mit den entsprechenden Spezialisten für Krankenversorgung und technischen Aufbau, Sprachkapazitäten und der Fähigkeit zur schnellen Luftverlegung, eignen sich vorzüglich für derartige Einsätze.

Langfristig angelegte Unternehmen in Entwicklungsgebieten helfen bei der verkehrsmäßigen Erschließung der Regionen, verbessern die Eigenversorgung der Bevölkerung mit Lebensmitteln und helfen bei der Bekämpfung von Krankheiten und Seuchen. Zu den zahlreichen ergänzenden Maßnahmen zählen schulische Ausbildungen und Unterweisungen in handwerklichen Fertigkeiten. Einen Höhepunkt erlangten derartige Hilfsaktionen in den 60er und frühen 70er Jahren. Damals verfügten die für einen bestimmten geographischen Großraum zuständigen »Special Forces Action Groups« über beträchtliche personelle und materielle Hilfsmittel. Die zahlreichen Vorhaben beschränkten sich keineswegs auf die Krisenregionen Südostasiens, sondern schlossen eine Vielzahl von Ländern in Asien, im Pazifik, Mittel- und Südamerika ein. Mit dem Abbau der Dienststärken verringerten sich die Kapazitäten zur Durchführung von Hilfsmaßnahmen drastisch und bilden heute lediglich einen insgesamt eher unbedeutenden Zusatzauftrag.

Eine Zusammenstellung der dokumentierten Hilfseinsätze der 5. Special Forces Group in Süd-Vietnam für den Zeitraum von 1964 bis 1970 vermittelt eindrucksvolle Zahlen über die Tätigkeit der »Green Berets« während des Krieges. Einschränkend ist aber zu sagen, daß hier sicher nicht alle Hilfsaktionen aufgeführt sind. Es kann sich bei einigen Maßnahmen nur um Beteiligungen und Initiativen handeln. Die »Vietnam Studies« des US-Verteidigungsministeriums nennen folgende Einsätze: 49902 wirtschaftliche Hilfsprojekte, 34 334 Erziehungs- und Ausbildungsprojekte, 35 468 Wohlfahrts/Sozialprojekte, Bereitstellung von 14 934 Transportmöglichkeiten, Unterstützung von 479 568 Flüchtlingen, 6436 Brunnen wurden gegraben und Wasserleitungen repariert, 1949 Kilometer Straßen gebaut oder hergerichtet. Weiterhin beteiligten sich die Soldaten am Bau von 129 Kirchen, 272 Märkten, 110 Krankenhäusern, 1003 Klassenräumen, 670 Brücken und 398 Krankenstuben.

Unter Berücksichtigung dieser Fakten kann einer vorbeugenden, weitsichtigen Politik zur Verbesserung der wirtschaftlichen und gesellschaftlichen Situation in den gefährdeten Regionen der Dritten und Vierten Welt gar nicht genug Bedeutung eingeräumt werden. Mit klugen Präventivhandlungen Kriege zu verhindern dürfte das herausragendste Fernziel jedes unkonventionellen Einsatzes sein.

Anhang

MOBILE TRAINING TEAMS

Nicht wahnwitzige Kommandounternehmen nach »Rambo-Art« sondern Ausbildungs- und Beratungseinsätze (vornehmlich in der »Dritten Welt«) bilden heute den Einsatzschwerpunkt der »Green Berets«. Der weitaus größte Teil der unbekannten Aktionen spielt sich heute im Rahmen unterschiedlicher Berater-Gruppen im verbündeten und befreundeten Ausland ab; immer auf der rechtlichen Grundlage einer Anforderung durch die jeweilige Regierung. Auf der Basis von US-Militärhilfe-Programmen übernehmen einzelne Experten bis hin zu vollen »Operational Detachments« die unterschiedlichsten Aufgaben, die von Entwicklungs-, Katastrophenhilfemaßnahmen bis zu hochsensiblen Spezialaufträgen reichen. Ausdrücklich vermieden werden dabei Kampfeinsätze jeder Art, die nicht der persönlichen Verteidigung dienen. Auch wenn die eigentlichen Ausbildungsaufgaben im Ausland oft wenig attraktiv und eher mühselig sind, müssen die Soldaten doch erhebliche Anforderungen erfüllen. Hierzu gehören ausreichende praktische Sprachkenntnisse, Einfühlungsvermögen und Vertrautheit mit den jeweiligen gesellschaftlichen Gegebenheiten, Sitten, Religionen und Gebräuchen sowie die Bereitschaft, oft über Monate in isolierten Regionen ohne jeglichen persönlichen Komfort frustrierende Aufgaben zu übernehmen – von den erhöhten persönlichen und gesundheitlichen Risiken ganz zu schweigen. Gerade hier muß der Soldat ein hohes Maß von Selbstdisziplin, Einfühlungsvermögen, Gereiftheit, pädagogischem Geschick und seelischer/körperlicher Belastbarkeit mitbringen. Tatendurstige »Helden« würden mehr schaden als nützen.

Bereits wenige Jahre nach ihrer Gründung schickte die 10th SFGA ihre ersten improvisierten Berater-Gruppen mit unterschiedlichen Aufträgen in die meisten westeuropäischen Länder; später auch in den Mittleren Osten und nach Afrika. Meist handelte es sich dabei um Zeiträume von einem Monat bis zu einem halben Jahr; diese Zeitspanne ist in der US Army für vorübergehende Kommandierungen üblich. Es ging überwiegend um technische und taktische Ausbildungen, vom Straßenbau bis zur Feindnachrichten-Beschaffung. Besonders wertvoll erwies sich dabei immer die gründliche Vorbereitung, die landeskundige Experten und G2-Fachleute durchführten.

Zwischen 1983 und 1986 führte die 10th SFGA folgende Einsätze durch:
2. März 1983 bis 17. August 1983: Sanitätsausbildung in Liberia, 3 Mann;
4. April bis 26 April 1983: Mörser-Ausbildung in Potugal, 1 Mann;

215

11. Mai 1983 bis 12. November 1983: Einheits-Ausbildung im Libanon, 24 Mann;
13. Juni bis 15. September 1983: Unterführer-Ausbildung in Liberia, 5 Mann;
12. Juli 1983 bis 12. Januar 1984: Führer-Ausbildung im Libanon, 29 Mann;
2. September 1983 bis 10. Oktober 1983: Ausbildung im Libanon, 5 Mann;
7. Oktober 1983 bis 7. November 1984: Ausbildung im Libanon, 23 Mann;
3. Januar 1984 bis 1. Juli 1984: Ausbildung einer libanesichen Spezialeinheit, 25 Mann;
21. Januar 1984 bis 21. März 1984: Ausbildung einer libanesischen Fernspäh-Einheit, 25 Mann;
5. Februar 1984 bis 2. August 1984: Führungshilfen im Libanon, 2 Mann;
14. Mai 1984 bis 29. September 1984: Ausbildungsmaßnahme im Libanon, 27 Mann;
21. Juni 1984 bis 26. Juli 1984: Führungshilfen im Libanon, 2 Mann;
6. Dezember 1984 bis April 1985: Ausbildungsmaßnahme im Libanon, 12 Mann;
27. April 1985 bis 25. Oktober 1985: Ausbildungsmaßnahme im Libanon, 24 Mann;
2. Juni 1985 bis 24. September 1985: Katastrophenhilfe in Malawi, 1 Mann;
8. Mai 1986 bis 16. Juni 1986: Fallschirmpacker-Ausbildung in Nigeria, 5 Mann;
9. Juni 1986 bis 9. Dezember 1986: Fallschirmspringer-Ausbildung in Nigeria, 31 Mann;
23. Juni 1986 bis 23. Dezember 1986: Wasserausbildung in Nigeria, 6 Mann.

Eindeutiger Einsatzschwerpunkt der 10th SFGA in der Zeit vom 11. Mai 1983 bis 25. Oktober 1985 war der krisengeschüttelte Libanon.

Damals versuchten verschiedene ausländische Mächte, darunter auch die USA, Frieden zu stiften und eine leistungsstarke militärische Ordnungsmacht aufzubauen, die der libanesischen Regierung den notwendigen Rückhalt verleihen sollte. Dabei hatten die Special Forces den Auftrag, die Ausbildungszentren der libanesischen Streitkräfte zu beraten und zu unterstützen.

Innerhalb dieses Ausbildungsprogrammes wurden mehr als 5000 libanesische Offiziere, Unteroffiziere und Mannschaften aus- und weitergebildet. Die Ausbildungslager lagen im heißumkämpften Beirut. Die Grundausbildung fand in Adma statt, in Haef Jumayyid wurden Gefechtsschießen und Häuserkampf geübt. Neben der Aus- und Weiterbildung von mehr als 900 Rekruten und einer großen Anzahl Unterführer übernahmen die US-Berater das Training der Fernspäher (libanesische Rangers) und bildeten das Führungs- und technische Personal bei den mechanisierten Verbänden aus. Fachleute bezeichneten die Ausbildungsarbeit der Berater aus Bad Tölz und Fort Devens als außergewöhnlich gut.

Am 2. Juni 1985 verließ ein Mobiles Training Team des 1. Bataillons Bad Tölz, um für vier Monate nach Somalia zu gehen. Dort wurde es in der Katastrophenhilfe eingesetzt.

Vom 8. Mai 1986 bis zum 23. Dezember 1986 bildete die gesamte »C«-Kompanie des 3. Bataillons der 10th SFGA das Stammpersonal der nigerianischen Fallschirmjäger aus. Zuerst schulten die Amerikaner die Fallschirmpacker; anschließend wählten sie das künftige Ausbildungspersonal aus.

Neben der Sprungausbildung übte eine weitere Gruppe mit den Nigerianern Wassereinsätze, Gefechtsaufklärung sowie taktische Manöver und vermittelte ihnen auch Grundsätze der Wartung, Pflege und Instandsetzung von Waffen und Material.

VERDECKTE EINSÄTZE

Als Spezialverband unterscheiden sich die Special Forces auch strukturell von den herkömmlichen konventionellen Streitkräften. Allerdings existieren gerade hier viele falsche und überzogene Vorstellungen. Es muß klargestellt werden, daß es sich bei den »Green Berets« um reguläre Soldaten der US Army handelt. Sie unterliegen den gleichen Bestimmungen, Gesetzen und Laufbahnen wie alle US-Soldaten. Besoldung, Versorgung, Beförderungsmöglichkeiten und Dienstrecht entsprechen dem aller GI's. Besondere Privilegien offizieller Art gibt es dabei nicht.

Aber die Besonderheiten eines Einsatzes im feindlichen Hinterland oder in Krisenregionen (Frieden) bedingen manche Abweichungen.

Einen wesentlichen Anteil am Gesamtauftrag bilden geheime und nachrichtendienstliche Operationen, oft in enger Zusammenarbeit mit Nachrichtendiensten (siehe auch: Verknüpfungen mit dem Geheimdienst CIA). So ist innerhalb der »Special-Forces-Group« eine eigene Kompanie für die Beschaffung, Auswertung von Nachrichten und entsprechende Abwehrmaßnahmen zuständig. Bis hinunter zu den »A«-Teams sind gut ausgebildete Experten für diesen sensiblen Bereich tätig. Militärische Einsätze in Zivilkleidung sind in der Vergangenheit immer wieder erfolgt. Sie entsprechen nicht immer dem Kriegsvölkerrecht, werden aber von Sondereinheiten weltweit praktiziert, wenn es die Erfüllung des Auftrages erforderlich macht. Sie erfolgen etwa zur ersten Kontaktaufnahme im Guerillakrieg, bei Kontakten mit der Zivilbevölkerung, bei politisch sensiblen Aktionen im Ausland oder bei Kundschafter-Diensten sowie beim Personenschutz. Manchmal ergeben sie sich durch Umstände wie die Witterung oder durch die Uniform-feindliche Mentalität der einheimischen Bevölkerung.

Grundsätzlich kann gesagt werden, daß die Benutzung von Zivilkleidung oder gegnerischen Uniformen – außerhalb von reinen Kampfeinsätzen – keinen Verstoß gegen die »Haager Landkriegsordnung«, darstellt.

In einigen Fällen nahm Personal der Special Forces einen neuen Namen an, oftmals typisch »amerikanisch« klingend. Dies war aber keinesfalls die Regel, wie beispielsweise bei der französischen Fremdenlegion, sondern beschränkte sich auf Ausnahmefälle. Am häufigsten wurde hiervon aus den schon erwähnten Gründen von den Emigranten aus dem Ostblock der Anfangsjahre Gebrauch gemacht.

Es sollten vor allem die hinter dem Eisernen Vorhang lebenden Angehörigen geschützt werden. Manchen Soldaten ausländischer Herkunft und sensiblen Aufgabenbereichen wurde empfohlen, den Namen zu ändern. Der Gebrauch eines falschen Namen ist nach den herrschenden Bestimmungen auch bei Einsätzen im gegnerischen Hinterland nicht völkerrechtswidrig.

Eine Anzahl unterschiedlicher Kampfweisen unterscheidet sich freilich von den bei konventionellen Einheiten üblichen Methoden. Ein etwas heikles Thema bilden hier Verhörtechniken und das Spezialtraining durch »scharfe« Verhöre. Zeitweilig gehörten »Gehirnwäsche« und die Gewöhnung an verschiedene »Horror-Apparate« zum allgemeinen Ausbildungsstoff. Heute beschränken sich derartige »Spezialausbildungen« auf besondere Lehrgänge über Gefangenenverhöre. Welche Verhörmethoden die Green Berets im Einzelfall anwenden, kann hier nicht vorausgesagt werden. Aber nach den einschlägigen Erfahrungen des Vietnamkrieges wird sich wohl jeder Angehörige der Special Forces gründlich überlegen, mit welchen Methoden er arbeitet.

Umgang mit Chemikalien zur Verwischung von Spuren, die Fähigkeit den Gegner »mit bloßen Händen zu töten«, die Verwendung von Schlingen oder Drahtsaiten, das Beherrschen von besonderen Nahkampftechniken und der Umgang mit ABC-Kampfmitteln gehören zu den »handwerklichen« Fertigkeiten, die von den Soldaten beherrscht werden müssen. Auch im Messerkampf stellen viele Green Berets gefährliche Gegner dar. Insgesamt nehmen diese Fertigkeiten einen zwar wichtigen, keinesfalls aber dominierenden Stellenwert in der Ausbildung ein.

SCHARFSCHÜTZEN

Neben der hohen Spezialisierung müssen die Soldaten in den »A«-Teams die wichtigsten soldatischen Grundlagen beherrschen und fortlaufend verbessern. Hierzu gehört eine intensive Schießausbildung, die in den Händen der »Light/Heavy Weapons Leader« liegt. An den Schul- und Ausbildungseinrichtungen in Fort Bragg werden entsprechende Lehrgänge vermittelt.

In einer Zeit, in der gepanzerte Verbände die Hauptrolle auf dem Gefechtsfeld spielten, legte man viele Jahre auf die infanteristische Ausbildung des Einzelschützens keinen besonderen Wert. Aber die seit Ende des Zweiten Weltkrieges immer wieder aufflackernden Konflikte und »Buschkriege« zeigten deutlich, daß der Technik von Raketen und hypermodernen Hochleistungswaffen Grenzen gesetzt sind.

1983 setzte bei den »Green Berets« eine verstärkte Scharfschützen-Ausbildung ein. Dabei geht es nicht nur um die Schulung in Schießtechniken, sondern auch um die Bereitstellung von entsprechend geeigneten Waffen nebst Zubehör. Neben Personenzielen sind für die Special Forces auch »harte Ziele« wie Raketen durchaus von Bedeutung.

Ist es einem Team gelungen, in die Tiefe der gegnerischen Verteidigung einzudringen, können dort strategisch wichtige Ziele bekämpft werden. Hierbei kann es sich um Energieanlagen, Verkehrsknotenpunkte, Führungszentralen oder Waffensysteme handeln. So kann schon ein richtig plaziertes Spezial-Geschoß verheerenden Schaden anrichten.

Ein Beispiel soll dies verdeutlichen: Eine feindliche Fernlenk-Rakete befindet sich in einer infanteristisch rundum geschützten Feuerstellung. Sie kann über eine Strecke von vielen hundert Kilometern fliegen und im Zielgebiet verheerenden Schaden anrichten. Vor dem Einsatz ist es einem Scharfschützen gelungen, sich der Rakete bis auf etwa 1000 m zu nähern. Mit einem sorgfältig gezielten Schuß gelingt es ihm, den empfindlichen Steuerteil der Rakete zu beschädigen. Fast jeder Treffer kann irgendeine wichtige Baugruppe in der Fernlenkwaffe zerstören. Die Rakete wird zumindest längere Zeit außer Gefecht gesetzt, kann aber auch zu brennen beginnen oder in der Basis detonieren. Bei feldmäßigen Einsätzen sind die Schutzvorrichtungen meist nur provisorisch vorhanden.

Dies ist nur ein Beispiel aus einer Vielzahl von Möglichkeiten. Es ist verständlich, daß großer Wert gerade auf diese Spezialausbildung gelegt wird.

FREMDSPRACHEN

Neben der militärtechnischen, einsatzbezogenen Ausbildung haben alle Special Forces Angehörigen im Laufe ihrer Dienstzeit verschiedene Speziallehrgänge zu absolvieren. Hier werden – je nach Funktion – verschiedene Richtungen eingeschlagen. Jedoch gibt es eine Reihe allgemein verbindlicher Erfordernisse, die von allen Soldaten zu erfüllen sind. Hier steht an der Spitze eine umfassende Sprachausbildung. Da die eigentlichen Grundfunktionen immer in erster Linie beratender und helfender Art sind, ob Aufbauhilfe in einem Entwicklungsland oder als Berater von Guerillas in einer kriegerischen Auseinandersetzung, sind Kenntnisse über die jeweilige Landessprache unbedingt erforderlich. So gab es immer wieder Teams mit einem umfangreichen Sprachpotential, teilweise beherrschte jeder Angehörige eine oder mehrere Fremdsprachen, jedoch sind auch erhebliche Lücken erkennbar. Der Begriff »Sprachkenntnisse« kann breit ausgelegt werden, bis zum uneingeschränkten Beherrschen ist es ein weiter Weg.

In den ersten Jahren der 10th Special Forces Group lag der Schwerpunkt eindeutig auf den osteuropäischen Sprachen des slawischen Kulturkreises. Die Emigranten aus den Ländern hinter dem Eisernen Vorhang kannten nicht nur Land und Sitten ihrer Heimatländer genau, sondern beherrschten auch die Landesprache(n) und die jeweiligen Dialekte. Viele konnten sich noch in weiteren östlichen Sprachen ausdrücken. Auch Deutsch wurde von den meisten Osteuropäern gesprochen, sie lernten es bereits in ihrer Heimat, als Folge der Besatzung durch die deutsche Wehrmacht oder in den Arbeits- und Gefangenenlagern. Ihre Schwierigkeiten lagen eher im Erlernen der englischen Sprache, dieses Problem begleitete manchen durch seine gesamte Dienstzeit in der US Army.

Aber auch die meisten Amerikaner mußten viele Monate lang die Schulbank drücken und fremde Vokabeln büffeln. Viele Special-Forces-Angehörige nahmen an Sprachkursen der US-Sprachenschule in Monterey und an anderen Instituten teil. 46 Wochen brauchte ein dem Autor bekannter Offizier, um jeweils an sieben (!) Tagen in der Woche etwa serbokroatisch zu erlernen. Danach sprach er sie besser als sein Schwiegervater, der in Jugoslawien aufgewachsen war.

In Zusammenarbeit mit der »Berlitz School of Languages« wurden 1961 an der Special-Forces-Schule in Fort Bragg insgesamt 19 Fremdsprachen gelehrt. 1963 wurde der Sprachenunterricht erweitert. Da nun neue Einsatzgebiete hinzukamen, nahmen Angehörige der entsprechenden Gruppen nun auch an »exotischen« Sprachkursen wie Arabisch, Amharisch, Vietnamesisch, Burmesisch und Suhaheli teil. In den nächsten Jahren folgten weitere Fremdsprachen und Dialekte aus Ländern der Dritten Welt. Dagegen entfielen mehrere europäische Sprachen weg. Russisch, Französisch und Spanisch gehörten aber dauernd zum Lernangebot.

Trotz intensiver Bemühungen zeigten sich gerade auf diesen Gebieten manchmal erhebliche Mängel. Man versuchte sie durch spezielle Schulungsmaßnahmen und vor allem durch praktische Einsätze im Ausland auszugleichen. Die besten Ergebnisse konnte die 8th Special Forces-Group erzielen, die in den 60er Jahren für Lateinamerika zuständig war. Hier sprachen rund 80 Prozent perfekt Spanisch und 20 Prozent Portugiesisch.

Ähnlich war die Situation bei der »Zehnten«, besonders natürlich beim 1. Bataillon in Bayern. Auch nachdem der Anteil der Osteuropäer zurückgegangen war, konnten die Green Berets aus Bad Tölz mit guten Sprachkenntnissen, teilweise mit oberbayerischen und schwäbischen Dialekten, aufwarten. Es ist üblich, daß das Personal immer wieder längere Zeiträume in Deutschland verbringt und so in Übung bleibt. »Insider« sprechen von einer eingeschworenen »Bruderschaft«, böse Zungen nennen es »Mafia«, die für den »richtigen Mann am richtigen Ort« sorgt. So befanden sich im »Garden Eden« (Spitzname für Bad Tölz) immer genügend deutschsprachige Green Berets. Ein großer Teil der für Deutschland bestimmten Offiziere legt auch heute noch vor der Versetzung einen 24wöchigen Sprachkurs ab. Mit der Aufgabenerweiterung im Nahen und Mittleren Osten und als Folge der Veränderungen in Osteuropa wurden in den letzten Jahren neue Schwerpunkte gesetzt.

EINSATZBEFEHL
FÜR EIN KOMMANDOUNTERNEHMEN

Lage
Feind, Erkennungsmerkmale, Stärke, Ort, Aktivitäten, Witterung, Gelände.
Eigene Truppe, Auftrag, linker und rechter Nachbar und deren Aktivitäten, Feuer-
unterstützung durch schwere Waffen, Auftrag und geplanter Verlauf weiterer eigener
Unternehmen.

Unterstellungen und Verstärkungen

Auftrag: Wie lautete der Auftrag des Unternehmens?

Ausführung
– Planung
– Spezielle Aufgaben einzelner Teileinheiten und Soldaten
– Information und Koordination
– Zeitpunkte des Abmarsches und der Rückkehr
– Gliederung während der Bewegung
– Wege und Ausweichmöglichkeiten
– Erkennungszeichen beim Verlassen und Wiedereintritt in die eigenen Stellungen
– Melde- und Sammelpunkte
– Ort und Kapazitäten eigener Unterstützungsmittel
– Verhalten bei Feindkontakt
– Verhalten in besonders gefährdeten Räumen
– Verhalten am Zielort
– Wiederholung des Auftrages und Überprüfungen

Versorgung und Unterstützung
– Verpflegung
– Waffen und Munition
– Bekleidung und Ausrüstung (Entscheidung, welcher Soldat was transportiert und
bedient)
– Behandlung Verwundeter und Gefangener

Führen und Melden
– Funkverbindungen zur Führung, Rufzeichen, Frequenzen, Ausweichfrequenzen
und Meldezeiten
– Losung
– Befehlswege
– Aufenthaltsort des Führers und seines Stellvertreters

Vorbefehl
– Information an alle Beteiligten über Feind und eigene Truppe
– Auftrag
– allgemeine Instruktionen

Organisation
– Bekleidung und Ausrüstung, Tarnung, Erkennungszeichen
– Waffen, Munition, Ausrüstung des einzelnen
– Begleitung des Führers während dieser eine Vorerkundung unternimmt
– Versorgung mit Verpflegung, Waffen, Munition und weiteren Ausrüstungsgegen-
ständen
– Zeitplan über den Verlauf

Planung
- Geländestudium unter Verwendung von Karten, Skizzen und Luftaufnahmen
- Besonderheiten des Geländes
- Hindernisse
- Sichtverhältnisse und Feuerwirkungsmöglichkeiten
- Gedeckte Annäherungswege
- Entscheidung über Zeitpunkt, Ort und Durchführung des Einsatzes
- abschließende Erkundung, Absprachen, Kampfpläne und Kontrolle

ORGANISATION EINES »A«-TEAMS (VIETNAMKRIEG)

Verantwortlicher Offizier	1 Hauptmann
Stellvertreter	1 Oberleutnant
Einsatz-Feldwebel	1 Hauptfeldwebel
Experte für schwere Waffen	1 Oberfeldwebel
Feindnachrichten-Feldwebel	1 Oberfeldwebel
Experte für leichte Waffen	1 Oberfeldwebel
Sanitäts-Feldwebel	1 Oberfeldwebel
Funktruppführer	1 Oberfeldwebel
Pionierfeldwebel	1 Oberfeldwebel
Sanitäts-Unteroffizier	1 Stabsunteroffizier
Funker	1 Unteroffizier
Pionier	1 Unteroffizier

FÜHRUNGS-DETACHMENT »B«

Kommandierender Offizier	1 Major
Stellvertreter	1 Hauptmann
Adjudant	1 Hauptmann
Feindnachrichten-Offizier	1 Hauptmann
Ausbildungs- und Einsatz-Offizier	1 Hauptmann
Versorgungs-Offizier	1 Hauptmann
Sergeant-Major	1 Stabsfeldwebel
Abwehr-Feldwebel	1 Hauptfeldwebel
Einsatz-Feldwebel	1 Hauptfeldwebel
Sanitätsdienst-Leiter	1 Hauptfeldwebel
Experte für schwere Waffen	1 Oberfeldwebel
Experte für leichte Waffen	1 Oberfeldwebel
Pionier-Feldwebel	1 Oberfeldwebel
Fernmelde-Feldwebel	1 Oberfeldwebel
Versorgungs-Feldwebel	1 Oberfeldwebel
Verwaltungs-Feldwebel	1 Feldwebel
Stellvertretender Versorgungs-Feldwebel	1 Feldwebel
Sanitäter	1 Feldwebel
Funker	4 Unteroffiziere
Pionier	1 Unteroffizier
Schreiber	1 Unteroffizier

DIENSTGRAD-GEGENÜBERSTELLUNG

Bundeswehr	*US Army*
Gefreiter	Private
Obergefreiter	Private First Class
Hauptgefreiter	Corporal
Unteroffizier	Sergeant (E 5)
Feldwebel	Staff-Sergeant (E 6)
Oberfeldwebel	Sergeant First Class (E 7)
Hauptfeldwebel	Master-Sergeant (E 8)
Stabsfeldwebel	Sergeant-Major
Oberstabsfeldwebel	Command Sergeant Major
Oberleutant	First-Lieutenant
Hauptmann	Captain
Major	Major
Oberstleutnant	Lieutenant-Colonel
Oberst	Colonel

BEISPIEL EINER EINSATZSTUDIE

Sorgfältige Vorbereitung ist eine unerläßliche Vorbedingung für ein erfolgverspre-
chendes Sonderunternehmen, sie dauert oft Monate und wird in strenger Abschir-
mung, sozusagen isoliert von der Außenwelt, durchgeführt. Dabei bedient man sich
nicht nur Modelle vorgesehener Einsatzorte und übt immer wieder den Ablauf der
Einsätze; im Vordergrund stehen eine sorgfältige theoretische Vorbereitung und
Analyse.

Diese besteht aus fünf Hauptpunkten und beginnt im allgemeinen Teil mit einer
Bestandsaufnahme der politischen Lage. Bewertet wird dabei die Stellung der
jeweiligen Regierung, ihre ideologische Richtung und Beliebtheit bei der Bevölkerung. Die Finanzlage des Staates, seine Bündnisverpflichtungen und Abhängigkei-
ten, nationale Hintergründe und die wesentlichen Machtkonzentrationen werden
beurteilt.

Struktur und Ausdehung des Staatsgebietes, Klima, Fragen der Agrarnutzung,
Gliederung der Bevölkerung und deren ethnische und religiöse Zugehörigkeit
werden analysiert, die volkswirtschaftlichen Gegebenheiten gewürdigt und die aktuelle nationale Sicherheit bewertet.

Anschließend erfolgt eine genaue Untersuchung der geographischen Verhältnisse
mit folgenden Unterpunkten:
- Temperaturen, Niederschläge, Wind- und Sichtverhältnisse in den verschiedenen
  Jahreszeiten,
- Verlauf der Gebirge, Täler, Wasserläufe unter besonderer Berücksichtigung natür-
  licher Hindernisse,
- Veränderungen der Natur durch den Menschen durch Kultivierung und Rodung
  oder Verödung,
- Beschaffenheit von Gewässern und deren Brauchbarkeit für Zwecke der Infiltra-
  tion,
- Gezeitenverhältnisse an Küstenstrichen,
- Bodenbeschaffenheit, Vegetation und Wasserverhältnisse,
- Versorgungsmöglichkeiten mit Verpflegung im Lande.

Eingehend befassen sich die Planer mit der Bevölkerung, mit der man, um Erfolge
zu erzielen, gut zusammenarbeiten muß.

SPECIAL-FORCES-GROUPS EINST UND JETZT

1st Special Forces
Zusammenfassende, in erster Linie traditionsbedingte Bezeichnung sämtlicher US-Sondertruppen, ohne daß es sich um einen tatsächlich bestehenden Stab oder Verband handelt.
Gegründet wurde diese rein fiktive Formation als Folge der Neubenennung sämtlicher Truppenteile im US-Heer nach dem »Combat Regimental System«, welches die »Battle Groups« der vorhergehenden »Pentomic«-Division (Fünfergliederung) ersetzte; in Kraft seit dem Jahre 1960.

1st Special Forces Group (Airborne), 1st Special Forces
Am 24. Juni 1957 auf Okinawa aus Personal der 77. Gruppe und einigen kleineren Einheiten aufgestellt und am 27. Juni 1974 in Fort Bragg aufgelöst. 1984 erneut aufgestellt in Fort Lewis, Washington. 1. Bataillon ist in Okinawa.

3rd Special Forces Group (Airborne), 1st Special Forces
Diese Gruppe kam am 5. Dezember 1963 zur Aufstellung und wurde Ende 1969 in Fort Bragg demobilisiert. Wiederindienststellung im Juni 1990 in Fort Bragg. Zuständig für Afrika und die Karibik.

5th Special Forces Group (Airborne), 1st Special Forces
Gegründet am 21. September 1961 in Fort Bragg und ab 1. Oktober 1964 für den Bereich Süd-Vietnam verantwortlich. Rückkehr in die USA am 1. März 1971 abgeschlossen. Derzeit in voller Stärke aktiv mit Schwerpunkt Asien und speziell Mittlerer Osten.

6th Special Forces Group (Airborne), 1st Special Forces
Aufgestellt am 1. Mai 1963 und inaktiviert am 3. März 1971 in Fort Bragg. Geplante Einsatzregionen waren für Afrika vorgesehen.

7th Special Forces Group (Airborne), 1st Special Forces
Ursprünglich unter der Bezeichnung 77th Special Forces Group zweitälteste Gruppe und gegründet nach der Verlegung der 10. Gruppe in die Bundesrepublik Deutschland am 25. September 1953. Umbenennung in 7th Group 1960 und Stammeinheit für die Schul- und Ausbildungseinrichtungen.
Einsatzbereich ist das atlantische Kommando.

8th Special Forces Group (Airborne), 1st Special Forces
Sie war ab 1963 für den Bereich Mittel- und Südamerika zuständig und führte dort zahlreiche Aktionen überwiegend der Militär- und Entwicklungshilfe durch. Die Auflösung bzw. Umbenennung in das 3rd Bataillon, 7th Special Forces Group erfolgte am 30. Juni 1972.

10th Special Forces Group (Airborne), 1st Special Forces
Die älteste aller Gruppen befand sich vom 11. November 1953 bis 1968 in voller Stärke in Bad Tölz. Im Rahmen der Rückverlegung von Teilen der US-Kampftruppen in die Vereinigten Staaten kam der überwiegende Teil nach Fort Devens/Mass. Das zurückbleibende Bataillon trägt heute im Rahmen des 10th Special Forces Detachment (Airborne) Europe die Bezeichnung 1., zeitweilig befand sich auch ein Unterstützungs- und Versorgungs-Bataillon in Bad Tölz. Als »Reforger«-Einheit (Rückverlegung im Falle einer Krise oder Krieg) bleibt Europa weiterhin Einsatzgebiet der Gesamtgruppe. Derzeitiger Standort ist nach dem Abzug aus Bad Tölz Böblingen. Neuer US-Standort ist Fort Carson, Colorado.

46th Special Forces Company (Airborne)
Diese Einheit, zeitweilig in Bataillonstärke, kam ab 1966 in Thailand zum Einsatz

und unterstützte maßgeblich die Special Forces Kräfte im angrenzenden Raume. Zwischenzeitlich wurde auch diese Truppe abgezogen und aufgelöst.

Reserve-Einheiten
(Die Einheiten der US Army Reserve wurden inzwischen aufgelöst, die der Nationalgarde existieren weiter.)
11th Special Forces Group (US Army Reserve) hat ihr Hauptquartier im Staate New York. Sie arbeitet eng mit der aktiven 10. Gruppe zusammen und gilt als mögliche Verstärkung für den Raum Europa. Die 12th Special Forces Group liegt mit Schwerpunkt in Illinois, das Personal ist über 12 Bundesstaaten verstreut. Der Nationalgarde unterstehen noch die 19th und 20th Special Forces Group.

STAMMBAUM UND AUSZEICHNUNGEN DER 10TH SFGA

10TH SPECIAL FORCES GROUP, 1st Special Forces
Am 5. Juli 1942 wurde die 4. Kompanie des 2. Regiments der 1st Special Service Forces, ein kombinierter kanadisch-amerikanischer Verband, als Teil der US Armee aufgestellt.
Dieser gemischte Verband entstand am 9. Juli 1942 in Fort William Henry Harrison, Montana. Er wurde am 6. Januar 1945 in Frankreich aufgelöst.
Am 15. April 1960 stellten ihn die Amerikaner neu auf und vereinigten die Sondereinheit gleichzeitig mit der A-Kompanie des 2. Infanterie-Bataillons (aufgestellt am 1. April 1943). Die Einheit erhielt die Bezeichnung »Stab- und Stabskompanie, 10th Special Forces Group, 1st Special Forces«.
Am 30. September 1960 wurde die Truppe mit der Stabskompanie der 10th Special Forces Group vereinigt (gegründet am 19. Mai 1952 als Teil des Heeres; aktiviert am 11. Juni 1952 in Fort Bragg, North Carolina). Die neue Bezeichnung lautete: »Stab- und Stabskompanie, 10th Special Forces Group, 1st Special Forces«.(Die frühere Kompanie A, 2. Infanterie-Bataillon wurde am 3. Februar 1986 ausgegliedert und kam zum Stab- und Stabskompanie des 2. Bataillons, 75. Infanterie-Regiment (Ranger).

Die Einsätze auf den verschiedenen Kriegsschauplätzen:
– Aleuten-Inseln
– Neapel
– Anzio
– Rom
– Südfrankreich (mit Auszeichnung)
– Rheinland

Für die Richtigkeit im Auftrag des Heeresministers:

William A. Stofft
Brigadegeneral
Leiter der Abteilung für Heeresgeschichte

TOTENTAFEL DER 10TH SFGA

VERLUSTE DER 10TH SPECIAL FORCES GROUP (AIRBORNE) 1952–1956

Captain Douglas Payne
First Lieutenant Joseph »Jack« Castro
First Lieutenant Thomas Miles
Chief Warrant Officer Franklyn Guning
Master Sergeant Maxie Anderson
Master Sergeant John Meyer
Sergeant First Class Jack Hampton
Sergeant First Class James Gilland
Sergeant First Class Havard Jones
Sergeant First Class Robert Thompkins

Sergeant Joe Heaton
Sergeant Martin Scully
Sergeant Fred Mason
Specialist Second Class Ira Turner
Corporal Jon Morris
Corporal Roger Brown
Corporal John Zaring
Private First Class Donald Sevits
Private First Class Patrick McDonough

VERLUSTE IM VIETNAMKRIEG

Master Sergeant Charles E. Hoskins,
   Träger der **Medal of Honor**
Captain Louis J. Genes
Captain Willie Hart
Captain Charles Hughes
Captain Wallace Johnson
Captain Benjamin E. Kelly
Captain James McWilliams
Captain William R. Morris
Captain John B. Reed
Captain William Currence
Captain Andrew Tellis
Captain Larry Thomas
Captain Roy Wilson
First Lieutenant James T. Blankenship
First Lieutenant Anton L. Bloemhard
First Lieutenant Daniel Dawls
First Lieutenant Gary Gray
First Lieutenant Paul Hess
First Lieutenant Eugene Majure
First Lieutenant George K. Sisler
First Lieutenant Hershel South
First Lieutenant Daniel Wente
Second Lieutenant Joseph D. Pellegrino
Chief Warrant Officer Raymond Wilde
Sergeant Major Carl Pilkington
Master Sergeant Bruce R. Baxter
Master Sergeant Robert G. Daniels
Master Sergeant Dennis C. Kidd
Master Sergeant Douglas Lloyd
Master Sergeant Robert D. Plato
Master Sergeant Manuel Lopez
Command Sergeant Major W. H. Childress
Sergeant First Class William D. Bishop
Sergeant First Class Charles Carpenter
Sergeant First Class Edward R. Dodge

Sergeant First Class James N. Finn
Sergeant First Class Gilbert L. Hamilton
Sergeant First Class Frank Huff
Sergeant First Class Kenneth Johnson
Sergeant First Class Donald L. Lehew
Sergeant First Class George Lischynsky
Sergeant First Class Linwood D. Martin
Sergeant First Class John F. Murphy
Sergeant First Class Clyde A. Ward
Sergeant First Class Robert L. Taylor
Sergeant First Class Leroy N. Wright
Sergeant First Class David B. Hayes
Sergeant First Class Clifford Robinson
Sergeant First Class Paul A. Villarosa
Sergeant First Class Richard D. Osborne
Sergeant First Class James B. Patterson
Sergeant First Class James D. Stride
Sergeant First Class Ferdinand J. Quatrone
Sergeant First Class Elmer J. Reifschneider
Staff Sergeant Malfour D. Lytton
Staff Sergeant Michael McCann
Staff Sergeant Gene Meneffee
Staff Sergeant Charles Newton
Staff Sergeant Pollock
Staff Sergeant William Harper
Sergeant Englander
Sergeant Emmet H. Horn
Specialist 4 John F. Link
Captain Wells Cunningham
Captain Edwin McNamara
Sergeant First Class Jesse Hancock
Staff Sergeant Maurice Mosher
Master Sergeant Gerald Parmentier
Lieutenant Colonel Martin Beck
Master Sergeant Tadeusz Sosniak
Specialist 4 John Mitchell

First Lieutenant Casimir Niespodziany
Major Joseph Mack
Sergeant First Class Chester Townsend
Master Sergeant Paul Conroy
Sergeant First Class Gomer Hoskins
Sergeant First Class David Boyd
Sergeant Brent Brumart
Master Sergeant Gilbert Secor
First Lieutenant Grover Thompson
Sergeant First Class Ronald Smith
Captain Frank McNutt
Captain Heinz K. Rösch
Staff Sergeant Wayne Merchand
Sergeant First Class Cecil Hodgson
Sergeant First Class Carl Torello
Captain Larry Thorne
Master Sergeant William Siegrist
Staff Sergeant Frank Noe
Sergeant First Class Floyd Hegler
Staff Sergeant Dennis Thompson
Captain Oscar Biehl

Sergeant First Class Willie Stark
Sergeant First Class Anastacio Montez
Master Sergeant Francis Manual
Master Sergeant Stefen Mazak
Master Sergeant Sam Bruce
Sergeant First Class John Wickliffe
Specialist 5 Joseph Beck
Sergeant First Class Tadeusz Kepczyk
Sergeant First Class Rolf Rickmers
Specialist 4 Richard P. Teerents
Specialist 5 Allen C. Burtness
Sergeant First Class Merle E. Loobey
Sergeant First Class William Holt
Master Sergeant Samuel Theriault
Staff Sergeant Earl Anderson
Major Raymond Celeste
Major Frances G. Gertz
Major Allen Pasco
Captain Joseph Caudillo
Captain Gary Clements

US SPECIAL FORCES VERLUSTE IM GOLF KRIEG

Sergeant Major Patrick R. Hurley
Master Sergeant Eloy A. Rodriguez
Master Sergeant Otto S. Clark
Captain Charles W. Cooper

Chief Warrant Officer 3 Michael F. Anderson
Sergeant Mario Vega-Velazquez
Sergeant Christopher J. Chapman
Sergeant Leonhard A. Russ

16TH SPECIAL OPERATIONS COMMAND, US AIR FORCE

Major Paul J. Weaver
Captain Dixon L. Walters
Captain William D. Grimm
Captain Arthur Galvin
First Lieutenant Thomas C. Bland
Staff Sergeant John P. Blessinger
Sergeant Major Paul G. Buege
Sergeant Barry M. Clark

Staff Sergeant Timothy R. Harrison
Technical Sergeant Robert K. Hodges
Sergeant Damon V. Kahuna
Master Sergeant James B. May
Staff Sergeant John L. Oelschlager
Staff Sergeant Mark J. Schmauss

QUELLENNACHWEIS

US DIENSTVORSCHRIFTEN

Special Forces Operational Techniques, FM31–20, Department of the Army, Washington D.C.;
Special Forces Handbook, ST31–180, Department of the Army;
Special Forces Medical Handbook, ST31–91B, Department of the Army;
Special Forces Reconnaissance Manual, United States Army Institute for Military Assistance;
Survival, Evasion and Escape, Department of the Army

US STUDIEN

Vietnam Studies, US Army Special Forces 1961–1971, Department of Army;
Vietnam Studies, The Development and Training of the South Vietnamese Army, Department of the Army;
Airpower and the Airlift Evacuation of Kham Duc, USAF Southeast Asia Monograph Series, Air War College;
Army Lineage Series, Infantry Part I, Office of the Chief of Military History, US Army;
US Army Special Warfare – Its Origins, Alfred H. Paddock;
Special Operations in US Strategy, Frank R. Barnett, B. Hugh Tovar, Richard H. Shultz;
1st Special Operations Command Annual Historical Review, Ft. Bragg

LITERATUR

Inside the Green Berets, the first thirty years, Charles M. Simpson III;
United States Special Forces 1952–1974, Dr. Klaus Buschmann;
The Green Berets, Robin Moore;
CIA, Victor Marcheti, John D. Marks;
Die Versuchung der Grünen Teufel, Robin Moore;
Victor Charlie: Viet Cong – Der unheimliche Feind, Kuno Knöbel;
Vietnam, Roy Denis;
Die Vietkong, Anatomie einer Streitmacht im Guerillakrieg, Dr. Cuong Ngo-Anh;
Lehrmeister des kleinen Krieges, Prof. Werner Hahlweg;
Der Tod im Reisfeld, Peter Scholl-Latour;
Delta Force, Charlie A. Beckwith;
Ambush, S. L. A. Marshall;
Auf den Schwingen des Adlers, Ken Follett;
Friedensanalysen – Schwerpunkt: Kriege und Bürgerkriege der Gegenwart, edition suhrkamp;
Infantry in Vietnam, Albert N. Garland;
Guerillas und Partisanen, Charles W. Thayer;
Der geheime Krieg, Sanche de Gramont;

From OSS to Green Berets, Aaron Bank;
Special Forces of the US Army, Ian D. W. Sutherland;
Ein Soldatenleben, Henryk Szarek;
De Oppresso Liber, Leroy Thompson;
Green Berets-Unconventional Warriors, Hans Halberstadt;
10th Special Forces Group 1952–1956, Picture furnished Yearbook by Life

BROSCHÜREN UND ZEITSCHRIFTEN

Veritas, Zeitschrift des John F. Kennedy Centers, Fort Bragg;
Green Beret, Publikation der 5th Special Forces Group;
Soldiers, Ausbildungszeitschrift der US Army;
Army Digest, Ausbildungszeitschrift der US Army;
Infantry, Ausbildungszeitschrift der US Army;
Military Review, Fachschrift der US Army;
The Drop, Publikation der Special Forces Association;
Frontlinie, Divisionszeitung der 3. mech. US-Infanteriedivision;
Army, Fachschrift der Association of the Army;
The Stars and Stripes Tageszeitung der US-Truppen in Europa;
The Overseas Weekly, Zeitschrift der US-Truppen in Europa;
Schweizer Soldat, Fachschrift für Armee und Kader;
Allgemeine Schweizerische Militärzeitschrift, herausgegeben von der schweizerischen Offiziersgesellschaft;
Wehrausbildung in Wort und Bild, Ausbildungszeitschrift für die Bundeswehr;
Truppenpraxis, Zeitschrift für den Offizier;
Loyal, deutsches Wehrmagazin für Reservisten;
Die Welt, überregionale Tageszeitung;
Süddeutsche Zeitung, überregionale Tageszeitung;
Der Spiegel, deutsches Nachrichtenmagazin;
Time, US-Nachrichtenmagazin;
US News & World Report, US-Nachrichtenmagazin;
Defence Update, internationales Militär-Magazin;
Soldier of Fortune, The Journal of Professional Adventures, freie US-Waffen- und Militärzeitschrift;
Special Warfare, Bulletin JFK Special Warfare Center, Ft. Bragg;
To free the Oppressed, Pocket History of Special Forces, Ft. Bragg;
SWCS Mission and Organization, Fort Bragg;
10th Special Forces Group (Airborne), 36th Anniversary Celebration 1988

Weiterhin dienten eine Anzahl Broschüren, Zusammenfassungen und Jahresberichte der US-Streitkräfte und einzelner Special Forces Groups sowie das eigene Archiv des Verfassers als Arbeitsgrundlagen.